Klaus Eidam
Das wahre Leben des Johann Sebastian Bach

W0033678

Zu diesem Buch

Wer war Johann Sebastian Bach wirklich? Der geniale Komponist der Matthäuspassion, der d-Moll-Toccata, der Kunst
der Fuge und der vielen Kantaten galt lange als jähzorniger
Mann, der sich immer wieder mit Fürsten, Ratsherren und
anderen Vorgesetzten anlegte. Doch dies ist nur eine Facette
eines überkommenen Bach-Bildes, an dem ohne Frage einiges
zu korrigieren ist. Klaus Eidam verläßt sich in seiner Lebensbeschreibung in erster Linie auf die gründliche Auswertung
von Dokumenten, insbesondere der Leipziger Ratsakten, und
kann unter anderem zeigen, daß Bach von seinen Vorgesetzten häufig übel mitgespielt wurde, ob in Arnstadt, Weimar,
Köthen oder Leipzig. Der Autor erzählt engagiert und leicht
verständlich vom Leben des großen Musikers. Überzeugend
arbeitet er dabei vergessene und lange vernachlässigte Aspekte
heraus.

Klaus Eidam, geboren 1926 in Chemnitz, war Dramaturg und
Chefdramaturg unter anderem an Theatern in Dresden und
Berlin sowie in zwei Musikverlagen und ist bis heute als Kirchenmusiker tätig. Er schrieb über Georg Friedrich Händel,
Joseph Haydn und Carl Maria von Weber und ist der Autor eines vierteiligen Fernsehfilms über Johann Sebastian Bach, der
in vierzig Ländern ausgestrahlt wurde. Er lebt heute in Ober-
bayern.

Klaus Eidam
Das wahre Leben
des Johann Sebastian Bach

Mit 4 Farbtafeln und 48 Abbildungen

Piper München Zürich

Über Johann Sebastian Bach liegt in der Serie Piper außerdem vor:
Wolfgang Stähr: Taschenlexikon Johann Sebastian Bach (2899)

Ungekürzte Taschenbuchausgabe
Juni 2000
© 1999 Piper Verlag GmbH, München
Umschlag: Büro Hamburg
Stefanie Oberbeck, Katrin Hoffmann
Umschlagabbildung: Johann Jakob Ihle (»Johann Sebastian Bach«,
um 1720; Archiv für Kunst und Geschichte, Berlin)
Satz: Uwe Steffen, München
Druck und Bindung: Clausen & Bosse, Leck
Printed in Germany   ISBN 3-492-23068-7

Das wahre Leben

des

JOHANN SEBASTIAN BACH

Königl. Polnischer & Churfürstl. Sächsischer
HOF-COMPOSITEUR

Hochfürstl. Anhalt-Köthenscher &
Hochfürstl. Weißenfelsischer
HOF-CAPELLMEISTER

&

Director musices &
Schulcantor der Schule St. Thomae
am Thomaskirchhofe zu
LEIPZIG

Dem Meister zur Ehren
Den Kindern zur Lehren

UNTER DEN VIELEN unbekannten deutschen Musikern ist Johann Sebastian Bach ohne Zweifel der berühmteste. Man weiß, daß Beethoven von ihm gesagt hat, er müsse eigentlich »Meer« heißen, es gibt Theologen, die ihm den Rang eines fünften Evangelisten zuerkennen möchten, und Albert Schweitzer hat ihn als »Höhe- und Endpunkt der Barockmusik« bezeichnet. Man ersieht bereits aus diesem wenigen, daß er wirklich kaum bekannt ist – ein Schicksal, welches er übrigens mit den meisten seines Ranges teilt.

So gilt Mozart noch heute vielen nur als »der Licht- und Lebensgenius deutscher Musik«, der schuldlos durch seine leichtsinnige Frau im Armengrab endete, Beethoven als der »mit Taubheit geschlagene Titan«, Haydn als der bezopfte gutmütige »Papa«, zwar als Klassiker, aber eigentlich doch in der zweiten Reihe. Das Bild Schuberts als Schwammerl-Romantiker, das Bild Schumanns als vor sich hin sinnierender Schöpfer der »Träumerei« beginnt sich erst langsam zu wandeln – wie bei den Heiligen haben die Legenden für viele die Wirklichkeit verdrängt, die Abbilder abseits aller Realität scheinen unbesiegbar, und noch heute triumphiert das Klischee immer wieder einmal über die Kenntnisse.

Kein Musikwissenschaftler vergißt bei Mendelssohn Bartholdy zu erwähnen, daß er Jude, aber so gut wie keiner erwähnt, daß er ein tiefgläubiger Christ war. Man weiß zwar, daß Mozart nicht so ausgesehen hat wie auf den Salzburger Mozartkugeln, aber ein Mensch, der so jung gestorben ist und so himmlische Musik gemacht hat, kann doch nicht anders als zeitlebens ein lichtstrahlender Bursch gewesen sein. Ja, die Feststellung, daß auch er ein Mensch war, und noch dazu für seine Zeitgenossen bisweilen ein recht schwieriger, betrachten manche Leute heute noch geradezu als persönliche Beleidigung.* Und gelegentlich werden solche Klischees zu keinem anderen Zwecke umgestoßen als dem, sie durch andere zu ersetzen, die selten auf besseren Füßen stehen, meist nur mit mehr Anspruch errichtet, mit weniger Bescheidenheit verkündet und den Tagesbedürfnissen noch gefälliger sind.

Johann Sebastian Bach hat sich als Objekt solcher Bemühungen vielfach und hervorragend geeignet erwiesen. Friedrich Smend, der ihn ganz und gar kanonisieren wollte, Walter Vetter, der ihn total zu säkularisieren bestrebt war, sind nur zwei Beispiele von vielen. Die Bach-Literatur ist schier unübersehbar, die Zahl ernster zu nehmender Bach-Biographen indessen recht begrenzt.

Wenn »ernster zu nehmen« gesagt wird, ist das wohlwollend: Bach hat siebenundzwanzig Jahre, die Hauptzeit seines Lebens und Schaffens, in Leipzig verbracht, indessen ist es fraglich, ob nach Philipp Spitta, das heißt in den letzten hundertzwanzig oder -dreißig Jahren, jemals einer seiner Biographen wieder einen Blick in die Leipziger Ratsakten getan hat. Was Spitta nicht gelesen hat, hat keiner seiner Nachfolger von ihm abgeschrieben – zumindest in den letzten dreißig, vierzig Jahren sind diese fundamental wichtigen Quellen seiner Lebensgeschichte und Lebensumstände nachweislich nie wieder besichtigt worden: Es ist unbestreitbar, daß die Bach-Forscher sich am Leben dieses Mannes bisher nur höchst oberflächlich interessiert gezeigt haben.

Ich bin dreimal mit ihm zusammengestoßen, bevor er mich durch mehr als ein Jahrzehnt meines Lebens begleitete. Das erste Mal beim Klavierunterricht, als ich mit zehn oder elf Jahren mich mit seinen zwei- und dreistimmigen Inventionen herumschlug. Sie sahen ebenso einfach aus, wie sie schwierig waren, aber soviel Mühe ich mit ihnen hatte, so sehr zogen sie mich auch an. Dann traf mich in dem Film *Das unsterbliche Herz* – im Kino! – seine d-Moll-Toccata wie ein Donnerschlag. Der Film behandelte das Schicksal Peter Henleins, des Erfinders der Taschenuhr, und ich

Zu Stellen mit * findet sich eine Anmerkung am Schluß des Buches ab S. 385.

habe aus seinem Leben später gleichfalls einen Film für das Fernsehen gemacht. Aber die tiefere Ursache war doch, daß mich die *d-Moll-Toccata*, die den Film einleitete, so tief getroffen hatte wie zu ganz anderer Zeit in einem ganz anderen Land den jungen Bernstein Ravels *Boléro*. Dieser Toccata wegen mußte ich unbedingt Orgel spielen lernen, und mit fünfzehn saß ich dann wirklich an der Orgel, und die Toccata spielte ich auswendig. Es blieb nicht bei ihr, von da aus ging es weiter ins Vor- und Umfeld der Orgelliteratur. Am *Wohltemperierten Klavier* biß ich mir die Zähne aus. Als ich eine Aufführung des Bachschen d-Moll-Konzerts für drei Cembali erlebte, packte mich das so, daß ich die Partitur kaufte und mir davon einen Klavierauszug herausschrieb. Und irgendwann – mitten im Krieg – kam ich dann das erste Mal nach Leipzig und fand wie von selbst den Weg in jene Kirche, in der der große Thomaskantor gewirkt hatte, stand voller Ehrfurcht an seiner Gedenkplatte vorn im Kirchenschiff und schaute hinauf zur Orgel: Dort also hatte der Meister aller Meister Sonntag für Sonntag gestanden und bis an sein Lebensende seine Gemeinde Sonntag für Sonntag mit der großartigsten Kirchenmusik beglückt, die es je gegeben hat.

Natürlich wußte ich, daß die Orgel nicht mehr die war, auf der Bach gespielt hatte. Die da oben war nach Karl Straubes Intentionen gebaut worden,* obwohl ich nicht begriff, daß man eine Orgel, an der Bach gesessen hatte, je durch eine andere ersetzen konnte. Ich kannte ja auch nur seine Musik. Ich wußte ja nicht, daß das Klischee, das ich von ihm in meinem Herzen trug, gerade soviel wert war wie die Salzburger Mozartkugeln: Was dort verklärend um die Schokolade gewickelt ist, wurde von hier aus durch einen Heiligenschein verdunkelt.

Meine dritte Begegnung fand Jahrzehnte später statt, als ich mich längst von der Orgel so weit entfernt hatte wie einstens Offenbach von der Synagoge: Ich war Theaterschriftsteller geworden. Daneben hatte mich das aufkommende Fernsehen in seinen Klauen, das Kinder- und Jugendfernsehen im besonderen.

Auf der ewigen Suche nach Stoffen geriet mir eines Tages der Begleittext einer Schallplatte in die Hände, der jenen Lebensabschnitt umriß, in dem Bach die d-Moll-Toccata komponiert hatte. Die Abenteuer des jungen Bach in Arnstadt verdichteten

sich zu einem Fernsehfilm, der darauf Jahr um Jahr zum Ferien-
programm des DDR-Fernsehens gehörte. Dann sah ihn eine namhafte ungarische Regisseurin. Sie wollte das Drehbuch unbedingt
ein zweites Mal verfilmen. Und auch in Ungarn wurde der Film –
nunmehr im Abendprogramm – ein solcher Erfolg, daß er mehrfach wiederholt werden mußte. Ja, er geriet sogar in den Mittelpunkt einer Talkshow, weil es Anfragen aus dem Publikum gab, ob
die Vorgänge darin bloße Phantasien des Autors oder Wirklichkeit gewesen seien. Ein Musikwissenschaftler wurde hinzugezo-
gen, der freilich den Wahrheitsgehalt des Buches nur bestätigen
konnte.

Was war da auch zu erfinden? Wenn man den Zusammenhang
zwischen den Fakten herstellen kann, ist das Leben durch die
Phantasie kaum zu übertreffen. Als ich mich in dem folgenden
Jahrzehnt Bachs Leben, das angeblich in so ruhigen, wohlgeord-
neten und bescheidenen Bahnen verlaufen war, mehr und mehr
näherte, war ich von den großen Stürmen in seiner Biographie
zutiefst erschüttert. Und ich hatte schon sehr bald festzustellen,
daß das alles überragende Monument, das ihm von so vielen Seiten errichtet worden war, vorzugsweise aus Pappmaché bestand,
der besseren Haltbarkeit wegen mit Gips verarbeitet, daß sich
aber in der Höhlung seines Inneren etwas weitaus Bemerkenswer-
teres als alle Lobpreisungen befand:

Johann Sebastian Bachs wirkliches Leben.

Zwischenbemerkung

MEIN UMGANG MIT den Biographen Johann Sebastian Bachs begann vor mehr als einem Vierteljahrhundert und intensivierte sich, als mich das DDR-Fernsehen beauftragte, eine Spielfilm-Serie über Bachs Leben zu schreiben, deren vier Teile dann 1985/86 um die Welt gingen.

Hatte ich mich zunächst nur mit Bachs Arnstädter Zeit genauer befaßt, begann ich damals, musikwissenschaftliche Veröffentlichungen genauer zu studieren, auch den einen und anderen Kongreß von Bach-Spezialisten zu besuchen. Aber ich fühlte mich zunehmend verunsichert. Nicht nur ständig wiederkehrende biographische Details und Beurteilungen erregten meine Verwunderung. Getragen von dem Bemühen, von musikwissenschaftlichen Erkenntnissen zu profitieren, sah ich mich genötigt, mich vor allem mit ihnen auseinanderzusetzen. Ich begann, nach Quellen zu forschen, die jene Wissenschaftler allesamt nicht studiert hatten, und nach Zusammenhängen zu suchen, wo sie sich mit den bloßen Fakten abgefunden hatten.

Als Folge davon begann sich das Bach-Bild an vielen Stellen tiefgreifend zu verändern. Aber der Versuch, die Gründe dafür darzulegen, brachte mich in eine komplizierte Situation:

Beschreibe ich Bachs Leben nachfolgend einfach nur anders als die anderen, nämlich so, wie ich es vorgefunden habe, könnten die zuständigen Fachleute behaupten, daß ich es durchaus falsch beschreibe, da es sich bei ihren Darstellungen um »gesicherte wissenschaftliche Erkenntnisse« handele. Worauf ich freilich zu erwidern hätte, daß in einer ehrlichen Wissenschaft ehrlicherweise nichts als absolut gesichert gelten sollte.

Aber diese Auffassung habe ich nicht oft angetroffen. Es blieb mir also nichts anderes übrig, als die wieder aufgefundenen Tatsachen den tradierten Darstellungen gegenüberzustellen, schon um mich des Verdachts zu entledigen, ich kennte sie nicht. Leider war auf diese Weise Polemik nicht immer zu vermeiden, neue Entdeckungen stehen unvermeidlich im Widerspruch zum Bisherigen.

Das Nachfolgende setzt sich nun hauptsächlich mit den Arbeiten folgender Autoren auseinander:

PHILIPP SPITTA, Musikhistoriker, Universitätsprofessor und Sekretär der Königlichen Akademie der Künste zu Berlin. Er stammt aus einer angesehenen Theologenfamilie, sein Bruder Friedrich war ein hochgeschätzter Professor der Theologie, von seinem Vater und seinem Großvater finden sich noch heute Lieder im evangelischen Kirchengesangbuch. Die beiden Bände seines Lebenswerks *Johann Sebastian Bach* erschienen 1873 und 1892. Sie weisen eine so umfangreiche und detaillierte Quellenforschung und -darlegung auf, daß sein Werk geradezu als Basis der gesamten Bach-Literatur bezeichnet werden darf. So gut wie alle späteren Darlegungen bauen auf ihm auf und schließen sich seinen Auffassungen weitgehend an. Von manchen späteren Autoren erhält man den Eindruck: Was Spitta nicht zitiert hat, haben sie gar nicht erst gelesen.

CHARLES SANFORD TERRY, ein englischer Biograph, baut in seiner außerordentlich liebevoll verfaßten Lebensgeschichte *Johann Sebastian Bachs* ebenfalls auf Spitta auf und weicht nur in einzelnen Einschätzungen von dessen theologisch bestimmten Auffassungen ab, geht aber vor allem auf die Schauplätze von Bachs Leben ein. (Er hat sie zum Teil sogar eigenhändig photographiert.) Sein volkstümlich geschriebenes Buch trug wesentlich zur Formung des verbreiteten Bach-Bilds bei.

ALBERT SCHWEITZER schrieb sein umfangreiches Buch *Johann Sebastian Bach, le Musicien-poète* (1904) ebenso wie seine anderen Arbeiten über die Religionsphilosophie Kants, das Abendmahl oder die Geschichte der Leben-Jesu-Forschung vor seinem dreißigsten Lebensjahr als Privatdozent (Dr. phil. und Lic. theol.), dann als Direktor des theologischen Instituts der Kaiser-Wilhelm-Universität in Straßburg und bevor er der große Urwaldarzt und Humanist von Weltgeltung wurde. Seine umfangreiche und gedankenvolle Arbeit galt lange Zeit neben der Spittas als epochales Standardwerk der Bach-Literatur. Später wurde sie mit ehrfurchtsvoller Verbeugung vor seiner überragenden Persönlichkeit etwas beiseite gerückt. Bachs Leben ist darin aber nur oberflächlich beschrieben, Schweitzer hält sich nach eigenen Angaben ganz an Spitta, und seine Urteile über Bachs Verhalten in entscheidenden Situationen ebenso wie seine Einschätzungen Bachscher Musik können leider an verschiedensten Stellen näherer Besichtigung nicht mehr standhalten. Als musizierender Theologe (er schrieb auch ein Buch über deutsche und französische Orgelbaukunst) und Pfarrerssohn betrachtete er ebenfalls Bachs Werk vorzugsweise unter dem religiösen Aspekt. Man setzt die Lebensleistung Schweitzers nicht herab, wenn man im Interesse des Werkes und des Ansehens von Johann Sebastian Bach auf verschiedene Irrtümer in seiner inzwischen fast hundertjährigen Jugendarbeit hinweist.

Alle drei Genannten betrachten das Lebenswerk Bachs aus dem protestantisch-theologischen Blickwinkel des 19. Jahrhunderts und Bach selbst als einen komponierenden Gottesmann, der im Dienste seiner Kirche die Erfüllung fand.

Im Gegensatz dazu bemühten sich seit 1949 verschiedenste Mitglieder und Verbündete der »Neuen Leipziger Bachgesellschaft« (DDR) um ein neues Bach-Bild, indem sie Bachs Musik als eine fortschrittliche Folgeerscheinung der deutschen Aufklärung darzustellen versuchten. Diese Idee wurde 1950 in der DDR regierungsamtlich verkündet und fand sofort beträchtlichen Anklang: Sie schien wissenschaftlich und hatte einen modernen Touch. Indem die Neue Bachgesellschaft sich dabei weitgehend unpolitisch gab, erzielte sie auch außerhalb der DDR beträchtliche Wirkung. Schriften von WERNER NEUMANN, WALTHER SIEGMUND-SCHULTZE, HEINRICH BESSELER und anderen erschienen auch in Verlagen der Bundesrepublik. Da man um »Leipzig« nicht herumkam, zeigen auch die Arbeiten von KARL GEIRINGER, CHRISTOPH RUEGER, FRIEDEMANN OTTERBACH und anderen diesen Einfluß, bis hin zu PETER SCHLEUNINGS Arbeit über die *Kunst der Fuge* und zu der 1993 erschienenen biographischen Arbeit von MARTIN GECK, die zwar als Taschenbuch weite Verbreitung gefunden hat, aber

Fehler enthält und durchaus anfechtbar ist. Gelegentlich werde ich auch auf Anmerkungen des langjährigen Herausgebers der *Bach-Jahrbücher*, CHRISTOPH WOLFF, zu sprechen kommen, ohne die großen Verdienste schmälern zu wollen, die er sich mit der Wiederentdeckung verschollen geglaubter Kompositionen von Johann Sebastian und Carl Philipp Emanuel Bach erworben hat.

Nach den Darlegungen all dieser profilierten Musikwissenschaftler war Johann Sebastian Bach der letzte Vertreter der Barockmusik, ein Musiker, der mit seiner Musik Aufklärung betrieb, ein Mensch, der mit seinem Jähzorn sich mehrfach sehr schadete, ein Komponist, der seine Ideen weitgehend von anderen bezog, sich schon mit zweiundfünfzig Jahren zur Ruhe setzte, gegen Ende seines Lebens bereits völlig aus der Mode gekommen und nach seinem Tode fast achtzig Jahre lang vergessen war. »Der Mensch Johann Sebastian Bach bleibt uns fremd«, konstatiert der Leipziger Musikwissenschaftler Peter Wollny. Das trifft auf ihn selbst sicherlich zu, beweist aber vor allem das Fehlen von Einfühlungsvermögen und der Fähigkeit, aus vorhandenen Fakten Schlüsse zu ziehen. »Es geht nichts von ihm aus«, konstatierte Albert Schweitzer, und – seine Verehrer mögen mir vergeben – ich bin außerstande, mich ihm da anzuschließen.

Indessen geht es mir hier nicht um eine Auseinandersetzung mit all diesen Musikwissenschaftlern, sondern lediglich um einige vernachlässigte Aspekte in Bachs Leben. Man kann nur, ohne Tisch und Stühle anzufassen, schlecht die Möbel zurechtrücken. Wozu Goethe schon 1829 anmerkte:

»Daß die Weltgeschichte von Zeit zu Zeit umgeschrieben werden müsse, darüber ist in unseren Tagen wohl kein Zweifel übriggeblieben. Eine solche Notwendigkeit entsteht aber nicht etwa daher, weil viel Geschehenes nachentdeckt worden ist, sondern weil neue Ansichten gegeben werden, weil der Genosse einer fortschreitenden Zeit auf Standpunkte geführt wird, von welchen sich das Vergangene auf eine neue Weise überschauen und beurteilen läßt.«

Also gehen wir's an.

I

SEIN LEBENSWEG IST allgemein bekannt: Geboren in Eisenach, früh verwaist, Erziehung beim Bruder in Ohrdruf, Besuch der Lateinschule in Lüneburg, ein erstes kurzes Engagement in Weimar, Organist in Arnstadt, danach in Mühlhausen, wieder Weimar, Hofkapellmeister in Köthen und endlich, siebenundzwanzig Jahre lang, bis an sein Lebensende in Leipzig der große Thomaskantor. »Sein Lebensweg hat ihn im Ganzen günstig geführt, der Beschwerlichkeiten waren nicht mehr, als sein Genius überwinden konnte«, bemerkt dazu rückschauend Philipp Spitta, der fundamentale Bach-Biograph, und so ähnlich hatte ich mir das auch immer vorgestellt: nach kärglicher Jugend und einigen Wanderjahren Weimar als die erste große Orgelzeit, Köthen als kleinstädtische Kapellmeister-Idylle und das Leipziger Kantorenamt als den eigentlichen Auftrag und die Erfüllung seines Lebens. Wie das immer so ist mit den fundamentalen Weisheiten und Erkenntnissen in dieser Welt: Sie sind gewöhnlich verblüffend einfach und verblüffend falsch: Die verklärende Farbe auf den Heiligenbildern deckt vor allem die Löcher zu.

In den Lebensbeschreibungen Johann Sebastian Bachs finden sich deren viele. Im allgemeinen beginnen sie mit dem Stammbaum der Familie. Demnach haben die Bachs damals in so ziemlich allen Organisten- und Musikantenstellen Thüringens gesessen. Der Veit Bach, hundertzwanzig Jahre früher aus Ungarn eingewandert, hatte sichtlich starke Vermehrungskraft. Carl Philipp Emanuel Bach hat Johann Nikolaus Forkel erzählt, die Bachs hätten sich alle Jahre zum großen Familientag getroffen, und aus Bachs Arnstädter Zeit ist uns ein Quodlibet zu solchem Anlaß erhalten. Aber alle Jahre? Später erfahren wir nichts mehr von solchen Familientreffen, und bei Bachs Tod scheinen all die Bache gleichmäßig teilnahmslos oder so, als ob es sie nie gegeben hätte. Wo sind sie geblieben? Karl Geiringer, in seinem Buch über die Musikerfamilie Bach, schweigt sich darüber aus. Es waren sehr tüchtige Komponisten darunter: Der Heinrich Bach, sein Sohn Johann Christoph und ebenso sein Sohn Johann Michael, der Johann Bernhard Bach, Stammvater der Erfurter Bache, oder der Johann Lorenz, des alten Christoph Urenkel.

Einen der Bache hat die Legende ganz besonders in den Himmel gehoben: Johann Sebastians ältesten Sohn Wilhelm Friedemann. Nur ist Albert Emil Brachvogels Roman über ihn ebenso weitgehend erfunden wie der Bach-Roman *Toccata und Fuge* von Hans Franck oder Józef Ignacy Kraszewskis Roman über die Gräfin Cosel. Die Dichtung hat sich da allemal stärker erwiesen als die Wahrheit: Auch die Weltberühmtheit ihres Nationalhelden Wilhelm Tell verdankt die Schweiz vor allem Friedrich von Schiller, welcher die Schweiz nie gesehen hat, während das seinem Drama zugrundeliegende *Chronicon Helveticum* des Aegidius Tschudi höchstens Fachleuten bekannt, Literaturwissenschaftlern dagegen so gut wie unbekannt ist.

Nach dem Verbleib der Bache, die um 1700 in Thüringen Musik machten, wäre also noch zu forschen. Christoph Rueger wundert sich darüber, daß unter so vielen »mittelmäßigen« Musikern plötzlich ein Genie auftauchte. Aber bei Händel und Bruckner fehlt eine musikalische Verwandtschaft sogar gänzlich, und das Mittelmaß als das eigentliche Maß aller Dinge ist etwas relativ: Als mittelmäßig oder sogar unbedeutend mag der Nachwelt oft erscheinen, was der Mitwelt einst höchst bedeutend oder sogar überragend vorkam: Wer kennt heute noch Paer oder Kozeluch, und welches Opernhaus spielt heute noch Spontini?

Bei den Bachs war die musikalische Begabung also offensichtlich in der weitverzweigten Familie erblich, ebenso die Berufswahl: Daß die Söhne wiederum Musiker wurden und die Töchter Musiker heirateten, war natürlich in einer Welt der festgefügten ständischen Ordnungen.

Martin Geck möchte uns freilich glauben machen, es sei keineswegs die Vererbung gewesen, die den Johann Sebastian wie

andere Bache zum Musiker machte, sondern die musische Atmosphäre der Residenzstadt Eisenach. Nun war zwar Vater Johann
Ambrosius dort nicht nur Stadtpfeifer, sondern auch Hoftrompeter, aber es gibt keine Anhaltspunkte dafür, daß das damalige
Eisenach als Stadt eine herausragende musikalische Stellung gehabt hätte, noch weniger dafür, daß es auf den kleinen Sebastian
diesbezüglich den entscheidenden Einfluß hätte ausüben können.
Natürlich wurde im Haus des Ambrosius Bach Musik gemacht und
in der Stadt Eisenach viel Musik gebraucht, wozu sonst wären der
Stadtpfeifer und seine Stadtpfeife dagewesen? Die Bezeichnung
selbst hatte durchaus nichts Herabsetzendes an sich, Stadtpfeifen
gab es noch bis ins erste Drittel unseres Jahrhunderts, es wurde
dort ernstzunehmende Musik gemacht, und ernstzunehmende
Musiker sind daraus hervorgegangen. Einer, der zwar von der
Musikwissenschaft nicht ernstgenommen wird, dessen Kompositionen aber auch ohne sie triumphieren, weil sie prachtvolle Einfälle mit solidestem Handwerk verbinden, war Paul Lincke. Heute
würden wir die Eisenacher Stadtpfeife das Städtische Orchester
nennen und Johann Ambrosius Bach den Städtischen Musikdirektor, wobei es sich damals verstand, daß er nicht nur für seine zwei
Gesellen und seine zwei Lehrlinge zu sorgen hatte, sondern sich
auch um die Regelung der Auftritte der freien Musiker, der »Bierfiedler«, kümmern mußte.
    Ganz sicher war ihm in der Ausübung des Berufes seine Kunst,
um mit Schiller zu sprechen, keineswegs »die hohe, die himmlische Göttin«, sondern vor allem »eine tüchtige Kuh, die ihn mit
Butter versorgt«. »Stadtpfeife«, »Gesellen«, »Lehrlinge« – das
alles betont das Handwerksmäßige des Berufes, und darin glich
der Musiker dem Kunstmaler seiner Zeit, der seine Kunst gleichfalls als Handwerk aufzufassen und den Wünschen seiner Kund-
schaft nachzukommen hatte. Man übte seine Kunst aus, um die
Bedürfnisse seiner Mitmenschen zu erfüllen wie Bäcker, Schuster
und Schneider. Ein Künstler, der vorzugsweise seinen Intentionen gelebt hätte, wäre nicht nur seinen Mitmenschen, sondern
vermutlich auch sich selber ziemlich überflüssig vorgekommen –
für die metaphysische Bedeutung von Klangclustern, Schrott-
plastiken und Happenings fehlte noch jegliche Kennerschaft, die
Bevölkerung war zuwenig aufgeschlossen. Im übrigen entlohnte

die Stadt ihren Städtischen Musikdirektor keineswegs reichlich: Der Sohn hatte als Organist in Arnstadt schon mit achtzehn ein besseres Gehalt als der Vater. Aber beim Vater und beim Sohn bestand der Hauptverdienst, in Eisenach wie später in Leipzig, in den Nebeneinkünften. Die Anstellung, der Titel, sorgte für die Honorigkeit, ums Brotverdienen mußte sich der Hoftrompeter und Stadtpfeifer in Eisenach ebenso selbst kümmern wie später der Director musices in Leipzig.

Spitta und mit ihm andere haben sich höchlichst darüber verwundert, daß der später so unentwegt tätige Johann Sebastian in seiner Eisenacher Zeit der König der Schulschwänzer war. Die einleuchtende Begründung blieb nicht aus: Die Eisenacher Schule war offensichtlich so schlecht, daß sie den Kleinen einfach nicht interessierte.

Das ist nun freilich unwahrscheinlich: Unwahrscheinlich ist es, daß der Vater über seinen Pflichten seinen Jüngsten so aus den Augen verloren haben sollte, daß ihm dessen Versäumnisse im Unterricht entgangen wären. Unwahrscheinlich ist es auch, daß er es dem Kind überlassen haben könnte, über die Qualität des Unterrichts zu entscheiden. Nein, der Junge hatte eine sehr brauchbare Stimme und obendrein Musikverstand, er konnte beim Kurrendesingen einfach nützlicher sein als in der Schule. Er sollte ja ohnehin kein Gelehrter, sondern Musiker werden. Da war es ganz verständlich, daß der Junge, wie die Bauernkinder noch zu Anfang des 20. Jahrhunderts, sooft er gebraucht wurde, von der Schule fernblieb. Sebastian, der immerzu fehlende Schüler, war kein Bummelant. »Ich habe früh fleißig sein müssen«, hat er später selbst bekannt.

Übrigens hätte der Herr Stadtpfeifer und Hoftrompeter es gar nicht mit seinem Ansehen vereinbaren können, in seinem Jüngsten einen Schulschwänzer zu haben. Er war eine sehr angesehene Persönlichkeit. Das ergibt sich schon aus der Tatsache, daß ihm der Erfurter Ratsherr Valentin Lämmerhirt seine Tochter Elisabeth zur Frau gegeben hatte und er somit als Schwiegersohn eng mit Ratsverwandtschaft verknüpft war. Und »Ratsverwandtschaft« – das wollte im damaligen streng ständisch geteilten Bürgertum etwas heißen. Einem beliebigen Musiker hätte ein Ratsherr seine Tochter nicht anvertraut. Stadtpfeifer Bach war schon in jungen Jahren ein Mann von Stand, und ohne Zweifel genoß er beim Rat von Eisenach ein wesentlich höheres Ansehen als später sein berühmter Sohn bei den drei Räten in Leipzig.

Sein Haus stand entweder am Frauenplan oder in der heutigen Lutherstraße 35. Aber die Adresse ist bedeutungslos: Wer heute das Haus am Frauenplan besucht, das als Bach-Museum herge-richtet ist, erfährt vom Leben im damaligen Eisenach, von dem Hausstand, in den Johann Sebastian Bach hineingeboren wurde, von seinen Eltern ohnehin so gut wie nichts.

Es war ein sehr lebendiges Haus. Die Kinder wuchsen von Anfang an unter den Musikern auf. Daß die Söhne wieder Musi-ker würden, verstand sich von selbst. Der Älteste war schon aus dem Haus und hatte seine feste Anstellung. Sebastian mußte in der Kurrende mitsingen, sobald er singen konnte, ebenso wie sein drei Jahre älterer Bruder Johann Jacob. Drei Jahre sind zwischen Kindern ein bedeutender Altersunterschied, aber Johann Jacob war für ihn der Nächststehende. Große Einzelfürsorge konnten die Eltern den Kindern kaum zuteil werden lassen, mit Gesellen und Lehrlingen waren eine Menge Mäuler zu versorgen, und der Verpflichtungen waren viele: Hochzeiten, Taufen, Begräbnisse, die offiziellen Feiern, die Familien- und die Jahresfeste – wer etwas auf sich hielt, bestellte bei solchen Gelegenheiten die Kur-rende oder die Stadtpfeife oder auch beides. Und täglich zwei-mal – um zehn Uhr früh und um fünf Uhr nachmittags – hatte der Herr Hoftrompeter vom Rathaus herunter seine Trompete zu blasen. Sinfoniekonzerte von der Stadtpfeife gab's nicht, es war Gebrauchsmusik zu machen. Und niemand soll bei dem Wort »Gebrauchsmusik« die Nase rümpfen. Wirklich schlecht ist nur eine Musik, die nicht gebraucht wird oder die – noch schlimmer – nicht zu gebrauchen ist.

Es war ein blühendes und lebendiges Haus, das Bachsche Stadt-pfeiferhaus, aber das Schicksal schlug zu, noch ehe der Johann Ambrosius Bach mit seiner Frau die silberne Hochzeit feiern konnte: Am 2. Mai 1694 mußte er sie begraben, und mit ihr starb die Seele des Hauses. Der Haushalt kam ohne Hausfrau nicht aus, nach einem halben Trauerjahr heiratete der Vater die brave zwei-fache Witwe Keul aus Arnstadt; doch sein geliebter Zwillings-bruder starb im Herbst des gleichen Jahres, und im darauffolgenden Februar, nur neun Monate nach dem Tod der ersten Frau, legte sich Johann Ambrosius zu beiden ins Grab. Er war erst fünfzig Jahre alt.

Sebastian war neun, als er die Mutter verlor, und ehe sein zehnter Geburtstag heran war, war er Vollwaise. Es war die erste ganz große Erschütterung in seinem Leben. Der Tod der Mutter veränderte viel, der Tod des Vaters veränderte alles. Der Eisenacher Rat zeigte sich der Witwe gegenüber abweisend. Er stellte die Gehaltszahlung ein und verweigerte ihr das Witwengeld ebenso wie die Weiterführung der Stadtpfeife mit den Gesellen, was alles der Arnstädter Rat der Witwe des Zwillingsbruders gewährt hatte. Also war der gesamte Haushalt aufzulösen und Platz für den Nachfolger zu machen: Die Stadt Eisenach brauchte für ihre Musik bald wieder einen Stadtpfeifer, und soweit uns bekannt, ist es keiner von den Bachen geworden.

Die nunmehr zum drittenmal verwitwete Frau ging zurück nach Arnstadt. Das Vaterhaus gab es nicht mehr, Jacob und Sebastian waren Vollwaisen, und das hieß: Sie hatten Fürsorge, Freunde, Wohnung, Umgebung verloren. Von dieser Kindheit blieb nichts zurück.

Zwar gab es in Eisenach auch noch einen Organisten Johann Christoph Bach, aber der gehörte zu den Arnstädtern, war also nur ein weitläufiger Verwandter und lebte selbst in bedrängten Verhältnissen, wie aus erhaltenen Eingaben an den Rat hervorgeht, in welchen er sich über seine Zustände beklagte – woraus Biographen den Schluß zogen, da er sich beklagte, sei er ein schwieriger Mensch gewesen.

Der Erstgeborene des Johann Ambrosius, der wie der Eisenacher Organist auch Johann Christoph hieß, nahm die beiden Jüngsten zu sich. Er war schon vierundzwanzig, hatte kürzlich geheiratet, und seine Frau trug ihr erstes Kind unterm Herzen. Im Kirchenbuch stand anläßlich seiner Eheschließung über ihn »ein junger aber künstlicher Mensch«, was anzeigt, daß er sich als Organist schon einen Namen gemacht hatte. Sein Lehrmeister an der Orgel war der bis heute berühmte Johann Pachelbel, der damals seit acht Jahren Organist an der Predigerkirche in Erfurt war, nachdem er zuvor ein Jahr Hoforganist in Eisenach gewesen.

Christoph blieb drei Jahre bei ihm, dann bekam er selbst in

Erfurt ein Amt an der Sankt-Thomas-Kirche, und nach einem kurzen Zwischenspiel in Arnstadt hatte er 1690 die Organistenstelle an Sankt Michael in Ohrdruf bekommen. Sie war eigentlich mit einem Lehramt in der Lateinschule verknüpft, aber davon hatte er sich befreien können, ähnlich wie sein jüngster Bruder Sebastian später in Leipzig.

Mit Reichtümern war der Haushalt nicht gesegnet, und Ohrdruf war erheblich kleiner als Eisenach, das mit etwa achttausend Einwohnern auch nicht gerade eine Metropole war. Ohrdruf hatte nicht viel mehr als ein Viertel. Zwar residierte da ein Graf von Hohenlohe, das Dorf von kaum mehr als zweitausend Einwohnern war eine Residenzstadt, indessen hatten die Leute nicht viel davon, anders als in Eisenach, wo der Herzog von Sachsen-Eisenach seine Residenz zu einem »Klein-Paris« machen wollte und mit seiner Hofhaltung entschlossen über seine Verhältnisse lebte.

Der große Bruder brauchte Acker und Viehhaltung, um als Organist durchzukommen, und das Bemerkenswerteste an dieser Residenzstadt war nicht die Residenz, sondern die Lateinschule, der von den Biographen einhellig Berühmtheit zuerkannt wird. Bachsche Verwandtschaft schickte ihre Söhne gleichfalls nach Ohrdruf, wo sie in Christophs Haus ein Unterkommen fanden. Solange Ambrosius Bach noch lebte, hatten andere Bache ihre Kinder zum Schulbesuch nach Eisenach geschickt. Das eben deutet darauf hin, daß Eisenach auch nicht ganz schlecht war.

Was wundernimmt, sind Sebastians erstaunliche Erfolge in Ohrdruf. Der Junge, der in Eisenach so oft im Unterricht gefehlt hatte, schaffte es, in Ohrdruf sogleich der Viertbeste zu werden, nachher Primus, und später durfte er die Secunda überspringen und sich in der Prima behaupten, wo die anderen Schüler zwei und mehr Jahre älter waren als er. Woraus notwendig folgt: Er war nicht nur begabt, die Anforderungen der Schule lagen sichtlich unter seinem Leistungsvermögen. Und daß er die Schule aus der Prima verließ, um anschließend in einer anderen Schule seine Ausbildung in der Prima fortzusetzen, läßt den Schluß zu, daß sein großer Bruder und auch er selbst von der Ohrdrufer Lateinschule den Eindruck hatten, daß es woanders noch etwas mehr zu lernen gäbe.

Es gab freilich auch noch andere Gründe: Jacob, der ältere von beiden, war bis vierzehn (also bis zu seiner Konfirmation) in Christophs Haus geblieben und hatte dann eine musikalische Lehrstelle beim Nachfolger seines Vaters in Eisenach angetreten. (Wir kennen seinen Namen nicht, vermutlich, weil er sich nie beschwert hat.) Der Bruder hatte ein Herz für seine Verwandtschaft: Nicht nur Jacob und Sebastian fanden bei ihm Unterkunft, auch ein anderer junger Verwandter, Johann Ernst Bach, durfte eine Zeitlang bei ihm wohnen und ging mit Sebastian zur Schule. Aber Sebastian war nun fünfzehn, und Christophs Familie hatte inzwischen erheblich zugenommen: Es brauchte Raum für vier Kinder, da war für den kleinen Bruder einfach kein Platz mehr. Im Codex der Schule steht hinsichtlich Sebastians Abgang die (reichlich unsauber geschriebene) Anmerkung »ob defect. hospitios«,* was in Bachs Nekrolog gedeutet wurde mit »Tod des Beherbergers«. Charles Sanford Terry ergänzt im Plural – »ob defectum hospitiorum« – und rottet damit die ganze Familie aus. Doch Christoph Bach lebte einundzwanzig Jahre länger und durfte noch erleben, daß der kleine Bruder die Wohltaten, die ihm der große erwiesen, dessen Söhnen reichlich vergalt.

Aber anno 1700 mußte für Sebastian einfach eine andere Bleibe gefunden werden. Nach Abschluß der Prima in Ohrdruf hätte er studieren können, in Erfurt beispielsweise, wo sein großer Bruder ebenso wie sein Vater gewesen war, wo seine Mutter herstammte und ein Nikolaus Bach ein hochangesehener Universitätslehrer war. Ein Studium war eine gute Voraussetzung für eine Musikerlaufbahn, er selbst ließ später seine beiden Ältesten Jura studieren, als er es sich noch leisten konnte. Und sein jugendliches Alter war nicht entscheidend: Man konnte mit sechzehn durchaus schon auf der Universität sein, anderseits fand er im Gymnasium zu Arnstadt auch Schüler, die schon über die Zwanzig hinaus waren. Aber Sebastian ging nicht an die Universität nach Erfurt, sondern zog sehr viel weiter an die Lateinschule nach Lüneburg und machte die Prima noch einmal, übrigens, nach allem, was wir von ihm wissen, ohne seine spektakulären Erfolge von Ohrdruf dort zu wiederholen. Es gab Wichtigeres für ihn zu tun:

Von seinem Einzug in Lüneburg an ernährte ihn nun bis an sein Lebensende seine Musik, mußte ihn von nun an seine Musik ernähren. Für ein Studium war kein Geld da. Christoph, der dem schulischen Unterrichten so abgeneigt war, daß er sich bei seinem Amtsantritt von dieser Pflicht ausdrücklich hatte befreien lassen, bewarb sich in diesem Jahr nun doch um eine Anstellung in der Lateinschule. Im Kirchenbuch steht bei seinem Namen »optimus artifex« – »ein sehr guter Künstler« –, aber davon konnte er nicht leben, das Geld reichte vorn und hinten nicht, so wie auch Johann Sebastian in entscheidenden Stationen seines Lebens nie das nötige Geld besaß: Es reichte jetzt nicht zum Studieren, es reichte später nicht für das Amt, das ihn von allem Ärger und Sorgen freigestellt hätte, und am Ende seines Lebens reichte es nicht einmal mehr zum Notenstecher für sein musikalisches Vermächtnis und für einen Grabstein. »Sein Lebensweg hat ihn im ganzen glücklich geführt ... « – das ließ sich aus der Behaglichkeit einer Berliner Professorenwohnung heraus später leicht behaupten.

Als ihm sein großer Bruder in seinem Hause keinen Platz mehr bieten konnte, waren die Umstände noch glücklich: Der Konrektor der Ohrdrufer Lateinschule, der Schulcantor Arnold, war 1687 als »pestis scholae, scandalium ecclesiae et carcinoma civitatis« – als Pest der Schule, Skandal für die Kirche und ein Krebsgeschwür für die Bürgerschaft – abgesetzt worden, und sein Nachfolger, der Schulcantor Elias Herda, hatte die Lüneburger Lateinschule absolviert. Er wußte aus eigener Kenntnis, in welch hohem Rang die Musikpflege dort stand, er sah und hörte, was Sebastian auf diesem Gebiet leistete, wußte auch, daß in Lüneburg an guten Sängern immer Interesse war, und konnte ihn zusammen mit dem um zwei Jahre älteren Georg Erdmann dorthin für eine Freistelle empfehlen. Es war mehr als eine Freistelle: »Freistelle« bedeutete zwar, daß Essen, Unterkunft und sogar Brennholz für den Winter frei waren. Aber für die Mitwirkung im Chorus symphoniacus und dem herausgehobenen Mettenchor bekamen die Schüler sogar noch bescheidene Honorare.

Es ist sehr bemerkenswert, daß Sebastian diesen Freiplatz mit fünfzehn noch erhielt, denn es war vorauszusehen, daß seine schöne Sopranstimme nicht mehr lange erhalten bliebe. Aber er war ja zu diesem Zeitpunkt auch schon ein tüchtiger Instrumentalist geworden. Wie man mit einer Violine umgeht, hatte er bereits als Kind von seinem Vater absehen können, der neben Trompete auch Violine und Bratsche zu spielen wußte – undenkbar, daß ein so wissensgieriger Bursche wie der kleine Sebastian dabei nur zugesehen haben könnte. Und an Tasteninstrumenten war er von seinem Bruder unterrichtet worden, sehr methodisch, wie wir wissen. Als der gleichaltrige Händel in Halle seinen Lehrer Zachau schon manchmal im Gottesdienst vertrat, ließ der Bruder Sebastian noch nicht einmal an die Orgel. Aber das Klavierspielen eignete sich Bastian sehr rasch an: »Die Lust unseres kleinen Johann Sebastian war schon in diesem zarten Alter ungemein. In kurzer Zeit hatte er alle Stücke, die ihm sein Bruder freiwillig zum Lernen aufgegeben hatte,* völlig in die Faust gebracht«, weiß der Nekrolog und fährt fort: »Ein Buch voll Clavierstücke von den damaligen berühmten Meistern, Frohbergern, Kerrln, Pachelbeln aber, welches sein Bruder besaß, wurde ihm, des Bittens ohngeachtet, wer weiß aus was für Ursachen, versaget. Sein Eifer, immer weiter zu kommen, gab ihm also folgenden unschuldigen Betrug ein. Das Buch lag in einem blos mit Gitterthüren verschlossenen Schranke. Er holte es also, weil er mit seinen kleinen Händen durch das Gitter langen und das nur in Papier geheftete Buch im Schranke zusammenrollen konnte, heraus, schrieb es, weil er auch nicht einmal des Lichtes mächtig war, bey Mondenschein ab. Nach sechs Monaten war diese musicalische Beute glücklich in seinen Händen. Er suchte sie sich, insgeheim mit ausnehmender Begierde, zu Nutzen zu machen, als, zu seinem größten Herzeleide, sein Bruder dessen inne wurde, und ihm seine mit so vieler Mühe verfertigte Abschrift, ohne Barmherzigkeit, wegnahm. Ein Geiziger, dem ein Schiff, auf dem Wege nach Peru, mit hunderttausend Thalern untergegangen ist, mag uns einen lebhaften Begriff von unseres kleinen Johann Sebastians Betrübniß über diesen seinen Verlust geben. Er bekam das Buch nicht eher als nach seines Bruders Absterben wieder . . . «

Geck meint hierzu,* die Geschichte sei aus der Luft gegriffen, es sei hier »eine harmlose Begebenheit zur Anekdote hochstilisiert worden« – gerade, als ob der alte Bach seinen Söhnen Lügen erzählt hätte! In Wahrheit ist sie geradezu ein Schlüsselereignis zum Verstehen dieses so großartigen, einzigartigen und durch und durch ungewöhnlichen Johann Sebastian Bach überhaupt.

Andere musikalische Genies komponierten in diesem Alter

schon längst – Mozart, Händel, Mendelssohn. Von Beethoven haben wir ein zauberhaftes Rondo, das er mit fünfzehn komponiert hat. Der Johann Sebastian Bach schreibt sich fremde Kompositionen ab. Heimlich. In der Nacht.

Man muß es nachzuahmen versuchen, um ganz zu begreifen, was für einen Elf- bis Dreizehnjährigen dazugehörte: Da war Notenpapier beiseite zu bringen, Gänsekiele waren zu schneiden, nach dem Kalender und nach dem Wetter zu sehen. (Denn der Mond schien nicht immer, und mit Wolken am Himmel war es ohnehin zu dunkel.) Kinder in solchem Alter brauchen ihren Schlaf, aber er durfte nicht einschlafen, mußte sich wachhalten, bis alle anderen im Haus zur Ruhe gegangen waren, dann seine Utensilien auf dem Fensterbrett zurechtstellen, sich an den Schrank schleichen, das Heft vorsichtig herausholen – ohne einen einzigen Knitter! – und dann bei diesem armseligen Licht schreiben, schreiben, solange der Mond gnädig war. Und der ging jeden Tag eine Stunde später auf, und man mußte die Nächte abwarten, in denen er wenigstens halb zu sehen war. Texte kann man fast mit geschlossenen Augen hinschreiben. Selbst wenn die Zeilen ineinandergehen und die Buchstaben verwischt sind, bleiben sie lesbar. Aber Noten sind exakt auf und zwischen fünf Linien zu setzen, genau übereinander, mit ihren unterschiedlichen Werten, Versetzungszeichen und Taktstrichen. Danach waren alle Spuren wieder zu beseitigen, das Heft ebenso umsichtig wieder zurück und ein wenig Schlaf auf die Augen zu bringen, die Schule verlangte ihre tägliche Leistung, und auch der Bruder durfte dem Kleinen den fehlenden Schlaf nicht anmerken.

Für einen Burschen, der so etwas über Monate hinweg zustande bringt, muß die Musik in weit mehr bestehen als nur im Musikmachen. Das war die Selbstverständlichkeit. (»In kurzer Zeit hatte er alle Stücke ... völlig in die Faust gebracht.«) Aber gleichzeitig und darüber hinaus war die Musik für ihn – wie wir später immer wieder sehen werden – jener Kontinent, dessen Erforschung ihn sein Leben lang so in Anspruch nahm wie den großen Amundsen die Erforschung der Arktis.

Lüneburg war für den Fünfzehnjährigen der absolute Glücksfall. Mehr noch als seine schöne Stimme befähigte ihn seine soziale Lage für eine Freistelle in Gymnasium und Mettenchor, dessen Mitglieder »armer Leuter Kinder« sein mußten, »so nichts zum Leben aber gute Stimmen hätten«. Ebendas traf auf ihn wie auf seinen um zwei Jahre älteren Mitschüler Georg Erdmann zu, und so machten sich die beiden auf den Weg, nachdem Cantor Herda von Ohrdruf aus das Nötige abgeklärt hatte. Es waren mehr als dreihundertfünfzig Kilometer zu laufen, und es war März, nicht eben der angenehmste Monat für einen so ausgedehnten Fußmarsch.

Sie dürften mehr als zwei Wochen auf der Landstraße gewesen sein, und daß sie zuviel Zehrgeld dabeihatten, ist auch nicht anzunehmen. Aber ab Ostern, das in diesem Jahr zeitig war, ab 3. April 1700, finden wir beide als Mitglieder des Mettenchors in Lüneburg eingetragen, und damit begann für Sebastian eine Zeit reichster musikalischer Ausbildung, frei von der systematisch beaufsichtigenden Strenge des Bruders. Andere Begabte brauchen einen Lehrer, der sie lenkt und leitet und Schritt für Schritt die Gradus ad Parnassum hinaufführt. Johann Sebastian Bach brauchte die Möglichkeit, sich umzusehen und sich auszuprobieren. In Lüneburg bekam er beides, und er machte umgehend und reichlich Gebrauch davon.

Bachs Lüneburger Zeit ist für seine Entwicklung als Musiker kaum jemals richtig eingeschätzt worden. In Wahrheit wurde es Bachs musikalische Universität, und die relative Kürze seines Aufenthalts spielt dabei keine Rolle: Bach – das zeigt seine Ohrdrufer Schulzeit – hatte eine außerordentlich rasche Auffassungsgabe, eine unglaubliche geradezu, wenn es um Musik ging.

Der Mettenchor hatte viele Einsätze: Singen an jedem Morgen, Motetten an den Samstagen, Sonntagen und Festtagen und an den hohen Feiertagen Gesänge mit Orchesterbegleitung. Dazu kamen im Rahmen des Chorus symphoniacus, des Gesamtchors, die Auftritte zu den besonderen Gelegenheiten wie Brautmessen (also Hochzeiten), Beerdigungen und das Straßensingen. Die Einnahmen wurden nach einem festen Schlüssel verteilt, wobei auf die Schüler das wenigste fiel, aber Geld war es doch. Und wichtiger als alles andere war, was zur Aufführung gelangte: die sogenannte »Figuralmusik«, worunter mehrstimmige Musik im kontrapunktischen Satz zu verstehen ist. Und »kontrapunktischer Satz« bedeutet: Es gibt da nicht wie anderswo »Melodie« und

Johann Sebastian Bachs Siegel.

»Begleitung«, sondern jede Stimme gilt als selbständige Melodiestimme, und doch muß das Miteinander aller auch alle Gesetze des harmonischen Satzes befolgen.

In solcher Musik mitzuwirken bringt für den angehenden Musiker natürlich eine einzigartige Ausbildung des Gehörs mit sich und führt ebenso zur genauen Beobachtung der Stärken und Grenzen der einzelnen Stimmgattungen.

Im Mettenchor mit seinem weitgefächerten Repertoire kontrapunktischer Musik also erobert sich der junge Bach bereits jene Praxis, die es ihm später ermöglicht, auch seine schwierigsten Sangespartien immer noch sangbar zu halten, das Außergewöhnliche zu schaffen, ohne das Machbare zu überschreiten. Hier lernt er ein bedeutendes Repertoire polyphoner Musik in praktischer Erfahrung kennen. Und was nicht im Programm des Chorsingens steht, findet er in der Musikbibliothek der Schule.

Der Schulcantor Friedrich Emanuel Praetorius, der noch bis 1695 wirkte, hatte eine umfangreiche Notensammlung angelegt, elfhundert Stücke. So fand der junge Musiker, der sich in Ohrdruf jene Kompositionen, die ihn faszinierten, heimlich in der Nacht abzuschreiben versuchen mußte, hier Werke von rund zweihundert Komponisten der letzten hundertfünfzig Jahre, praktisch einen umfassenden Überblick über die Musik seiner Zeit. Hinzu kamen die Schätze aus dem Archiv der Johanniskirche, insbesondere die Sammlung von Orgelkompositionen so berühmter Meister wie Jan Pieterszoon Sweelinck, Samuel Scheidt, Heinrich Scheidemann, Johann Jacob Froberger, Johann Caspar Ferdinand Fischer, Johann Kaspar von Kerll und solche so bedeutender Zeitgenossen wie Dietrich Buxtehude, Johann Pachelbel und Nicolaus

Bruhns. Und dann sind auch die Noten der französischen Meister da, und Bach macht sich Abschriften (wieder Abschriften!) von Nicolas de Grignys *Livre d'Orgue*, von François Dieupart, Gaspard le Roux, von Louis Marchand, von François Couperin und André Raison. (Ein Thema Raisons wird er viel später seiner großen Passacaglia für die Orgel unterlegen.) Und auch Italiener finden sich in dieser Sammlung: Frescobaldi, Pergolesi, und Holländer wie Orlando di Lasso.

Das alles sind für ihn mehr als nur klangliche Eindrücke. Daß er, wenn er die Noten liest, die Töne hört, ohne ein Instrument zu benutzen, versteht sich von selbst. Aber ebenso versteht sich, daß er beim Bruder mehr als bloßes Klavierspiel gelernt hat. Unweigerlich war damit der Generalbaß verbunden, die Fähigkeit, eine Klaviermusik nur anhand einer vorgegebenen Baßstimme und daruntergeschriebener Akkordbezeichnungen in Zahlen mit gelegentlichen Versetzungszeichen vollstimmig vom Blatt zu spielen. Wozu die erste und wichtigste Voraussetzung die vollständige Vertrautheit mit den Akkorden ebenso wie den Akkordverbindungen ist. Von da eröffnet sich ganz von selbst die Weite der vollständigen Harmonielehre: Der junge Musicus, der sich in Lüneburg durch die Schätze der Musikarchive hindurchfraß, las sich da nicht einfach Musikliteratur durch, er besaß auch die Schlüssel zu ihrer Machart und kannte die Gesetze der Harmonie ebenso wie die des polyphonen Satzes aus täglicher Erfahrung. Als Sachkundiger sah er nicht nur die Kunstwerke, sondern auch ihre Anatomie.

Und komponierte nicht! Es gibt Leute wie Terry, die das Gegenteil vermuten, aber sie können es nicht beweisen. Nachzuweisen sind aus jener Zeit nur Bachs Abschriften von anderer Leute Kompositionen. Außer ihm ist überhaupt kein Komponist bekannt, der das Komponieren so ausgiebig mit Abschreiben angefangen hätte. Die anderen quollen über von Einfällen, Bach von Wissensdrang. Natürlich kann es ihm bei seinen Abschriften auch um die Anlage eines eigenen Notenschatzes gegangen sein. Aber warum schreibt er sich dann von Couperin und Dieupart Klaviermusik ab? Er wird sie nie im Gottesdienst gebrauchen können. Nein, was ihn interessiert, ist die Musik überhaupt.

II

DAS GYMNASIUM IM alten Lüneburger Michaeliskloster ist eine
sehr weitgefächerte Schule. Die Freistellenschüler sind die ärm-
sten. Dann gibt es die bürgerlichen, für die die Väter das Schul-
geld und den Unterhalt zahlen können und die den Chorus symphoniacus ausmachen. Und dann gibt es die jungen Herren von
Adel, die in einer »Ritterakademie« zusammengefaßt sind und
sich von den anderen sogar bedienen lassen. Die Ritterakademie
ist ganz auf den feinen Umgangsstil ausgerichtet, und der war
damals natürlich der französische. Sogar die Umgangssprache war
französisch.*

Da gehörte zur Ausbildung selbstverständlich auch der französische Tanz, wofür eigens ein französischer Tanzlehrer engagiert
war, Thomas de la Selle. Tanzunterricht kommt ohne Musik nicht
aus, Monsieur de la Selle machte sie selber auf seiner kleinen
Geige, »pochette« genannt, weil man sie in die Rocktasche stek-
ken konnte. Von ihm waren also die authentischen französischen
Tanzformen zu erlernen: Courante, Gavotte, Allemande, Sara-
bande, Gigue, Bourrée und Menuet. Grund genug, sich mit ihm
anzufreunden.

Außerdem war dieser de la Selle nicht nur Tanzmeister, sondern ein richtiger guter Musiker, der auch in Konzerten am Hof
von Celle mitwirkte, welchen der Herzog von Braunschweig-
Lüneburg ganz in französischem Chic unterhielt. Denn er hatte
eine Dame aus französischem Adel geheiratet und war nicht weniger als andere deutsche Fürsten (der Eisenacher zum Beispiel) entschlossen, seinen Hof zu einem kleinen Versailles zu machen.
Dazu gehörte eine französische Kapelle, und die Musik, die sie

spielte, mußte natürlich gleichfalls französisch sein. Da ließ sich schon wieder etwas lernen!

Es lag nur eine gewisse Wegstrecke dazwischen.* Terry meint zwar, daß »der Sitz einer anderen Schule, nämlich Celle, so nahe lag«. Walther Siegmund-Schultze spricht von Celle als »benachbartem Musikzentrum«. Klaus Peter Richter nennt Celle »die Nachbarstadt«. Das ließe sich fortsetzen. Hätten all diese Musikwissenschaftler den Blick in einen Straßenatlas nicht verschmäht, hätten sie erfahren, daß diese »Nachbarstadt« mehr als neunzig Kilometer weit weg war, und es würde ernstlich niemand in Heidelberg vom »benachbarten Stuttgart« oder in Halle vom »benachbarten Dresden« sprechen, nicht einmal jemand in Ingolstadt vom »benachbarten München«, schon gar nicht, wenn er dahin zu Fuß zu gehen hätte. Wenn der junge Bach durch Monsieur de la Selle nach Celle gekommen ist – und durch wen sonst sollte er? –, dürfte der ihn freilich in seiner Kutsche mitgenommen haben, aber die fuhren auf den damaligen Straßen auch nicht viel schneller,* und so waren es von Lüneburg bis Celle allemal zwei Tagereisen, das heißt, ein Besuch in Celle kostete jedenfalls vier Reisetage nebst Übernachtungen, und etwas zu essen brauchte man auch.

Das war insgesamt eine aufwendige Sache für einen, der noch die Schule besuchte und im Monat höchstens auf anderthalb Taler Taschengeld kam. Sehr zeitaufwendig war sie in jedem Fall, aber nicht minder lohnend, denn damit lernte Bach die französische Art des Musizierens aus nächster Nähe kennen.

Sie kam aus der Schule des großen Jean-Baptiste Lully, des Musikmeisters Ludwigs XIV., des Begründers der Königlichen Musikakademie. Monsieur de la Selle hatte ihn noch gekannt, er war sein Schüler gewesen. Was ließ sich also auf der langen Reise von Lüneburg nach Celle und zurück nicht alles fragen und erzählen! Daß der große Lully nicht nur Musiker, sondern auch Schauspieler und Tänzer gewesen, vom König sein eigenes Orchester bekommen hatte, als Theaterintendant seine Opern landesweit aufführen durfte, vor allem aber damit *den* Stil des französischen Musizierens geprägt hatte, streng in der Form, korrekt in der Ausführung. Was alles beim Musizieren des französischen Orchesters am Hof von Celle sogleich in der Praxis zu erleben war. Und diese Lektionen im französischen Stil vergaß Johann Sebastian Bach sein Leben lang nicht: Noch in der *Kunst der Fuge* ist eine überschrieben »in stilo francese«.

Einige Musikwissenschaftler meinen, Bach habe den Konzerten beigewohnt, andere sagen sogar, er habe als Violinist mitgespielt – so, als ob in einem französischen Hoforchester ein jeder hätte gleich mitspielen dürfen! In Wahrheit ist das eine so unwahrscheinlich wie das andere, denn daß ein mittelloser sechzehnjähriger Lateinschüler aus der Lüneburger Klosterschule, nicht von Adel, bei der Hofgesellschaft zugelassen worden wäre, ist ebenso unglaubhaft wie die musikalische Mitwirkung bei solcher Gelegenheit. Nein, was bei diesen Besuchen bei der französischen Kapelle in Celle wirklich von höchstem Interesse war und unter Kollegen auch keiner besonderen Zulassung bedurfte, das waren die Proben! Da wurden die Stücke auseinandergenommen, in Stimmen zerlegt, ihre Schwierigkeiten herausgearbeitet, die entscheidenden Stellen wieder und wieder wiederholt, um schließlich, aufs neue zusammengesetzt, als Ganzes zu erklingen – genauer als in den Proben ließen sich weder Stücke noch Vortragsweise analysieren. Bei den Proben konnte ein interessierter angehender junger Musiker allemal dabeisein, da war man geradezu stolz, so einem jungen Menschen demonstrieren zu können, wie unter professionellen Musikern gearbeitet wird. Das Konzert selbst ließ sich hernach sogar unterm Fenster anhören und wurde fast zur Nebensache, so wie ja auch einen Büchsenmacher das Auseinandernehmen und Wiederzusammensetzen einer Flinte allemal viel mehr interessiert als das Schießen.

Aber das Studium des modernen französischen Musizierens war nur eine der Richtungen, in denen sich der Lerneifer des jungen Bach in Lüneburg bewegte, ebenso wie das Figuralsingen und nach dem Stimmbruch das Accompagnement des Chores am Cembalo, die Mitwirkung als Geiger im Schulorchester und das Stöbern in den beiden großen musikalischen Archiven. Ja, es waren eigentlich sogar nur die Nebensachen: Denn da gab es natürlich schon lange ein Instrument, das unendlich viel mehr vermochte als Violine und Cembalo zusammen: die Orgel.

Mit der Orgel war er natürlich schon in frühester Kindheit in Berührung gekommen. Es war ja selbstverständlich damals, daß man sonntags in die Kirche ging. Ebenso selbstverständlich ist es, daß auf den kleinen Musikhungrigen die Orgel einen stärkeren Eindruck machen mußte als alles Predigen. Dann kam er zu seinem Bruder, und der war Organist. Und wenn der ihn mit elf noch nicht die Orgel spielen ließ, ist daraus nicht zu folgern, daß er ihn überhaupt nicht an die Orgel gelassen hätte. Zuhören und zusehen durfte er auf jeden Fall. Auch das war aufregend genug: Auch so erfuhr er schon die Möglichkeiten, die in diesem Instrument steckten, in seinen zwei Klaviaturen, im Pedal als der dritten, in den Farben seiner Register. Und der junge Sebastian Bach wäre nicht der Sebastian Bach gewesen, wenn er sich mit der Verschiedenheit der Orgeltöne schon zufriedengegeben hätte. Er mußte auch herausbekommen, wie das alles zustande kam.

So eine Orgel ist ja nicht nur ein bestrickendes Klangwerk, sie ist auch ein technisches Wunder. Da sind die so unterschiedlichen Formen der Pfeifen und ihre so unterschiedlichen Größen, von dem fast fünf Meter hohen tiefsten C bis zu den kleinsten, deren Körper kleiner ist als ein Fingernagel. Dann die Verbindungen zwischen den Tasten und Pfeifen, die Traktur, hergestellt durch die Abstrakten und Wippen, dünne Latten, die über verschiedenste Scharniere in schier unüberschaubarem Wirrwarr bis zu den Pfeifenventilen führten und trotz ihrer unendlich scheinenden Länge und Kompliziertheit so ausgewogen sein mußten, daß sie alle mit gleicher Kraft und spielend mit einem Finger zu bewältigen waren.

Zudem sind in so einer Orgel im Grunde mehrere Orgeln versteckt: Das Brustwerk, auf der oberen Klaviatur zu spielen, hatte einen ganz anderen Klang als das Hauptwerk der unteren Klaviatur. Aber Koppeln machten es möglich, auf beiden Klaviaturen zugleich zu spielen. Da waren Metallpfeifen und Holzpfeifen, oben offene Pfeifen und andere mit einem Deckel verschlossen, auch manche nur halb verschlossen: verschiedenste Formen, und auch die Schlitze über dem Fuß der Pfeifen, die Labien, höchst verschieden. Dann Pfeifen, in denen der Ton durch ein schwingendes Blättchen erzeugt wurde wie bei der Schalmei, wie bei der Oboe, und die mit ihren Schalltrichtern die abenteuerlichsten Formen hatten.

Wie klangen weite Pfeifen und wie enge, wie offene und wie

gedackte? Es gab Pfeifen, die eine ganze Oktave tiefer klangen, als in den Noten stand, und andere ein, zwei, drei Oktaven höher. Dann gab es Register, die überhaupt nur die Obertöne spielten: Quinte, Terz, Septime. In Kombination die Mixturen mit ihren sonderbaren Namen: Cornet, Scharff, Zimbel, Sesquialtera. Allein klangen sie, als gäben sie lauter falsche Töne, mit den anderen Registern zusammen gaben sie Glanz und Farbe.

Wie kam das alles zustande, wie wurde das im Grundsatz disponiert, wie wurde es gestimmt und abgestimmt? Es war klar, daß ein Instrument mit derart reichen Möglichkeiten für einen solchen Durch-und-durch-Musiker wie Johann Sebastian Bach von Anfang an ein faszinierendes Instrument sein mußte, nicht eines – *das* Instrument. Kein anderes kam mit der Weite seiner Möglichkeiten seinen Fähigkeiten so weit entgegen. Da war die Spanne der Ausdruckskraft – von größter Zartheit bis zum donnernden Fortissimo –, die Vielfalt der Tonfarben von Rohrflöte und Dulcian über den Silberklang, der schon durch eine Verbindung von »Acht-Fuß«- und »Ein-Fuß«-Registern entstand, bis hin zur durchdringenden Helligkeit des Mixturklanges. Und über allem die wunderbaren Möglichkeiten einer Mehrstimmigkeit, die nicht ineinanderschmolz, sondern durch die Verschiedenartigkeit der Register in voller Klarheit darstellbar war. Das konnte weder das Cembalo noch die Violine, und dazu brauchte es weder einen Chor noch ein Orchester – zwei Bälgetreter genügten, und schon stand ihm eine ganze Klangwelt zur Verfügung, allein von seinem Wollen und Können abhängig. Es war naturnotwendig, daß er sich dieses Instrument erobern mußte, nachdem es ihn von Anfang an erobert hatte.

Und abermals hat er in Lüneburg Glück: Der bekannte und versierte Orgelbauer Johann Balthasar Held kommt nach Lüneburg, um die Orgel in der Sankt-Michaeli-Kirche zu erneuern. Geiringer (freilich nur er allein) weiß zu berichten, daß auch in Ohrdruf zu Sebastians Zeit an der Orgel gebaut worden sei. In Eisenach wurde, als der Bruder Johann Jacob schon dort in der Stadtpfeife angefangen hatte, die große Orgel in der Sankt-Georgs-Kirche gebaut, ein gewaltiges Werk mit zweiundfünfzig Registern auf drei Manualen. Es ist nicht auszuschließen, daß Sebastian den Bruder in Eisenach besucht hat – vierzig Kilometer sind gerade die Grenze für einen tüchtigen Tagesmarsch, wenn einer gut zu Fuß ist –, und dann ist es durchaus denkbar, daß die beiden jungen Musiker nach dem Orgelbau geschaut haben, so etwas kam ja nicht alle Tage vor. Aber der Orgelbauer Held arbeitete noch bis 1707 an der Orgel in Lüneburg, da ließ sich viel zusehen, fragen und lernen.

Als Johann Sebastian Bach mit achtzehn als Musiklakai in Weimar anfing, stand er bereits im Ruf eines Kenners der Orgelbaukunst, und nur in seiner Lüneburger Zeit kann er sich in den Besitz dieses Wissens gesetzt haben, natürlich nicht nur bei Held allein, aber von ihm hatte er den Schlüssel dazu bekommen.

Daß er sich außerdem in Lüneburg soviel wie möglich selbst an die Orgel gesetzt haben muß, versteht sich von allein. In der Nicolaikirche spielte der Johann Heinrich Löwe, der noch beim großen Heinrich Schütz in die Lehre gegangen war. Jetzt konnte er sein Erleben, seine Anschauungen und Kenntnisse an die nächste Generation, an den jungen Bach weitergeben. Und an der Orgel der Johanniskirche saß der Georg Böhm, ein Thüringer Landsmann aus der nächsten Nähe von Ohrdruf. Er genoß gleich hohes Ansehen als Organist wie als Komponist und war mit vierzig auf der Höhe seines Schaffens.

Geiringer wagt die Behauptung, Sebastian habe Böhm in Lüneburg überhaupt nicht und seine Kompositionen erst in Weimar durch seinen Cousin kennengelernt. Aber daß ein junger Mann, den die Orgel und alles, was damit zusammenhing, derart interessierte, nicht zu dem berühmten Organisten von Sankt Johannis hingegangen sein sollte, ist völlig unglaubhaft. Und warum hätte er sonst zu dem großen Johann Adam Reinken nach Hamburg wandern müssen, wo doch dessen bedeutendster Schüler, eben der Georg Böhm, in Lüneburg saß? Umgekehrt wird ein Schuh daraus: Löwe konnte ihm von Schütz berichten, aber Schütz war tot. Böhm konnte ihm von seinem Lehrer Reinken erzählen, und der amtierte noch in Hamburg. Damit war für einen so gründlichen Menschen wie den Johann Sebastian Bach klar, daß er nach Hamburg mußte.

Wenn man von der großen Begabung des Johann Sebastian Bach spricht, muß man wahrhaftig auch vor seinem Unternehmungsgeist und seinen tapferen Beinen den Hut ziehen: Was ist dieser Bursche in seinen jungen Jahren gelaufen! Für den Erwerb von Kenntnissen war ihm kein Weg zu weit und kein Wetter zu schlecht. Vierzig Kilometer zwischen Ohrdruf und Eisenach oder achtzig Kilometer hin und zurück, dreihundertfünfzig Kilometer von Ohrdruf nach Lüneburg, hundertachtzig Kilometer hin und zurück, um das französische Orchester in Celle kennenzulernen – da war Hamburg, recht betrachtet, nicht einmal so weit weg, sechzig Kilometer etwa, das ließ sich hin und zurück gut in vier Tagen bewältigen. Und in Hamburg studierte der Johann Ernst Bach, der mit ihm zusammen eine Zeitlang in Ohrdruf in des Bruders Haus gelebt hatte und mit ihm dort in die Schule gegangen war. Da war auch die Schlafstelle gesichert. Also auf zu Reinken, dem Organisten der Katharinenkirche!

Nicht nur der alte Reinken – er ging schon stark auf die Achtzig zu – war erlebenswert, auch seine Orgel: »In der St. Catharinen-Kirchenorgel in Hamburg sind gar sechzehn Rohrwerke. Der seel. Capellmeister, Hr. J. S. Bach in Leipzig, welcher sich einmal zwei Stunden auf diesem, wie er sagte, in allen Stücken vortrefflichen Werke hat hören lassen, konnte die Schönheit und Verschiedenheit des Klanges dieser Rohrwerke nicht genug rühmen«, war später in Jakob Adlungs *Musica Mechanica Organoedi* zu lesen.

In Sankt Nicolai saß dann ab 1702 noch ein hochberühmter Organist an der Orgel, Ende Vierzig damals, und nicht weniger respektgebietend: Vincent Lübeck. Außerdem gab es in Hamburg eine deutsche Oper, Reinken hatte sie mitbegründet. Dort saß ein Kapellmeister von einundzwanzig oder zweiundzwanzig Jahren, ein gewisser Johann Mattheson, und dann war da ein nicht viel älterer, der Konzerte veranstaltete, auch als Komponist von sich reden machte und kurz davor stand, die ganze Hamburger Oper zu übernehmen, ein gewisser Reinhard Keiser (der wenig später einen jungen Mann aus Halle namens Georg Friedrich Händel als Geiger in seinem Orchester anstellte). Als Lübeck nach Hamburg ging und Keiser die Oper übernahm, war Bach zwar schon nicht mehr in Lüneburg, aber trotzdem – der Fußmarsch nach Hamburg lohnte sich sehr!

Zeitaufwendige Reisen nach Celle und Hamburg, die Beschäftigung mit deutscher, holländischer, französischer, italienischer Musik, das Studium des Orgelbaus von Meister Held, der Umgang mit den Organisten Löwe und Böhm, Orgelüben, Musizieren im Mettenchor und Chorus symphoniacus – es ist erstaunlich, daß der Freischüler Bach unter solchen Umständen überhaupt noch Zeit für die Schule fand. Dabei hatte die auch ihren gerüttelt vollen Lehrplan.

Im Mittelpunkt standen der Religionsunterricht und die Musikübungen. Beides gehörte zusammen, das war in den protestantisch-lutherischen Schulen so seit Luther und Melanchthon: Die Unterweisung im rechten Glauben und das Singen waren die Fundamente der Gemeinde, und mit Grund war beides seit der Reformation zum Kernstück des Unterrichts geworden. Die Glaubensunterrichtung war selbstverständlich lutherisch-orthodox und vollzog sich vorzugsweise anhand von Leonhard Hutters *Compendium locorum theologicorum*, einem nun schon hundert Jahre alten theologischen Lehrbuch, das die Schüler in Eisenach der Einfachheit halber gleich auswendig zu lernen hatten, das aber ebenso in Ohrdruf wie in Lüneburg eingeführt war. Da das Lehrbuch ebenso wie auch die *Dicta Scripturae Sacrae* in Lateinisch geschrieben waren, ergab sich von selbst die Bedeutung des Lateinischen als des dritten Hauptfachs.

Daß die Unterweisung im rechten Glauben das Fundament der evangelischen Schulen bildete, hatte seinen massiven Grund: Der Dreißigjährige Krieg war kaum fünfzig Jahre vorbei, er war als erbitterter Glaubenskrieg geführt worden, und ihm war die Gegenreformation vorausgegangen, die die lutherischen Freiheiten liquidieren sollte. Der Religionskrieg hatte mit der Bestätigung des Religionsfriedens von 1552 geendet, aber der Papst hatte diesen Westfälischen Frieden von 1648 ausdrücklich verdammt, der Gegensatz zwischen Katholizismus und Protestantismus blieb somit so heftig wie eh und je, und hinzu kamen die nicht minder heftigen Gegensätze unter den Protestanten selbst: Den Lutherischen standen die Reformierten, die Kalvinisten, gegenüber, und im Lager der Lutherischen bekämpften sich seit nunmehr dreißig Jahren Orthodoxe und Pietisten. Es waren also sowohl die Errungenschaften von Luthers Reformation wie die Reinheit des theologischen Dogmas zu bewahren.

Zu Luthers Reformation gehörte aber vor allem die lebendige Anteilnahme der Gemeinde am Gottesdienst, die gemeinsam gesungenen deutschen Kirchenlieder und damit die Pflege der kirchlichen Musik. Aus diesem Grunde war in einer lutherischen Lateinschule der Cantor – der Schulcantor! – der wichtigste Mann nach dem Rektor, und nur dort, wo dem Rektor ein Konrektor beigegeben war, gelegentlich an der dritten Stelle, immer aber noch über dem eigentlichen dritten, dem Tertius. In Ohrdruf war der Superintendent der Rektor der Schule, der höchste Geistliche der Stadt. In Lüneburg befand sich die Lateinschule in einem lutherisch-reformierten Kloster.

In Eisenach wie in Ohrdruf wie in Lüneburg war der Religionsunterricht lutherisch-orthodox, Johann Sebastian Bach war mit den lutherisch-orthodoxen Dogmen seit frühester Jugend vertraut, und es gibt keine Belege dafür, daß er sich jemals von ihnen entfernt hätte, so viele vage Vermutungen und bloße Behauptungen von den verschiedensten Leuten auch darüber aufgestellt worden sind. In den Hauptfächern der Schule – Religion, Musik, Latein – hatte er jedenfalls keine Schwierigkeiten. Im Lateinunterricht las man auch die lateinischen Klassiker, was uns heute selbstverständliche Grundlage des ganzen Lateinunterrichts erscheint, aber damals keineswegs eine Selbstverständlichkeit war, ebenso wie der Unterricht im Griechischen, dem anderen Eckpfeiler humanistischer Bildung. Auch Griechisch wurde in Lüneburg unterrichtet, daneben die damals für unentbehrlich gehaltenen Fächer Rhetorik und Logik, aber auch Arithmetik, Geschichte und Geographie. Die Naturwissenschaften waren noch uninteressant. Aus den Grundregeln der Rhetorik ließen sich auch für einen Musiker gewisse nützliche Bezüge herstellen, und die Mathematik dürfte einem musikalischen Kopf, der bald die schwierigsten polyphonen Kombinationen in beglückende Selbstverständlichkeit band, direkt Vergnügen bereitet haben: Mit der Schule, zum Glück, mußte sich der junge Bach nicht allzusehr aufhalten.

Er blieb im Gymnasium zu Lüneburg mehr als zwei Jahre, von Ostern 1700 bis zum Sommer 1702. Er hatte die Ohrdrufer Lateinschule aus der Prima heraus ohne Abschluß verlassen und hätte in Lüneburg eigentlich mit dem Abiturium abschließen können. Aber was hätte es ihm gebracht? An den anschließenden Besuch einer Universität war nicht zu denken und dachte er auch bestimmt nicht. Erstens fehlte ihm dazu das nötige Geld. Zweitens hatte er sich in Lüneburg auf alle erdenkliche Weise mit Musik vollgesogen wie ein Schwamm. Er war seit seinem Einzug in Lüneburg und mit Beginn seines sechzehnten Lebensjahrs ganz auf eigene Füße gestellt und wollte Musiker werden. Er kannte das Musikleben in Lüneburg, Celle und Hamburg, er hatte sich gründlich in der ganzen erreichbaren Musik umgesehen, nicht minder gründlich im Orgelbau. Er wußte im Chorsingen Bescheid, war perfekt auf der Orgel, dem Cembalo und der Geige, wußte, was erstklassige Musiker wie der Böhm in Lüneburg, der Reinken in Hamburg, das französische Orchester in Celle leisteten, und auch durchaus, was er selber bereits zu leisten vermochte. Damit konnte er sich in die Praxis wagen.

Wozu also noch Abschlüsse in Rhetorik, Logik, Mathematik, Geographie und Geschichte? Er war jetzt siebzehn Jahre alt, war Vollwaise und mittellos und konnte Musik machen, mußte Musik machen, und er *wollte* nichts anderes als Musik machen!

III

ES WAR EIN ziemlich einsamer junger Mann, der da im Sommer des Jahres 1702 in Lüneburg wieder auf der Landstraße stand. Einsam, doch unverzagt. Das Leben hatte ihn von frühester Jugend an zum Alleinsein genötigt, schon im Vaterhaus, wo er das Nesthäkchen war. Der einzige Bruder, der ihm näherstand, Johann Jacob, war nach nur einem Jahr in Ohrdruf schon wieder nach Eisenach zurückgegangen, und der große Bruder, mehr als doppelt so alt wie er, war vor allem sein Erzieher gewesen.

Dann war er mit seinem Klassenkameraden Erdmann nach Lüneburg gelaufen, und beide hatten im Mettenchor gesungen. Aber dem Erdmann ging es ja um die Schulbildung, nicht um die Musik, und er selbst hatte viel zuviel mit der Musik zu tun, als daß er Zeit und Bedürfnis gefunden hätte, Schulfreundschaften zu schließen. Er hatte nicht nur fleißig sein müssen, wie er von sich selbst sagte, sondern auch früh selbständig. Diese Selbständigkeit ist ihm dann sein Leben lang geblieben: Er schloß sich keiner Schule an und keiner Richtung. Zwar kannte er alle und schloß sich nicht von ihnen ab, wie das die mediokren Originalgenies zu tun pflegen, er schloß sich ihnen nur nicht an. Selbst die Mizlersche Societät, die die besten Komponisten der Zeit vereinigen wollte, mußte lange auf seinen Beitritt warten, und beim Beitritt (mitsamt Bild und Probstück) blieb es. Auf die fälligen kompositorischen Jahresbeiträge verzichtete er, daß er sie geliefert habe, bleibt Spekulation.

Manche Biographen behaupten, die Sehnsucht nach der Heimat habe ihn zurück nach Thüringen geführt. Aber wo war da Heimat? Kein Platz für ihn in Eisenach und kein Platz für ihn in

Ohrdruf. Im übrigen: Wenn etwas zu Johann Sebastian Bach nicht paßte, dann war es Sentimentalität. Schon gar nicht beim Abschied von Lüneburg und dieser Wanderung zurück nach Thüringen so kurz nach Beginn des neuen Schuljahrs. Das »Fremd bin ich eingezogen, fremd zieh' ich wieder aus« hat Schubert komponiert, nicht Bach.

Der, nunmehr auf Stellensuche, hatte sehr praktische Ursache, nach Thüringen zurückzukehren: Dort hatte der Name Bach Geltung, war geradezu Berufsbezeichnung, Synonym für Musiker. Wenn sich irgendwo ein Unterkommen für einen jungen Musiker fand, der den Namen Bach führte, dann in Thüringen. Tageszeitungen oder Fachpresse gab es noch nicht. Andererseits funktionierte die Kommunikation zwischen den Leuten sehr viel besser: Was nicht zu lesen war, war zu erzählen. Ein Fußgänger, der hier Rast machte, dort seine Brotzeit, da seine Unterkunft für die Nacht suchte, erfuhr manches. Und Johann Sebastian hatte zudem noch sehr spezielle Interessen: Ein Jahr später wurde er bereits, wie wir wissen, als Orgelbaufachmann zu Rate gezogen. Allein bei Meister Held ließen sich die Voraussetzungen dafür nicht erwerben, dazu mußte man Vergleiche angestellt und nicht nur von zwei oder drei Orgeln Kenntnis haben.

Auf einem Fußmarsch von dreihundertfünfzig Kilometern, noch dazu ganz allein, kommt einer durch viele Orte, und da wäre es sehr töricht gewesen, an allen Kirchen und allen Orgeln vorbeizugehen, zumal sich von den Organisten wohl am ehesten etwas über bestehende Vakanzen in Erfahrung bringen ließ und sie sowieso diejenigen waren, mit denen man über Musik reden konnte.

Es seien damals, berichten die Biographen, gleich drei Organistenstellen in Thüringen frei gewesen: In Eisenach war der Organist von Sankt Georg, Sebastians Onkel, gestorben. Aber sein Sohn nahm seinen Platz ein – hundertdreißig Jahre lang hatten dort Bache das Organistenamt inne. Doch in Arnstadt wurde in der neuen Kirche Sankt Bonifatius an einer neuen Orgel gebaut, und dann gab es noch eine Vakanz in Sangerhausen, wo der Stadtrichter und Organist Gottfried Christoph Gräffenhayn am 3. Juli des Jahres verstorben war. Dorthin lenkte Sebastian seine Schritte und bewarb sich, wobei es sehr wahrscheinlich ist, daß ihn die

Nachricht von der Vakanz schon in Lüneburg erreicht hat, denn warum sonst geht einer mitten im Schuljahr aus der Schule?

Jedenfalls kam es zum Probespiel, und er machte einen ausgezeichneten Eindruck: Die Herren von der Ratsverwandtschaft wollten ihn auf der Stelle nehmen. Aber Sangerhausen war alles andere als eine freie Reichsstadt, das letzte Wort hatte der Herzog Johann Georg von Sachsen-Weißenfels, und ihm war erstens dieser Bach zu jung (er hatte ja noch nicht einmal das Abiturium), und zweitens hatte er einen älteren und erfahreneren Musiker an der Hand, den Herrn Augustin Kobelius, der sich überdies als Hofmusiker in Weißenfels bewährt hatte. Also bekam der die Stelle.

Nun gibt es in Bachs Biographie ein Loch, und dieses erstreckt sich über den ganzen Sommer, Herbst und Winter von 1702 und den Frühling 1703. Erst Ostern 1703 finden wir ihn wieder, und zwar als Hofmusiker des Herzogs Johann Ernst von Sachsen-Weimar. »Durch welche Verhältnisse er von Lüneburg nach Weimar kam, ist nicht bekannt«, schreibt Bachs erster Biograph Forkel, der noch den Carl Philipp Emanuel Bach um Einzelheiten befragen konnte. Terry weiß es besser: »Zwischen den Höfen von Weimar und Weißenfels bestanden verwandtschaftliche Beziehungen, die Bachs weitere Laufbahn erklären und wahrscheinlich jetzt ausgenutzt wurden, um ihn für die in Sangerhausen erlittene Enttäuschung zu entschädigen.« Aber wenn das stimmte, wäre Bach nicht erst im April des nächsten Jahres in Weimar angekommen, nachdem er im August in Sangerhausen abgelehnt worden war. Auch muß man die Güte und das Interesse von Herzögen an jungen Leuten nicht überschätzen.

Jedenfalls finden wir ihn erst im nächsten Jahr als Geiger oder Bratschisten in Weimar, und zwar im Range eines Lakaien, was für Musiker an Fürstenhöfen damals durchaus die übliche Position war. Ein Organist als städtischer Angestellter genoß ein höheres Ansehen, wie aus dem Stadtrichteramt des Organisten Gräffenhayn in Sangerhausen ersichtlich. Schwerlich hätte auch der Hofmusiker Kobelius sich um diese Stelle beworben, wenn er sich nicht dabei hätte verbessern können. Aber Hofmusiker war keine schlechte Position, man war kein gewöhnlicher Lakai. Der Herzog Johann Ernst, jüngerer Bruder und Mitregent des Herzogs Wilhelm Ernst, war sehr musikliebend und kunstverständig, seine

beiden Söhne Ernst August und Johann Ernst ebenfalls musik-
begabt, der jüngere sogar ganz außergewöhnlich. Außerdem war
der Herr Hoforganist Johann Effler von seinen Pflichten als
Sekretär in der herzoglichen Kanzlei stark in Anspruch genommen und nicht mehr der Jüngste, da war auch gelegentlich Platz
auf der Orgelbank und damit verbunden die Möglichkeit, sich an
der Orgel weiter zu vervollkommnen. Der alte Effler wäre ein Tor
gewesen, da Einspruch zu erheben, er konnte die begeisterte Ent-
lastung nur genießen. Was aber das Repertoire der herzoglichen
Kapelle anging, so war dort, wo die französische Musik nicht
betrieben wurde, die italienische die vorherrschende, und Vivaldi,
Corelli, Tartini hatten für die Besetzung, die der Herzog sich leisten konnte, sehr schöne Sachen geschrieben. Reichtümer ließen
sich in Weimar im Roten Schloß nicht gerade sammeln, aber das
Auskommen war gesichert, und musikalisch verhungerte der
junge Bach keineswegs.

Spitta, Terry und andere tun so, als hätte Bach beim kunstver-
ständigen Herzog Johann Ernst und seinen musikalischen Söhnen
nur so etwas wie eine Warteschleife bezogen, begierig darauf war-
tend, daß endlich die Orgel in der Neuen Kirche zu Arnstadt fertig würde. Sie sind gleich zweifach im Irrtum. Ein Musiker, der
sich in landesherrliche Dienste begab – und die beiden Herzöge
waren die Landesherren von Sachsen-Weimar –, konnte seinen
Dienst im Bedarfsfalle durchaus nicht nach eigenem Belieben
quittieren. Das sollte Bach später gerade in Weimar noch hart
genug erfahren. Es war auch nicht so, als ob es dem Herzog
Johann Ernst auf einen Musiker mehr oder weniger in seiner Privatkapelle nicht angekommen wäre. Rueger meint, der Bach habe
dort quasi in der dritten Reihe gespielt, aber die gab es nicht, die
Besetzung war durchaus kammermusikalisch. Der junge Musiker
namens Bach, gleich tüchtig auf der Geige, der Bratsche, dem
Cembalo und der Orgel, auch in der Theorie recht beschlagen,
war in dieser kleinen Privatkapelle sehr nützlich, und wenn ihn der
Herzog so bald wieder gehen ließ, so, weil er ihn schätzte.

Keinesfalls konnte der junge Bach als einer seiner Musiklakaien
die Stelle antreten und verlassen, wie es ihm beliebte. Und die
Behauptung, Bach habe schon bei seinem Dienstantritt beim Herzog auf die Organistenstelle in Arnstadt spekuliert,* ja, daß er

diese Stelle bekommen werde, wird bei näherem Zusehen vollends unhaltbar: Die Orgel in der Neuen Kirche wurde, obschon noch nicht vollendet, längst gespielt,* nämlich durch den Stadtorganisten Börner. Und wenn diese neue und offensichtlich sehr sorgfältig gebaute Orgel fertig sein würde, war es eigentlich eine Selbstverständlichkeit, daß Börner weiter an dem neuen Instrument sitzen bliebe – Interimslösungen sind gewöhnlich der Anfang eines Dauerzustands.

In Arnstadt verliefen die Ereignisse anders: Das Interim endete ziemlich abrupt, als die Orgel fertiggestellt war. Der Orgelbau hatte ohnehin erheblich länger gedauert als versprochen. Gewisse Leute, die offensichtlich nicht viel von der Sache verstehen, haben dem Orgelbauer Gottlieb Wender aus Mühlhausen daher im nachhinein Säumigkeit vorgeworfen, was schon deswegen unsinnig ist, weil der Preis für so eine Orgel vor Baubeginn vereinbart wurde und es die Sache des Orgelbauers war, hernach mit der vereinbarten Summe zurechtzukommen: Je eher der Bau fertig war, desto eher hatte er Zeit für den nächsten Auftrag und die nächste Arbeit.

Aber der Organist Börner, als es soweit war, erklärte dem Rat der Stadt, er sei mit der Ausführung der Arbeit nicht zufrieden, Wenders Orgel spiele nicht, wie sie solle, und er wollte die Arbeit nicht abnehmen. Wender, der mehr als die übliche Zeit und somit auch mehr als die veranschlagten Kosten in den Bau investiert hatte, erhob begreiflicherweise Einspruch, und mitbetroffen von Börners Einwänden war der Diaconus Fischer aus Mühlhausen, der Wender ausdrücklich empfohlen hatte. Abgesehen davon, daß Gutachter bei der Abnahme von neuen Orgeln üblich waren, war hier der Sache nach, obwohl die Orgel längst in Betrieb genommen, in Güte nicht zu entscheiden – es mußte auf jeden Fall ein Gutachter und eigentlich ein Schiedsrichter her.

Die Geschichte ist voller Merkwürdigkeiten. Zum ersten, daß die Orgel bereits längst gespielt worden war. Zum anderen, daß man sich in einem so prekären Fall eigentlich um einen bewährten und erfahrenen Mann hätte kümmern sollen. Der Ohrdrufer Bach war für seine Organistenkunst berühmt. In Meiningen saß auch ein bedeutender, und andere bekannte Bache saßen ringsum im Land. Einen Bach für die Aufgabe zu nehmen war zweckmäßig, denn der Reichsgraf von Schwarzburg im Arnstädter Schloß hatte schon auf den alten Bach, den Zwillingsbruder von Johann Sebastians Vater, große Stücke gehalten, und was ein Reichsgraf in solchen Sachen zu sagen hatte, geht aus der Sangerhausener Geschichte hervor, in der durch einen Herzog dem jungen Bach die Anstellung verdorben worden war.

Sebastian war immer noch ziemlich jung, achtzehn gerade im März geworden und überhaupt der jüngste Bach im Umkreis. Dessenungeachtet muß sich damals bereits herumgesprochen haben, daß er eine Menge vom Orgelmachen verstand, und das kann nicht bloß von Zwiegesprächen mit dem alten Effler und von seiner Orchestertätigkeit beim Herzog gekommen sein. Nachdem er einmal durch den Orgelbaumeister Held in die technischen Geheimnisse des Instruments eingedrungen war, hat er sich – das beweisen seine zahlreichen Orgelprüfungen in den späteren Jahren – immer weiter damit beschäftigt. Vergleiche sind für das Sammeln entsprechender Kenntnisse die Voraussetzung, und Bach kann sie nicht anders gesammelt haben als dadurch, daß er sich alle Orgeln, deren er habhaft werden konnte, gründlichst ansah und ausprobierte – und ebendas mußte sich herumsprechen.

Die anderen Organisten blieben, wo sie saßen. Der Johann Sebastian Bach gebrauchte seine Beine und sah sich um. Sein Leben lang war sein Informationsdrang enorm, er gehörte zu seiner professionellen Gründlichkeit. »Ein Perfektionist«, würden wir heute sagen, und man sagt das gewöhnlich mit einer leichten Verdrießlichkeit – als könnte ein anderer als ein Perfektionist etwas Vollendetes zustande bringen.

Wenn dieser junge Bach also dafür bekannt war, daß er alle Orgeln der Umgebung kannte und außerdem mit seinen jungen Jahren bereits den Orgeldienst bei den Herzögen von Sachsen-Weimar versah, dann war er offenbar der richtige Mann, um zu beurteilen, ob die Wendersche Orgel ebenso gut war wie die Orgeln der Umgebung oder besser oder schlechter. Außerdem war er ein Bach, also aus einer bewährten Familie, und zusätzlich – und das war für das Stadtsäckel wichtig – konnte er in Anbetracht seiner Jugend nicht allzuviel kosten. All das waren sehr gute Gründe, ihn als Fachberater und Gutachter in diesem schwierigen Fall zu holen. Gelegentlich wird als der wichtigste Grund ange-

Die Orgel der Bonifatius-Kirche zu Arnstadt zeigt bis heute denselben Prospekt wie zu Bachs Zeiten.

geben, der junge Bach sei ja mit dem Arnstädter Bürgermeister Feldhaus über seine Mutter hinweg verwandt gewesen.* Aber das sollte man besser als ein Hindernis in dieser Sache ansehen: Gegen ein unliebsames Urteil hätte wenig so nahe gelegen wie der Vorwurf der Vetternwirtschaft.

Wäre die Stelle, wie mehrfach behauptet wird, schon für Bach reserviert gewesen, hätte ein einfaches Vorspiel genügt, um sich zu überzeugen, daß der junge Mann die nötigen Fähigkeiten für das Amt mitbrachte. Aber er wurde zum Gutachter bestellt.

Das war ein erstklassiger diplomatischer Schachzug: Er verpflichtete den Rat von Arnstadt zu nichts. War das Urteil etwa nicht ausreichend oder wurde angefochten, konnte man sich jedenfalls auf die Jugend des Gutachters hinausreden, und eine Verpflichtung, den Gutachter als Organisten anzustellen, bestand überhaupt nicht, zumal er ja bereits bei Hofe in Amt und Brot war. (Im Ratsprotokoll wird er als »Fürstl. Sächs. Hoforganist« bezeichnet.) Man sieht: Der Rat wußte sich aus der ganzen Sache vorzüglich herauszuhalten und hätte sich nicht besser absichern können. Auch finanziell ging die Rechnung auf: Der Prüfer war tatsächlich damit einverstanden, daß er weniger bekam, als dem Orgelbauer für die Abnahme zustand.

Orgelbauer Wender, mit achtundvierzig ein erfahrener Meister, konnte mit dieser Lösung unmöglich zufrieden sein: Was stand solch einem jungen Menschen von neunzehn Jahren schon an Kenntnissen zur Verfügung?

Aber dann kamen die Überraschungen: Als sich der junge Mensch an die Arbeit machte, ersparte er als Prüfer dem Orgelmacher nichts (und dafür blieb er bis an sein Lebensende bekannt), indessen wußte er auch Dinge gut zu finden, die andere kaum bemerkt haben würden. Und gute Arbeit hatte Wender geleistet: Seine Orgel tat dann einhundertsechzig Jahre lang ihren Dienst, bis sie 1864 nach dem Zeitgeschmack umgebaut wurde, und noch heute erklingen in der Orgel von Sankt Bonifatius zu Arnstadt Register, die der alte Wender gebaut und der junge Johann Sebastian Bach abgenommen hat.

Dieser junge Orgelprüfer aus Weimar verstand aber nicht nur erstaunlich viel vom Orgelbau, sondern ebensoviel oder fast noch mehr vom Orgelspiel, er brachte diese neue Orgel so zum Klingen, wie in Arnstadt noch keiner eine Orgel gehört hatte. Der Eindruck bei den Arnstädter Ratsherren war überwältigend, denn nicht nur beauftragten sie ihn mit dem Spiel zur Orgelweihe, sie boten ihm auch sofort die Anstellung als Organist an, und das mit einem Gehalt, wie es weder davor noch danach einem Arnstädter Organisten gezahlt wurde. Etwas tiefer in ihre Tasche greifen mußte sie freilich auch, da der junge Mensch ja eine ordentliche Anstellung bei Hofe aufzugeben hatte. (Auch daraus geht hervor, daß Bach keineswegs nach Arnstadt kam, um sich auf einen reservierten Platz zu setzen.)

Nein, er setzte sich nicht ins fertig ausgepolsterte Nest, und es ist auch nicht so, daß er damit ans Ziel seiner Wünsche gelangt wäre – der kindlich-fromme Mensch endlich im Dienste seiner Kirche,* wie er sich das angeblich seit seinem vierzehnten Lebensjahr vorgenommen hatte. So enorm sind die musikalischen Möglichkeiten eines Organisten im Gottesdienst durchaus nicht. Vor- und Nachspiele, Liturgie und Begleitung des Gemeindegesangs sind immerzu wiederkehrende Aufgaben in fest gezogenen Grenzen, die Gemeinde kommt nicht zu einem Orgelkonzert zusammen, auch die schönste Orgelmusik bleibt im gottesdienstlichen Bereich in Wirkung und Größe beschränkt.

Bachs Organistendienst in Arnstadt erschöpfte sich in dem Sonntagsgottesdienst von acht bis zehn, der Betstunde am Montag und dem Frühgottesdienst am Donnerstag von sieben bis neun. Die Bequemen können sagen: Da hatte er wenig zu tun. Man kann aber auch sagen: Da hatte er wenig Gelegenheit zur Wirkung. Jedenfalls hatte er viel Zeit zur eigenen Verfügung und ein gutes Gehalt obendrein: fünfzig Gulden und dreißig Taler, wesentlich mehr, als sein Vater in Eisenach gehabt hatte und als sein Bruder in Ohrdruf bekam. Indessen hatte er, nüchtern betrachtet, als Hofmusikus beim Herzog Johann Ernst das größere Repertoire und mehr Musik zu machen, vor allem Orchestermusik, und die Orgel stand ihm ebenso offen.

Doch Arnstadt bot ihm außer der Orgel auch Orchestermusik, der Reichsgraf unterhielt in seinem Schloß eine größere Kapelle als der Weimarer, vierundzwanzig Musiker, und die Verstärkung durch einen jungen Mann, der bisher beim Herzog gegeigt hatte, war zu willkommen, als daß er sie sich hätte entgehen lassen können. Darüber hinaus bot Arnstadt Bach jedoch außer dem besseren Einkommen noch etwas ungleich Wichtigeres: Selbständigkeit!

Die Orgel war ausgezeichnet. Daß es die allerbeste Orgel gewesen sei, die Bach während seiner Anstellungen je unter seinen Fingern gehabt habe, wie Besseler behauptet, darf freilich bezweifelt werden, da er später in Weimar Gelegenheit bekam, sich geradezu seine Wunschorgel bauen zu lassen. Aber diese hier war gut, und nicht der Herr Hofsekretär Effler, nein, er selbst hatte den Schlüssel dazu. Die Stadt war ihm gewogen, das Amt war ihm angetragen worden, ohne daß er sich hatte bewerben müssen. Und beim Reichsgrafen hatte der Name Bach ohnehin einen guten Klang.

Arnstadt hatte etwas mehr als viertausend Einwohner, drei Kirchen und ein Gymnasium, aber es hatte keinen Chor und damit keine Figuralmusik. Johann Friedrich Treiber, der Rektor des Gymnasiums, komponierte zwar gelegentlich selbst (so unter anderem eine Oper über den Nutzen des Bierbrauens), aber einen Chor gab es nicht. Hier ließ sich etwas aufbauen! Bach als der neue Organist im Ort hatte reichlich Erfahrung in schulischer Musikpflege aus Eisenach, Ohrdruf und Lüneburg. Was dort und anderswo Selbstverständlichkeit war, mußte hier auch möglich sein.

Nur war er noch nicht lange genug Arnstädter. So schätzte er den Rektor, die Arnstädter Gymnasiasten und seine eigenen Möglichkeiten in diesem speziellen Falle völlig falsch ein. In Arnstadt ging die Schuluhr anders. Der musikübende Rektor Treiber wußte sehr gut, warum er die Figuralmusik mit seinen Schülern unterließ. Sein Gymnasium war nicht das Lüneburger Michaelis-Gymnasium, darin Chorsänger nur solche Schüler sein durften, »die den Lehrern durch hervorragende Frömmigkeit, Bescheidenheit, Gehorsam und Fleiß genau bekannt sind«. Das hätte in Arnstadt keinen Schulchor ergeben. Hier war eine kleine Stadt mit einem blühenden Gewerbe: Tuchmacher, Gerber, Bierbrauer – Handwerker, die es zu etwas gebracht hatten, zumal die Stadt auch an einer guten Handelsstraße lag. Die gestandenen Leute schickten ihre Söhne aufs Gymnasium, weil sie es sich leisten konnten. Die Söhne ihrerseits, als Söhne wohlhabender, also einflußreicher Eltern, wußten, was sie *sich* leisten konnten. Sie bildeten eine ausgesprochen wilde Bande, die sich mit dem Abschluß der Studien durchaus nicht beeilte. Manche unter ihnen waren schon über zwanzig und dachten immer noch nicht ans Abitur. Lieber heckten sie nächtliche Katzenmusiken und andere handfeste Streiche aus. Die Arnstädter wußten: Ihre Gymnasiasten waren ein Bürgerschreck, den man sich besser vom Leibe hielt.

Auch Bach wußte davon, aber ihn schreckte das nicht. Er hatte gelernt, wie man mit einem Schulchor umging, und wollte es beweisen. So, wie er es anpackte, hatte er auch auf der Stelle Erfolg, es kostete ihn offensichtlich nicht einmal allzuviel Mühe. Die Burschen sangen gar nicht schlecht, und war vordem der Rat glücklich gewesen, einen so guten Organisten verpflichten zu können, so waren nunmehr das Konsistorium, der Superintendent und die Pfarrherren sehr zufrieden, mit dem neuen Organisten auch endlich eine ordentliche Figuralmusik zu haben. Sogar den Gymnasiasten machte es Spaß. Der junge Mensch, der sich da quasi als Schulcantor ins Gymnasium eingedrängt hatte, war ja vom Alter her ihresgleichen, und wenn sie in der Kirche sangen, konnten sie der Stadt beweisen, daß sie im Grunde doch alle prächtige Kerle waren, ihre Mitwirkung verschaffte ihnen direkt eine gewisse gesellschaftliche Stellung.

Über ein Jahr ging das gut. Aber dann entwickelte die Sache allmählich zwei große Nachteile. Erstens wurde aus dem anfänglichen Spaß für die Schüler eine Verpflichtung, also etwas durchaus Lästiges. Und zweitens begann dieser neue Organist, der ja noch nicht einmal so alt war wie die ältesten unter ihnen, sie zu malträtieren: Er stellte Ansprüche!

Denn Bach war nun einmal Perfektionist, das läßt sich von frühester Kindheit an bis zu seinem Lebensende verfolgen. Was er anfing, betrieb er mit ganzem Ernst. An den verschiedensten Stellen seines Lebens hat er durchaus Humor bewiesen, aber in seiner Musik verstand er keinen Spaß, da konnte er fünfe nicht gerade sein lassen, und Schlamperei konnte er schon gar nicht hinnehmen.

Damit weckte er bei seinen Chormitgliedern den Widerstand. Für die war das Singen vor allem eine Belustigung, zu der sie nicht einmal verpflichtet waren: Ohne Singen war es schließlich vordem auch gegangen. Bach aber konnte mit ihren Leistungen nicht zufrieden sein: Er wollte einen besseren Chor aus ihnen machen, und da er unzufrieden mit ihnen war, wurden sie unzufrieden mit ihm. »Unzufrieden« ist das falsche Wort, sie rebellierten. Bach war entschlossen, sich durchzusetzen. Die Schüler waren entschlossen, sich seine Behandlung nicht länger gefallen zu lassen.

Überliefert ist, daß er einen der mutwilligen Störenfriede, Geyersbach, als »Zippelfagottisten« titulierte. Das kommt uns heute eher als ein Scherz- denn als ein Schimpfwort vor, aber wo ein Streit gesucht wird, kann der Anlaß nicht nichtig genug sein. Seine Sänger gruben das Kriegsbeil aus, es kam zu einer regelrechten Verschwörung von sechs Primanern namens Geyersbach,

Schüttwürfel, Traßdorf, Hoffmann, Manebach und Stützhaus. Die sechs – alle in seinem Alter und darüber – lauerten ihm mit Knüppeln bewaffnet im Dunkeln auf, um ihn mit Brachialgewalt zu zwingen, sich bei Geyersbach für den »Zippelfagottisten« förmlich zu entschuldigen, in Wahrheit natürlich, um einen Vorwand zu haben, ihn zusammenzuschlagen. (Wäre es ihnen um weniger gegangen, hätten sie ihm nicht nachts auflauern müssen.)

Den musikwissenschaftlichen Biographen ist das Lebensbedrohende dieser Situation durchweg gar nicht aufgegangen. Sie behandeln das Ganze durchweg als eine Bagatellepisode. Dabei war es ein leichtes für diese sechs zwanzigjährigen Rowdies, den Bach, der da – wahrscheinlich mit seinem Geigenkasten unterm Arm nach einem Konzert beim Reichsgrafen – daherkam, nächtens zum Krüppel zu schlagen. Musiker sind außerordentlich verletzlich. Robert Schumann zerstörte ein steif gewordener Finger die Pianistenlaufbahn. Ein gezielter Knüppelschlag auf die Hand, und Bachs Leben hätte einen völlig anderen Verlauf nehmen müssen.

Der junge Händel geriet übrigens im selben Jahr in eine ebenso gefährliche Situation, als sein angeblicher Freund Johann Mattheson nach der Premiere von dessen Oper *Cleopatra* den Degen gegen ihn zog. Mattheson hätte seinen Gegner erstochen, und alle Kompositionen Händels wären nicht in der Welt, wäre da nicht ein Knopf an Händels Rock gewesen, an dem Matthesons Klinge zerbrach.

Gegen die Knüppel von Geyersbach und Konsorten schützte kein Rockknopf, Bach hatte keine Chance. Oder doch! Zur Hoftracht gehörte ein Galanteriedegen. Den zog er und ging auf seine Angreifer los. Die hatten mit seiner Angst gerechnet, nicht mit seiner Entschlossenheit – sie rissen aus.

Bach zeigte den Vorfall seiner vorgesetzten Behörde an. Zusammenrottung, nächtlicher Überfall, Bruch des Stadtfriedens – es kam eine ganze Menge gegen die Angreifer zusammen, Bach konnte erwarten, daß hier Recht gesprochen werden würde. Aber er war kein Arnstädter, er irrte sich gründlich. Sein Verwandter, der Bürgermeister Martin Feldhaus, hielt sich überhaupt aus der Sache heraus. (Woraus einmal mehr zu ersehen, wie wenig Bachs Interessen dort durch verwandtschaftliche Beziehungen gefördert wurden.) Verweis von der Schule für Geyersbach als Anführer, Karzer für die anderen Beteiligten wären die mildesten Strafen gewesen. Doch es lief anders. Die sechs waren ja Söhne angesehener Eltern. Also bekam Geyersbach als Rädelsführer nicht mehr als einen einfachen Verweis, »seine künftige Laufbahn nicht zu gefährden«, und die übrigen kamen überhaupt ohne eine Strafe davon, »da ihnen keine Untat nachzuweisen«. Einzig ernstlich für den Überfall auf ihn gemaßregelt wurde ... der Organist Bach, dem vom Konsistorium auferlegt wurde, »die musikalische Unterweisung der Gymnasiasten auf der Stelle in gemäßigter Form wiederaufzunehmen«.

Der Musikwissenschaftler Paule DuBouchet notiert die Geschichte unter »Der jugendliche Choleriker«. Auch Albert Schweitzer schiebt allein Bach die Schuld in die Schuhe. Er schreibt: »Man rede hier nicht von der Verständnislosigkeit der Kirchenbehörde für das Genie des jungen Organisten. Sie war mit ihren Beschwerden im Recht. Bach hatte mit dem Chore nichts anzufangen gewußt. Schon in Arnstadt offenbarte sich also der Mangel an jeglichem organisatorischen Talent, der ihm dann später die Stellung in Leipzig so erschweren sollte.«

Wozu lediglich anzumerken wäre, daß in Leipzig gleich zwei durchaus nicht freundlich eingestellte Behörden – Rat und Konsistorium – in Bachs siebenundzwanzig Leipziger Dienstjahren nicht ein einziges Mal seine mangelnde Organisationfähigkeit zu rügen wußten, obwohl er in den letzten dreizehn Jahren seines Wirkens dort die Thomasschule nicht mehr betrat und die Chöre in seinen vier Kirchen nur noch über seine Schülerstellvertreter, die »Präfekten«, organisierte. Die Unterstellungen DuBouchets und Schweitzers sind also lediglich Phantasien der Verfasser, die obendrein durch die Fakten eindeutig widerlegt werden.

Auch Schweitzers Behauptung, daß Bach, der in Arnstadt schon über mehr als ein Jahrzehnt Chorpraxis verfügte und die Arbeit mit dem Chor von sich aus angefangen hatte, mit dem Chor »nichts anzufangen gewußt« haben solle, ist eine fahrlässige Behauptung: Aus dem Aktentext der Auflage, »den Unterricht in *gemäßigter* Form wiederaufzunehmen«, geht eindeutig hervor, daß Bachs Qualitätsanspruch den Vorfall herbeigeführt hatte. In Leipzig widerfuhr ihm später ähnliches: Man hatte so lange nichts gegen ihn, wie er mit seinem Qualitätsanspruch niemand belästigte.

Wäre er der gottergebene Mann der Kirche gewesen, als den ihn Spitta, Terry, Schweitzer und andere hinstellen, hätte er sich den Forderungen seiner kirchlichen Oberen gefügt. Unglückseligerweise war er Musiker und dazu getrieben, bis in alle Tiefen seiner Kunst vorzustoßen und ihr auch unter den widrigsten Umständen treu zu bleiben. Statt Anstellungsverträgen hätte er Mäzene gebraucht, aber von denen hatte er nur einen einzigen in seinem ganzen Leben, und den keine vier Jahre.

Er hatte sich von Geyersbach und seinen Kumpanen nicht verprügeln lassen. Zur Strafe dafür legte ihm das Konsistorium als Pflicht auf, wozu er sich nie verpflichtet hatte. Das veränderte sein Verhältnis zu Arnstadt gründlich. Am 9. August 1703 hatte er seinen Vertrag unterschrieben und anschließend versucht, in Arnstadt eine Figuralmusik auf die Beine zu stellen. Fast auf den Tag genau zwei Jahre darauf, am 8. August 1705, war er dafür überfallen worden.

Niemand kann ihm verargen, daß er gar nicht daran dachte, die Auflage des Konsistoriums auszuführen. Er hätte sich lediglich in eine aussichtslose Position begeben: Qualitätsansprüche konnte er gegenüber seinen Sängern so nicht mehr stellen. Die Schüler hatten »es ihm gezeigt«. Wieviel sie sich von ihm gefallen lassen wollten, konnten sie künftig selbst bestimmen, und sie wußten nun auch, daß sie bei einem neuen Überfall auf ihn nichts zu fürchten hätten. Und Bach hatte gesehen, daß seine geistliche Obrigkeit ihn nicht nur nicht deckte, sondern offenkundig auf der Seite seiner Gegner stand. Somit hatte sich die Figuralmusik in Arnstadt für ihn erledigt.

Kein einziger seiner Kritiker hätte unter solchen Umständen eine ordentliche Figuralmusik zustande bringen können. Wie konnten das alle übersehen?

Bach war aber auf die Figuralmusik als künstlerische Betätigung auch gar nicht angewiesen. Erstens beschäftigte ihn die Orgel immer weiter. Und zweitens begann er hier zweifelsfrei etwas, wovon wir bisher keinerlei sichere Spuren haben: das Komponieren. Natürlich gibt es Vermutungen, daß er sich auch schon in Lüneburg damit beschäftigt habe. Aber das läßt sich nicht beweisen, und es ist nicht einmal wahrscheinlich: Er hatte so viel mit dem Studieren zu tun. Wenn man zusammenfaßt, womit er sich von Ostern 1700 bis zum Sommer 1702 dort beschäftigte, gewinnt man den Eindruck einer unglaublichen Wissens-Sammelleidenschaft. Andere Komponisten quollen schon in ganz jungen Jahren über von Schaffensdrang, bei Bach hat man den Eindruck: Er nähert sich den Bereichen seiner Kunst ganz, ganz umsichtig, geradezu wissenschaftlich. Bis zu seinem achtzehnten Lebensjahr gibt es keine gesicherte Note von ihm, mindestens nichts, was er des Aufhebens für wert erachtet hätte. Erst ab Arnstadt: Hier hat er, als er noch mit dem Chor arbeitete, seine erste Kantate geschrieben. Und gleich am Anfang sind drei Kompositionen für ihn kennzeichnend. Da ist erstens eine Fuge – ja, gleich eine Fuge –, die er dem großen Bruder mit einer ehrfurchtsvollen lateinischen Widmung bestimmt. Man ersieht aus der Widmung den Respekt und den Abstand vom Großen und die Komposition selbst als Zeugnis, wie weit der einstige Schüler es inzwischen in seiner Kunst gebracht hat.

Und dann ist da ein Capriccio *Über die Abreise des vielgeliebten Bruders*, denn Jacob in Eisenach hatte ein Engagement nach Schweden erhalten, das ihn bis nach Konstantinopel führen sollte – das war sehr weit weg. Und an diesem Capriccio ist mancherlei bemerkenswert. Die Widmung, wie alle anderen Angaben in dieser Komposition in Deutsch und Italienisch verfaßt, klingt unendlich herzlicher als die der Fuge, und die einzelnen Teile dieses Capriccios erwecken nicht den Eindruck, als habe sie Bach nur im Weltschmerz vor sich hin geschrieben, sie wirken vielmehr wie ein regelrechtes Abschiedsgeschenk. Da Jacob Bläser und kein Cembalist war, ist anzunehmen, daß Sebastian, als die Brüder sich vor Jacobs Abreise noch einmal gesehen haben, dem Jacob bei dieser Gelegenheit seine Komposition vorgespielt hat. Schließlich lagen zwischen Eisenach und Arnstadt nur fünfzig Kilometer. So verrät das Werk ein klein wenig von Bachs Familienbeziehungen.

Das nächste und durchaus Verblüffende: Das Capriccio ist in seinen Teilen ein regelrechtes Stück Programmusik. Das einleitende Arioso ist »eine Schmeichelung der Freunde, um denselben von seiner Reise abzuhalten«, das nachfolgende Fugato »eine Vorstellung unterschiedlicher Casum, die ihm in der Fremde könnten vorfallen«, das Adagissimo »ein allgemeines Lamento der Freunde«, und das Ganze schließt nicht einfach mit einer »Aria di Postiglione«, sondern mit einer Fuge darüber. Wobei man zu fragen versucht ist: Wie könnte das bei Bach auch anders sein? Aber die Merkwürdigkeit besteht noch in zweierlei: erstens, mit welcher Selbstverständlichkeit Bach die Polyphonie zur Verfügung stand, und zweitens, mit welcher Selbstverständlichkeit er sich ihrer als Ausdrucksmittel bediente.

Natürlich ist von Musikwissenschaftlern in Verbindung mit diesem Capriccio auf eine Parallelität zu Johann Kuhnaus *Biblischen Historien* hingewiesen worden, nicht ohne die Bemerkung, daß Bach also höchstwahrscheinlich den ganzen Einfall von Kuhnau bezogen habe. Bei oberflächlicher Betrachtung scheint das naheliegend, aber Bach hat von Kuhnau sonst nie etwas übernommen, und der einzige Schluß, den man wirklich aus solchen Behauptungen ziehen kann, ist der, daß die Verfechter dieser These die beiden Sachen niemals miteinander verglichen haben. Sonst hätten sie auf der Stelle bemerkt, daß der junge Bach vom alten Kuhnau in diesem Punkt längst nichts mehr zu lernen hatte. (Obgleich Kuhnau ein sehr interessanter Mann gewesen ist, welcher übrigens als erster den Begriff des »galanten Stils« prägte, vierzig Jahre bevor dieses Schlagwort in die Bach-Biographien hineinkatapultiert wurde.)

Denn die Arbeiten Bachs und Kuhnaus stimmen in keiner Weise überein, weder im Anliegen noch im Aufbau, noch im Satztechnischen, noch sonst in der Behandlung. Kuhnau geht es in seiner *Musikalischen Vorstellung einiger biblischer Historien* darum, Geschichten zu erzählen, Bach schildert in verschiedenen Situationen die Stimmungen, das ist etwas ganz anderes. Bach hatte auch gar nicht nötig, für sein Capriccio Kuhnau überhaupt nur zur Kenntnis zu nehmen: Die Möglichkeiten musikalischer Situationsschilderung und Tonmalerei hatte er längst in Lüneburg kennengelernt, als er sich Couperin abschrieb – Kuhnau bot ihm nicht einmal etwas Neues. Und schließlich übersehen alle diese Leute, daß Bach schließlich ein musikalisches Genie war, immerzu den Möglichkeiten seiner Kunst auf der Spur. Darum ist es ganz und gar unwahrscheinlich, daß er überhaupt erst die Arbeiten anderer Leute hätte studieren müssen, um auf die Idee zu kommen, mit seiner Musik Stimmungen auszudrücken. Mediokre Geister mögen sich vielleicht ans Nachahmen halten müssen, begabteren fällt selbst etwas ein. Und in Stimmführung und Harmonik ist hier alles schon »ganz Bach«.

Denn ein weiteres hochinteressantes Beispiel dafür sind in diesem Capriccio die vorkommenden Modulationen, besonders in dem marschmäßigen Teil. Auch hierzu kann er nicht durch Kuhnau angeregt worden sein: Man wird in Kuhnaus *Biblischen Historien* vergeblich nach Parallelen suchen.

Ja, und eins ist bei allem Trennungsschmerz natürlich ebenfalls unübersehbar: Der liebenswürdige, verschmitzte Humor, der in dem Ganzen steckt. Er kommt auch in der dritten Gelegenheitskomposition aus dieser Zeit zum Vorschein: in jenem Hochzeitsquodlibet, das darauf anspielt, daß der Bräutigam bei irgendeiner Gelegenheit sich seiner Angebeteten in einem Backtrog näherte. Und dieser Bachsche Humor blitzt von hier an im Bachschen Schaffen immer wieder durch, nicht nur in der *Kaffeekantate* und in der *Bauernkantate*, sondern ebenso im *Weihnachtsoratorium* und in den *Goldberg-Variationen*. Ja, auch der Kanon, mit dem er sich auf dem Haußmann-Porträt abbilden ließ, ist solch ein amüsierter Einfall, und so stecken diese drei Arnstädter Gelegenheitskompositionen voller Erkennungszeichen für sein ganzes weiteres Schaffen.

IV

ABER WAS HEISST überhaupt »Gelegenheitskompositionen«? Sein großer Zeitgenosse Telemann komponierte eigentlich nur für die Gelegenheiten, zu denen seine Musik benötigt wurde. Auch Händel tat dies den allergrößten Teil seines Lebens. Gegen Gelegenheiten ist vom Kunststandpunkt aus überhaupt nichts zu sagen. Glücklich die Zeit, die welche bietet. Auch Mozarts Opern waren Auftragswerke, sogar sein *Requiem* schrieb er auf Bestellung. Bei Bach allerdings haben wir in außergewöhnlichem Maße die Merkwürdigkeit, daß er außer den vielen Werken, die er in Erfüllung seiner beruflichen Pflichten zu liefern hatte (und die allein für ein Lebenswerk ausgereicht hätten), zusätzlich zu seiner persönlichen Befriedigung komponierte, »zweckfrei« hätten seine Oberen das nennen können, wäre der Ausdruck damals schon üblich gewesen, er selbst freilich nicht. Seine großen Orgelkompositionen gehören ebenso dazu wie die *h-Moll-Messe* oder die *Kunst der Fuge* – niemand hatte sie bestellt, und nicht viele konnten sie brauchen. Seine Zeitgenossen hätten ihn mit Recht fragen können, ob er nichts Besseres zu tun wüßte. Zu unser aller Glück: nein.

Auch die populärste aller seiner Orgelkompositionen ist höchstwahrscheinlich ein Gelegenheitswerk: Die *d-Moll-Toccata* samt Fuge soll von ihm anläßlich einer Orgelprüfung komponiert worden sein. Es ist nicht zu erfahren, wo diese stattgefunden hat, aber daß er das Werk in Arnstadt geschrieben hat, also mit neunzehn oder zwanzig Jahren, gilt als sicher. Hermann Keller, verdienstvoller Herausgeber vieler Orgelwerke, wurde bei ihrer Beschreibung zu geradezu dichterischem Schwung angeregt. Es gebe »kein zweites Beispiel eines so packenden Anfangs wie den der Toccata mit ihrem wie ein Blitzstrahl herabfahrenden Unisono, dem lang hinrollenden Donner der gebrochenen Akkorde der vollen Orgel, den stürmisch wogenden Triolen«. Nun sind andere Anfänge Bachscher Orgelwerke freilich nicht weniger packend. Was Keller als den »lang hinrollenden Donner der gebrochenen Akkorde« beschreibt, ist aber aus zwei anderen Gründen interessant. Erstens vom Orgelbautechnischen her. Bach pflegte bei einer Orgelabnahme zuerst zu prüfen, ob die Bälge genügend Luft abgaben. Das läßt sich mit diesen gebrochenen Akkorden, die schrittweise der Orgel so viel Luft abnötigen, wie ein Spieler ihr mit Händen und Füßen abverlangen kann, hervorragend kontrollieren. Die andere Seite ist noch interessanter: Mit diesem großen Arpeggio, dem schrittweisen Hinzunehmen von Ton und Ton, erzeugt Bach ein Crescendo, das nur mit den Mitteln der Orgel so möglich ist und das man vor der *d-Moll-Toccata* in der Orgelliteratur vergeblich suchen wird – es ist seine Entdeckung. Am Ende des ersten Arpeggios erklingen siebenmal mehr Pfeifen als beim ersten Ton, beim Ende des zweiten Arpeggios sogar neunmal mehr, oder in Zahlen ausgedrückt: Auf die Disposition von Bachs Arnstädter Orgel bezogen, erklangen beim ersten Ton gleichzeitig siebenundzwanzig Pfeifen, und das steigerte sich bis zum letzten auf zweihundertdreiundvierzig, also auf das Neunfache!

Es sind noch mehr Erfindungen in diesem Stück. Da ist die Form des Werkes insgesamt. Denn im Grunde ist die Bezeichnung »Toccata *und* Fuge« nicht korrekt, die Fuge ist in die Toccata nahtlos integriert. Das ist eine gänzlich andere Form als bis dahin bei anderen Orgelmeistern üblich. Man kann das bei Krieger, Kerll, Speth, Froberger, Reinken, Buxtehude, Pachelbel, Muffat studieren. Dort ist die Toccata, soweit nicht ein kurzes Stück aus einem einzigen Guß, eine Aneinanderreihung von selbständigen, auch fugierten Teilen, abgesehen davon, daß Fugen von solcher Länge wie diese nur höchst ausnahmsweise vorkommen. Was offensichtlich von der gesamten Bach-Forschung noch nicht bemerkt worden ist: Die Form dieser Toccata hat keine zeitgenössischen Parallelen! Der junge Bach entwickelt quasi von Anfang an ein ganz fest umrissenes Empfinden für musikalische Architektur. Daß die andern alle anders schreiben, interessiert ihn offensichtlich nicht, und darüber hinaus wohnt in seinen Kompositionen auf Anhieb ein weitreichender musikalischer Atem, eine Spannweite des Entwurfs, mit der er schon als Zwanzigjähriger nicht seinesgleichen hat und mit welcher übrigens seine kurzatmigeren Zeitgenossen ebenso wie deren Nachfahren noch erhebliche Schwierigkeiten haben werden.

Drittens ist da noch etwas interessant an dieser Toccata, nämlich das Fugenthema. Denn es hat ganz jene Formung, die für Bachs Musik über weiteste Strecken typisch bleiben wird: die pausenlose Sechzehntelbewegung ebenso wie der permanente Bezug der Melodieentwicklung auf einen orgelpunktartigen Leitton.

Friedemann Otterbach möchte in seinem Bach-Buch dieses Bachsche Charakteristikum auf den »style brisé« der altfranzösischen Lautenmusik zurückführen, aber es ist wohl etwas unglaubwürdig, daß Bach für seinen persönlichen Orgelstil ausgerechnet bei der altfranzösischen Lautenmusik hätte Anleihen machen müssen. Die altfranzösischen Orgelmeister, die Bach in Lüneburg einsehen konnte, haben das jedenfalls nicht getan: Bei Couperin, Marchand, Grigny, Dieupart, Roux oder Raison findet sich eine solche Anleihe nirgends. Bach hat sich gegebenenfalls zu keiner Zeit vor Anleihen gescheut, beim Improvisieren waren sie ihm sogar eine willkommene Quelle der Inspiration, aber die Art des Fugenthemas in seiner d-Moll-Toccata hat er von keiner Schule bezogen, und so unglaublich das Leuten vorkommt, die immerzu etwas aus etwas anderem ableiten möchten: Sie ist ihm selbst eingefallen.

Aber nun muß man sich auch die Verarbeitung des Themas ansehen. Gewöhnlich laufen nach den einzelnen Einsätzen die Stimmen in verhältnismäßig freier Gestaltung weiter, Nebeneinfälle breiten sich aus, Zwischenspiele führen vom Thema fort. In der d-Moll-Fuge aber führt Bach zu immer neuen Varianten seines Fugenthemas hin, er führt es nicht nur vor, er wandelt es gleichzeitig spielerisch ab, übrigens ohne zusätzliche Einfälle auszusparen. Und auch hier muß man wieder die Arbeiten seiner Zeitgenossen durchsehen: Eine derart atemberaubende Kunstfertigkeit findet sich nirgends. (Ein namhafter Wissenschaftler bezeichnet dies dann als »die vom Eindruck her *schwächere* Fuge«.)*

Da gibt es aber neben vielem anderen Bedeutenden (so die Präludien und Fugen, die Schweitzer aufzählt) auch noch jene Fantasie in G-Dur, von der Joachim Kaiser im Bach-Gedenkjahr 1985 eine ebenso glänzende wie tiefschürfende Analyse gegeben hat und bei der von verschiedenen Leuten behauptet wird, es spiegele sich vor allem der Einfluß Dietrich Buxtehudes darin. Jedoch findet sich eine solche thematische Entwicklung, wie sie Bach darin untergebracht hat, bei Buxtehude nirgends, aber Läufe wie bei Buxtehude finden sich bei Zeitgenossen, von denen man mit Sicherheit weiß, daß sie nicht bei Buxtehude zu Besuch waren. Und was ist mit dem streng fünfstimmigen Satz, der die Mitte dieser Fantasie einnimmt? Auch er ist ein Unikum, der normale Satz ist der vierstimmige, wie er vom Gesang herkommt. (Geck behauptet, es sei der dreistimmige, ihm fehlt die Praxis.)* Auch der zweistimmige, das Bicinium, ist gebräuchlich, ebenso der dreistimmige, das Trio. Aber der junge Bach experimentiert mit einer fünften Stimme – eine schwierige Aufgabe, da auch im fünfstimmigen Satz die Terz nur ausnahmsweise verdoppelt werden darf. Fünfstimmige Sätze finden sich allerdings auch bei den alten französischen Meistern, doch die schwierigen Sachen reizen ihn überhaupt, etwa eine Fuge, die mit ihrem Thema zugleich den Begleiter, den Comes, vorstellt, Fugen allgemein, und durchweg erstaunlich kunstvolle.

Mit dem Einfluß Buxtehudes ist da nichts erklärbar, sowenig wie mit dem Einfluß Georg Böhms bei den Choralvorspielen. Überhaupt ist das mit den Einflüssen so eine Sache. Phantasievolle Spielfiguren wie bei Buxtehude finden sich ebenso bei seinem Zeitgenossen Johann Pachelbel, der ganz sicher nicht unter seinem Einfluß stand. Die gleiche Manier einer Choralbearbeitung* findet sich bei Böhm ebenso wie bei Buxtehude wie bei Johann Nicolaus Hanff, der zwar wie Böhm und Bach gleichfalls aus Thüringen stammte, aber in Königsberg saß. Und die gleiche Form der Toccata als einer Kette von aneinandergereihten Einfällen findet sich bei Buxtehude ebenso wie bei Gottlieb Muffat, der mit allen rein gar nichts zu tun hat, weil er erstens in Passau und Wien wirkte und zweitens katholisch war. Aber nach solchen

Temperamentsausbrüchen wie in Bachs d-Moll-Toccata oder in der erwähnten G-Dur-Fantasie (und es gibt noch mehr Beispiele) wird man bei Böhm und Buxtehude vergeblich suchen: Da fehlt der »Einfluß« mit einemmal gänzlich. Und wenn man die Harmonik Böhms mit der Bachs vergleicht, mag man fast nicht glauben, daß die beiden Zeitgenossen waren.

Schon Bachs Arnstädter Kompositionen sind in Wirklichkeit in Architektur und satztechnischer Kompliziertheit beispiellos, und wo Bach sich an Beispiele gehalten hat, dann nicht, um ihnen nachzueifern, sondern um sie abzuwandeln. (Als Bertolt Brecht seine *Dreigroschenoper* schrieb, geschah das auch nicht »unter dem Einfluß von John Gay«, sowenig wie Beethoven seine *Kakadu-Variationen* »unter dem Einfluß von Wenzel Müller« schrieb.)

Aber es ist auffällig, wie viele freie Orgelkompositionen und wie wenige Choralvorspiele sich in die Arnstädter Zeit hinein datieren lassen. Wäre es dem Bach, als er die Organistenstelle in Arnstadt antrat, um die Erfüllung seines Herzenswunsches gegangen, seine Musik seiner Kirche zu weihen, hätte er bei seinem Schaffen wohl vorzugsweise an die Musik zum gottesdienstlichen Gebrauch denken müssen, wie später in Leipzig, wo er an jedem Sonntag für eine Kantate sorgte. Aber sichtlich beschäftigte ihn weitaus mehr die Musik an sich. Selbst wenn man die Entstehung seiner Choralpartiten in der Arnstädter Zeit ansetzt, handelt es sich auch bei diesen Variationsreihen um freie Orgelmusik. Schweitzer meint zwar, es sei ehedem der Brauch gewesen, die einzelnen Verse eines Chorals abwechselnd von Gemeinde und Orgel darzubringen, aber wenn er recht hätte, müßte es von weit mehr Organisten zu weit mehr Chorälen Choralpartiten geben. Statt dieser gibt es aber auch Partiten von Liedern, die keineswegs Choräle sind.

Daß Bach in Arnstadt nicht die Notwendigkeit sah, sich einen solchen Vorrat an Choralvorspielen zu schaffen, wie er sich später in Leipzig seinen Vorrat an Kantaten erarbeitete, hat jedenfalls zwei Ursachen. Zum einen war Bach ein glänzender Improvisator. Das Improvisieren von Vor- und Zwischenspielen im Gottesdienst bereitete ihm also nicht nur keine Schwierigkeiten, sondern sogar Vergnügen. Zum anderen hatte das Verhältnis zu seiner kirchlichen Obrigkeit seit dem August 1706 einen empfindlichen Stoß bekommen. Das Reichsgräfliche Konsistorium hatte ihn ja nicht nur nicht in Schutz genommen, sondern wollte ihm nunmehr auch noch die Chorleitung, die er aus eigenem Antrieb übernommen hatte, unter unmöglichen Bedingungen als Pflicht auferlegen.

Der Bach, dem seine Biographen sämtlich seinen Jähzorn ankreiden, handelte da mit äußerster Gelassenheit. Er wartete mehr als zwei Monate darauf, daß sich bei seiner Obrigkeit noch Verständnis einstellen würde. Erst dann reichte er Urlaub ein, Fortbildungsurlaub für eine Studienreise nach Lübeck zu dem berühmten Buxtehude.

Es war ein Urlaubsantrag auf vier Wochen, und für seine Vertretung engagierte er seinen Cousin Johann Ernst Bach. Da somit seine Pflichten weiter wahrgenommen wurden, bekam er den Urlaub genehmigt. Er hat bis zum Ende seines Lebens nie wieder einen derart langen Urlaub genehmigt bekommen, auch nie wieder einen derart langen Urlaub angetreten. Möglicherweise war beim Konsistorium Nachgiebigkeit im Spiel (die Hoffnung, ihn durch ein leichtes Entgegenkommen ebenfalls zum Entgegenkommen zu bewegen), bei Bach jedenfalls berechtigte Unbeugsamkeit und auch die Erkenntnis, daß mehr als vier Wochen an Urlaub wohl nicht herauszuholen sei.

Es ist später von allen Seiten darauf hingewiesen worden, daß er den Urlaub im nachhinein um ein Beträchtliches überschritten habe. Das stimmt, aber nicht im nachhinein: Er wußte von vornherein, daß vier Wochen für seine Absichten keinesfalls ausreichen könnten, es ist ausgeschlossen, daß er sich darüber nicht von vornherein im klaren war. Er war die Strecke von Ohrdruf nach Lüneburg gelaufen, und zwar im März, wo die Tage länger waren. Er kannte die Entfernung von Lüneburg bis Hamburg und wußte folglich auch, daß es bis Lübeck noch ein Stück weiter war.

Es sind rund vierhundert Kilometer, und selbst wenn er jeden Tag davon dreißig zurückgelegt hätte, hätte er die vier Wochen allein für den Weg gebraucht. Aber es war Spätherbst – Ende Oktober –, als er losging, die Tage waren schon sehr kurz, wurden täglich kürzer, und noch zeitiger wurde es dunkel bei bewölktem Himmel, wie er um diese Jahreszeit die Regel ist. Er hatte den in dieser Jahreszeit durchaus unwirtlichen Harz zu überqueren. Er mußte mit Sturm und Regen rechnen, mit aufgeweichten Wegen, mit Wetter, bei dem man keinen Hund zur Tür hinausjagt, wo also die täglichen acht Stunden Fußmarsch unmöglich wurden.

Daß er zu Fuß gehen würde, war dabei selbstverständlich. Das war er gewohnt, darin hatte er Erfahrung, und es war ihm angemessen. Er brauchte nicht in Wirtshäusern herumzusitzen und auf die nächste Postkutsche zu warten. Er war nicht mit unliebsamen Mitreisenden zusammengepfercht, die ihn beim Nachdenken störten, und er konnte sich seine Herbergen aussuchen: Er war selbständig. Ohnehin kam man mit dem Postwagen damals kaum schneller voran, langsamer sogar, wenn er steckenblieb.

Es stand also schon vor Reiseantritt fest, daß sein Urlaub zu kurz war und er die Zeit nicht würde einhalten können ... und auch gar nicht einhalten wollte. Daß seine Oberen sein Reiseziel kannten und ihm die Zeit dennoch genehmigten, beweist nur ihre unzureichenden geographischen Kenntnisse.

Daß der Organist Bach sich damals auf den Weg machte mit dem festen Vorsatz, die genehmigte Zeit nicht einzuhalten, ist keinem einzigen seiner Biographen jemals aufgefallen. Man ersieht aus der Tatsache aber auch, welches Verhältnis dieser Bach zu seiner Arnstädter Kirchenobrigkeit hatte, nämlich ein reichlich unbekümmertes. So wie ihn die Fuge als Kunst schon in Arnstadt weit mehr beschäftigte als die liturgisch gebundene Orgelmusik, so beschäftigte ihn überhaupt seine musikalische Fortbildung weit mehr als sein Kirchenamt. Es hatte ihm ja auch vorzugsweise Ärger gebracht. Vielleicht hätte ihn auch die Kunst Pachelbels interessiert, dem sein Bruder so viel verdankte, aber Pachelbel war im Frühjahr in Nürnberg gestorben. Buxtehude, das wußte er noch von Hamburg her, genoß einen großartigen Ruf, wofür es wiederum zweierlei Ursachen gab, nämlich nicht nur seine Begabung und Regsamkeit, sondern auch die Anhänglichkeit der Lübecker Kaufmannschaft, die seine Unternehmungen und seine Leistung zu schätzen wußte (was man später von den Leipzigern Bach gegenüber nicht im gleichen Maß sagen kann).

Man kam in die Kirche von Sankt Marien nicht nur zu den Gottesdiensten, man ging auch eigens dahin, um sich von Buxtehude etwas vorspielen zu lassen. Wenn Ende November mit der Adventszeit die stille kirchenmusikalische Zeit einsetzte, veranstaltete er seine berühmten Abendmusiken. Bach traf also gerade zur richtigen Zeit bei ihm ein, und niemand kann ihm verübeln, daß er nach dem langen Fußmarsch nicht sofort wieder aufbrach: Konnte er hier doch in lebendiger Praxis erfahren, was ein fähiger Musiker aus seinem kirchlichen Amte zu machen verstand.

Buxtehude war damals neunundsechzig Jahre, schon im Mai des kommenden Jahres folgte er seinem großen Kollegen Pachelbel in die Ewigkeit nach. Er hätte sich gern zur Ruhe gesetzt, daß das Organistenamt in Sankt Marien frei würde, hatte sich bereits herumgesprochen. 1704 war deswegen der Dirigent, Sänger und Komponist Johann Mattheson mit einem Freund dagewesen, dem er gern das Lübecker Kirchenamt zugeschoben hätte, um ihn auf diese Weise als lästigen Konkurrenten loszuwerden. Er selbst begnügte sich bei diesem Besuch mit musikalischen Darbietungen auf dem Cembalo. Auf der Orgel produzierte sich der Freund, den er loswerden wollte, ein gewisser Georg Friedrich Händel. Es war dasselbe Jahr, in dem Mattheson dann auf diesen Freund mit dem Degen losging.

Über das Organistenamt hätte Händel ja vielleicht mit sich reden lassen, die Stelle war nicht nur sehr gut dotiert, es gehörte sogar ein eigenes Haus dazu. Aber es war eine gewisse Bedingung dabei: Wer das Amt haben wollte, mußte des Organisten Tochter heiraten. Das war für Buxtehude auch schon die Bedingung gewesen, aber die Jungfer Buxtehude war nicht nur ansehnlichen Umfangs, sondern auch stolze neun Jahre älter, und der junge Händel war damals gerade neunzehn.

Johann Sebastian Bach, der ein mehr als würdiger Nachfolger für Buxtehude gewesen wäre und mit seiner Kunst reichen Widerhall gefunden hätte, erhielt um die Jahreswende 1706/07 nun das gleiche Angebot. Aber auch er lehnte ab, nicht nur des allzu großen Altersunterschieds wegen, sondern vor allem, weil er in Arnstadt längst die große Liebe seines Lebens gefunden hatte: seine Cousine Maria Barbara Bach (als Tochter des Gehreners Johann Michael Bach eine Cousine zweiten Grades), die zwar auch älter war als er, aber nur ein Jahr. Und so machte er sich im Januar 1707 wieder auf den Heimweg, im tiefsten Winter, in den kürzesten Tagen des Jahres, auf vereisten Wegen und durch Matsch und Schnee. Der junge Bach, wie man sieht, hatte eine Bärennatur. Im übrigen: pflichtvergessen, wie uns das Spitta und andere glauben machen wollen, war er nicht. Seine musikalischen Interessen hatten ihn dazu bewogen, die Urlaubsüberschreitung ohne Skrupel von vornherein einzuplanen. Aber er begab sich auf den Rückweg, sobald er gelernt hatte, was zu lernen war. Ohne besseres Reisewetter abzuwarten. (Freilich darf man ihm unterstellen, daß die Liebe dabei auch eine Rolle gespielt hat.)

Zu Hause bekam er sofort den erwarteten Ärger: die Vorladung vor das Konsistorium wegen Urlaubsüberschreitung, natürlich verbunden mit der Aufforderung, nun endlich auch die Arbeit mit den Gymnasiasten wiederaufzunehmen.

Was ihm damit zugemutet wurde, geht aus einer schriftlichen Beschwerde des Rates der Stadt an das Konsistorium hervor. Denn nicht der Stadt, sondern dem Konsistorium unterstand die Lateinschule. Wir entsinnen uns: In Ohrdruf war der Superintendent gleichzeitig Schulrektor. In Arnstadt war der Rektor zwar Johann Friedrich Treiber, aber der unterstand dem Herrn Superintendenten Johann Gottfried Olearius, welcher freilich mit diesem Teil seiner Amtspflicht nicht allzusehr belästigt sein wollte. In der Mitteilung des Rates an das Konsistorium vom 16. April 1706 heißt es über die Schüler: »Vor ihren Lehrern haben sie keine Scheu, raufen sich in ihrer Gegenwart und begegnen ihnen in der anstößigsten Weise. Sie tragen den Degen nicht nur auf der Straße, sondern auch in der Schule, spielen unter dem Gottesdienste und während der Unterrichtsstunden Ball und laufen gar wohl an ungeziemende Orte.«

Von dieser Art also waren die Sänger, die das Konsistorium zu bieten hatte. Bach hatte seine Erfahrungen gesammelt, und er hätte ein Narr sein müssen, wenn er sich ein zweites Mal auf den Umgang mit diesen Rowdies eingelassen hätte. Aber nicht erst Schweitzer schiebt allein Bach die Schuld für das Verhalten seiner Sänger zu. Spitta schreibt: »Er übersah in seiner jugendlichen Hitze, daß er trotz seiner eminenten Gaben doch endlich seine Pflicht zu erfüllen hatte.« Dabei gehörte die Arbeit mit dem Chor gar nicht zu seinen Pflichten.

Terry behauptet: »Er verstand es nicht, seine Leute in Zucht zu halten, war sehr reizbar und zu Zornesausbrüchen geneigt.«[*] Woher er das weiß, verrät er uns nicht, er behauptet es nur.

Otterbach faßt zusammen: »Schwächen in der Amtsführung Bachs, Mängel seines Charakters werden an diesen Beispielen erkennbar« und setzt auch noch fort: »Indessen neigt die Bachliteratur dazu, sie zu *beschönigen*.« Offensichtlich hätten alle diese Herren geradezu darauf gewartet, sich ohne Not als brave Subalterne mit einer Bande von Rüpeln einzulassen, mit der alle anderen Lehrer nicht fertig wurden.

Bachs Vertrag verpflichtete ihn keineswegs dazu, und er hatte begreiflicherweise etwas andere Interessen. Vor allem wollte er Musik machen, Musik entsprechend seinen neu gewonnenen Erkenntnissen. Damit störte er nun den Gottesdienst. Zuerst waren seine Vorspiele zu lang, er konnte sich nicht genug ausorgeln. Als man ihm das verwies, machte er sie im folgenden zu kurz. Auch darüber gibt es Protokollnotizen, und es ist kennzeichnend, daß sich da ausgerechnet ein Gymnasiast, der Chorleiter der Schüler, über ihn beschwert: Es war eine neue Gelegenheit, dem Bach eins auszuwischen.

Was aus sämtlichen Protokollen an keiner Stelle zu erkennen ist, ist eine zwischenmenschliche Beziehung zwischen Geistlichkeit und Organist. Der Untergebene wurde zur Rechenschaft gezogen, und es wurden ihm Auflagen erteilt. Davon wurde das Verhältnis natürlich nicht besser: Diese Obrigkeit hatte Bach nichts zu bieten, also wandte er sich von ihr ab.

Ohnehin beschäftigte ihn im Zusammenhang mit seinen Kompositionen ein musikalisches Grundproblem, mit dem sich andere längst abgefunden hatten, das ihn aber nicht mehr losließ: das Problem der musikalischen Stimmung und damit der möglichen Akkorde und Tonarten.

Physikalisch ist die Darstellung dieses Problems sehr kompliziert. Heute ist die gleichschwebende, die »temperierte« Stimmung die allgemeine. Damals war sie zwar theoretisch errechnet, aber praktisch noch nicht vorhanden. Besonders für die Orgel mit ihren zahlreichen Obertonregistern ergaben sich daraus erhebliche Schwierigkeiten. Bachs eigene Kompositionen legen davon Zeugnis ab: Ihre Grundtonarten bleiben innerhalb der Grenzen von drei Vorzeichen – von Es-Dur bis A-Dur, E-Dur und As-Dur bleiben Ausnahmen. Das Problem war also: Wenn die Orgel gewisse Tonarten wegen Unreinheit des Klanges geradezu verbot, welche Akkorde außerhalb der gängigen Harmonielehre waren dennoch möglich?

Es gibt aus Bachs Arnstädter Zeit ein halbes Dutzend Orgelchoräle, die dieses Problem widerspiegeln, wobei anzumerken ist: Es wurden damals die Choräle tatsächlich etwas anders gesungen als heutzutage, zwischen die einzelnen Choralzeilen schob die Orgel Zwischenspiele, um der Gemeinde das Luftholen und das Nachdenken zu ermöglichen. In Bachs Orgelchoral *Allein Gott in der Höh' sei Ehr'* wird das besonders deutlich. Man kann freilich nicht behaupten, daß es Bach dabei um die Textausdeutung gegangen sei, vielmehr machte er daraus eine Orgeltoccata, die nicht die Verszeile »Ein Wohlgefall'n Gott an uns hat« heraufbeschwor, sondern eher das Jüngste Gericht.

Die Harmonisierung ist so kühn und für die damalige Zeit unerhört, daß man sie getrost als revolutionär bezeichnen darf und muß. Aber es ist vollkommen verständlich, daß die Gemeinde hierüber und über ähnlichem das Singen vergaß. Was abermals eine Vorladung vors Konsistorium brachte: »Halten ihm vor, daß er bisher in dem Chorale viele wunderliche variationes gemachet, viele fremde Töne mit eingemischet, daß die Gemeinde darüber confundieret worden.«

Das stimmte, aber unglücklicherweise benutzten die Herren die Gelegenheit statt einer berechtigten theologischen Unterweisung oder auch Ermahnung dazu, dem Bach nunmehr Kompositionsunterricht zu erteilen: »Er habe ins Künftige, wenn er ja einen tonum peregrinum mit einbringen wolle, selbigen auch auszuhalten und nicht zu geschwinde auf etwas anderes zu fallen oder, wie er bisher im Brauch gehabt, gar einen tonum contrarium zu spielen.« Dies war natürlich abermals mit dem Vorwurf verbunden, daß er nicht mit den Schülern musizieren wolle, und der Auflage, sich binnen acht Tagen zu erklären.

Wenn man das Protokoll aufmerksamer liest, geht aus dem folgenden hervor, daß die Schüler des Chores sich schon wieder während des Gottesdienstes gegenüber dem Organisten flegelhaft benommen hatten und daß der Schüler Rambach, der als Chorleiter eingesetzt war, sich nicht etwa entschuldigte, sondern die Gelegenheit benutzte, Bach wegen seines Orgelspiels anzuschwärzen. Er wurde zwar wegen seines schlechten Benehmens zu

Karzer verurteilt, aber auf die Forderung Bachs, man solle ihm »einen rechtschaffenen Director« schaffen, gab es keine Antwort.

Es ist auch bemerkenswert, daß der Schüler Rambach mit seinem Verhalten erst drankam, nachdem der Organist seinen ausgiebigen Tadel abbekommen hatte. Und weiter berührt es sonderbar, daß trotz der rüpelhaften Aufführung der Chorsänger nichts von Bachs berüchtigtem Jähzorn in diesen oder den anderen Protokollen zu lesen ist – die Entdeckung dieser Charaktereigenschaft blieb seinen Zeitgenossen offensichtlich gänzlich versagt. Auch bei Forkel lesen wir nichts davon. Sie taucht zuerst als eine Erfindung Spittas auf, und die anderen haben sie hernach fleißig und bedenkenlos von ihm abgeschrieben.

Bach dachte nicht daran, »sich zu erklären«. Das Klima zwischen ihm und seiner geistlichen Obrigkeit war ohnehin in die Eiszeit geraten. Sein Vertrag sah die Aufgabe nicht vor, und keine Antwort ist schließlich auch eine. Das mußte er zehn Jahre später freilich am eigenen Leibe erfahren, aber hier hing die Entscheidung von ihm ab, und er war nicht bereit, seine künstlerischen Maßstäbe kirchenadministrativen Interessen zu opfern.

Bach, der angeblich so Unbeherrschte, zeigte hier ein bemerkenswertes Maß von Unbewegtheit. Er kam exakt seinen vertraglichen Pflichten nach, sonntags, montags und donnerstags. In der Ausführung seines Dienstes war ihm von seiner Obrigkeit bis zu seinem Weggang nichts vorzuwerfen, von einer einzigen Ausnahme abgesehen: Als er am 11. November desselben Jahres wieder einmal wegen des Chorsingens vors Konsistorium zitiert wird, heißt es schließlich weiter: »Stellen ihm hierauf ferner vor aus was Macht er ohnlängst die frembde Jungfer auf das Chor bieten und musizieren lassen.« Bachs Antwort in ihrer Knappheit ist klassisch: »Habe Magister Uthe davon gesaget.« Nicht als ob er ihn um Erlaubnis gebeten habe. Er hat es ihm lediglich mitgeteilt.

Bis auf Rueger, der meint, die Dame könne auch Maria Barbaras Schwester gewesen sein, meinen alle, die »frembde Jungfer« sei doch wohl Bachs künftige Eheliebste gewesen. Und es ist ja auch etwas unwahrscheinlich, daß der Herr Organist seine Verlobte daheim ließ und statt ihrer die Schwester mit »auf das Chor« nahm. Einig ist man sich auch in der Annahme, daß es sich dabei um ein völlig privates Musizieren gehandelt habe. »Wollte man daraus schließen, die Sängerin habe sich während des Gottesdienstes hören lassen, so würde man ... im Irrtum sein«, kommentiert Spitta unter Berufung auf das »tacet mulier in ecclesia«.

Die Anweisung des Apostels Paulus aus dem ersten Korintherbrief »Das Weib schweige in der Gemeinde« hat der Christenheit bis in die Gegenwart hinein nicht eben zum Vorteil gereicht. Im sächsisch-thüringischen Bereich wurde sie zu Bachs Zeiten noch sehr wörtlich genommen. In Hamburg schon weniger: Mattheson berichtet, daß man etwaige Sängerinnen hinter einer Säule versteckt habe, die Leute sie dann aber nicht nur hören, sondern auch sehen wollten. In Lübeck waren die Sitten bei Buxtehude wohl freier, aber da handelte es sich nicht um gottesdienstliche Veranstaltungen. In Leipzig durften zu Bachs Amtszeit wohl die Kantatentexte von weiblicher Hand stammen, aber daß jemals bei den Aufführungen eine Dame ihre Stimme hätte erheben dürfen, ist nicht bekannt.

Und doch läßt der Protokolltext nachdenken: Der Bach hat nicht einfach »mit einer frembden Jungfer« auf dem Chor »musizieret«, sondern er hatte sie ausdrücklich heraufgebeten, damit sie sich hören lasse, er hat sie »auf das Chor bieten und musizieren lassen«. Man »läßt« nicht jemand »heraufbieten und musizieren«, wenn niemand zuhört. Mehr als »Habe Magister Uthe davon gesaget« war allerdings aus dem wortkargen Organisten nicht herauszukriegen, zu einer Entschuldigung sah er keinen Anlaß und »sich zu erklären« schon gar nicht, weder im November noch im Dezember, noch im Januar. Er blieb bei seinem Amt und hütete sich, sich auf etwas anderes einzulassen.

Und trotz dieses beruflichen Verdrusses erwies sich Arnstadt als außerordentlicher Glücksfall für ihn: Hier lebte aus der weitverzweigten Verwandtschaft der Bache auch die Schwester der Witwe seines verstorbenen Arnstädter Onkels, also seine Tante, Fräulein Wedemann. Und bei dieser Tante wohnten die Töchter des verstorbenen Stadtschreibers Bach aus Gehren, seine Cousinen und ebenso Vollwaisen wie er selber, Barbara Catharina die eine, Maria Barbara die andere, und die hatte es ihm angetan. Als sich die beiden in Arnstadt begegneten, war er achtzehn und sie neunzehn. Das ist eine wunderbare Zeit zum Sichverlieben, und es gelang ihnen beiden über die Maßen, zumal Maria Barbara die Musik auch schon in die Wiege gelegt bekommen hatte.

Aber auch in seiner beruflichen Situation kam ihm das Glück zu Hilfe: In Mühlhausen, kaum sechzig Kilometer weiter, starb am 2. Dezember des Jahres 1706 der Organist zu Divi Blasii, Johann Georg Ahle. Ahle war ein berühmter Name, nicht nur in Mühlhausen. Sein Vater Johann Rudolf war dort auch schon Organist gewesen, und im evangelischen Choralbuch stehen noch heute großartige Choralmelodien seiner Erfindung: *Liebster Jesu, wir sind hier* etwa und *Morgenglanz der Ewigkeit*.

Der Sohn hatte das kompositorische Werk des Vaters fortgesetzt, wenn auch nicht auf der Orgel. Wichtiger als alles andere war jedoch, daß dort auch der Diaconus Fischer zu Hause war, der den Arnstädtern schon den Orgelbauer Wender wie auch den Orgelprüfer Bach empfohlen hatte, der also nicht nur wußte, wer der Bach war, sondern auch ganz sicher, daß man ihn jetzt bekommen konnte.

Man sollte meinen, Bach hätte mit fliegenden Fahnen die Gelegenheit ergriffen, von Arnstadt nach Mühlhausen zu kommen. »Die Lage war unhaltbar geworden«, schreibt Schweitzer. Aber auch das behauptet eben nur er. Für Bach war sie das keineswegs, er ließ mit äußerster Gelassenheit auch andere Bewerber kommen und den Dezember, den Januar, den Februar und auch noch den März vergehen. Man muß ihm da äußerste Gelassenheit bescheinigen, und als »unhaltbar« betrachtete er seine Lage keineswegs. Im Gegenteil: Er hatte sich durchgesetzt.

In Mühlhausen war man von seiner Kunst nicht weniger begeistert als drei Jahre zuvor in Arnstadt; als einen Monat später der Conventus parocchiarum, der Kirchenvorstand, zusammentrat, stand fest: Bach und keinen anderen. Ein Ratsherr wurde nach Arnstadt geschickt, um mit dem jungen Mann zu verhandeln. Sein Honorar lag auch hier weit über dem seines Vorgängers, es war ebenso gut wie in Arnstadt. Am 14. Juni war Bach in Mühlhausen, am 15. Juni unterzeichnete er seinen Vertrag, am 29. Juni gab er im Arnstädter Rathaus die Orgelschlüssel zurück und reichte seine Entlassung ein.

Das Arnstädter Reichsgräfliche Konsistorium ließ ihn in Frieden ziehen, der Nachfolger war auch schon gefunden in jenem

Johann Ernst Bach, der ihn während der Lübecker Reise vertreten hatte. Überdies musizierte der mit den Gymnasiasten und war erheblich billiger.

Das Virtuosenhonorar, das man dem Sebastian Bach nach dem Probespiel bewilligt hatte, war eine Ausnahme gewesen, die sich freilich in Mühlhausen sogleich wiederholt hatte: Dieser junge Mann von zweiundzwanzig Jahren war eben ein ganz ungewöhnlicher und zutiefst beeindruckender Könner.

Rueger meint freilich, damit sei vorzugsweise der Beweis für Bachs ungewöhnliche Geschäftstüchtigkeit erbracht, und unterstellt ihm gleich darauf, daß er anschließend auch für den Gehaltsabbau seiner Nachfolger gesorgt habe. Dem Bach solcherart unkollegiales Verhalten zu unterstellen ist nicht eben liebenswürdig. Daß aber Bach im Gegensatz zu seinem großen Zeitgenossen Händel und seinem viel kleineren Zeitgenossen Mattheson die Geschäftstüchtigkeit leider so ziemlich abging, erfährt man aus seiner Leipziger Zeit. (Auch wenn er zu rechnen verstand.)

Zunächst aber trat am 14. September sein Arnstädter Entlassungsgesuch in Kraft, und für den Umzug hatte ihm Mühlhausen sogar den Möbelwagen gestellt. Das einzige, was er noch für kurze Zeit zurückließ, war seine Braut. Im übrigen hatte sich Arnstadt für ihn erledigt.

V

MAN KANN DIE erste Periode von Bachs kirchlicher Amtstätigkeit
kaum als sehr erfreulich bezeichnen. Zwar war er nicht der pflicht-
vergessene Mensch, als den ihn Spitta hinstellt, nicht der unfähige
Organisator und Choleriker, als den ihn Schweitzer, Otterbach
und andere beschreiben, aber als den begnadeten Musiker, den es
von kleinauf zum Dienst an seiner Kirche trieb, wie das Terry
behauptet, kann man ihn nach den Arnstädter Vorfällen wohl auch
nicht ansehen – haben ihn seine kirchlichen Vorgesetzten bestimmt nicht angesehen, und überhaupt war das Verhältnis zwischen ihnen und Bach, wie aus den Protokollen hervorgeht, ein
reichlich distanziertes. Nach drei Jahren Arnstadt gab es jedenfalls
keinen Geistlichen in Arnstadt, von dem Bach sich hätte trauen
lassen wollen. Obwohl er zu dieser Zeit bereits Bürger der Freien
Reichsstadt Mühlhausen war, benötigte er seiner Braut wegen für
die Eheschließung eine gräflich-schwarzburgische Lizenz.

Er erhielt sie anstandslos, aber die Trauung am 17. Oktober
1707 vollzog der Pfarrer Lorenz Stauber in Dornheim. Zu diesem
gab es menschliche Beziehungen. Nur war er unlängst von einem
schweren Verlust heimgesucht worden: Seine Frau war ihm
gestorben. Doch die Hochzeit von Johann Sebastian und Maria
Barbara hatte auch für Pfarrer Stauber noch ein glückliches Nachspiel: Barbaras Tante, das Fräulein Wedemann, half ihm von da an
etwas über sein großes Leid hinweg, und als das Trauerjahr vor-
über war, zog sie als die zweite Frau Stauber ins Dornheimer
Pfarrhaus ein.

Johann Sebastian seinerseits fand in Mühlhausen ein gänzlich
anderes Dienstverhältnis vor als in Arnstadt: Dies hier war eine

Freie Reichsstadt und keinem Fürsten untertan, wenngleich ihre Bedeutung durch die Folgen des Dreißigjährigen Krieges stark zurückgegangen war und sie kurz vor Bachs Einzug am 30. Mai 1707 eine entsetzliche Brandkatastrophe erlebt hatte, in der vierhundert Bürgerhäuser nebst Ställen untergegangen waren – ein Unglück, das mehr als die Hälfte der Stadt in Schutt und Asche legte.

Bach wurde zwei Wochen danach zum Organisten an der Kirche Divi Blasii bestellt. Diese war ebenso wie die von Sankt Marien glücklicherweise vom Brand verschont geblieben. Doch war die Katastrophe insgesamt so groß, daß es heißt, die Ratsherren hätten Mühe um Tinte und Feder gehabt, die Bestallung zu unterschreiben.

Die Ratsherren – der Unterschied ist wichtig: Bach unterstand hier nicht einer reichsgräflichen geistlichen Behörde, sondern war Ratsangestellter, und der Rat wußte ihn zu schätzen. Er bestand eigentlich aus drei Räten, die sich in der Verwaltung der Stadt abwechselten. (In Leipzig begegnete Bach später der gleichen Verfassungsform.)

Der Ratswechsel war ein feierlicher Akt, wir haben von Bach aus Mühlhausen eine Ratswechselkantate, die auf Ratskosten sogar in Kupfer gestochen und gedruckt wurde. Das ist ihm dann weder in Weimar noch in Leipzig wieder passiert, sie ist die einzige eigene Kantate, die Johann Sebastian Bach in den fünfundsechzig Jahren seines Lebens jemals gedruckt sah. Daneben gibt es noch vier andere aus der Mühlhausener Zeit, und diese seine ersten Kantaten sind ebenso bemerkenswert wie seine ersten Arnstädter Orgelkompositionen.

Schon zwischen neunzehn und zweiundzwanzig tritt er uns als vollendeter Meister entgegen, und als ein unvergleichlicher dazu: Man wird Kompositionen von solcher Tiefe der Gedanken und solcher Virtuosität des Satzes auch bei seinen berühmten Zeitgenossen vergeblich suchen. Wenn der Hallenser Musikwissenschaftler Siegmund-Schultze zu diesen frühen Orgelkompositionen schreibt: »Es überwiegt die virtuose und improvisatorische Seite, die streng gearbeitete Musik steht noch zurück ... der geniale Funken ist in den frühen erhaltenen Werken schon spürbar, aber er schlägt noch nicht durch«, dann hat er offensichtlich, was er da beurteilt, sich niemals angesehen, auch nicht, wenn er gleich anschließend behauptet: »Die weiteren Kompositionen der Mühlhäuser Zeit setzen die Reihe der Klavier- und Orgelwerke von Arnstadt fort.« Es ist ein großer Verlust, daß er uns nirgends mitgeteilt hat, welche dies sind, außer einem Orgelpräludium in G-Dur hat sich an Klavier- und Orgelkompositionen Bachs aus der Mühlhäuser Zeit nämlich bis heute nichts gefunden. Und das nicht zufällig:

Erstens befand sich die Orgel von Blasius in einem desolaten Zustand (Bach arbeitete einen ausführlichen Reparaturvorschlag dafür aus), und zweitens konnte er sich hier endlich jener Arbeit zuwenden, die ihm in Arnstadt die aufsässigen Herrensöhnchen nebst Konsistorium unmöglich gemacht hatten: der Ensemblemusik.

Denn hier in Mühlhausen gab es eine gute musikalische Tradition, die auch auf die Dörfer der Umgegend ausstrahlte, und vor allem gab es eine »Musicalische Societät«, die die singenden und spielenden Kräfte von Mühlhausen und Umgebung vereinte. Mit der hatten schon Bachs Vorgänger musiziert, denn der Organist von Divi Blasii hatte von alters her Entscheidendes zur städtischen Musikpflege beizutragen.

Fünf Generationen Vorgänger hatten das begründet, wenngleich der direkte Vorgänger, Johann Georg Ahle, seinem Vater Johann Rudolf Ahle an Talent und Tüchtigkeit nachgestanden hatte. Der war nicht nur Organist von Divi Blasii, sondern auch einer der Bürgermeister der Stadt gewesen, woraus man die damalige Bedeutung dieses Organistenamtes ablesen kann.

Man versteht dann, warum sich die Stadtväter nach dem Tod des jüngeren Ahle mit der Auswahl seines Nachfolgers Zeit ließen: Der Organist von Divi Blasii war de facto so etwas wie ein städtischer Musikdirektor. Dem jungen Bach – zweiundzwanzig war er bei seinem Amtsantritt – stand mit der Mühlhausener »Musicalischen Societät« ein durchaus leistungsfähiger musikalischer Apparat zur Verfügung. Das geht aus den Ansprüchen hervor, die seine Mühlhausener Kantaten stellen. Besonders gerühmt wird die Kantate *Gott ist mein König* (BWV 71), die er am 4. Februar 1708 zum erwähnten Ratswechsel in der Marienkirche aufführte, mit drei Trompeten, zwei Flöten, zwei Oboen, Fagott, Streichern,

Pauken und Orgel, großem und kleinem Chor – insgesamt einem Instrumentarium, das ihm in Arnstadt nie und in Leipzig nur selten zur Verfügung stand. Und selbstverständlich war, daß er es leitete!

Es gibt zwar Leute, die behaupten, da es zwei Organisten gegeben habe, sei da auch ein Kantor gewesen, aber sie werden ihn kaum noch ausfindig machen: »Cantor« war nämlich kein Kirchen-, sondern ein Schulamt, und es ist weder von den Ahles noch von dem Eisenacher Bach, der Johann Sebastians Nachfolger wurde, bekannt, daß sie jemals für die Aufführung von Vokalkompositionen einen »Kantor« gebraucht hätten. Nein, Bach entfaltete hier in Mühlhausen eine reiche Leitungs- und Anleitungstätigkeit, er stürzte sich geradezu in jenen Bereich der musikalischen Arbeit, der ihm in Arnstadt vergällt worden war. Wie aus seinem Kündigungsschreiben hervorgeht, schaffte er auf eigene Kosten Noten und Instrumente für die Arbeit mit der »Societät« an und kümmerte sich auch um die Kirchenmusik in den umliegenden Dörfern – alles Dinge, zu denen ihn sein Anstellungsvertrag nicht verpflichtete, die ihm aber Möglichkeiten eröffneten. Und daß seine Ratswechselkantate gedruckt wurde – was in Mühlhausen weder davor noch danach wieder geschehen ist –, zeigt an, daß die Aufführung unter ihm damals als Höhepunkt des Mühlhausener Musiklebens angesehen worden sein muß. Auch nach seinem Weggang wurde er noch mit einer wichtigen Aufsicht und einer weiteren Ratswechselkantate betraut, und noch ein Vierteljahrhundert später konnte er sich dort auf den nachhaltigen Einfluß berufen, den er mit seiner kaum einjährigen Tätigkeit hinterlassen hatte.

Aus all dem zieht Schweitzer die unbegreifliche Feststellung: »Die Bürger glaubten, das Ihrige getan zu haben, als sie einen Künstler zu außerordentlich günstigen finanziellen Bedingungen eingestellt hatten, aber dieser war eben zur Reorganisation nicht befähigt.«

Was die »außerordentlich günstigen finanziellen Bedingungen« angeht, so formuliert Bach in seinem Kündigungsschreiben ausdrücklich dazu, »wie so schlecht meine Lebensart ist, bei der Abgabe des Hauszinses und anderer nötiger consumption, ich notdürftig leben könne«. Desgleichen ist, was die »Unfähigkeit

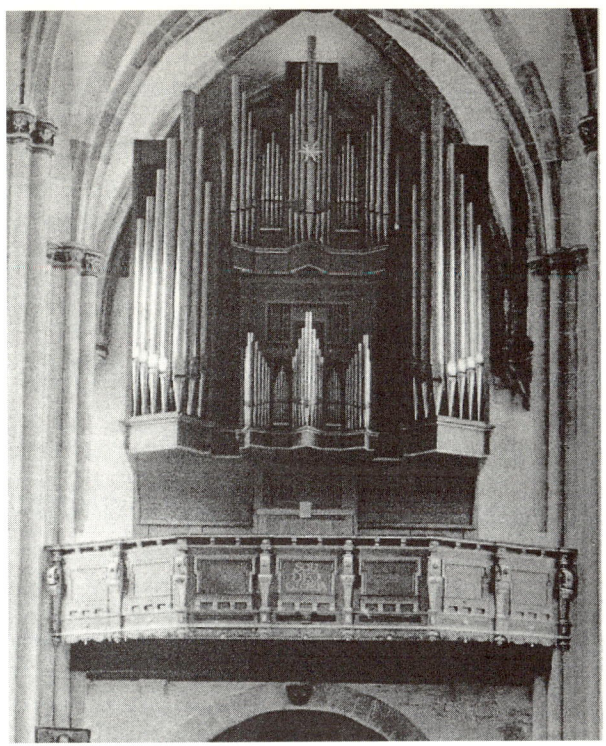

*Für die Orgel der Stadtkirche in Mühlhausen entwarf
Bach höchst ökonomische Pläne für einen Umbau und eine
durchaus unübliche Disposition, die bei der Erneuerung der
Orgel 1959 erneut verwirklicht wurde.*

zur Reorganisation« angeht, von Querelen zwischen Bach und
seinen Musikern nichts bekannt, und die Vokalmusik war weder
davor noch danach wieder auf gleicher Höhe. Aber ein sehr bedeutendes Werk der Reorganisation lieferte Bach der Stadt, bevor
er fortging: den gründlich durchdachten Entwurf für die Erneuerung der Orgel in der Sankt-Blasius-Kirche.

Es war ein sehr ökonomischer Entwurf, denn er sah die preis-
werte Vergrößerung der Orgel durch Hinzunahme einer entbehr-
lichen kleineren vor. Es war ein sehr wohlüberlegter Entwurf, der

ihn nicht nur als Meister der Disposition, sondern auch als genauen Kenner der Mechanik auswies, und es war ein kühner Entwurf, denn Bach schlug vor, die Orgel durch ein Glockenspiel zu bereichern, was ganz ungewöhnlich und im übrigen Bachs eigene Erfindung war. Der Orgelbauer war derselbe Wender, dessen Orgel Bach in Arnstadt abgenommen und eingeweiht hatte, und der Kirchenvorstand, welcher sich aus Ratsherren zusammensetzte, war von Bachs Vorschlägen so begeistert, daß er nicht nur spontan in allen Punkten zustimmte, sondern sogar bereit war, das Glockenspiel aus eigener Tasche zu bezahlen, und Bach sogar noch nach seinem Weggang die Bauaufsicht übertrug.

Bachs Mühlhausener Obrigkeit wußte ihn also uneingeschränkt zu schätzen. Trotzdem blieb er kaum ein knappes Jahr in Mühlhausen. Dann war ihm der Aufenthalt abermals verleidet. Und wieder war es sein Superintendent, der ihm die Verwirklichung seiner Ziele unmöglich machte. Bach umriß sie in seinem Kündigungsschreiben an den Rat mit seiner berühmt gewordenen Formulierung: »eine regulierte Kirchenmusik zu Gottes Ehren und Ihrem Willen«.

Was ihn hinderte, war die Frömmigkeit des Superintendenten und Hauptpastors von Divi Blasii, Johann Adolph Frohne. Er vertrat jene Richtung lutherischer Theologie, die als Pietismus bekannt wurde. Bach seinerseits war lutherisch-orthodox aufgewachsen, seine Schulen hatten ihm den theologischen Lehrstoff der Orthodoxie vermittelt, und lutherisch-orthodox war auch die Theologie in Arnstadt gewesen.

»Orthodox« heißt »rechtgläubig«, und »pietas« heißt »Frömmigkeit«. Das Bemühen, die festen Glaubenslehren der Orthodoxie mit einer von innen kommenden Frömmigkeit zu durchdringen, war nicht neu. Schon rund hundert Jahre früher waren die Schriften von Johann Arndt, Philipp Nicolai und anderen darauf ausgegangen. Virulent wurde die Bewegung mit dem Buch des Frankfurter Predigers, späteren Dresdener Oberhofpredigers Philipp Jakob Spener von 1675, dessen Titel *Pia desideria (Fromme Wünsche)* ihr den Namen gab.

Das Verlangen nach innerer Erneuerung der Glaubenspflege war nicht auf die Lutheraner beschränkt. In Frankreich und den Niederlanden verbreiteten sich die Jansenisten, in England die

Puritaner. Gemeinsam ist allen diesen Bewegungen die Heftigkeit der Auseinandersetzungen, die sie hervorriefen. Gegen die Jansenisten schleuderte der Papst mit der Bulle *Unigenitus* den Bannstrahl und erreichte ihre Verfolgung. In England und Schottland zerbrachen die Puritaner die absolute Macht des Königtums und siegten in der englischen Revolution.

Insgesamt waren die religiösen Auseinandersetzungen des 17. und auch noch des 18. Jahrhunderts von einer Heftigkeit, die wir heute nur schwer nachempfinden können und die auch dem 19. Jahrhundert schon weitaus ferner lag. Religiöse Auseinandersetzungen beschränkten sich nicht nur auf den Dreißigjährigen Krieg, zu welchem sie den Anlaß gaben, sie pflanzten sich durch das Jahrhundert fort. Gemeinsam ist allen diesen Glaubensbewegungen, daß sie es mit dem »wahren Glauben« weitaus ernster nehmen wollten als die bestehenden Kirchen, die katholische, die anglikanische, die lutherisch-orthodoxe. Und alle ihre Anhänger wurden keineswegs fröhlichere Leute dadurch!

Martin Luther hatte mit seiner Reformation den Heiland aus den Kirchen und Klöstern heraus neu unter die Menschen gebracht: Endlich konnten sie, was in der Heiligen Schrift steht, in ihrer Muttersprache erfahren und nachlesen, und ihre geistlichen Lieder, die Choräle, sangen sie begeistert nach weltlichen Melodien. »Es ist eine Lust zu leben«, bekannte damals Ulrich von Hutten.

Nachfolgend wurde das wieder anders, und über die Freiheit eines Christenmenschen triumphierte wieder die Erbsünde. Diejenigen, die es mit dem Glauben ernster nahmen, meinten damit auch die Abkehr von der Welt. Das meinten die Orthodoxen zwar auch, aber doch nicht so entschieden. Im übrigen mochten sie nicht, daß andere ihnen nachsagten, sie nähmen das weniger ernst. Ohnehin ist die zur Wahrung einer reinen Lehre notwendige Einstellung eine konservative. Nur behaupteten die anderen, ihrerseits noch konservativer, nämlich in noch reinerem Glauben zu sein. Es sind inzwischen viele Abhandlungen über das Wesen des Pietismus geschrieben worden, es gibt eine regelrechte Pietismusforschung, und im Zusammenhang mit Johann Sebastian Bachs kurzem Aufenthalt in Mühlhausen sind ihm auch pietistische Auffassungen unterstellt worden. Das ist nicht schwierig, pietistisches

Gedankengut könnte man auch in den Liedern Paul Gerhardts nachweisen, der der Bewegung sehr ferne war, und da die Melodie *Wie schön leuchtet der Morgenstern* die Vertonung eines Gedichts von Philipp Nicolai darstellt, den man zu den Urvätern des Pietismus rechnen darf, fällt es nicht schwer, auch schon Johann Georg Ahle zum Pietisten zu machen.*

Aber es ist zu befürchten, daß die geistlichen Inhalte des Pietismus und seine diesbezüglichen Gegensätze zur Orthodoxie für Bach keine Rolle gespielt haben. Die wunderbare und zutiefst gläubige Auslegung, die Bach in seinen geistlichen Kompositionen für seine Texte fand, ist über jeglichen Dogmatismus erhaben. Niemals und zu keiner Zeit hat er seine Auffassungen und Bekenntnisse von seinen theologischen Vorgesetzten bezogen. Auch seine Harmonik hat er ja weder von Böhm noch von Buxtehude übernommen, und er war so wenig der Anhänger dieser oder jener Glaubensrichtung, wie er der Schüler dieses oder jenes Komponisten war.

Der Leipziger Theologe Martin Petzoldt hat nachzuweisen versucht, daß Bachs geistige Welt ihre Wurzeln in dem – ziemlich spärlichen – Umgang mit seinen Beichtvätern gehabt habe, und untersucht deren Werdegang, um sie für die Gedanken der Aufklärung verantwortlich zu machen, nicht wissend, daß gerade diese gegen theologische Bevormundung war, bei Beichtvätern also am allerschlechtesten aufgehoben. Nach Kant ist sie »die Fähigkeit, sich des Verstandes ohne die Hilfe anderer zu bedienen«, und ebendiese Fähigkeit besaß Bach von Jugend auf in hervorragendem Maße. Mit dem theologischen Gezänk seiner Zeit hatte sein Glaube nichts zu tun, und es konnte seinen Glauben so wenig wie seine Musik beeinflussen.

Wohl aber diese empfindlich stören, und in Mühlhausen tat sie das. Sein Superintendent und Hauptpastor an der Kirche des heiligen Blasius, Johann Adolph Frohne, war überzeugter Pietist. Als solcher war er nicht nur gegen jegliche Tätigkeit an Sonntagen, sondern ebenso gegen alle irdischen Vergnügen und Zerstreuungen, welche von den Pietisten als sündhaft verabscheut wurden. Dazu aber gehörte nun auch die Musik und gerade jede reichere Entfaltung der Kirchenmusik.

Beispielsweise veröffentlichte 1697 der pietistische Jenaer Pro-

*Der streitbare Pietist Johann
Adolph Frohne verleidete Bach das
Mühlhausener Organistenamt
durch seine Musikfeindlichkeit.*

*Georg Christian Eilmar war außer
Pfarrer Lorenz Stauber in Dornheim der einzige Theologe in Bachs
Laufbahn, mit dem es zu freund-
schaftlichen Beziehungen kam.*

fessor Gottfried Vockerodt ein Buch über den *Mißbrauch der
freien Künste, insonderheit der Musik*, in dem er sich ausführlich
gegen »Sonaten, Toccaten und Ricercari« ebenso wie gegen
Opern und Komödien aussprach. Vockerodt war ein Verwandter
des gleichnamigen Mühlhausener Bürgermeisters. Frohne war
seit 1691 im Amt, und es gibt keinen Hinweis, daß er etwa
Vockerodts Ansichten nicht geteilt hätte.

»An nichts erkennt man einen Menschen besser als an einem
Scherz, den er übelnimmt«, stellte Lichtenberg fest. Die Pietisten
nahmen jeden Scherz übel. Für einen ernsthaften Pietisten war
selbst ein befreiendes Lachen sündhaft. »Hüte dich vor unnützem
Lachen«, hatte Spener geschrieben, »insonderheit wenn andere
über Scherz und Narretheiung lachen, so hüte dich, daß du nicht
mitlachest. Denn es gefället Gott nicht, warum gefällt es denn
dir?«

Wertvoller als die sonntäglichen Gottesdienste, als Wort und
Sakrament waren die Andachtsübungen im häuslichen Kreis, wo

man die frommen Lieder nicht laut und mächtig, sondern still in sich gekehrt sang. Herder schrieb 1780 in seinen Briefen über das Studium der Theologie diesbezüglich, die Pietisten »stimmten den Kirchengesang zum Kammergesange mit lieblichen Weisen, Melodien voll zarter Empfindung und Tändelei herunter, daß er alle seine Herzen beherrschende Majestät verlor«.

Man darf den Kopf schütteln, wenn unter solchen Umständen Siegmund-Schultze schlankweg von Bach behauptet: »Er fühlte sich von den starken Gefühlswerten der pietistischen Lehre ... sehr angezogen.« Und andere behaupten ähnliches. Aber was konnte ein junger Musiker mit der Schöpferkraft eines Johann Sebastian Bach mit einer solchen Glaubensrichtung anfangen? Sie zerstörte den Boden unter seinen Füßen: Darauf ließ sich jene Musik nicht aufbauen, deretwegen er auf die Welt gekommen war! Herr Frohne, dem Spitta eine ausführliche und wohlwollende Charakterbeschreibung samt Predigtprobe widmet, mag ein sanfter und frommer Mann gewesen sein. Entfaltung der Kirchenmusik ließ er nicht zu, das verstieß gegen seine innerste Überzeugung.

Da war nun der Hauptpastor der Marienkirche, Georg Christian Eilmar, ein anderer Mann. Schon als er 1699 nach Mühlhausen gekommen war, hatte er als überzeugter Lutherisch-Orthodoxer gegen Frohnes Botschaften losgewettert. Aber da der Pietismus hier ebenso viele heiß überzeugte Anhänger hatte wie die altlutherische Richtung, war es zum regelrechten Aufruhr gekommen. Der Rat hatte mit einem förmlichen Verbot einschreiten müssen. Dergleichen geschah übrigens nicht nur in Mühlhausen, in Eisenach ließ der Herzog 1712 eine Verordnung wider den sektiererischen Pietismus von den Kanzeln verlesen, in Arnstadt hatte vor Bachs Eintreffen der Superintendent Johann Gottfried Olearius gegen die pietistischen Hausandachten des Weimarer Hofkapellmeisters Samuel Drese angekämpft – mit Erfolg. Aber in Weimar begegnete Bach der Auseinandersetzung zwischen Pietisten und Orthodoxen abermals, und nirgendwo wurde sie eingedenk des Bibelwortes geführt: »Siehe, wie fein und lieblich ist's, wenn Brüder einträchtig beieinander wohnen.«

Der in Mühlhausen verbreitete Pietismus war unbestreitbar für Bachs Wirken nachteilig. Und hinsichtlich des Nachweises »pie-

tistischer Elemente« ist in jedem Fall Zurückhaltung geboten:
»Pietistische Elemente« ließen sich unschwer auch bei gewissen
heutigen Esoterikern und im katholischen Gesangbuch nachweisen, ja sogar schon bei Franz von Assisi. Maßgebend ist nicht
eigentlich das mit dem Pietismus verbundene Gedankengut, sondern die mit ihm verbundene Engstirnigkeit und Parteienbildung.
Denn zu Bachs Zeit war der Pietismus, wie man aus den obigen
Fakten sieht, keineswegs nur eine fromme geistliche, sondern eine
militant weltliche Strömung, die Anlaß bot zu massiven politischen Auseinandersetzungen und zum Einschreiten der Staatsgewalt.

In Mühlhausen beendete das Ratsverbot den Streit keineswegs.
Gerade in Bachs Zeit flammte er erneut auf. Von Bachs Ratswechselkantate wissen wir, daß sie in der pietistischen Sankt-Blasius-Kirche nicht aufgeführt wurde, obwohl Sankt Blasius und
nicht Sankt Marien die eigentliche Hauptkirche der Stadt war. Es
hat darum wohl auch vorzugsweise theologische Gründe, wenn
Spitta von Bachs Vorgänger zu berichten hat, er habe sich kompositorisch »nur auf die geistliche Arie und das kleine Spielstück für
mehrere Instrumente beschränkt«. So viel dürfte mit Frohnes
Pietismus eben noch zu vereinbaren gewesen sein. Daß sich aber
Bachs Auffassung vom geistlichen Auftrag seiner Musik nicht mit
der Frohnes vertrug und daß er sich unter den obwaltenden Verhältnissen mit dem seiner Kunst zugetanen und weitaus hand-
festeren Eilmar anfreundete, ist nur allzu verständlich. Unverständlich ist es nur, daß jemand auf die Idee kommt, daß Bach »die
pietistische Bewegung stark ansprach«.* Wie sollte sie das, wenn
sie keinen Platz für seine Musik hatte!

Eilmar in der Marienkirche hatte ihn und vertrat überdies jene
Glaubenslehre, mit der Bach aufgewachsen war. Nur konnte Bach
nun nicht Frohnes Organist und Eilmars Freund sein. Daß er es
mit Frohnes offenem Feind hielt, nahm ihm begreiflicherweise
Frohnes Anhängergemeinde übel, zumal Eilmar mit seinen An-
griffen gegen Frohne so wenig nachließ, daß der Rat am 8. Mai
1708 erneut einschreiten mußte.*

»Obgleich ich meiner Bestallung sonst in aller Art mit Lust
nachgekommen wäre, so hat sich's doch ohne Widrigkeit nicht
fügen wollen, und zur Zeit auch der wenigste Anschein (›appa-

rence‹) ist, daß es sich anders … künftig fügen möge«, beschreibt Bach selbst in seinem Abschiedsgesuch an den Rat die Situation und das Scheitern seiner Bemühungen und fügt hinzu, daß er sich in seiner neuen Stellung hinsichtlich »Erhaltung meines Endzwecks wegen der wohlzufassenden Kirchen-Musik« in glücklicherer Position »ohne die Verdrießlichkeit anderer« sehe. Da ihm der Rat mit größtem Wohlwollen gegenüberstand, konnte der mit der »Verdrießlichkeit anderer« nicht gemeint sein. Bach hatte sie durch seine Freundschaft mit Eilmar und mit seiner Musik erregt. Schon wieder hatte er einen Superintendenten gegen sich aufgebracht. Er entschuldigt sich förmlich gegenüber dem Rat, wenn er bittet, »meine geringen Kirchendienste diesmal für's Wollen zu nehmen«, und verspricht, »kann ich künftig etwas zu Dero Kirchendienst contribuiren, so will ich's mehr in der Tat als in Worten darstellen«.

Wie man sieht: Mit dem Rat hätte er sich schon vertragen. Es war auch hier wieder seine Kirche, die ihn seine »regulierte Kirchen-Musik« nicht machen ließ.

VI

IN WEIMAR HATTE der Hoforganist Johann Effler aus Alters-
gründen seinen Platz geräumt. Der Weimarer Hof kannte Bach,
und Bach kannte ihn oder glaubte ihn wenigstens zu kennen. Er
bewarb sich um die Stelle und erhielt sie. Wie in Arnstadt und
Mühlhausen brachte ihm sein Probespiel vor dem Herzog Wilhelm Ernst sofort eine Gehaltserhöhung gegenüber seinem Vorgänger ein. Wirtschaftlich hatte er sich damit entscheidend ver-
bessert: In Mühlhausen erhielt er nebst Deputat fünfundachtzig
Gulden, in Weimar bekam er hundertfünfzig und damit zwanzig
mehr als sein Vorgänger Effler.

Bach erhielt überall mehr als seine Vorgänger, woraus man einmal mehr sieht, wie sehr seine überragende Begabung beein-
druckte. Seine Nachfolger wurden sofort wieder auf die Gehalts-
stufe seiner Vorgänger gesetzt. Die einzige Ausnahme bildete die
Stadt Leipzig: Dort wurde er nicht nur nicht besser als sein Vorgänger bezahlt, sondern später wurden seine Einkünfte sogar
herabgesetzt – strafweise. Aber das geschah erst zur Zeit seiner
höchsten Entfaltung, nämlich nach der Aufführung der *Matthäuspassion*.

Finanziell war die Übersiedlung nach Weimar eine große Verbesserung. Künstlerisch war sie es ohnehin: Musik ließ sich hier
an der Orgel, im Gottesdienst, als Kammer- und als Orchestermusik machen, und er wurde hier durch keinerlei pietistische
Weltfeindlichkeit behindert. Gesellschaftlich war es für Bach kein
Aufstieg: Aus dem Bürger einer freien Reichsstadt war nun wieder
ein untertänigst fürstlicher Lakai geworden. Den Unterschied
zwischen beidem sollte er noch sehr genau kennenlernen. Und

was seine Stellung unter den Musikern des Hofes anging, so war er da in der Rangliste der vorletzte, nach ihm kam nur noch als Aushilfskraft der Stadtmusicus. Auch stand er als Hofmusiker nur im mittleren Drittel der Bedienten, zwar über einem Kutscher oder Pferdeknecht, aber selbstverständlich unter einem Leib-bediensteten oder einem herzoglichen Gärtner. Seine gesell-schaftliche Position in Weimar war also ziemlich niedrig.

In Weimar brachte Maria Barbara 1708 ihr erstes Kind zur Welt, Catharina Dorothea, und Pastor Eilmar kam eigens aus Mühlhausen herüber, um bei der Taufe Pate zu stehen. Was an-zeigt, daß die Freundschaft zwischen Bach und Eilmar auch nach Mühlhausen fortbestand. Zwanzig Kinder waren Bach beschie-den, aber nur einmal noch findet sich unter den Paten ein Geist-licher, und das macht ebenso nachdenklich wie die Tatsache, daß unter den fünfzehn Paten, die von den Bachs während der zehn Weimarer Jahre bestellt wurden, nur zwei aus Weimar waren und nur einer davon vom Hofe.

Die Regierungsverhältnisse des Herzogtums Weimar waren etwas schwierig zu durchschauen. Um einer Zerstückelung seines Landes entgegenzuwirken, hatte Wilhelm bestimmt, daß seine beiden ältesten Söhne Wilhelm Ernst und Johann Ernst sich in die Regierung gleichberechtigt zu teilen hätten. Es gab also zwei Höfe, zwei Hofhaltungen, zwei persönliche und einen gemein-samen Etat. Offiziell war Johann Ernst dem um zwei Jahre älteren Bruder Wilhelm Ernst gleichgestellt, und bei ihm war Bach 1703/04 »persönlicher Musiklakai« gewesen. Das hatte sich ver-ändert, Johann Ernst war 1707 gestorben. Sein ältester Sohn und Nachfolger, der neunzehnjährige Herzog Ernst August, unter-hielt keine eigenen Musiker. Somit war Bach jetzt Mitglied der »Gemeinsamen Hofkapelle«.

Bach-Biographen loben die Charaktereigenschaften und die Regierung des Herzogs Wilhelm Ernst durchweg in den leuch-tendsten Farben. »Dieser gehörte zu den vornehmsten und ge-bildetsten Fürsten seiner Zeit und war der Kunst von ganzem Herzen ergeben«, schreibt Schweitzer. »Unter den kleinen Herr-schern des damaligen Mitteldeutschland, welche meistens ihr Deutschtum möglichst verleugneten, nur ihr eigenes Wohl im Auge hatten und von Regentenpflichten keine Vorstellung, ragt

Herzog Wilhelm Ernst von Sachsen-Weimar als eine eigenartige, gewissenhafte und tiefer angelegte Persönlichkeit hervor«, schreibt Spitta. »Wilhelm Ernst, der Herzog von Sachsen-Weimar, in dessen Dienste Bach im Jahre 1708 trat, zeichnete sich durch seinen ungewöhnlichen sittlichen Ernst und sein hohes Streben aus. Er war eine Ausnahmeerscheinung unter den Fürsten seiner Epoche«, schreibt Terry.

Das hat sich bis in die Gegenwart fortgesetzt: »Dieser (Herzog) war darauf bedacht, daß der Zwist zwischen Orthodoxen und Pietisten mindestens an seinem Hofe nicht ausgetragen wurde, wie überhaupt unter seiner Regentschaft ein aufgeklärter ›fortschrittlicher‹ Geist herrschte ... In gewisser Weise wurde der Grund gelegt zu der kulturellen Blüte Weimars, die auf Goethe und Schiller so anziehend gewirkt hat«, schreibt Otterbach, und man weiß auch, wo er das her hat,* denn bei Siegmund-Schultze liest man: »Der regierende Herzog Wilhelm Ernst, eine Ausnahmeerscheinung unter den Fürsten seiner Zeit, war ernsthaft um die Hebung der Kultur bemüht. In mancherlei Hinsicht hat er den Grund gelegt für die Weimarer Blütezeit Ende des Jahrhunderts.« Und kurz davor spricht er von einer »frühklassischen Atmosphäre«.

Mir war dieses überschwengliche Lob von so vielen Seiten ein wenig zu allgemein, ich wollte das Bild eines so glänzenden Landesfürsten gern um einige Details bereichern, um es noch etwas anschaulicher zu machen. Aber während die Schilderungen der Musikwissenschaftler in bewundernswerter Einigkeit übereinstimmen, ergab sich aus dem Studium der thüringischen Landesgeschichte leider ein etwas anderes Bild:

Der Herzog, 1662 geboren, regierte seit 1683 und war bei Bachs Amtsantritt sechsundvierzig Jahre alt. Bei der Regierungsübernahme hatte er sogleich mit seinem Bruder einen Vertrag ausgehandelt, der ihm seine eigenen Kompetenzen absicherte. Schon zwei Jahre später setzte er dann auf juristischem Wege Veränderungen durch, die die Rechte seines Bruders einschränkten und die seinen erweiterten. Nach zwei weiteren Jahren beanspruchte er das oberste Richteramt des Landes für sich allein, womit er seinen Bruder praktisch kaltgestellt hatte. Dieser mußte sich schließlich an den Kaiser wenden, um die ihm zugesprochenen Rechte eines Regenten wenigstens auf dem Wege der Landesteilung erlangen zu können. Aber nach vier Jahren des Wartens wurde das Ersuchen 1702 abgeschlagen, worauf sich Johann Ernst ganz aus den Regierungsgeschäften zurückzog: Nach neun Jahren Streit hatte Wilhelm Ernst erreicht, was er von Anfang an gewollt hatte.

Er wird als frommer Mann geschildert, aber von brüderlicher Liebe hielt er nichts: Als sein Bruder im Winter 1706/07 auf den Tod krank in seinem Schloß lag, stattete er ihm nicht einmal mehr einen Besuch ab – er hatte sich für ihn erledigt. Dagegen waren dessen beide Söhne, Ernst August und Johann Ernst, für ihn interessant, und er setzte es gegen den Willen der Witwe durch, daß er die Vormundschaft über sie bekam. Freilich hatte Ernst August, der ältere, das gleiche Durchsetzungsbestreben wie sein Onkel und war entschlossen, sich als Mitregent nicht wie sein Vater entmachten zu lassen.

Dies führte nachfolgend zu den schäbigsten zwergstaatlichen Querelen zwischen den beiden Regenten, die selbstverständlich auf der Haut der Untertanen ausgetragen wurden. So quartierte einmal der Herzog Wilhelm Ernst seine Landespolizei, die »Ausreuter«, in jenen Dörfern ein, von denen Ernst August seine Einkünfte bezog. Darauf ließ Herzog Ernst August auf den Straßen, die in die Dörfer Wilhelm Ernsts führten, durch zwölf der dreißig Soldaten, die ihm zustanden, von den Einwohnern Maut kassieren. Daraufhin nahm Wilhelm Ernst den Soldaten die Pferde weg.

Er war etwas rigoros in seinen Entscheidungen. Als seine Frau Charlotte aus dem Hause Hessen-Homburg nicht mit ihm übereinstimmte, ließ er sich umgehend von ihr scheiden und sperrte sie für den Rest ihres Lebens in einem seiner Schlösser ein. Nicht minder energisch war seine »Außenpolitik« mit der Nachbarschaft. Noch ehe er seinen Bruder ganz kaltgestellt hatte, stritt er sich mit Sachsen-Eisenach, weil er Anspruch auf Jena erhob, und trieb die Sache bis vor den Reichshofrat. Wenig später fing er einen Präzedenzstreit mit Sachsen-Gotha an und kurz darauf mit dem Reichsgrafen Anton Günther II. von Schwarzburg um die Ämter Arnstadt und Käferburg. Dieser Streit währte fast dreißig Jahre und endete abermals vor dem Reichshofrat, wo er den Prozeß schließlich verlor.

Anfang des Jahrhunderts hatte er seinen Kanzler Rheinbaben

deswegen sogar nach Wien schicken müssen, aber der Reichsgraf hatte beim Kaiser die besseren Karten. Worauf ihm der Herzog bei passender Gelegenheit hundert Mann seiner Miliz als Einquartierung nach Arnstadt legte. Seine Streitigkeiten führten 1706, 1707, 1708, 1713 zu ausgiebigen Disputen auf den Konferenzen der Ernestiner, freilich ohne daß es etwas fruchtete. Die fürstlichen Konferenzteilnehmer hätten von ihm mit Recht sagen können, was später der Leipziger Rat von Bach behauptete, nämlich er sei »incorrigibel«.

Seine bedeutendste außenpolitische Leistung war, daß er sein Land aus dem Nordischen Krieg heraushielt, indem er Sachsen eine Hilfstruppe verweigerte. Sie hätte ihm auch nichts eingebracht, und das Land war arm, entsetzlich arm. Schon 1681 gab es einen Akt gegen Bettelei, und zwischen 1704 und 1715 erließ der Herzog immer neue Verfügungen dagegen. Da er die Ursachen nicht zu beseitigen wußte, korrigierte er die Zustände kurzerhand damit, daß er Leute, die durch irgendwelches Unglück an den Bettelstab gekommen waren, von seinen »Ausreutern« außer Landes jagen ließ. Etwa durchziehende Zigeuner dagegen sperrte er von der Straße weg ins Zuchthaus. So schaffte er sich Ordnung und Sauberkeit im Lande, denn ein Zuchthaus hatte er. Bach-Biographen rühmen es als »Waisenhaus«, aber der Titel ist unvollständig: »Zucht- und Waisenhaus« hieß es und war insofern ein Fortschritt, als der Herzog die Waisen bei den Zuchthäuslern unterbrachte. In hannoverschen Landen wurden sie bei den Tollhäuslern aufgezogen.

Ferner rechnet man es ihm zum besonderen Verdienste an, daß er die allgemeine Schulpflicht einführte. Damit war er nun seiner Zeit keineswegs voraus, die gab es in Gotha und Eisenach längst, ebenso wie schon seit 1685 im Kurfürstentum Sachsen, aber der Lehrplan ist interessant. Voltaire unterrichtete seine Bauern in Ferney in Acker- und Gartenbau und in Viehzucht und meinte zu Recht, daß das für sie weit nützlicher sei als das Alphabet. Auch Wilhelm Ernst dachte ökonomisch und fand, daß von den Fächern Rechnen, Schreiben, Lesen und Religion der Katechismus und das Lesen vollauf genügten. Damit konnten die Armen zwar nicht viel anfangen, aber dafür hatten sie künftig bei ihm auch das Begräbnis umsonst.

Wenn er dergestalt auch seinen Untertanen nicht zu Wohlstand und seinem Land nicht zu Reichtum verhelfen konnte (dabei gab es achtzehn verschiedene Steuern in Weimar, und sogar Strümpfe und Schuhe wurden besteuert), so hielt er um so mehr auf die Religion, die seine größte Leidenschaft war. Schon als Achtjähriger hatte er eine Predigt gehalten, welche der stolze Vater sogleich drucken ließ. Er liebte es, die Weimarer Pastoren um sich zu versammeln, und zwar in vollem Ornat. Oberhofprediger war in Weimar ein hochwichtiges Amt, nicht als des Herzogs Gewissenslenker (als solchen erkannte er keinen anderen Menschen an), sondern als das Oberhaupt seiner Weimarer Staatskirche.

Denn um eine solche handelte es sich in seinem Land. Das Erscheinen zum Gottesdienst war Untertanenpflicht, und wer die Bibel oder gar sein Gesangbuch mit in die Kirche nahm, war bereits der Laxheit in Glaubensdingen verdächtig. Es konnte dem Weimarer Bürger durchaus passieren, daß er nach dem Gottesdienst vom Herzog persönlich angehalten und nach dem Inhalt der heutigen Predigt befragt wurde. Auch hatten sich die Kirchgänger vor versammelter Gemeinde katechisieren zu lassen. Der Herzog selbst hörte seinen Bedienten Bibelsprüche ab und bestimmte danach, in welcher Reihenfolge sie zum Abendmahl gehen durften. In seinem Zucht- und Waisenhaus wurde das Beten als Strafe verordnet.

Und er hielt streng auf Sittsamkeit. Joseph II., der so unbarmherzig in die Ordnung der Klöster eingriff, richtete in Wien für ledige Mütter eine Gebärklinik ein. Seine Mutter Maria Theresia war weniger nachsichtig gewesen: Bei ihr wurde den so Gefallenen der Kopf kahl geschoren. Wilhelm Ernst hielt von derart weichlichem Vorgehen nichts. In seinem Land wurden uneheliche Mütter unmittelbar nach ihrer Niederkunft zwei Wochen bei Wasser und Brot eingesperrt.

Auch ansonsten herrschte Ordnung bei ihm: Im Sommer um neun, im Winter um acht gingen in seinem Schloß die Lichter aus, und Weimar hatte sich zur Ruhe zu begeben. Es herrschte, wie man sieht, durchaus kein »aufgeklärter, fortschrittlicher Geist«, auch wenn sich der Herzog eine Bibliothek zulegte (die seine Untertanen natürlich nie zu Gesicht bekamen) und die Zeit gern in seiner Münz- und seiner Raritätensammlung verbrachte, wofür er einen eigenen Angestellten besoldete, den Konsistorialsekretär Salomo Franck, welcher so die Zeit zu geistlicher Dichtung fand.

Für die »Befreiung des Menschen aus seiner selbstverschuldeten Unmündigkeit«, wie Kant die Aufklärung definierte, hatte der Herzog keinesfalls Sinn. Mündige Staatsbürger bereiten einem entschlossenen Herrscher Schwierigkeiten. Der Herzog legte Wert darauf, seine Untertanen am Gängelband strenger lutherisch-orthodoxer Religionsausübung zu halten. Aufklärung wäre ihm hinderlich gewesen, sein Schulunterricht – Katechismus und Lesen – wußte überhaupt nichts davon. Wer anderes behauptet, hat sich weder mit dem Herzog noch mit der Aufklärung beschäftigt.

Und es scheint reichlich kühn, wenn Werner Neumann behauptet: »Seine Fördermaßnahmen im Bereiche der Kultur und Volksbildung haben den Boden für die Hochblüte der Goethe-Schiller-Zeit mit bereiten helfen.« Diese beiden hätten sich schwerlich bei ihm wohl gefühlt.

Aber er gründete ein Gymnasium! Bei näherem Hinsehen war das freilich nichts als Nachholbedarf: Eisenach hatte schon im vorigen Jahrhundert seine Lateinschule, Arnstadt und Jena ebenfalls, Gotha und Ohrdruf sogar sehr berühmte – und Weimar immer noch keine?

Das war im Jahre 1712, im neunundzwanzigsten Jahre seiner Regierung. Der Herzog hatte es nicht allzu eilig mit der Bildung seiner Untertanen. Natürlich mußte so etwas Gesicht haben: Er verpflichtete sich den Rektor aus Ohrdruf, und als der junge Hauslehrer eines Jenaer Theologen durch eine pädagogische Veröffentlichung auf sich aufmerksam machte, holte er ihn sich als Konrektor. Er hieß Johann Matthias Gesner, und wir werden ihm noch begegnen.

Aber da war die Musik! Es war zwar nicht die Kammermusik, die er liebte und pflegte, davon ist weder in der *Weimarischen Staats- und Regentengeschichte* von Georg Mentz noch sonst irgendwo etwas zu finden, auch nichts darüber, daß er irgendein Instrument gespielt hätte – er schätzte mehr das Repräsentative, eine eindrucksvolle Kirchen- oder eine prächtige Jagdmusik, wie überhaupt die Jagd eine seiner wenigen Freuden war. Für die Kirchenmusik hatte er neben Organist und Orchester zwölf und bisweilen sogar achtzehn geschulte Sänger zur Verfügung, zur Jagdmusik sechs Trompeter; die sechzehn Musiker der »Gemeinsamen Hofkapelle« hatten, damit es nach etwas aussah, bei solchen Gelegenheiten in ungarischer Uniform, im »Heiduckenhabit«, aufzuspielen.

Der Posten des Hofkapellmeisters gehörte bereits seit dem vorigen Jahrhundert mit nur einer kurzen Unterbrechung der Familie Drese. Schon Adam Drese, von dem die schöne Melodie zu *Jesu geh voran auf der Lebensbahn* stammt, war Weimarer Hofkapellmeister gewesen, wenig später hatte sein Sohn das Amt übernommen, und Wilhelm, der Enkel, stand bereits im Rang eines Vizekapellmeisters.

Man hätte meinen können, unter solchen Umständen hätte Bach nicht viel in der Hofkapelle auszurichten gehabt, aber Hofkapellmeister Drese war inzwischen vierundsechzig, bequem und kränklich geworden, und sein Sohn besaß wenig Ehrgeiz. Da waren beide Dreses recht zufrieden damit, daß der neue Organist, da er ja auch im Orchester mitspielte, erst das eine und andere, dann mehr und mehr von der Arbeit abnahm.

Die Kammermusik aber gab es im Roten Schloß bei den Neffen Ernst August und Johann Ernst, die von Bach schon Unterricht bekommen hatten, als er noch beim Vater in Diensten war. Und musikalisch waren sie beide, Johann Ernst vor allem. Es gibt beachtliche Kompositionen von ihm, zwei davon hat Bach in Orgelkonzerte umgearbeitet, ein anderes sein Cousin Johann Gottfried Walther, und sie stehen an Erfindung und Substanz hinter Vivaldi-Konzerten nicht zurück.

Ernst August war ein guter Geiger, hatte aber den gleichen heftigen Durchsetzungswillen wie sein Onkel und wollte unbedingt die Rechte des Mitregenten wiedererlangen, die der Onkel dem Vater abgezwungen hatte. Der war natürlich energisch dagegen, und so fing schon zwei Jahre nach Bachs Amtsantritt der große Streit zwischen Onkel und Neffen an. Als der Neffe seine Ansprüche gegen den Onkel erhob, sperrte der kurzerhand die Räte des Neffen ein, es kam zum öffentlichen Prozeß, die Landstände wurden hineingezogen, und erst die Vermittlung der Gothaer

Ernestiner brachte einen Waffenstillstand, keineswegs eine Versöhnung.

Der fromme Herzog hatte aus der Bibel seine persönliche Auswahl getroffen. »Gott ist die Liebe«, hatte der Apostel Paulus geschrieben, aber von Liebe wollte der alte Hagestolz in der Wilhelmsburg absolut nichts wissen. Von solchen Sprüchen wie »Wer da sagt, ›ich liebe Gott‹, und hasset seinen Bruder, der ist ein Lügner« oder »ein neu Gesetz gebe ich euch, daß ihr einander liebet« hielt er gar nichts und lehnte sie für sich ab. Die Feindschaft zwischen Wilhelmsburg und Rotem Schloß blieb weiterhin ausgemachte Sache, und daß der Neffe nicht wie sein Vater resignieren wollte, machte sie nur ärger.

Bach kümmerte das wenig: Er war Organist und Mitglied der »Gemeinsamen Hofkapelle«, er hielt sich an seinen Vertrag, der ihn beiden Höfen verpflichtete. Überdies wußte er im Roten Schloß zwei besessene und mit ihm befreundete Musiker. Mit dem Herrn der Wilhelmsburg hingegen ließ sich keine Kammermusik machen.

Den Herzog bekümmerte Bachs Musik im Roten Schloß auch nicht weiter. Er wußte, daß er der Stärkere war, und wenn die Neffen musizierten, kamen sie ihm beim Regieren nicht dazwischen. Im übrigen hatte er mit dem Engagement des jungen Mosjöh Bach – dreiundzwanzig war er bei seinem Amtsantritt – einen sehr guten Griff getan: Einen solchen Organisten gab es weit und breit nicht. Er beschränkte sich auch nicht auf seine vertraglichen Pflichten, wo es etwas anzupacken gab, griff er zu. Die Leistungen der Hofkapelle besserten sich nach seinem Eintritt deutlich. (Die absolute Unhaltbarkeit von Schweitzers Urteil über Bachs Organisationstalent geht auch daraus hervor, daß Bach weder in Mühlhausen noch in Weimar, noch in Köthen, noch in Leipzig jemals Streit mit seinen Musikern hatte.) Außerdem hatte der Herzog in Bach einen vorzüglichen Komponisten, einen besseren, als er je gehabt hatte.

Der Herzog erkannte das ohne Einschränkung an. In den folgenden Jahren besserte er das Gehalt seines Organisten weiter auf, 1711 um fünfzig Gulden und 1713 um weitere fünfzehn. »Das Wohlgefallen seiner gnädigen Herrschaft an seinem Spielen feuerte ihn an, alles Mögliche in der Kunst der Orgel zu handhaben, zu versuchen«, lesen wir im Nekrolog. Woraus man sieht, daß der Herzog sehr gut wußte, was er an diesem Bach hatte, daß dieser Bach einiges wert war. Schließlich war Bach inzwischen der Spiritus rector der ganzen herzoglichen Musik geworden.

Der Herzog gab ihm mehr Geld, nur an eine Rangerhöhung seines Organisten dachte er nicht. Bach mußte sich deswegen erst mit einem förmlichen Gesuch an ihn wenden. Dann gestand er ihm endlich die Position des Konzertmeisters, die er praktisch längst eingenommen hatte, auch offiziell zu. Er besserte dabei sogar sein Gehalt nochmals um fünfunddreißig Gulden auf.

Wobei anzumerken ist, daß der Einfluß des Konzertmeisters, der bis heute für ein Orchester entscheidend ist, damals noch weitaus bedeutender war. Noch bei den Uraufführungen von Haydns Londoner Sinfonien stand der Konzertmeister Wilhelm Cramer in voller Gleichberechtigung neben dem Dirigenten Haydn auf dem Programmzettel. Der Kapellmeister leitete gewöhnlich vom Cembalo aus. Daß Bach in Weimar als Konzertmeister die weitaus stärkere künstlerische Persönlichkeit als der amtierende Vizekapellmeister Drese war, machte ihn zum Dirigenten des Ganzen.

Die Gehaltszulagen kamen Bach sehr gelegen. Statt der fünfundachtzig Gulden in Mühlhausen verdiente er hier jetzt zweihundertfünfzig. Biographen erzählen gern, wieviel und was für Musik er in Weimar machte. Von seinem Hauswesen schweigen die meisten. Doch es war sehr umfangreich und wollte versorgt sein. Seit seiner Hochzeit gehörte auch die Schwester seiner Frau, Barbara Catharina, mit zum Haushalt. Und es kamen die Kinder, 1708 Catharina Dorothea, 1710 Wilhelm Friedemann, 1714 Carl Philipp Emanuel. Und auch das Leid kam ins Haus: 1713 gebar Maria Barbara Zwillinge, die bald nach der Geburt starben. So standen die jungen Bachs zum ersten Mal vor einem Kindergrab. Noch manches andere sollte folgen.

Bei Wilhelm Friedemanns Taufe war einer der Paten Pastor Eilmars Tochter, die Beziehungen zu den Eilmars bestanden weiter. Bei Carl Philipp Emanuel kam Telemann zur Patenschaft aus Eisenach herüber, wo er seit Ende 1708 als Konzertmeister bei Hofe angestellt war, vier Jahre älter als Bach und ebenso durch und durch Musiker wie dieser.

Aber nicht nur Kinder füllten das Haus, da waren auch Schüler. Johann Martin Schubert, damals bereits siebenundzwanzig, war schon in Mühlhausen bei Bach in die Lehre gegangen. Im Eisenacher Vaterhaus hatte es immerzu Lehrlinge gegeben, und das Unterrichten, das Weitergeben der eigenen Erfahrungen und Erkenntnisse, war eine Leidenschaft, die Bach bis an das Ende seines Lebens nicht losließ. Ein großer Teil seiner Kompositionen besteht aus Unterrichtswerken, von den *Inventionen* über das *Orgelbüchlein* bis hin zur *Kunst der Fuge*. Auch solche Bezeichnungen wie *Klavierübung I, II, III, IV* weisen auf zu Lehrendes und zu Lernendes, sind nicht Niederschriften rein musikalischer Einfälle wie Ecossaisen, Impromptus, Albumblätter, Romanzen oder Lieder ohne Worte. Wunderbar aber ist, daß jene Werke, die Bach vorzugsweise für instruktive Zwecke schrieb, an musikalischer Kraft so viele andere überragen.

Im Anfang seiner Weimarer Dienstjahre schrieb Bach vor allem weiter an seinen großen Orgelsachen: Fast die Hälfte all seiner Orgelkompositionen ist in Arnstadt und Weimar entstanden. Es ist keine kirchlich gebundene Musik, es sind freie Orgelwerke, die beim Studieren immer wieder in Erstaunen setzen: Einzigartig sind sie nicht nur in ihrer Gesamtheit, sondern schon ein jedes für sich. Und Besseler hat unrecht, wenn er behauptet, Bachs Meisterjahre hätten erst mit seiner Ernennung zum Konzertmeister begonnen. Abgesehen davon, daß Bach dieses Amt auch vor seiner Ernennung (die ja erst auf Antrag geschah) längst ausübte, sind die Werke seiner großen Orgelzeit alles andere als Gesellenstücke: »Das Wohlgefallen seiner gnädigen Herrschaft ... feuerte ihn an, alles Mögliche in der Kunst zu handhaben zu versuchen«, und schließlich durfte er die Orgel, die bei seinem Amtsantritt gerade renoviert worden war, 1714 nach seinen Vorstellungen umbauen lassen. Er setzte auch hier wieder ein Glockenspiel ein. Man findet es nur in der Disposition der beiden Orgeln in Weimar und Mühlhausen, welche Bach bestimmte. Dieser Herr Orgelsachverständige hatte, wie man daraus erkennt, eine außerordentlich persönliche Vorstellung von der Disposition.

VII

AUFFALLEND IST, DASS Bach trotz aller Anerkennung, aller Ent-
wicklungs- und Betätigungsmöglichkeiten seinen Dienst in der
»Gemeinsamen Hofkapelle« keineswegs als eine Lebensstellung
angesehen haben kann. (In Köthen, obwohl dort ohne Orgel und
fernab der Kirchenmusik, sah das ein paar Jahre später ganz anders
aus.)

Der Herzog gestattete ihm zu reisen – mit seinem Vetter in
Meiningen muß er damals Verbindungen angeknüpft haben; wir
wissen von einem großartigen Orgelkonzert in Kassel. Die Mutter der beiden jungen Herren im Roten Schloß stammte von dort.
Im Herbst 1713 finden wir ihn in Halle, wo in der Liebfrauen-
kirche ein gewaltiger Orgelneubau mit zweiundsechzig klingen-
den Stimmen seiner Vollendung entgegenging. Im Vorjahr war
dort Friedrich Wilhelm Zachau gestorben, der Lehrer Händels
und selbst ein bemerkenswerter Komponist.

Bach besah sich die Orgel, der Kirchenvorstand bot ihm die frei
gewordene Stelle an, und Bach war sogleich geneigt, sie anzunehmen. Er komponierte sogar eine Kantate als Probstück. Das wäre
kaum geschehen, wenn er sich in seinem Weimarer Dienst restlos
glücklich gefühlt hätte.

Manche Leute behaupten, er sei nur nach Halle gefahren, um
in Weimar eine Gehaltserhöhung durchzusetzen. Aber daß er sich
die Mühe einer ganzen Kantatenkomposition und -aufführung in
Halle gemacht hätte, nur um in Weimar zu mehr Geld zu kommen, scheint denn doch einigermaßen mit der Kirche ums Dorf
gefahren: So viel Mühe macht sich einer nur, der ernsthafte
Absichten hat.

Die Sache kam trotz beiderseitiger Geneigtheit nicht zustande, weil die Hallenser das Weimarer Salär nicht zahlen wollten oder konnten, überdies wurde Bachs Gesuch um die Konzertmeisterstelle in Weimar zustimmend beantwortet, und er bekam erneut eine Zulage. Bemerkenswert bleibt, daß die Hallenser nach der Fertigstellung der Orgel ihn 1716 trotz seiner Absage zur Orgelprüfung einluden. Es wurde eine denkwürdige Orgelprüfung, auch der Leipziger Thomaskantor Johann Kuhnau und Heinrich Rolle aus Quedlinburg waren dabei, die Orgel wurde in allen Teilen für gut befunden, und ein opulentes Festessen* auf Ratskosten krönte die Abnahme.

Was alles anzeigt, daß Bach in Weimar Bewegungsfreiheit hatte. Er war nicht, wie des Herzogs abgetane Gemahlin, im Schloß eingesperrt. Und überhaupt: Es stimmt absolut nicht, daß sein Leben sich im engsten Raume abgespielt habe. (»Er kam, bis auf wenige Ausnahmen, nicht über Thüringen hinaus.«) Er war vielmehr über sehr vieles erstaunlich gut informiert, kannte die verschiedensten Musiker und ihre Kompositionen, sah sich sehr viele Orgeln an und unterrichtete sich so genau wie möglich über andere, die er nicht selbst ansehen konnte. Nicht nur kannte er viele, auch er war bekannt und wurde weithin geschätzt. Da seine Kompositionen nicht gedruckt wurden, wurden sie in Abschriften bekannt. Ein Beispiel gibt der Hamburger Johann Mattheson, ein Mann vielseitiger Begabung, der sich sein Ansehen und Vermögen als Sänger, Cembalist, Organist, Komponist, als Sekretär und auch als Musikschriftsteller erwarb.

Er schrieb schon 1717 in seinem *Beschützten Orchester*: »Ich habe von dem berühmten Organisten zu Weimar, Herrn Joh. Seb. Bach, Sachen gesehen, sowohl für die Kirche als für die Faust, die gewiß so beschaffen sind, daß man den Mann hoch ästimieren muß.« (Mattheson konstatierte das, obwohl es von diesem Bach nichts Gedrucktes gab! Wenn man freilich Bachs Kompositionen mit denen seiner Zeitgenossen vergleicht, ist es kein Wunder, daß sich immer wieder Musiker die Mühe machten, sie abzuschreiben. Was einen Leipziger Musikwissenschaftler zu der Erkenntnis brachte: »Als Komponist besaß er keinen großen Namen.«)*

Zum Kasseler Hof, zum Meininger Hof, zum Weißenfelser

Johann Mattheson, vier Jahre älter als Bach, genoß mit seinen von Hamburg aus verbreiteten Schriften, in denen er Theorie mit der Praxis verband, hohes Ansehen in der damaligen musikalischen Welt.

Hof bestanden Beziehungen. Daß Bach und Telemann miteinander befreundet waren, verstand sich von selbst, und eine besondere Freundschaft bestand zwischen ihm und seinem Cousin Johann Gottfried Walther. Walther war nur ein halbes Jahr älter als er, beide wohnten in Weimar, beide waren Organisten, der eine im Schloß, der andere in der Stadtkirche, und in gemeinsamem Wettstreit schufen sie etwas, das sich nur bei ihnen so findet: die Umarbeitung zeitgenössischer Instrumentalkonzerte zu Konzerten für die Orgel allein. Bach hat zwei Konzerte nach Vivaldi und zwei nach Kompositionen des jungen Herzogs Johann Ernst geschrieben, Walther auch solche nach Albinoni, Torelli, Meck, Telemann und anderen, und eines ist ganz seine eigene Erfindung.

In seinem *Italienischen Konzert* hat Bach dann das Prinzip des mit sich selbst konzertierenden Instruments auf das Cembalo übertragen. Und wenn man einen Eindruck von seiner absoluten Virtuosität bekommen will, muß man das Notenbild der Bachschen Bearbeitungen mit denen Walthers vergleichen: Die Bachschen sind unvergleichlich schwieriger gesetzt, doch bestätigen auch die Aussagen von Zeitgenossen: Schwierigkeiten kannte er nicht.

Aber alles das war natürlich keine Kirchenmusik, keine zum

gottesdienstlichen Gebrauch, ebenso wie die großen Orgelpräludien und -fugen nicht dafür bestimmt waren. Schweitzer meinte zwar, man solle sie auch im Gottesdienst spielen und dafür die Liturgie kürzen, aber bei den Theologen dürfte dieser Vorschlag kaum Billigung finden. Die Musik ist zwar als Teil des Gottesdienstes ebenso unbestreitbar wie die Liturgie, aber ein Gottesdienst ist keine Konzertveranstaltung.

Bachs Orgelwerke sind schlechthin gewaltig, sowohl in ihren Dimensionen wie in ihren Ansprüchen. Selbst Felix Mendelssohn Bartholdy, der ein glänzender Orgelspieler war und nicht nur in Berlin die *Matthäuspassion*, sondern auch in Leipzig Orgelwerke Bachs aufgeführt hat, bekannte, daß er einige davon lange habe üben müssen. »Als Klavier- und Orgelspieler kann man ihn sicher für den stärksten seiner Zeit halten, den besten Beweis davon geben seine Orgel- und Klavierstücke ab, welche von jedem, der sie kennt, für schwer gehalten werden. – Das waren sie für ihn nun ganz und gar nicht; sondern er führte sie mit einer Leichtigkeit und Fertigkeit aus, als ob es nur Musetten wären«, schrieb Johann Adam Hiller vierunddreißig Jahre nach Bachs Tod.

Bach hatte Freude an den Kompliziertheiten des Kontrapunkts, für ihn war mehrstimmiges Musizieren nicht kompliziert, und die Schwierigkeiten hemmten seine Erfindungsgabe nicht, sie spornten sie an. Wenn man sich die kontrapunktischen Arbeiten Simon Sechters ansieht, des großartigen Kontrapunktlehrers Bruckners, so ist darin alles erstaunlich und von kunstvoller Akkuratesse. Bei Bach aber ist es nicht nur musikalisch, sondern geradezu musikantisch, seine Orgelfugen quellen über von Freude am Musizieren, ebenso seine Toccaten für das Cembalo.

Und immer führen die Virtuosenstücke ebenso wie die großen Orgelpräludien zur Fuge hin, als der Hauptsache, als der eigentlichen Krönung freien Musizierens. Sein Spaß, sein Vergnügen an Fugen weiß fast kein Ende: So groß angelegte, so klar durchgestaltete Fugen wie er hat keiner seiner Zeitgenossen und keiner seiner unmittelbaren Nachfahren zustande gebracht, und einmalig ist eine jede für sich. Martin Geck, der schon mehrfach zitierte Musikologe aus Dortmund, bezeichnet die Fuge als eine »sich selbst ihr Gesetz gebende *statische* Struktur« – er hätte keine größere Torheit von sich geben können, wenn er behauptet hätte,

Flüsse seien auf ihre Betten beschränkte stehende Gewässer. An anderer Stelle behauptet er freilich, eine Fuge habe überhaupt keine Form – er ist ein sehr liberaler Professor. Der Jenaer Musikwissenschaftler Besseler schiebt Bach als größtes Verdienst in seinen Fugenkompositionen die Erfindung einer Sache zu, die er »Charakterthema«* nennt und in einem Aufsatz *Bach als Wegbereiter* mit wissenschaftlicher Sorgfalt in Scheiben schneidet, um Bachs Genie in diesem Punkte zu beweisen. Verlorene Liebesmüh': Das so sorgfältig sezierte »Charakterthema Bachs« hätte er ebensogut bei Buxtehude, Händel, Legrenzi, Porpora, Zachau, Walther oder Johann Caspar Ferdinand Fischer finden können, abgesehen davon, daß sich bei Bach auch Fugenthemen finden, die sich mit größter Emsigkeit nicht zum Besselerschen »Charakterthema« hochstilisieren lassen. Hätte er sich etwas umgesehen, hätte er viel Gelehrsamkeit sparen können, es hat ihn aber leider auch keiner seiner Fachkollegen auf seinen Irrtum hingewiesen.

Denn es ist nicht das thematische Material, das die Größe (man möchte sagen: die Unerhörtheit) Bachscher Fugenkomposition ausmacht, es ist das schier Unglaubliche, das er aus diesen Anfängen entwickelt! Auch die ersten acht Töne von Beethovens fünfter Sinfonie sind für sich allein noch lange kein Geniestreich – wahrhaft genial ist erst der sinfonische Ecksatz, den er aus diesen acht Tönen entwickelt ... und der sich in seiner Gesamtheit jenen analytischen Methoden, wie sie Besseler angewandt hat, zur Gänze entzieht. Es ist die unabänderliche Tragik der Musikwissenschaft, daß sie, sobald sie den festen Boden einer Hilfswissenschaft verläßt, auf ungeeignete Mittel angewiesen ist: Das Reden über Musik ist zwangsläufig nicht musikalisch.

Auch Bachs *Orgelbüchlein*, das er wahrscheinlich um 1716 anfing, veranlaßte zur Überdeutung. Bach soll es angeblich für seinen Sohn Wilhelm Friedemann geschrieben haben. Der zählte damals sechs Jahre, und seine Füße langten von der Orgelbank noch nicht einmal aufs Pedal. Daß es im Bach-Haus Schüler gab, macht aber keine so schöne Legende. Schweitzer hat vom *Orgelbüchlein* gesagt, es sei »das Wörterbuch der Bachschen Tonsprache« und »eines der größten Ereignisse in der Musik überhaupt«. Auch das ist von anderen Kompetenzen in mehr oder minder abgewandelter Form wiederholt worden. Bach wäre von so viel

Lob kaum begeistert gewesen: Er selbst betrachtete sein *Orgel-büchlein* als eine Sache für Anfänger.

Schweitzer weiter: »Die charakteristischen Motive der verschiedenen Choräle entsprechen ebenso vielen Ausdrücken für Gefühle und Bilder, die Bach in Tönen wiederzugeben sich getraut.« So etwas kann man sich natürlich trauen zu behaupten, aber man kann es nicht beweisen. Wenn man genauer hinsieht, beweisen verschiedenste Stücke dieser Sammlung weit eher das Gegenteil. »Die Bedeutung der Musik ist eine sonderbare Sache«, sagte jemand, der es wissen mußte, als Komponist, Pianist, Dirigent und Lehrer: Leonard Bernstein. Und wies nach, daß Rossinis Ouvertüre zu *Guillaume Tell* ebensogut als Filmmusik zu einem amerikanischen Western definiert werden kann. Und kommt nach Ausflügen in die verschiedensten Richtungen der Musikdeutung und ihrer Irrwege zu der fundamentalen Feststellung: »Die Bedeutung der Musik liegt in der Musik und sonst nirgends.«

Womit er leider ganzen Heerscharen von Deutern den Boden entzieht, ohne daß diese ihn indessen vermissen: Sie sind auch bisher wunderbar ohne ihn ausgekommen.

Besseler wundert sich, daß Bach die stereotype Methode der Choralbehandlung, die er im *Orgelbüchlein* – wie er betont zu Unterrichtszwecken, für »anfahende Organisten«! – angewandt hat, später nicht wiederholt, und behauptet, anderen sei ähnliches nie eingefallen. Was nicht stimmt: Bei Telemann, Zachau und Walther gibt es durchaus Parallelen, natürlich im Charakter von Telemann, Zachau und Walther. Das setzt die Schönheiten des *Orgelbüchleins* in keiner Weise herab: Auch Mozart büßt nichts an Einzigartigkeit ein, weil er die Sinfonie nicht erfunden hat. Und Bach hat auch später noch ähnliche Stereotypen wie im *Orgel-büchlein* eingesetzt. Besseler hätte sich nur das bekannte Choralvorspiel *Wachet auf! ruft uns die Stimme* vornehmen oder sich in der Neumeister-Sammlung umsehen müssen. Das System ist ausgebaut, aber das Prinzip beibehalten.

Mit der Ernennung zum Konzertmeister war für Bach die Verpflichtung verbunden, »allmonatlich neue Stücke aufzuführen« – der Herzog gewährte seine Gunst nicht, ohne auch etwas dafür zu verlangen. An andere Konzertmeister hatte er diese Forderung nicht gestellt, und man ersieht auch daraus, daß er Bach praktisch in das Amt des Kapellmeisters einsetzte, denn der Kapellmeister, nicht der Konzertmeister bestimmt üblicherweise das Repertoire. Indessen eröffnete diese Verpflichtung Bach gleichzeitig weitere Möglichkeiten: Es gab ja nicht nur die Hofkapelle, es gab auch einen nicht sehr großen, aber leistungsfähigen Chor und zusätzlich Pauken und Trompeten. So kommt es zu Bachs Weimarer Kantaten.

Gleich die erste dieser Reihe, *Ich hatte viel Bekümmernis*, wird ein echt Bachsches Meisterstück. Die Aufführung fiel auf den dritten Sonntag nach Trinitatis. Es war nicht nur eine Antritts-, sondern auch eine Abschiedskantate, nämlich für den Prinzen Johann Ernst, der seiner schlechten Gesundheit wegen eine Badereise antrat. Er sollte nicht mehr von ihr zurückkehren, er starb, kaum neunzehnjährig, und mit ihm ein Musiker, der seiner Zeit noch vieles zu sagen gehabt hätte.

Die Kantate selbst ist in vieler Hinsicht bemerkenswert. Ihr Text stammt – wie der der anderen auch – von Salomo Franck, dem Konsistorialsekretär und Verwalter der Sammlungen des Herzogs. Seinen geistlichen Dichtungen wird über den sakralen Gebrauch hinaus literarischer Wert zuerkannt. Gegen diesen Kantatentext wurde allerdings der Einwand laut, sein Aufbau sei unlogisch,* da der Eingangsvers »Ich hatte viel Bekümmernis, aber Deine Tröstungen erquicken meine Seele« den Trost bereits enthalte und so den Komponisten der Möglichkeit beraube, sich zu diesem Trost erst durchzuringen. Aber Bach bewies mit seiner Musik das Gegenteil, und ganz und gar »bachisch« ist seine Art, den vorgegebenen Text zu behandeln: Er komponiert seinen Sinn und benutzt den Text nur, ihn in seinem Sinne mit seiner Musik weit hinter sich zu lassen.

Elf Jahre später hat Mattheson in seiner *Critica Musica* Bachs Textbehandlung mit all ihren Wiederholungen ohne Bachs Noten abgedruckt. Das liest sich entsetzlich, und gewisse Leute glauben, er wollte Bach damit verspotten. Aber Mattheson hat diesem Abdruck mit Bezug auf Bach die bemerkenswerten Worte vorangestellt: »Der repetiert nicht für die lange Weile also«!

Nun hatte Bach für diese Kantate ein ganzes Orchester mit Pauken und Trompeten, Soli und Chor zur Verfügung. Nichts also wäre verständlicher gewesen, als wenn er dieses große Instrumentarium gleich zu Anfang voll ausgeschöpft hätte – in einem Fortissimo der Bekümmernis.

Aber nicht so Bach: Er beginnt das große Werk mit reiner Kammermusik und kommt, sooft er die Gesangssolisten musizieren läßt, immer wieder auf kammermusikalische Durchsichtigkeit zurück. Er nimmt sich keineswegs alles, was er hat, sondern wählt nur daraus aus, wessen er bedarf. Er wechselt in wunderbarer Weise die Wirkungen: Soli, Duette, Musizieren zwischen Gesang und Soloinstrumenten steigert sich zum Gesangsquartett mit dem Chor als Hintergrund. Am Schluß erst, wenn die Tröstung zur Gewißheit wird und der Bekümmerte der glücklich Getröstete ist, setzt er die Pauken und Trompeten ein, die er die ganze vorherige Zeit schweigen ließ, und beendet so jubelnd, was mit Seufzen begann. So formt er nicht nur eine Kette von kunstvollen und auf Kontrast bedachten Tonsätzen, sondern holt sich aus dem Bibelspruch des Eingangschores den Plan für eine groß angelegte musikalische Architektur. Und wenn ein Kritikus meinte, das Duett zwischen Jesus und der trostbedürftigen Seele stelle »ein Abgleiten ins Dramatische«* dar, so unterschätzt er das Abgleiten: So, wie Bach seinen Text behandelt hat, hat diese Kantate in ihrer Gesamtheit eine dramatische Entwicklung.

Aber Bach hat ja keineswegs nur geistliche Musik gemacht, obgleich ihm natürlich seine Musik in ihrer Gesamtheit eine absolut verpflichtende, heilige Sache war. So wie der Frömmste sehr wohl auch der Liberalste sein kann, weil er seinen unverrückbaren Standpunkt in dieser Welt hat und sich darum nicht vor ihr verschließen muß, war auch Bachs Musizieren kein kirchengebundenes, sondern, weil ein im Glauben gefestigtes, ein weltoffenes Musizieren. Ein schönes Beispiel dafür ist die *Jagdkantate* von 1716, die er für den Hof von Weißenfels schrieb. Dorthin hatte der Herzog Wilhelm Ernst gute Verbindungen, dort liebte man Theater, Musik und Jagd, man hatte sogar eine Oper, und die Weißenfelser Oper genoß kein geringes Ansehen. Man verstand sich aufs Feiern an diesem Hof, sogar so sehr aufs Feiern, daß 1712 August der Starke als Oberhaupt der Wettiner persönlich einschreiten mußte, um dort den Bankrott zu verhindern. Aber gelegentlich wurde auch Wilhelm Ernst aus seiner düsteren Wilhelmsburg in diesen frohen Kreis geladen – und kam, besonders gern zur Jagd. Von Gegeneinladungen an die Weißenfelser in die Wilhelmsburg gibt es keine Nachrichten, so wie ja auch der preußische König Friedrich Wilhelm gern zum König von Polen nach Dresden kam, aber dieser nur höchst ausnahmsweise nach Berlin.

In Weißenfels also führte Bach im Februar 1716 die Kantate *Was mir behagt, ist nur die munt're Jagd* auf (Franck schrieb auch diesen höchst weltlichen Text), und daß sie Bach später noch öfter aufgeführt hat, zeigt, wie sehr sie ihm ans Herz gewachsen war.

Wenn man die Fülle und Spannweite seines Weimarer Schaffens zu überblicken versucht, kann man über die darin enthaltene Kunstfertigkeit und die absolute Sicherheit der Formgebung nur immer aufs neue staunen, und man muß über Besseler den Kopf schütteln, der (in *Bachs Meisterjahre in Weimar*) das Urteil fällt: »Er kam erst spät zur Reife.«

VIII

DER WEGGANG BACHS aus Weimar ist von den meisten Biographen ziemlich ungenau oder sogar, wie von Terry, mit völligem Unverstand beschrieben worden. Terry begreift überhaupt nicht, wie Bach eine so gute Stelle aufgeben konnte. Der einzige, der zu seinem Weggang genauere Details gibt, ist der Weimarer Oberkirchenrat Reinhold Jauernig, der das Weimarer Material mit beispielhafter wissenschaftlicher Gründlichkeit aufbereitet hat.* Auch er gibt zwar nur die Hälfte der Geschichte, doch erheblich mehr als alle anderen Beschreiber zusammen.

Das Jahr 1716 erwies sich für Bach als ein außerordentlich erfolgreiches, aber auch ein verhängnisvolles Jahr, was er erst im folgenden bemerken sollte. Er war einunddreißig damals, und es war das Jahr, in dem Mattheson von Hamburg aus die Verbreitung seines Ruhmes bestätigte.

Anlaß waren landespolitische Ereignisse, denen er offensichtlich zuwenig Bedeutung für sein eigenes Schicksal beimaß. Der fromme Herzog Wilhelm Ernst war nach dem Testament seines Vaters verpflichtet, sich brüderlich in die Herrschaft zu teilen, aber er war durchaus nicht willens, dem Neffen mehr Rechte zuzugestehen, als er dem Bruder zugestanden hatte, nämlich so gut wie gar keine. Und der Streit zwischen Onkel und Neffen verschärfte sich. Als der Neffe 1716 sechzehntausend Gulden aus der Landeskasse beanspruchte, um zu bauen, verlangte der »großdenkende und verantwortungsvolle« Herrscher (wie Spitta ihn nennt) sogleich seinerseits fünfzigtausend für seine Sammlungen. Das Geld des Neffen blieb im Land, das seine ging außer Landes. Aber er hatte sich geärgert und reduzierte deshalb dem Neffen die

Kerzen für die Abendbeleuchtung im Roten Schloß. Denn die Kerzen gingen aus der »Gemeinsamen Kasse«.

Im Jahre 1716 hatte der Neffe die Eigenmächtigkeiten und die Selbstherrlichkeit seines Onkels satt und wandte sich wegen seiner Rechte an den Reichshofrat, wo der Onkel schon ein Verfahren wegen seines Streits mit dem Reichsgrafen von Schwarzburg laufen hatte, das nicht zu seinem Besten stand. Erst im Vorjahr, entsinnen wir uns, hatte sich der Familienrat der Wettiner zum vierten Male mit der Unfriedfertigkeit des Herzogs beschäftigen müssen. Indessen hob er sich von den Fürsten der Umgegend dadurch deutlich ab, daß er nicht mit ihnen verkehrte. Die Meinung der Altenburger und der Gothaer Verwandtschaft zu seinen Taten hatte ihn ja schon zehn Jahre vorher nicht interessiert.

Aber unter diesen Umständen kam ihm die Klage des Neffen vor dem Reichshofrat höchst ungelegen. Nachdem er ihm schon die Beleuchtung verkümmert hatte, sann er auf weitere Möglichkeiten, ihm das Leben zu vergällen.

Eine gute Möglichkeit bot die Religion. Der Onkel hatte nichts gegen pietistisches Gedankengut, soweit es dazu diente, seine Landeskinder zur Abkehr von der Welt und damit zu Langmut und Genügsamkeit zu überreden. Aber er hielt absolut nichts von der pietistischen Art der individuellen Glaubensübung und bekämpfte sie, weil sie ihre Anhänger von seiner Staatskirche abspaltete. Sein Neffe hatte begreiflicherweise wenig Neigung, mit seinem Onkel gemeinsam zu beten, und bestellte sich Hausandachten. Jetzt verbot sie der Onkel als pietistisch.

Der alte Oberhofprediger, Generalsuperintendent und Konsistorialrat Johann Georg Lairitz starb im April 1716, und Wilhelm Ernst verschrieb sich als seinen Nachfolger den hoch angesehenen Theologen D. Teuner. Vor allem versprach er sich von ihm tätiges Eingreifen auf geistlicher Ebene in seinem Streit mit dem Neffen. Aber leider fing Teuner in bestem Willen die Sache falsch an: Er hielt es für nötig, auch dem Onkel ins Gewissen zu reden. Der fromme Onkel hielt sich an den Bibelspruch »Wer nicht für mich ist, der ist wider mich« und ließ ihn so lange nicht mehr vor, bis er sich gebessert hatte.

Der Onkel ging weiter gegen den Neffen vor. Da der Neffe die Musik liebte und pflegte, lag nichts näher, als ihm nun auch die

Herzog Wilhelm Ernst von Sachsen-Weimar förderte Bach zunächst, sperrte ihn später ein und wollte seinen Namen in Weimar ausgelöscht wissen.

Mitverfügung über die »Gemeinsame Hofkapelle« zu entziehen. Da der Neffe sich um ein diesbezügliches Dekret kaum gekümmert hätte – auch in ihm floß schließlich das Blut seines Onkels –, ging der Onkel gegen die Kapellmitglieder vor und verbot ihnen, in irgendeiner Weise dem Neffen musikalisch zur Verfügung zu stehen. Bei zehn Talern Strafe – und das war sehr viel Geld!

Das war der Punkt, in dem Bach in die Sache hineingeriet. Als Konzertmeister sah er sich als Leiter der Kapelle und nicht als ihr einfaches Mitglied an. Den Neffen interessierte die Musik ernsthaft und den Onkel nur für die Repräsentation. Zum Neffen bestanden direkte und freundschaftliche Beziehungen, zum Onkel überhaupt keine. Außerdem hatte Bach seinen Vertrag, und der Vertrag verpflichtete ihn ausdrücklich, Musik an beiden Höfen zu machen. Bach sah keine Ursache, sich nicht an diesen Vertrag zu halten, und musizierte bei dem Neffen und mit dem Neffen weiter.

Man kann die Verhältnisse des Jahres 1716 in Weimar kaum als sehr anheimelnd bezeichnen, auch wenn Teuner später anständigerweise vom Herzog sagte: »Man wird unter fünfzig Fürsten im Umkreis nicht einen finden, der ein so frommes, sparsames Leben führt, die Finanzen des Landes so geregelt, die öffentliche Ordnung und Sittlichkeit gehoben, Schulen, Gymnasium, Zucht- und

Waisenhaus geschaffen und die Wissenschaft so gefördert hat.«
(Was alles zutraf, solange man nicht in die Details ging.)

Alles zusammengenommen, blieb der Hagestolz in der Wilhelmsburg kein besonders freundlicher und umgänglicher Mensch. Der Neffe im Roten Schloß war zwar auch nicht das wandelnde Muster eines Fürsten, aber er war lebendiger und mit Bach auf vertrautem Fuße. Im Januar 1716 heiratete er auch endlich: die verwitwete Herzogin Eleonore Wilhelmine von Sachsen-Merseburg, Schwester des regierenden Fürsten Leopold von Anhalt-Köthen. Kennzeichnenderweise wurde die Hochzeit nicht in Weimar, sondern auf Schloß Nienburg im Anhalt-Köthenschen gefeiert. Daß bei dieser Hochzeit der Onkel dabeigewesen sei, ist nicht bekannt, aber daß bei dieser Hochzeit nicht musiziert wurde, ist unwahrscheinlich. Der Fürst von Köthen war ein begeisterter Musikliebhaber, und durch seinen neuen Schwager hatte er mit Bach geradezu die Bekanntschaft seines Lebens gemacht.

Zunächst aber ging alles seinen gewohnten Gang. Im Februar wurde Wilhelm Ernst zum Geburtstag des Herzogs Christian von Sachsen-Weißenfels eingeladen, es gab Oper und Jagdvergnügen, der Herzog hatte seinen Konzertmeister mitgenommen, und dieser führte als Tafelmusik seine Kantate *Was mir behagt, ist nur die munt're Jagd* auf. Die Beziehungen zu Weißenfels, die sich auf solche Weise anbahnten, bestanden dann noch lange fort und brachten Bach in seiner Leipziger Amtszeit sogar den Titel eines Weißenfelsischen Hofkapellmeisters – wovon er freilich, außer daß Weißenfels zu einem Ort musikalischer Erholung für ihn wurde, in Leipzig keinen Nutzen hatte.

Herzog Ernst August und Gemahlin im Roten Schloß wollten die *Jagdkantate* auch gern kennenlernen, und so führte Bach sie im April dieses Jahres 1716 dort auf, da ihm die Weimarer Musiker wegen des Verbots des Herzogs nicht zur Verfügung standen, mit den Musikern aus Weißenfels, die überdies noch zwei Vorteile boten: erstens, daß sie studiert waren, und zweitens, daß Wilhelm Ernst wegen seiner Freundschaft mit dem Weißenfelser nichts gegen ihr Auftreten einwenden konnte. Er sagte denn auch nichts. Im August kam es zur denkwürdigen Orgelprüfung in Halle, und Bach musizierte weiter im Roten Schloß. Da Wilhelm Ernst dazu schwieg, hatte er ja offensichtlich dagegen nichts einzuwenden.

Inzwischen hatte sich auch eine Bekanntschaft oder sogar Freundschaft mit dem im Vorjahr engagierten Konrektor Johann Matthias Gesner vom Gymnasium angebahnt. Er war ein sehr musischer Mann und begeisterter Verehrer von Bachs Musik. Als dritter Knabe nach Wilhelm Friedemann und Carl Philipp Emanuel war im Vorjahr Johann Bernhard auf die Welt gekommen, und Bach lieferte dem Herzog eine Reihe schönster Kantaten modernen Zuschnitts, nämlich mit Arien und Rezitativen, was man damals als Einbruch der Oper in die Kirche hinstellte und verschiedentlich energisch bekämpfte. Spitta spricht von der Oper als den »trüben Fluten eines gedankenlosen Kunsttreibens« – Händel mit seinen Opern muß demnach in Spittas Augen eine ausgesprochene Sumpfblüte gewesen sein.

Bach war sichtlich nicht seiner Ansicht, er hatte die Möglichkeiten der Verlebendigung, die sich für die Kirchenmusik durch die Berührung mit theatralischer Dichtung ergaben, sofort erfaßt und nutzte, was ihm sein Textdichter Salomo Franck nach dem Vorbild Erdmann Neumeisters in dieser Hinsicht anbot. Er hat mehr als zwanzig Kantaten in Weimar geschrieben, also auch aufgeführt – der Herzog durfte mit seinem Konzertmeister zufrieden sein. Als am 1. Dezember 1716 der alte Kapellmeister Samuel Drese das Zeitliche segnete, mußte es demzufolge für Bach eine Selbstverständlichkeit sein, daß ihm die Kapellmeisterstelle, die er praktisch längst innehatte, nun auch offiziell zuerkannt werden würde.

Er irrte sich gründlich. Er hatte im Roten Schloß musiziert. Der Herzog hatte sich die Verstöße seines Konzertmeisters gegen seine Anordnungen gemerkt. Ein Mensch, der seine Anordnungen nicht respektierte, kam für ihn als Kapellmeister nicht in Frage. Er war rachsüchtig und entschlossen, Bach die Quittung für sein widersetzliches Verhalten zu präsentieren. Das ließ er ihn aber weder zunächst merken noch ihm mitteilen. Er legte sogar noch vier Taler zu, quasi um zu demonstrieren, was für ein wohlwollender Herrscher er sei. Aber insgeheim war er entschlossen, dem Bach die Freude an seiner Stellung gründlich zu verderben. Telemann war es, der ihm schon in Eisenach mit seinen Fähigkeiten ins Auge gestochen war. Er saß seit 1712 als städtischer Musikdirektor in Frankfurt am Main und entfaltete dort nicht nur eine rege Konzerttätigkeit, sondern zeigte sich auch zu den verschiedensten Vewaltungsaufgaben geschickt.

Der Herzog hatte sich als Rektor für sein Gymnasium den Rektor der bekannt guten Ohrdrufer Lateinschule geholt, er hatte den jungen Privatgelehrten Gesner, als der mit seinen Schriften auffiel, als Konrektor verpflichtet, er hatte in Konsistorialsekretär Franck, dem Verwalter seiner Sammlungen, einen weitum anerkannten geistlichen Dichter und mit seinem Oberhofprediger eine anerkannte Leuchte der Theologie – Telemann als Kapellmeister schien ihm eine glückliche Ergänzung seiner Sammlung bedeutender Leute.

Aber erstens saß der in Frankfurt sehr gut, zweitens kannte er durch Bach Weimar, und drittens kannte er Bach. Und als ihm der Herzog ein entsprechendes Angebot machte, schrieb er ihm zurück, in Bach besäße er ja den besten Musiker, den er sich als Hofkapellmeister wünschen könne. Bach, seinerseits unzweifelhaft von Telemanns Antwort unterrichtet, wandte sich mit einem förmlichen Gesuch um den Kapellmeisterposten an den Herzog. Um den Konzertmeisterposten hatte er sich ja auch schon mit einem förmlichen Gesuch bewerben müssen.

Aber diesmal erhielt er keine Antwort. Er verfaßte ein untertänigstes Promemoria. Es blieb unbeantwortet. Er ersuchte um eine Audienz – er erhielt keine. Der Herzog, nachdem er seinen Wunschkandidaten nicht erhalten hatte, war entschlossen, seinen Konzertmeister unter keinen Umständen Kapellmeister werden zu lassen.

Es sprach sich herum, daß er Drese junior als Nachfolger seines Vaters einsetzen werde. Das dauerte zwar fast noch bis zum Jahresende, aber das Gerücht behielt recht. Damit hatte der Herzog dann auch sein wahres Niveau in musikalischen Dingen demonstriert: Als er einen Musiker erster Klasse nicht bekommen konnte, war er auch mit einem der dritten völlig zufrieden. Das musikalische Niveau spielte für ihn keine besondere Rolle.

Aber der Fall Bach war für ihn damit noch nicht erledigt, er ging noch einen Schritt weiter: Bisher hatte Bach alljährlich für seine Kompositionen ein Ries Doppelnotenpapier auf Staatskosten erhalten. Jetzt wollte der Herzog nichts mehr von ihm hören: Er strich ihm das Notenpapier.

Als der Fürst von Köthen erfuhr, daß Bach bei der Besetzung der Weimarer Kapellmeisterstelle jedenfalls übergangen werde, bot er ihm freudig den Hofkapellmeisterposten in Köthen an. Der Platz bei ihm war frei, und er wußte ja aus eigenster Anschauung, was dieser Bach wert war, besonders, was er für ihn wert war. Schließlich war er selbst ein leidenschaftlicher Musiker. Und er machte ihm ein glänzendes Angebot: 456 Gulden statt der bisherigen 316, Zuschuß zu Mietzins und Brennholz, die alleinige Aufsicht und Bestimmung über die gesamte fürstliche Hof-, Kammer und Tafelmusik, musikalische Begleitung des Fürsten und Unterweisung in Vortrag und Komposition …

Wie großartig die finanzielle Seite dieses Angebots war, geht daraus hervor, daß der reichste Magnat Ungarns, der Fürst Esterházy, als er vierzig Jahre später einen gewissen Joseph Haydn als seinen Hofkapellmeister anstellte, auch nicht mehr bot. Und er war der reichste Fürst in habsburgischen Landen!

Aber das Geld war es nicht allein. Damit verbunden war auch Bachs enormer sozialer Aufstieg, der in den Biographien gewöhnlich gar nicht erwähnt wird: In Weimar war und blieb Johann Sebastian Bach Lakai. In Köthen rückte er mit dem Rang des Hofkapellmeisters unter die Hofoffiziere auf, einzig der Hofmarschall stand noch über ihm, er selbst aber stand um einiges über dem Köthener Bürgermeister. Und man unterschätze die Bedeutung des gesellschaftlichen Aufstiegs in jenen Zeiten nicht!

Im übrigen war Bach durch die Entscheidung des Herzogs praktisch kaltgestellt. Der Wegfall des Notenpapiers zeigt an, daß auch der Komponist Bach in Weimar erledigt war: Es gab keine Kantaten mehr zu schreiben, und wofern welche aufzuführen waren, hatte sich Bach mit seinen musikalischen Ansprüchen einem Musiker von unbestreitbarem Mittelmaß unterzuordnen.

Angesichts dieser Fakten schrieb der große Bach-Biograph Terry: »Es bleibt ein Problem für den Biographen, wie Bach sich entschließen konnte, den Ruf nach Köthen anzunehmen.« Für Bach war es kein Problem. Wen man nicht mehr zu fördern gedenkt, den gedenkt man nicht mehr zu halten. Dachte er. Ende Mai schrieb er sein Entlassungsgesuch.

Es blieb ebenso unbeantwortet wie seine vorherigen Eingaben und sein Ersuchen um Audienz. Der Herzog war für ihn nicht mehr zu sprechen, ein regierender Herr ist einem Lakaien keine Rechenschaft schuldig. Und mehr als ein Lakai war dieser Bach für den Herzog nicht.

Bach seinerseits hatte keine Erfahrung im Umgang mit ungnädigen Potentaten. In Arnstadt war die Entlassung aus der Untertanenschaft des Reichsgrafen reibungslos vor sich gegangen, reibungslos hatte der Reichsgraf die Heirat seiner Untertanin Maria Barbara Bach mit dem Bürger der Freien Reichsstadt Mühlhausen genehmigt. Auch in Weimar war sein Vertrag durch den Herzog Johann Ernst anstandslos aufgehoben worden. Nachdem ihm die Leitung der Kapelle abgenommen worden und nicht einmal seine Kompositionen mehr gefragt waren, stand es fest, daß er weder bleiben konnte noch wollte. Ja, es war aufgrund der ihm angetanen Behandlung eigentlich zu schließen, daß er gar nicht bleiben sollte.

Daß Bach unter den gegebenen Umständen den Vertrag mit dem Fürsten von Köthen unterschrieb, der ihn ab 1. August 1717 als Hofkapellmeister verpflichtete, ist also verständlich: Der Abschied schien reine Formsache. Das war es aber für den Herzog durchaus nicht. Er hielt sich an den alttestamentarischen Bibelspruch: »Ich aber will unter euch fahren und euch züchtigen, und ihr sollt mich liebhaben.« Als der 1. August heran war, hatte Bach noch immer keine Antwort. Und saß somit fest.

Man könnte fragen – kein einziger seiner Biographen hat sich das freilich jemals gefragt –, warum er nicht einfach aus dem herzoglichen Dienst ging, da er doch freiwillig in des Herzogs Dienst getreten war. Warum er nicht einfach die dreißig Meilen bis Köthen zurücklegte, ohne auf Abschied zu warten. Die Urlaubsüberschreitung bei der Reise nach Lübeck hatte er kalten Blutes auf sich genommen. Warum nicht auch diese so kurze Reise nach Köthen?

Damit gerät man nun aber in die rechtlichen und staatsrechtlichen Umstände und Verhältnisse dieses Falles und dieser Zeit, die an dieser Stelle zu vernachlässigen schlechthin unredlich ist.

Entsinnen wir uns: Die Leibeigenschaft wurde in Preußen erst 1807 aufgehoben und anderswo noch später. Und nach der weimarischen Polizei- und Landesordnung durfte niemand eine neue Stelle annehmen ohne Abzugsbrief der vorigen, und ohne die aus-

Herzog Ernst August von Sachsen-Weimar, Neffe und Mitregent Wilhelm Ernsts, drohte als sein Nachfolger jedem unzufriedenen Untertanen ein halbes Jahr Gefängnis an.

drückliche Permission des Herzogs durfte auch keinerlei Gesinde außer Landes gehen. (Und Bach rangierte als Lakai!)

Der Rechtslehrer Georg Wilhelm Böhmer hatte hierzu erklärt: »Sobald du deinem Landesfürsten in den Schoß geboren oder sobald du dich unter dessen Schutz begeben hast, hebt auch deine Untertanenpflicht gegen denselben an.« Der Leipziger Rechtsgelehrte Christian Thomasius hatte in seinen *Institutiones Jurisprudentiae Divinae* erklärt: »Die Fürsten sind ihren Untertanen gegenüber, was die Eltern den Kindern, und haben Bestimmungs- und Züchtigungsrecht«, wobei Samuel Freiherr von Pufendorf, der eigentliche damalige Begründer des Natur- und Völkerrechts, festgestellt hatte, daß »der Gehorsam der Untertanen gegen die Obrigkeit, weil solcher notwendig geleistet werden muß, nicht einmal zu ihrem freien Willen gerechnet werden kann«.

Bach befand sich also in einer wahrhaft fatalen Lage: Der Herzog konnte ihn, wenn er es wollte, in seinem frommen Weimar faktisch begraben.

Fürst Leopold von Anhalt-Köthen versuchte zu intervenieren. Verhandlungen mit dem Herzog Wilhelm Ernst schienen ihm freilich sinnlos, da er ja mit dessen Gegenpartei, dem Neffen Ernst August, verschwägert war. Aber er kümmerte sich um Bachs

Umzug: Am 10. September schickte er zunächst einen Reitknecht nach Weimar, der im damals schon existierenden Hotel »Elephant« Quartier nahm, kaum zwei Wochen später sogar zwei seiner Bedienten, die sein Schwager in seinem Dorf Tannroda versteckte und die da eine ganze Woche blieben. Der Fürst muß folglich Bach auch seinen ganz persönlichen Schutz zugesagt haben. Aber darauf konnte Bach nicht eingehen.

Denn ohne den förmlichen Abschied des Herzogs konnte er den Umzug nicht wagen: Nach der von Kaiser Karl V. erlassenen *Lex Carolinga* hätte er damit nicht nur jedes Untertanenrecht eingebüßt, sondern auch sein gesamtes Eigentum. Ja, sogar wenn er für sich gegen seinen Landesherrn einen kaiserlichen Schutzbrief erwirkt hätte, so hätte er gerade deswegen als Rebell verurteilt werden können. Nach der sächsisch-thüringischen Landesordnung konnte der Herzog sogar im ganzen Heiligen Römischen Reich deutscher Nation von jedem Fürsten seine Auslieferung verlangen. Daß dieses Gesetz noch voll eingehalten wurde, hatte gerade im Vorjahr die Gräfin Cosel erfahren: Sie hatte sich, nachdem sie vom sächsischen regierenden Minister Jakob Heinrich Graf von Flemming erfolgreich verleumdet worden war, auf preußisches Gebiet, nach Halle, geflüchtet. Friedrich Wilhelm I. hatte sie ohne Umschweife an August den Starken ausgeliefert.

Bach war also durch sein Musizieren mit dem verhaßten Neffen und durch seine Überschätzung des herzoglichen Interesses an seiner Kunst in eine denkbar böse Lage geraten. Es war keineswegs die Bagatellsituation, als die sie gewöhnlich dargestellt wird, und es ist ausgeschlossen, daß er darüber nicht genau Bescheid wußte, denn zu seinen engeren Bekannten, zum Kreis seiner Paten, gehörte der Jurist Dr. utr. jur. Friedemann Meckbach.

Um den Ernst seiner Situation zu verdeutlichen: Als später sein Gönner, der musische Herzog Ernst August, an die Macht kam, bat dessen erster Trompeter in den dreißiger Jahren um seinen Abschied. Ernst August ließ ihn durchprügeln, und als er dann unverständlicherweise immer noch fort wollte, sperrte er ihn im Turm ein. Bei seinem Amtsantritt hatte er »jedem Untertanen, der sich unterstehe zu räsonnieren«, sechs Monate Gefängnis angedroht.

Soviel zu Weimars »frühklassischer Atmosphäre«.

IX

MITTEN IN DIESEN schwierigen, ja geradezu gefährlichen Umständen erreichte Bach im Herbst dieses Jahres 1717 eine Einladung nach Dresden. Er verfügte über einen sehr weitläufigen
Bekanntenkreis, von »Stille und Einförmigkeit seines künstlerischen Schaffens«, wie Spitta das behauptet, konnte zu keiner Zeit
die Rede sein. So war er bisher zwar – nach allem, was wir wissen –
noch nie in Dresden gewesen, aber Bekannte hatte er auch da, und
keine schlechten. Beispielsweise den Konzertmeister der berühmten Dresdener Hofkapelle, Jean Baptiste Woulmyer, der richtiger
Volumier hieß, denn er kam aus Frankreich. Der Kapellmeister
war der sehr tüchtige Johann Gottfried Schmidt, und in diesem
Jahr 1717 traf auch der großartige und bis heute weit unterschätzte
Johann David Heinichen in Dresden ein. Der Kurprinz Friedrich
August hatte ihn im Vorjahr in Venedig für den Dresdener Hof
engagiert. Auch ein Eisenacher Bekannter war da, Pantaleon
Hebenstreit, Violinist und berühmt für seine Virtuosität auf dem
Hackbrett, aus dem er wahre Wunderklänge zu zaubern verstand.

Bach nahm die Dresdener Einladung an. Nach Dresden konnte
er sich begeben, weil er damit in wettinischen Landen blieb. Es ist
nicht bekannt, ob er von seinem halsstarrigen Herzog dafür
Urlaub bekam, aber ein Urlaub nach Dresden war jedenfalls
schlecht zu verweigern: August der Starke war der Schutzherr aller
wettinischen Länder.

Es war überhaupt einiges Bemerkenswerte an Dresden. Die
Biographen behandeln Bachs Reise dahin als bloßes Intermezzo
und so, als hätte er auch nach Plauen oder Magdeburg fahren können. Sie irren: Dresden war damals der glanzvollste, reichste und

großartigste Hof nach Versailles.* London, Madrid und Sankt Petersburg verblaßten dagegen. Selbst Wien als Sitz des Kaisers mit seinem neu erbauten Schloß Schönbrunn kam da nicht mit, und das nicht nur, weil die Dresdener Hofoper die beste in ganz Europa war. (Als Händel für sein Opernunternehmen in London Stars brauchte, holte er sich welche aus Dresden. Er konnte sie noch besser bezahlen als der König, denn er war damals dank seiner Londoner Mäzene der absolut reichste Opernunternehmer Europas.)

Dresdener Musik glänzte neben der venezianischen. Aber weder die Oper noch die Kapelle machten den Glanz Dresdens, beides war eigentlich, wenngleich eine Zier, nur eine Verzierung des Hofes. Dresden war der Sitz des Königs von Polen. Denn es entbehrt der Berechtigung, ist staatsrechtlich einfach inkorrekt, von den damaligen Wettinern nur als dem »kurfürstlichen Haus« zu sprechen, wie das die Bachgesellschaft für nötig hält. Auch ein Leipziger Professor bleibt außerhalb Leipzigs doch Professor, und August der Starke war als August II. seit 1697 der rechtmäßig gewählte König des Wahlkönigreichs Polen, ebenso wie sein Sohn nach seinem Tode der rechtmäßig gewählte polnische König August III. war. Dagegen waren Friedrich I., Friedrich Wilhelm I. und Friedrich II. staatsrechtlich Kurfürsten von Brandenburg und nur Könige *in* (Ost-)Preußen. Das änderte sich erst mit der Teilung Polens von 1772, auch wenn sich das Kurfürstentum Brandenburg damals längst Preußen nannte.

Der »König von Polen« war keine bloße Formsache und, sosehr der polnische Adel auch die Macht des Königs immer wieder zu beschränken suchte, kein leerer Titel. Der Glanz der kursächsischen Residenz beruhte nicht zuletzt auf der königlichen Würde, die den beiden Wettinern durch die polnische Krone verliehen war. Das polnisch-litauische Großreich erlebte unter der Regierung der beiden sächsischen Könige einen kulturellen und wirtschaftlichen Aufschwung und die längste Friedenszeit seiner Geschichte. Noch die heutige polnische Geschichtsschreibung, das Interim der marxistischen eingeschlossen, bezeichnet die Zeit der Wettinerkönige als eine sehr glückliche, und tatsächlich war die Verbindung zwischen Sachsen und Polen segensreich für beide: Sachsen galt als das wohlhabendste aller deutschen

Länder – ein Zustand, den erst der Siebenjährige Krieg beendete, den Friedrich der Große nach seinem Einmarsch weitgehend mit dem Geld bestritt, das er gnadenlos aus Sachsen herauspreßte.

Aber nicht nur als König von Polen, auch als Kurfürst von Sachsen hatte August der Starke eine bedeutende Stellung im Reich. Als der erste unter den Kurfürsten kam er im Range unmittelbar nach dem Kaiser, war dessen Stellvertreter und führte als sein Vikar (so im Jahre 1711) auch dessen Geschäfte. Zum kaiserlichen Hof in Wien bestanden daher enge Verbindungen. Und im Gegensatz zum Berliner Hof, wo Friedrich Wilhelm mit den Seinen von Blechtellern speiste, liebte August den Glanz beim Regieren. Nicht nur der sächsische, auch der polnische Adel war am Hofe vertreten. Des Königs unumschränkter Minister, Jakob Heinrich Graf von Flemming, war mit der Blüte des polnischen Adels verbunden, und seine polnischen Besitzungen waren größer als das ganze Kurfürstentum Sachsen. Nach Dresden zu fahren bedeutete etwas. Weder Wien noch London noch Madrid noch Sankt Petersburg konnten mit ähnlichem Glanz aufwarten, von Berlin und anderen deutschen Höfen ganz zu schweigen.

Im Herbst des Jahres 1717 also reiste Bach nach Dresden. Die Einladung war nicht ohne Grund erfolgt: Die Dresdener Kapelle hatte Ärger. Am Dresdener Hof weilte seit neuestem ein gewisser Louis Marchand, bis vor kurzem Hoforganist und -cembalist des Königs von Frankreich in Versailles, eine Berühmtheit.

Auch die Begegnung oder vielmehr nicht erfolgte Begegnung Bachs mit Marchand wird gewöhnlich ziemlich summarisch abgetan, schon bei Forkel, dem ersten aller Bach-Biographen, mit patriotischem Einschlag, als Sieg eines kerndeutschen Musikers über französischen Hochmut, und wo nicht deutsch-national, so nur als eine der Kunstreisen Bachs mit besonders glücklichem Ausgang.

Das liegt daran, daß es niemand für nötig gehalten hat, sich mit Marchand zu beschäftigen. Denn er war keineswegs einfach ein durchreisender Windbeutel, sondern ein Musiker von hohen Graden, mit vierzehn schon Organist an der Kathedrale von Nevers, mit zwanzig in Paris Organist der Jesuiten, mit vierund-

Jakob Heinrich Graf von Flemming, der allmächtige Kabinettsminister Augusts des Starken, sorgte nach dem denkwürdigen Konzert lebenslang bei Hofe für die bevorzugte Behandlung von Bachs Anliegen.

zwanzig führte er den Titel »Organist 1. Klasse« und mit einunddreißig den des »Organisten des Königs«. Er war einer der
bedeutendsten Vertreter der französischen Orgelkunst überhaupt. Seine Kompositionen haben ihm den Beinamen »le
Grand« eingebracht: Als »Marchand le Grand« findet man ihn in
Sammelwerken. Und er war ein Geist von einiger Souveränität.
Der Vorfall, der ihn um seine Stellung brachte, ist bezeichnend für
seinen Charakter wie für die Kühnheit seines Auftretens: Seine
Gattin vernachlässigte ihn, er verließ sie, sie klagte auf Unterhalt,
der König bestimmte, daß ihr die Hälfte des Gehalts auszuzahlen
sei. Daraufhin brach Marchand sein nächstes Konzert vor dem
König in der Mitte ab und erklärte – vor versammeltem Hofe! –,
wenn ihr der König die Hälfte seines Gehalts zahle, solle sie auch
die andere Hälfte des Konzerts spielen.

Damit hatte er es natürlich nicht nur mit dem König verdorben, sondern auch mit Spitta und Terry. (Terry nennt ihn »launisch, unüberlegt und anmaßend«, Spitta schreibt: »Die Vorzüge
sowie die Fehler seines Volkes hafteten ihm in hohem Grade
an ... Reich begabt für alles Technische und Elegante in seiner
Kunst ... verband er damit ebensoviel Eitelkeit, Arroganz und
Launenhaftigkeit.«)

Man sieht, wie sehr Marchand den rechten deutschen Untertanengeist verletzt hat.* Am französischen Hof gab es allerdings noch andere »Hochmütige«: Als der junge Voltaire aus der Bastille zurückkehrte, wo ihn der Regent wegen seines vorlauten Betragens für anderthalb Jahre eingesperrt hatte, bedankte er sich anschließend bei ihm mit den Worten: »Monsieur, ich finde es sehr nett, daß Eure Majestät sich um meine Ernährung gekümmert haben, bitte aber Eure Hoheit, sich nicht länger um meine Unterkunft zu sorgen.«

Beide, Marchand le Grand wie Voltaire, kannten ihren Wert und zogen daraus ihr berechtigtes Selbstbewußtsein. Bach war in seiner Alltagserscheinung, so, wie er seiner Mitwelt begegnete, zweifellos ein schlichter, fast biederer Bürger, der nie viel aus seiner Person machte – aber Selbstbewußtsein zeigte auch er, in Arnstadt und Weimar ebenso wie später in Leipzig, und es ist ihm nicht nur von Spitta und Terry auch ebenso angekreidet worden.

Als Marchand aus Versailles vertrieben war, wandte er sich nach Dresden aus gutem Grund: Es gab nicht nur keinen glänzenderen Hof in ganz Europa, sondern auch keinen kunstsinnigeren. Sein Auftreten da bewirkte notwendig zweierlei: Entzücken bei der Hofgesellschaft darüber, daß der Herr vom französischen Hof sich hier wie unter seinesgleichen benahm, und Entrüstung im Orchester, daß er sich derart dreist über die Standesunterschiede hinwegsetzte. Begeisterung bei der Hofgesellschaft, die französische Musik durch einen geistvollen Herrn nun sozusagen aus der Quelle zu erleben, und Ergrimmen im Orchester, weil die Sensation des französischen Virtuosen notwendig den Glanz seines italienischen Stils beeinträchtigen mußte. Und zwar keineswegs nur vorübergehend, da der König daran dachte, Marchand durch ein Hofamt an Dresden zu binden.

Man muß dazu wissen, daß der italienische und der französische Stil damals durchaus Gegensätze waren. In Paris kam es im selben Jahrhundert zwischen den französischen Sängern und den italienischen Buffonisten zu einem regelrechten Krieg, den die Buffonisten sogar gewannen. Denn die italienische Art zu musizieren war die leichtere, die musikantischere. Die französische basierte auf der Schule Jean Baptiste Lullys, der auf Präzision und Exaktheit, auf Strenge hielt. Der Dresdener Kapelle war diese Art

Louis Marchand, der berühmteste Cembalist seiner Zeit, ergriff vor Johann Sebastian Bach die Flucht.

des Musizierens durchaus vertraut, mehrere Mitglieder waren selbst in Paris gewesen. Aber dieser Stil war nicht der ihre, sie hatten inzwischen ihren eigenen. Es liegt in der Natur der Sache, daß Künstler in ihrer Kunst tolerant nicht sein können: Sie fliegt ihnen nicht zu, sondern ist mit unermüdlicher Intensität erarbeitet und somit ein Teil ihrer selbst. Nicht aus nationalen, sondern aus künstlerischen Gründen konnte sich die Dresdener Kapelle keinesfalls mit Marchand vertragen, und darüber hinaus brachte dieser Marchand auch noch jene souveräne Selbständigkeit mit, die in Dresden ebenso wie an jedem anderen deutschen Hof platterdings unvorstellbar war.

Bach genoß längst einen geradezu legendären Ruf als Orgelspieler, war ebenso auf dem Cembalo zu Hause (seine Weimarer Toccaten beweisen, wie großartig), und Marchand stand ganz im gleichen Ruf.* Für die Leute, die etwas gegen ihn haben mußten, lag also nichts näher, als die beiden zusammen oder besser gegeneinander zu bringen. Wenn Marchand zu einem musikalischen Wettstreit herausgefordert haben sollte, konnte das dem Rufe Dresdens nur nützen. Wenn Volumier den Bach aus Weimar nach Dresden einlud, war das jedenfalls ein gescheiter Schachzug. Tatsächlich gab es keinen besseren Virtuosen, auch wenn das, worauf

Bach aus war, die Virtuosität nicht war. Daß er aber eine solche Einladung, wenn irgend möglich, annehmen würde, war bei seinem unstillbaren Interesse an musikalischen Informationen geradezu sicher. Die Rechnung ging auf: Bach kannte Marchands Kompositionen. Da mußte er den Mann auch kennenlernen.

Der Ausgang ist bekannt: Bach kam, ein Wettspiel im Palais Flemming wurde angesetzt, aber Marchand reiste am Morgen des Tages ab, und Bach spielte allein. So hat sich damals Marchand durch seine feige Flucht erledigt, und über den welschen Geist triumphierte der deutsche Musiker. Wenigstens wurde es schon von Forkel so erzählt.

Warum ist noch niemandem die absolute Merkwürdigkeit dieser Geschichte aufgefallen? Ein Minderwertigkeitskomplex kommt doch als Ursache für Marchands Abreise nicht in Frage. Angeblich war er ja »launisch, überheblich und unbeherrscht«. Zudem konnte er der Anhänglichkeit seines Publikums bei Hofe sicher sein, er hatte den Platzvorteil. Und sein enormes Können bestreitet niemand. Da die Bach-Biographen durchweg über Bach schreiben, verlieren sie Marchand sogleich wieder aus den Augen – aber Marchand machte seine Heimreise zu einer erfolgreichen Konzerttournee, kehrte nach Paris zurück ohne einen einzigen Kratzer auf seinem Ansehen und ging als »Marchand le Grand« in die französische Musikgeschichte ein. Warum ist er also damals vor dem Organisten eines Duodezfürstentums (Weimar hatte etwa fünfhundert Häuser) quasi bei Nacht und Nebel ausgerissen? Es ist ja nicht einmal bekannt, daß Bach vor dem denkwürdigen Konzert sich bei einer anderen Gelegenheit in Dresden hätte öffentlich hören lassen.

Marchand war berühmt für die Kühnheit seiner harmonischen Wendungen.* Von Bachs Kühnheit in dieser Hinsicht ist Spitta nichts aufgefallen, für Schweitzer ist er nur »der Gipfel der Barockmusik«, von dem nichts mehr ausging. Seine Vorgesetzten sahen das anders, die Arnstädter warfen ihm ausdrücklich vor, daß er im Choral »viele frembde Töne mit eingemischet«, und verlangten von ihm, »wenn er ja einen tonum peregrinum mit einbringen wollte, selbigen auch auszuhalten und nicht zu geschwinde auf etwas anderes zu fallen ... oder gar einen tonum contrarium zu spielen«. Was zusammengefaßt heißt: Sie waren mit seinen harmonischen Wendungen herzlich unzufrieden, sie waren ihnen einfach zu neu. Man kann das mit Hilfe der Sammlung von Bach harmonisierter Choräle, wie sie sein Sohn Carl Philipp Emanuel zusammengestellt hat, nachvollziehen: Ein Großteil davon ist so kühn harmonisiert, daß auch heute noch eine Gemeinde »das Singen darüber vergessen« dürfte. In der Tat war Bach nicht nur ein kühner, sondern ein bahnbrechender Harmoniker. Marchand war das im Grunde auch, aber er besaß etwas nicht, dem Bach schon seit Arnstadt auf der Spur war: die »wohltemperierte Stimmung«.

Das Problem besteht darin, daß es zwischen einer Summe rein gestimmter Oktaven und rein gestimmter Quinten eine Differenz gibt, die schon Pythagoras im Altertum herausgefunden hatte, weswegen man vom »Pythagoräischen Komma« spricht. Die praktische Folge dieser Differenz ist die, daß ein in C-Dur »rein« gestimmtes Klavier in H-Dur durchaus verstimmt klingt, die Quinten klingen dann völlig unrein, heulen geradezu, weswegen die Musiker der Bach-Zeit von den »Wolfsquinten« sprachen. Und diese Erscheinung setzt nicht erst bei H-Dur ein, sie wird in dem Maße stärker, in dem die Vorzeichen der Tonarten zunehmen. Notwendig ist daher die Korrektur der »reinen« Stimmung in eine »gleichschwebende«, in der alle Töne um ein weniges von der »reinen Stimmung« abweichen. Theoretisch war dieses Problem längst gelöst: Der französische Mönch Marin Mersenne hatte schon 1637 die Ergebnisse seiner diesbezüglichen Untersuchungen veröffentlicht, und der Halberstädter Organist Andreas Werckmeister hatte ein gleiches auf deutsch in den Jahren 1686/87 getan. Aber in seinen Kompositionen hatte er sich wohl gehütet, den Quintenzirkel in seiner Gänze zu durchschreiten. So leicht waren nämlich die theoretischen Erkenntnisse in die Praxis nicht umzusetzen. Als nahezu unmöglich erwies es sich zunächst auf der Orgel, wo mit dem Übergang zur »gleichschwebenden« Temperatur« ja auch alle Obertonregister hätten entsprechend verändert werden müssen, und es war ohnedies schwierig genug, die Sauberkeit ihres Klanges herzustellen. Als unmöglich erwies es sich auch bei Spinetten und einfacheren Cembali, die nicht für jeden Ton eine eigene Saite besaßen, sondern, wie die Laute, Zwischentöne durch Bünde herstellten. Man hatte sich also fast damit abgefunden, daß Tonarten mit vier Vorzeichen nur mit Einschränkungen und solche mit fünf oder sechs gar nicht zu spielen waren. Man kann das an der Gesamtliteratur der Zeit, insbesondere an den Kompositionen Marchands, aber sogar an Bachs Orgelkompositionen nachprüfen: Da findet sich nirgends etwas in Fis-Dur oder Des-Dur, und vier Vorzeichen gibt es höchst ausnahmsweise. Daß aber Bach bis an die Grenze des Machbaren ging, zeigt sich darin, daß bei der Interpretation von Bach-Werken auf den Orgeln seines großen Zeitgenossen Gottfried Silbermann gelegentlich durchaus Unreinheiten auftreten:* Silbermanns Orgeln waren noch nicht »gleichschwebend temperiert«.

Aber Bach arbeitete an der Verwirklichung dieser Stimmung, weil er sie für sein Komponieren unumgänglich brauchte.* Er mußte eine ganz neue Methodik des Klavierstimmens für diese »wohltemperierte Stimmung« erfinden, und er hatte dabei keine anderen Helfer als seine Geschicklichkeit und seine beiden Ohren. Aber er war kurz davor: Zwei Jahre später schritt er in der *Chromatischen Fantasie und Fuge* bereits die Möglichkeiten dieser »wohltemperierten Stimmung« in ihrer ganzen Weite aus und brachte harmonische Wendungen, die vor ihm noch keiner gewagt hatte.

Ebenda liegt mit äußerster Wahrscheinlichkeit der Grund für Marchands vorzeitige Abreise. Seine Kompositionen beweisen, wie sehr er sich mit Problemen der Harmonik beschäftigte, in welchem Maße er Fachmann darin war. Er mußte also nicht viel von Bach hören – ihm genügte ein freies Phantasieren oder das Stimmen des Cembalos –, um zu erkennen, daß dieser Mensch sehr viel weiter gekommen war als er selbst und über Möglichkeiten verfügte, die ihm bis jetzt verschlossen geblieben waren.*

Marchand war selbstverständlich keineswegs »launisch, überheblich und unbeherrscht« – auf solche Weise hätte er sich im Intrigengetümmel von Versailles keine zwei Wochen halten können. Er hatte sich zu den Worten gegen seinen König auch keineswegs »hinreißen« lassen. Die Anekdote verrät durchdachte Inszenierung: Seine Frau hatte ihn beleidigt, der König beleidigte ihn durch seine Entscheidung nochmals, also gab es für ihn bei Hofe (noch dazu bei halbem Gehalt!) kein Bleiben. Aber er ging nicht grußlos und war somit sicher, daß man ihn nicht vergessen würde. Das zeigt scharfes Kalkül. Mit gleichem wohlüberlegten Kalkül verließ er grußlos Dresden am Morgen vor einer Schlacht, von der er als Fachmann wußte, daß er sie nicht gewinnen konnte. Aus Versailles ging er mit Eklat, weil er verloren hatte, aus Dresden in aller Heimlichkeit, weil er verlieren nicht wollte. Seiner Rückkehr nach Paris eilte auf diese Weise nicht die Nachricht von einer Dresdener Niederlage voraus, er kehrte in vollem Glanze zurück. Er war nicht überheblich, sondern kannte seine Grenzen, und er war keineswegs unbeherrscht, sondern handelte wohlüberlegt als ein kluger Mann.

Bach seinerseits erschien zur festgesetzten Stunde vor den festlich versammelten Anhängern Marchands im Palais Flemming, und er kann in seinem biederen Weimarer Bürgerrock unmöglich viel Eindruck gemacht haben: ein Klavierspieler aus der Provinz!

Aber dann begann er zu spielen, und die Welt verwandelte sich. Man ist schnell bei der Hand mit dem Wort »es war ein unvergeßlicher Abend«. Aber in der Tat wurde es ein solcher Abend, daß man diesen Bach in Dresden sein Leben lang nicht mehr vergaß. Ein entscheidender Abend, wie nachzuweisen sein wird.

Bach hat diese Geschichte seinen Söhnen erzählt, sie steht in seinem Nekrolog, und Bachs erster Biograph Forkel hat sie noch aus dem Munde Carl Philipp Emanuels erfahren. Für Schweitzer ist sie freilich kaum der Erwähnung würdig, und Geck behauptet schlankweg, sie sei nicht belegt und habe also gar nicht stattgefunden. Marchand sei gar nicht in Dresden gewesen. Statt dessen sei Bach nur nach Dresden gefahren, um dort in der Musikbibliothek Vivaldi-Konzerte zu studieren* (die er längst aus Lüneburg kannte und von denen er gerade kurz davor drei für die Orgel und ein halbes Dutzend für das Cembalo bearbeitet hatte).

Als Bach wieder nach Hause kam, waren die fürstlich-köthenschen Reiter dagewesen und wieder abgereist, und Bachs Lage hatte sich in keiner Weise geändert. Ihm blieb in all diesen Umständen nur eine Möglichkeit: dem Herzog zu trotzen. Kompositionen abzuliefern sah er sich nicht mehr genötigt, er erhielt ja kein Notenpapier mehr. In seinem Organistendienst konnte er sich von seinem fortgeschrittensten Schüler Schubert vertreten lassen. Der in den Vereinigten Staaten wirkende österreichische Bach-Biograph Geiringer berichtet, als am 30. Oktober mit entsprechendem Aufwand der zweihundertste Jahrestag der Reformation gefeiert wurde, sei Bach nicht in der Schloßkirche erschienen, sondern habe den Gottesdienst in der Stadtkirche besucht. Das wäre gehandelt nach der Devise: »Verweigert mir der Herzog den Abschied, verweigere ich dem Herzog den Dienst.« Und was sonst blieb ihm übrig? Um aus dem Dienst zu kommen, mußte er, da es im Guten nicht zu erreichen war, etwas riskieren. Die Reaktion des Herzogs folgte auf dem Fuße:

Als ehemals die Räte des Neffen diesem etwas rieten, das nicht im Sinne des Herzogs war, hatte er sie verhaften lassen. Da Bach sich nicht so verhielt, wie er es wünschte, sperrte er ihn kurzerhand ein. In die Landrichterstube.

Das Wort »Landrichterstube« klingt gemütlich, beinah wie ein bloßer Hausarrest bei einem gebildeten Herrn. Manche Leute behaupten denn auch immer noch, Bach habe in der Landrichterstube, in der Muße seiner Haftzeit, sein *Orgelbüchlein* geschrieben. Leider ist das gleich aus zwei Gründen ganz unwahrscheinlich. Erstens des Zweckes wegen, denn es war ja bestimmt für »anfahende Organisten«, also für seine Orgelschüler. Bach wollte aber unbedingt nach Köthen, wo er keine mehr haben würde. (Und Wilhelm Friedemann war gerade erst sieben.)

Zweitens aber war die Landrichterstube der denkbar ungeeignetste Ort für eine solche Arbeit. Es gab drei Arten Gefängnis im Weimar des Herzogs Wilhelm Ernst: das von ihm gegründete Zucht- und Waisenhaus (wohin er unter anderem jene Zigeuner sperrte, die er von der Straße wegfing), das Stadtgefängnis (unter anderem der Zwangsaufenthalt der unehelichen Mütter gleich nach der Niederkunft) und ebenjene Landrichterstube, das Gefängnis für Bettler, Landstreicher und was man allgemein als »Gesindel« bezeichnete. Es war das Niedrigste und Erniedrigendste, das Weimar zu bieten hatte: Beim Schmutzrand der damaligen Gesellschaft ließ der Herzog seinen Konzertmeister einsperren, um es ihm einzutränken, was der für ihn war – nichts als ein aufsässiger Lakai!

Womit er nicht gerechnet hatte, war, daß das Einsperren dieses aufsässigen Lakaien Wellen schlagen würde. Der politische Ruf des Herzogs war eben durchaus nicht der beste. Der Fürst von Köthen als Schwager des Neffen hatte exzellente Beziehungen zum Berliner Hof. Und Bach hatte seit seinem Auftritt am Dresdener Hof beim regierenden Minister, dem Grafen Flemming, einen großen Stein im Brett.* Die Verhaftung wurde schnell publik – Bachs Frau war ja auch noch da und hatte keinen Grund zum Schweigen. Der Herzog war erst im Vorjahr vom Rat der Wettiner wegen seiner Aufführung getadelt worden und hatte beim Reichshofrat zwei Verfahren laufen, eines wegen seines Neffen und eines wegen seiner ungerechtfertigten Ansprüche gegenüber dem Reichsgrafen von Schwarzburg. Damit, daß er einen so großartigen Musiker beim Gesindel eingesperrt hatte, nur weil der seinen Abschied wollte, hatte er sich keinen guten Dienst erwiesen. Es war unzweckmäßig, sich wegen eines aufsässigen Lakaien womöglich mit Dresdens regierendem Minister anzulegen. Schließlich hatte er diesem Bach gezeigt, wozu er imstande war.

So findet sich denn in den Weimarer Akten die Notiz von der Hand des Hofsekretärs Theodor Benedict Bormann: »eod. die 6. Nov. (1717) ist der bisherige Concert-Meister und Hof-Organist Bach wegen seiner Halsstarrigen Bezeugung und zu erzwingenden Dimission auf der Land Richter-Stube arretieret und endlich den 2. Dezember darauf mit angezeigter Ungnade ihm die Dimission durch den Hofsekretär angedeutet und zugleich des arrests befreiet worden.« Und eine Randbemerkung dazu lautet: »Vide acta« – siehe die Akten.

Aber obwohl in der Weimarer Rechnungskammer aus der gleichen Zeit sogar die Haferrechnungen für die Pferde erhalten geblieben sind, sind die Akten über den Fall Bach sämtlich verschwunden, was heißt: Der Herzog hat sie verschwinden lassen! Er war so wütend über seine Niederlage, daß er den Fall regelrecht aus seinen Archiven ausradieren wollte. Er sorgte sogar dafür, daß noch über seinen Tod hinaus der Name Bach in Weimar geächtet blieb:

Als Johann Gottfried Walther 1732 in Leipzig sein *Musicalisches Lexikon* veröffentlichte, konnte er es wegen der weimarischen Zensur nicht wagen, über seinen Cousin und Freund mehr als das Allernotwendigste mitzuteilen. Ganz konnte er Bach nicht auslassen, da der ja im Verlagsort ansässig war. Aber noch in Gottfried Albin Wettes *Historische Nachrichten von der berühmten*

Residenzstadt Weimar – unter Hoher Censur und Bewilligung des Hochfürstl. Ober Consistorii ans Licht gestellt Weimar 1737 wurden zwar die Organisten vor und nach Bach aufgeführt, die Existenz Johann Sebastian Bachs aber unterschlagen. Der Herzog hatte angeordnet: Einen Musiker dieses Namens hatte es an seinem Hofe nicht gegeben. Er wollte den Namen »Bach« ausgelöscht!

Spitta: »Unter den kleineren Herrschern des damaligen Mitteldeutschland ragt Herzog Wilhelm Ernst als eine eigenartige, gewissenhafte und tiefer angelegte Persönlichkeit hervor.«

Sein Wahlspruch war: ALLES MIT GOTT.

X

ALS BACH ZU Anfang Dezember des Jahres 1717 in Köthen eintraf, hatte er vier Wochen im übelsten Weimarer Gefängnis hinter sich und die Möglichkeiten eines grimmigen Potentaten aus
nächster Nähe kennengelernt. Der Hallenser Musikwissenschaftler Siegmund-Schultze kommt daraus zu der Behauptung: »Ganz
leicht ist Bach der Abschied von Weimar gewiß nicht gefallen.«
Und erwähnt in Anbetracht der Frömmelei des Herzogs, welche
sogar das Versäumen des für alle Untertanen obligatorischen
Katechismusunterrichts mit Geldstrafen ahndete, nochmals »das
angeregte geistige Klima«. Terry äußert unter diesen Umständen
die bescheidene Vermutung: »Vielleicht fing er an, die Strenge
des Herzogs als lästig zu empfinden.« Um gleich danach dem
Bach wieder eins am Zeuge zu flicken: »Dazu kam, daß die Reiz-
barkeit seiner Natur sich unter dem Druck einer Kränkung zur
Kampfeslust steigerte.« Als ob dem Kaltgestellten anderes übriggeblieben wäre als ein Abschied um jeden Preis! Rueger, der nicht
weiß, daß der Herzog dem Bach sogar das Notenpapier gestrichen, ihn also deutlich von allem Komponieren entbunden hatte,
schreibt: »Bach ist beleidigt. Von Stund an schreibt er keine Note
mehr.« Natürlich stimmt das nicht: Bach schrieb beinahe immer
Noten, aus dem Jahre 1717 haben wir jedenfalls von ihm ein
Präludium samt Fuge in a-Moll – allerdings für Cembalo!

»Es bleibt ein Problem für den Biographen, wie Bach sich entschließen konnte, den Ruf nach Köthen anzunehmen«, schreibt
Terry, und wenig später: »Die ganze Atmosphäre schien dazu
angetan, den eigentlichen Ausdruck von Bachs Kunst zu ersticken
und seinen eingewurzelten Überzeugungen entgegenzuwirken.«

Es sind natürlich nicht die Überzeugungen Bachs, denen da entgegengewirkt wurde, sondern lediglich die Terrys. Daß Bach sich in Weimar schon länger nicht allzu wohl gefühlt haben kann, geht aus seiner Bewerbung in Halle anno 1713 hervor. Das läßt sich nicht bestreiten: Wer sich so viel Mühe um eine andere Stelle gibt, der sucht ernsthaft ein anderes Unterkommen.

Und Terry – und mit ihm nicht wenige andere – irrt gründlich, wenn er unterstellt, es wäre Bach das Anliegen seines Lebens gewesen, nur in der Kirche und für die Kirche Musik zu machen. Der Kernpunkt seines Strebens, sein Lebensinhalt, war nicht die Kirche, sondern die Musik. Wer es anders weiß, weiß es falsch. Zu allen seinen kirchlichen Vorgesetzten hatte er ein distanziertes Verhältnis. Pastor Eilmar in Mühlhausen und Licentiat Weiße in Leipzig blieben die einzigen Ausnahmen. Seine Söhne erzählen von den zahlreichen Musikern, die ihn aufsuchten und mit denen er in Verbindung stand. Von Theologen berichten sie nichts. Daß er von seinen Leipziger Beichtvätern die Gedanken der Aufklärung bezogen haben soll, wie Petzoldt uns das einreden will, ist eine absurde Idee. Er hatte als Musiker seiner Kirche entschieden mehr zu verkünden als seine Kirche ihm, aber man kann nicht behaupten, daß seine Kirche das zur Kenntnis genommen hätte. Und es kann auch einer unabhängig von seinen Pastoren ein echter und rechter Christ sein; Schweitzer zum Beispiel war es im afrikanischen Urwald.

Bach verriet also weder seinen Glauben noch seine Berufung, als er nach Köthen ging. Er war kein musikalischer Prediger, auch wenn er in seiner Musik sehr wohl zu predigen wußte. Was auch noch niemandem aufgefallen ist: Mehr als die Hälfte seines Lebenswerkes ist *keine* Kirchenmusik. Was die Glaubensgröße seiner Passionen und Kantaten durchaus nicht herabsetzt, nur darauf hinweist, daß Bach außer ihnen noch anderes zu geben hatte. Vom Weimarer Organistenamt konnte er sich ohne Trauer verabschieden, Orgelsachen für den gottesdienstlichen Gebrauch hatte er in Weimar nicht geschrieben. Selbst das *Orgelbüchlein* war primär ein Unterrichtswerk, auch wenn die einzelnen Stücke – schließlich war Bach Praktiker! – in der Kirche ausgezeichnet verwendbar waren. Und er mußte sich auch nicht von der Orgel verabschieden: Gegebenenfalls stand ihm in Köthen eine Orgel mit dreizehn Registern zur Verfügung, und wer meint, so etwas sei für einen Bach zum Studieren und Probieren zu klein gewesen, demonstriert nur, daß er keine Ahnung davon hat, was man auch auf einer so kleinen Orgel alles darstellen kann, wenn sie einigermaßen gut disponiert ist. Daß sie es nicht gewesen wäre, hat bis heute niemand nachgewiesen.

Nur ist auch nicht nachzuweisen, daß Bach in seiner Köthener Zeit überhaupt Anschluß an die dortige evangelische Gemeinde gesucht hätte. Der Hof und mit ihm die Mehrzahl der Köthener Untertanen waren nicht lutherisch, sondern reformiert nach den Glaubensvorschriften der Schweizer Zwingli und Calvin, welche nicht nur alle Bilder, sondern auch die Heilige Messe und damit den Kernbestandteil der Kirchenmusik abgeschafft hatten. In der reformierten Kirche verzichtete man also auf eine »regulierte Kirchenmusik zu Gottes Ehren«, aber im Gegensatz zu seinem Weimarer Herrscherkollegen war Fürst Leopold tolerant und gestattete seinen Untertanen religiöse Freiheiten: Es gab eine lutherische Gemeinde neben der reformierten, und es ist bemerkenswert, daß Bach sich bei seiner zweiten Heirat nicht dort, sondern in seiner Wohnung trauen ließ. Worüber sich die Gemeinde bei ihm beschwerte. Worauf Bach sich verteidigte, die Haustrauung sei auf Anweisung seines Fürsten geschehen. Was natürlich ein Vorwand war, denn der Fürst hatte ja sonst nichts gegen die Lutherischen, und Bach stand mit ihm auf so vertrautem Fuße, daß er die Erlaubnis zu einer kirchlichen Trauung leicht hätte erhalten können, wenn er nur daran interessiert gewesen wäre. Aber gerade das war er offensichtlich ganz und gar nicht.

Der Dramatiker Paul Barz, der sich mit seinem in den achtziger Jahren vielorts gespieltem Stück *Mögliche Begegnung* sonst als ein guter Kenner der Materie auswies, wirft in seinem Buch Bach direkten Verrat vor: »Der Schöpfer großer, ernster Kirchenmusik scheint vergessen – und man fragt sich: Steht bei Bach alles andere hinter dem Gedanken an eine Karriere? Ist es also bei ihm ... mit seiner Gläubigkeit gar nicht so weit her? Wieder einmal stellt Bach vor Rätsel. Und wieder liefert der Existenzkampf seiner frühen Jahre eine wirklich schlüssige Erklärung: Er hat diesen Mann auch Selbstverleugnung gelehrt.« Damit stellt er nun Johann

Sebastian Bach als einen Menschen hin, der seinen Glauben und sogar sich selbst verleugnet, nur um Karriere zu machen! Und versteht nicht, daß es dem Bach nicht darum ging, musikalisch seinem Glauben zu dienen, sondern aus dem Glauben heraus seiner Musik und den Menschen zu dienen, so wie ja auch Schweitzer keineswegs seinen Glauben aufgab, als er Urwaldarzt wurde.

Sämtliche biographischen Verehrer Bachs vermerken es lediglich am Rande und als bedauerlich, daß der Fürst von Köthen reformierten Glaubens war. Nicht einer von all jenen, die auf die »tiefe Frömmigkeit« des Herzogs Wilhelm Ernst hinweisen, findet die außerordentliche Toleranz dieses Fürsten (die er schon von seinen Eltern übernommen hatte) bemerkenswürdig. Ja, man gewinnt zwangsläufig (und nicht nur hier) den Eindruck, daß für eine gewisse Gattung von Musikwissenschaftlern theologische Probleme ebensowenig existent sind wie historische Fakten. Denn Leopolds Toleranz war in jener Zeit wirklich bemerkenswert und konnte ihresgleichen ringsum suchen:

Der Pietismus hatte sich von der lutherischen Orthodoxie abgespalten und wurde von ihr bekämpft, hat aber den Boden der lutherischen Glaubenslehre nie verlassen. Trotzdem bekämpften sich zu Bachs Zeiten Orthodoxe und Pietisten bis aufs Messer. Aus Dresden, Erfurt und Leipzig wurden namhafte Pietisten regelrecht von den Kanzeln vertrieben, und der Herzog von Weimar (aber nicht nur er) schritt gegen pietistische Andachten mit rigorosen Verboten ein.

Der Kampf gegen die Reformierten aber beruhte auf weitaus tieferen Gegensätzen. Denn sie bekannten sich zur Glaubenslehre des Schweizers Calvin, und noch ein halbes Jahrhundert später konnte Voltaire, weil er kein Kalvinist war, es nur wagen, sich am äußersten Rande der Schweiz niederzulassen.

Die Differenzen hatten uralte Ursachen: Luther und Calvin waren Zeitgenossen, Reformatoren der eine wie der andere. Aber Luther protestierte gegen die Zustände in der damaligen katholischen Kirche (daher die Bezeichnung »Protestanten«) und wollte eine reformierte katholische Kirche. Calvin dagegen ging es um eine nichtkatholische Kirche. Der Gegensatz zwischen beiden Männern war so groß, daß Luther es ablehnte, mit Calvin auch nur zu diskutieren: Der Kalvinismus war für ihn indiskutabel.

In Brandenburg bekannte sich der Große Kurfürst zu Calvins reformiertem Glauben und setzte dessen Annahme mit der Toleranzakte durch, die in Wahrheit eher eine Intoleranzakte war. So mußte der große evangelische Liederdichter Paul Gerhardt sein Amt als Prediger an der Berliner Nicolaikirche aufgeben, weil er von seinem Luthertum nicht lassen wollte. In Leipzig als einer Hochburg der Lutherisch-Orthodoxen war der Haß gegen die Kalvinisten so groß, daß noch bis 1812 sogar die Universitätslehrer vor ihrer Ernennung schriftlich zu erklären hatten, die Kalvinisten seien allesamt Ketzer und hätten das höllische Feuer verdient. Bach hatte das bei seiner Bestallung 1723 gleichfalls zu unterschreiben.

Wäre es ihm mit seinen kirchlichen Bindungen ernst gewesen, hätte er damit seinen Gönner und Freund der ewigen Verdammnis preisgegeben, was er sicher nicht leichten Herzens hätte tun können. Aber er unterschrieb ohne Zögern und weihte diesem »Ketzer« dann eine ergreifende Trauermusik. Woraus man ablesen kann, daß eine Sache wie diese für ihn nichts als theologischen Papierkram bedeutete, der von seinem christlichen Glauben völlig abgetrennt war.

Man muß von den tiefen Differenzen zwischen Lutheranern und Reformierten wissen, um abschätzen zu können, wieviel aufgeklärter Geist dazu gehörte, beide in einem solch kleinen Land wie Anhalt-Köthen nebeneinander bestehen zu lassen. Es führte notwendig zu erheblichen Streitigkeiten zwischen den Vertretern beider Konfessionen, die der Fürst indessen mit Gelassenheit hinnahm. Er war eben wirklich – was weder Spitta noch Terry, noch Schweitzer, noch sonst jemandem aufgefallen ist – ein aufgeklärter Fürst und hätte die Lobsprüche, die die Bach-Biographen durchweg dem Herzog von Weimar widmen, weit eher verdient: Schon Jahrzehnte, bevor der Große Friedrich erklärte, daß in seinem Lande »jeder nach seiner Façon selig werden« dürfe, wurde ebendieses im Fürstentum Köthen längst praktiziert. Und so wird Terrys Behauptung, »die ganze Atmosphäre schien dazu angetan, den eigentlichen Ausdruck von Bachs Kunst zu ersticken und seinen eingewurzelten Überzeugungen entgegenzuwirken«, bei näherem Hinsehen noch viel unverständlicher. Nach den höchst unerquicklichen Auseinandersetzungen mit seinen kirchlichen

Vorgesetzten in Arnstadt und Mühlhausen und den religiösen Zwängen von Weimar kann das freiere religiöse Klima in Köthen von Bach und seiner Familie nur begrüßt worden sein!

Die Bachs zogen also im Dezember nach Köthen um. Es gibt Leute, die behaupten, Maria Barbara sei mit den Kindern schon dahin vorausgereist, als die köthenschen Reiter da waren und ihr Mann noch in Dresden war oder gar in seinem Weimarer Gefängnis einsaß. Sie kann aber so unklug nicht gewesen sein: Der Herzog hätte nach gültigem Recht ihre Auslieferung verlangen, sie selbst ins Gefängnis bringen und ihre Kinder in sein Zucht- und Waisenhaus einsperren können. Der Kurs, den Bach steuerte, war viel zu riskant, als daß sie sich auf ein solches Unternehmen hätte einlassen dürfen.

Fürst Leopold zeigte sich bei der Ankunft der Familie sogleich außerordentlich großzügig: Er zahlte seinem neuen Hofkapellmeister auf der Stelle das gesamte Gehalt für die vier Monate aus, in denen Bach durch die Halsstarrigkeit seines Herzogs an der Aufnahme seines Dienstes gehindert worden war. Es stand ein Haus für die Bachs bereit, darin befand sich unten auch die Probierstube für das Orchester. Der Herr Hofkapellmeister konnte also die Musikproben gleich in seinem Hause abhalten. Die fürstliche Kasse sorgte auch für Miete und Heizung – es war ein warmes Nest, das die Bachs in Köthen vorfanden, warm auch, was die Herzenswärme betraf: Der Fürst von Köthen war kein so unnahbarer und unumgänglicher Herr wie der Herzog von Weimar. Er hatte sich den Bach nicht nur für seine Kapelle, sondern auch für seinen persönlichen Umgang engagiert. Musik war sein Leben. Er spielte selbst Geige, Gambe und Klavier, sang gern mit einer schönen Baßstimme und nahm bei seinem Hofkapellmeister Unterricht in Komposition. Das war denn doch etwas ganz anderes als der Dienst in Weimar, das ließ sich nicht, wie Siegmund-Schultze es tut, als »das Wagnis eines neuen Dienstverhältnisses mit dem Absolutismus« bezeichnen.

Und dann war da vor allem die Kapelle! Sie war nicht größer als die in Weimar, aber sie war sehr gut! Als Friedrich Wilhelm I. nach dem Tod seines Vaters fünfundzwanzigjährig die Regentschaft übernahm und mit seinem großen Sparen anfing, löste er sogleich die Hofkapelle auf. Sie hatte ihn nie interessiert. Fürst Leopold, der auf der Ritterakademie in Berlin einen Teil seiner Erziehung genossen und entsprechend gute Verbindungen zum Berliner Hof hatte, holte sich fünf der Musiker nach Köthen. Und er hielt auf gute Instrumente. Für ein neues Cembalo schickte er sogar seinen Hofkapellmeister selbst nach Berlin, damit er es dort in Empfang nahm, prüfte und heimbrachte. Hofkapellen gab es auch anderswo,* aber nirgends sonst spielte der Fürst selbst mit – aus Begeisterung, die Musik war sein Element, und dieser großartige Bach war sein Kapellmeister! Von ihm trennte er sich selbst auf Reisen nicht. Wenn er nach Karlsbad fuhr, nahm er ihn mit und ein halbes Dutzend seiner Musiker dazu, sonst taugte die ganze Badereise nichts.

Er hatte sehr gescheite Eltern gehabt. Das Land war ordentlich verwaltet, ohne daß darum viel Aufhebens gemacht wurde. Der Vater, reformierten Glaubens, war über die religiösen Streitigkeiten seiner Zeit erhaben und ehelichte eine Protestantin. Er kümmerte sich auch nicht darum, daß sie nicht »standesgemäß« war. Gisela Agnes von Rath, die der Vater als Dreiundzwanzigjähriger geheiratet hatte, war nur eine bescheidene Adelige, die erst nach dem Tod ihres Mannes zur Gräfin erhoben wurde. Der starb nach kaum elfjähriger Ehe im Jahre 1704. Leopold als sein Nachfolger war damals ganze zehn Jahre alt, und so führte die Mutter für ihn die Regentschaft bis zu seiner Volljährigkeit.

Sie erwies sich als eine sehr tüchtige Frau, die zeit ihres Lebens an ihrem lutherischen Glauben festhielt. Ihren Gatten hatte sie bewogen, in Köthen neben der reformierten auch eine lutherische Kirche zu errichten. Ihrem Sohn gab sie eine gute Erziehung und schickte ihn mit sechzehn auf eine regelrechte Bildungsreise, in der er England, Holland und Italien kennenlernte. In Venedig begeisterte ihn die Oper, den Aufenthalt in Rom benutzte er, um bei dem deutschen Opernkomponisten Johann David Heinichen, dem späteren Hofkapellmeister Augusts des Starken, Unterricht zu nehmen. Nicht weniger interessierte ihn die bildende Kunst. Als er drei Jahre später heimkehrte, hatte er nicht nur einiges von der Welt gesehen, sondern auch seine Zeit weidlich genutzt. Als er mit einundzwanzig die Regentschaft übernahm, war die Mutter klug genug, sich nicht in die Regierungsgeschäfte ihres Sohnes einzumischen, und zog sich auf ihr Schloß Nienburg zurück.

Fürst Leopold war dreiundzwanzig, als er sich Bach nach Köthen holte. Bach war also neun Jahre älter als er, und zu seiner musikalischen Autorität gesellte sich seine größere Reife. Im übrigen war der Oberhofmeister für Leopolds Pflichten da und er selbst zu des Fürsten Freude. Unter solchen Umständen, hoch angesehen, sorgenfrei, durch keinerlei Verbote beschränkt, aber immer neu durch Anerkennung angespornt, war es ein Vergnügen, unter ihm und mit ihm zu musizieren. Und Bach machte ausgiebig Gebrauch davon. Es schien ihm, als habe er hier endlich die Stellung fürs Leben gefunden.

Er war noch nicht fertig eingerichtet, als ihn eine Orgelprüfung nach Leipzig rief: Der Orgelbauer Johann Scheibe hatte in der Paulinerkirche, die die Universitätskirche war, die neue Orgel fertiggestellt. Johann Kuhnau, der Thomaskantor, mit dem zusammen er in Halle im Vorjahr die Orgel abgenommen hatte, hatte die Berufung veranlaßt. Er war neben seinem Amt auch der Universitätsmusikdirektor. Nach dem Amt des Cantors an der Thomasschule dürfte Bach sich damals bei ihm kaum erkundigt haben, er hatte ja gerade seinen Platz in der Welt gefunden. Die Fülle seines Schaffens in jener Zeit ist gewaltig. Kantaten schrieb er nur einige, aber um so reichlicher Musik für Soloinstrumente, Kammermusik und so einzigartige Orchestermusik wie die vier *Suiten* und die sechs *Brandenburgischen Konzerte.*

Wann er mit dem Markgrafen von Brandenburg je zusammengetroffen ist, ist ungewiß. Am wahrscheinlichsten ist eine Begegnung in Karlsbad, ganz unwahrscheinlich ist es, daß Bach den Markgrafen aufgesucht haben könnte, als er für seinen Fürsten in Berlin das Cembalo abholte. Zwar wohnte der Markgraf, Bruder des Königs, mit im Schloß, aber sein Orchester – es war das einzige in ganz Preußen! – bestand nur aus sechs Musikern, und wenn Bach ihn tatsächlich aufgesucht hätte, wäre er über diese Besetzung informiert gewesen. Statt dessen nahm er offensichtlich an, ein so großer Herr habe allemal ein solches Orchester wie die Höfe in Köthen, Weimar oder Eisenach, und mit Sicherheit sind daher seine Konzerte zwar in Köthen, aber nie in Berlin gespielt worden. Man fand sie später, in grünes Leder gebunden und mit französischer Widmung versehen, unbenutzt. Es gibt auch keine Anzeichen dafür, daß sich der Markgraf jemals dafür bedankt oder irgendwie erkenntlich gezeigt habe: Sie waren für ihn offensichtlich wertlos, und unter Friedrich Wilhelm I. führten die Musen ohnehin in Berlin ein Hungerdasein. Sein Adel hatte kaum Gelegenheit zur Kunstpflege: Er steckte ihn ins Militär, in sein Offizierkorps. Denn aufs Militär hielt er viel und begründete damit eine Tradition, die bis zu Preußens Untergang anhielt.

Die *Brandenburgischen Konzerte* sind deswegen besonders bemerkenswert, weil sie in ihrer Zeit nicht ihresgleichen haben, wenn man von den Konzerten des Dresdener Hofkapellmeisters Heinichen absieht, welche den Bach-Wissenschaftlern aber durch die Bank unbekannt geblieben sind. Sie lassen die damaligen Solokonzerte, wie sie zum Beispiel Vivaldi in Menge produzierte, ebenso hinter sich wie die Concerti grossi der Art, wie sie Vivaldi, Corelli, Torelli, Albinoni, Geminiani oder Händel hinterließen. Denn nicht nur wird der Gegensatz zwischen dem »Tutti« und der Solistengruppe, dem »Concertino«, immer wieder aufgebrochen, auch jene Gruppe der Solisten, die dem Tutti gegenübersteht, ist in bis dahin nicht dagewesenem Maße individualisiert. Bach spaltet das Concertino wirklich in solistische Einzelleistungen auf, und wieviel Bach von seinen Köthener Musikern hielt, ersieht man daraus, daß er von Konzert zu Konzert die Solistengruppe wechselte: So glänzende Musiker hatte er, daß er jedesmal andere glänzen lassen konnte.

Es war klar, daß diese Konzerte für den Markgrafen von Brandenburg unverwendbar (eine Fehlleistung) waren. Man kann auch lange suchen, bis man in der Musikliteratur auf ähnliches stößt. In Dresden schrieb Heinichen zwar ähnliche Konzerte, aber Bach konnte sie nicht kennen, weil sie nur vor der Hofgesellschaft gespielt und ihre Noten alsbald weggeschlossen wurden. Haydn widmete sich manchmal der Sinfonia concertante, Beethovens Tripelkonzert, später das Doppelkonzert von Brahms fallen einem noch am ehesten ein. Indessen ist diese äußerste Raffinesse in der Behandlung des Kammerorchesters, mit der Bach in seiner Zeit nicht seinesgleichen hat, nicht durchweg bemerkt worden. Obwohl Bach bereits seit seinem fünfzehnten Lebensjahr – nämlich seit Lüneburg – mit den Feinheiten wie mit den Tücken der Orchesterbehandlung durch die Praxis engstens vertraut war, kommt Terry zu der Behauptung, er habe den Orchesterstil in

Köthen überhaupt erst erforschen müssen. Das ist so originell wie die Behauptung Ruegers, er habe ja eigentlich als Geiger angefangen. (Waren die Noten, die er sich nächtens in Ohrdruf abschrieb, etwa Geigennoten?) Übrigens gibt es auch die entgegengesetzten Behauptungen, wie etwa: Bach habe die drei Sonaten und drei Partiten für Solovioline nur unter dem Einfluß des in Weimar aufgetretenen Geigenvirtuosen Paul Westhoff geschrieben, oder Schweitzers Meinung, Bach habe mit diesen Violinwerken »die Grenzen des künstlerisch Möglichen überschritten«.*

Auch diese Sonaten und Partiten sind ja eine glückliche Frucht jener Köthener Jahre, aber zu begreifen sind sie nur, wenn man Bach als das Genie der Mehrstimmigkeit begreift. Etwas, das bei Bach fast nicht vorkommt, ist die Melodie mit Begleitung, wie sie später die Wiener Klassiker und die Vertreter der »Wiener Schule« pflegten. Eher kann man sogar in seinen einstimmigen Sätzen oft eine verborgene Mehrstimmigkeit entdecken. Aber einer, dem die Mehrstimmigkeit so zutiefst eingeboren war, mußte sie naturnotwendig auch aus solchen Instrumenten zu gewinnen suchen, die zur Einstimmigkeit gemacht waren, wie die Violine, das Cello oder die Laute. So mußte und konnte Bach diese Solosonaten und -partiten gerade deshalb so schreiben, weil er mit der Violine durch lange Jahre der Praxis genauestens vertraut war. Hier ist der Vergleich mit dem großen Geigenkünstler Niccolò Paganini interessant: Sooft der in seinen Kompositionen Mehrstimmiges schrieb, geschah es, um damit seine Virtuosität zu beweisen. Bach benötigte die Virtuosität für seine Mehrstimmigkeit.

Aber selbstverständlich hat er seine Berufslaufbahn keineswegs als Geiger angefangen. Dann ist es schon richtiger zu sagen, er habe sich sein erstes Geld als Chorsänger verdient. Das könnte auch erklären, warum der Hang zur Polyphonie so tief in ihm eingewurzelt war. Doch wäre auch das nur eine oberflächliche Erklärung: Auch in der Musik kann einer nur werden, was er ist. Bei Bach kommt aber die Universalität seiner Begabung hinzu. Er war ja nicht nur der Komponist, dem die großartigsten kontrapunktischen Kunststücke ebenso zur Verfügung standen wie die Möglichkeiten zutiefst bewegenden musikalischen Ausdrucks. Er war nicht nur der erste, der die »wohltemperierte Stimmung« vollständig in praxi herstellte und sie in seinen Kompositionen sogleich mit höchster Meisterschaft anwendete. Er war auch als Virtuose von hervorragender Begabung, auf der Orgel, auf dem Cembalo und – nach seinen Kompositionen zu urteilen – auch auf der Violine, der Viola und der Laute. Nicht genug damit: Er spielte all diese Instrumente nicht nur, er erfand auch neue hinzu, wie die Viola pomposa. Und er wußte nicht nur meisterlich Orgeldispositionen aufzustellen, sondern auch die handwerkliche Qualität eines Orgelbaus zu beurteilen und gegebenenfalls genaue Ratschläge zu ihrer Verbesserung zu erteilen, wie er das auch zur Verbesserung der Klaviermechanik zu tun wußte. Er war – nach dem Bericht Gesners – ein hervorragender Dirigent und – nach Berichten seiner Schüler – ein ausgezeichneter Lehrer. Ebenso besaß er ein angeborenes und zuverlässiges Wissen über die akustischen Verhältnisse eines Raumes. Er brauchte dazu keine Experimente, er sah und wußte Bescheid, durch und durch Praktiker. So vereinigte er in sich eine Fülle von einzigartigen musikalischen Begabungen, und sehr wenig weiß von ihm, wer in ihm einzig den überragenden Kirchenmusiker sieht.

Der Theologe Friedrich Smend spricht von »jenen glücklichen Jahren, in denen Bach in Köthen als Kapellmeister wirkte«. Auch dieses ist eine Feststellung, die man leider nur mit bekümmertem Kopfschütteln zur Kenntnis nehmen kann. Es stimmt: Es begann großartig. Er war die wichtigste Person im Leben seines Fürsten, und sein Fürst war ein hochgebildeter, lebensfroher, weltoffener Mann. (Was man schon an einem seiner Porträts sieht: Er trägt – eine Unerhörtheit in damaliger Zeit – darauf keine Perücke, sondern sein Haar offen und nicht einmal gepudert.) Er war jung und voller Lebensart. Und zeichnete seinen Bach aus: Als bei den Bachs nach dem Bernhard wieder ein Kind zur Welt kam, standen nur Hofpersonen Pate, ja, des Fürsten Schwester kam sogar eigens dazu aus Weimar herüber. Und Bach hatte einen sehr glücklichen Hausstand mit vier Kindern und seiner über alles geliebten Frau.

Aber dann schlug das Schicksal schrecklich zu: Als er im Juli 1720 mit seinem Fürsten aus Karlsbad zurückkehrte, lag seine geliebte Frau unter der Erde. Der Tod kam schneller damals und öfter und unbarmherziger. Selbst eine Blinddarmentzündung verlief mit größter Sicherheit tödlich: Die rettende Operation, heute fast eine Bagatellsache, kam erst am Ende des 19. Jahrhunderts auf. Die Medizin war bei weitem nicht so gut entwickelt wie die Theologie und der Tod den Menschen sehr nahe.

Der Tod seiner Maria Barbara war ein tiefer Schnitt in Bachs Leben. Der selbstbewußte junge Mann, den ein Bild aus der Weimarer Zeit zeichnet, ist auf dem Bild, das Johann Jacob Ihle in Köthen von ihm gemalt hat, kaum wiederzuerkennen. Das große Leid und der unübersehbare Gram sind tief in dieses Gesicht eingegraben.

Im gleichen Herbst unternahm Bach eine Reise nach Hamburg. Spitta meint, es sei dies nur eine Konzertreise gewesen, die durch den Tod der Frau etwas aufgeschoben worden sei. Siegmund-Schultze schreibt, er hätte sie nur unternommen, um sich rasch über diesen Tod hinwegzutrösten. Natürlich ist eines so falsch wie das andere.

Im September 1720 war in Hamburg der Organist und Küster der Jacobikirche Heinrich Friese gestorben, und Bach war einer jener acht, die man der Nachfolge für würdig erachtete. Bach war in Hamburg bekannt, wie aus den Mitteilungen des Hamburgers Mattheson hervorgeht, und besonders bekannt war er dem Hauptpastor der Jacobikirche, Erdmann Neumeister. Denn Bach hatte nicht nur Kantatentexte von ihm vertont und sich damit seinen Ansichten über die Kantatenform tätig angeschlossen, Neumeister war auch aus Bachs unmittelbarer Nachbarschaft nach Hamburg gekommen, er war Hofdiaconus in Weißenfels und Hofprediger beim Grafen von Sorau gewesen, von wo aus er übrigens höchst energisch gegen den Pietismus aufgetreten war.

Bach seinerseits kannte Hamburg, er hatte ja dort während seiner Lüneburger Schulzeit den großen Johann Adam Reinken besucht, wußte also durchaus, daß dort Musik zu machen war. Aber daß er sich in Hamburg gesellschaftlich oder finanziell verbessern konnte, schien ausgeschlossen: Ein Hofkapellmeister war allemal mehr als ein Organist und Küster. Was er in Köthen besaß, konnte ihm Hamburg kaum bieten. Warum also schrieb er, bevor er auf die Reise ging, in Köthen für Hamburg sogar noch eine Kantate als Probstück? Warum ging er überhaupt auf die Einladung ein? Lediglich um eine Abwechslung zu haben? Oder, wie

Terry meint, um »zu seiner eigentlichen Bestimmung zurückzukehren«? Damit hatte er es, wie sich am Ende seiner Köthener Zeit zeigt, nun wahrhaftig nicht eilig, und nicht nur sein Köthener Schaffen beweist, wieviel Musik er außerhalb des Kirchendienstes zu geben hatte.

Der einzige plausible Grund, der Hamburger Einladung Folge zu leisten, sich direkt darauf vorzubereiten, konnte nur der sein, daß ihm sein bisher so glückliches Köthen ohne seine Frau zu einem Hort der Trostlosigkeit geworden war: Hier erinnerte alles an sie, und er war bereit, seinen Fürsten, seine Sorgenfreiheit, seine musikalischen Möglichkeiten, seine gesellschaftliche Stellung aufzugeben, nur um anderswo, nicht am Grabe seiner Frau, ein neues Leben anzufangen.

Darum reist er nach Hamburg, und auch diese Hamburger Reise ist ebensowenig ein Intermezzo in seinem Leben wie das Konzert in Dresden. Neumeister, der sich an den Höfen mitteldeutscher Kleinstaaten auskannte, konnte ihm begreiflich machen, was es bedeutete, in einer großen freien Handelsstadt tätig zu sein. Eine Freie Reichsstadt war Mühlhausen auch gewesen, aber eine gänzlich unbedeutende. Hamburg war die blühendste Handelsstadt Deutschlands, nicht zu vergleichen etwa mit Frankfurt, allenfalls noch mit Leipzig. Es war einer der großen Umschlaghäfen Europas. Die Bürger verwalteten ihre Stadt selbst, kein Fürst konnte ihnen da hineinreden, aber nicht wenige Bürger waren da wie Fürsten. Die Stadt war reich, und reich konnte einer da werden. Jener Mattheson, dessen Schriften zur Musik weitum in Deutschland beachtet wurden, hatte als unbedeutender Sänger angefangen und besaß inzwischen sein eigenes Haus, seine eigene Kutsche, seine eigenen Reitpferde. Händel war gerade zwei Jahre dagewesen, war mittellos gekommen und hatte sich in dieser Zeit das ganze Geld für seine große Italienreise verdient.

Hamburg war eine musikalische Stadt: Das große Collegium musicum im Reventer spielte die Musik aus Rom und Venedig so gut wie die aus Wien und Dresden. Denn natürlich war dieses Hamburg weltoffen, hatte seine Schulen, seine Schiffergilde, seine reiche Kaufmannschaft, die Handelskontore aus den verschiedensten Ländern, sogar seine eigenen Niederlassungen in

Übersee. Die Engstirnigkeit mitteldeutscher Kleinstädte war hier gänzlich unbekannt. Und Bach war nicht mehr der achtzehnjährige Schüler von Lüneburg, der nach Hamburg kam, um einen bedeutenden Musiker kennenzulernen, sondern ein gereifter Künstler mit dreizehn Jahren Berufspraxis und im Vollbesitz seines Könnens. Neumeister wußte, was dieser Bach für einer war, und wußte ihm also auch zu erklären, was Hamburg darstellte und warum es sich lohnte, Köthen dafür aufzugeben.

Auch hier ist der Ausgang bekannt: Bach spielte ausführlich Probe, er improvisierte anderthalb Stunden (!)* über den Choral *An Wasserflüssen Babylon*, und am Schluß sagte der alte Reinken, der mit nun siebenundneunzig Jahren noch immer im Amt war, zu ihm: »Ich glaubte, diese Kunst sei verlorengegangen, ich sehe aber, daß sie in Ihnen noch lebt.«

Aber die Schwierigkeit war die, daß es in Hamburg üblich war, daß einer, der ein Amt bekam, sich dafür auch erkenntlich zeigte. Schließlich brachte es ihm ja unter den Hamburger Verhältnissen sehr bald nicht wenig ein. Bachs Mitbewerber Johann Joachim Heitmann, ein Hamburger, fand viertausend Mark in Gold dafür durchaus angemessen. Die Kirchenvorstände fanden das auch. Was Bach anging, so lebte er in der Gnade des Fürsten ohne Sorgen, aber Rücklagen konnte er mit seiner großen Familie keine machen. De facto hat er in seinem ganzen Leben niemals so viel Geld auf einem Tisch beisammen gesehen: Es wären für ihn fünf Köthener Jahresgehälter gewesen. In Köthen hatte niemand so viel, vom Fürsten vielleicht abgesehen, und gerade von dem konnte er schwerlich borgen. Ja, er konnte nicht einmal bis zum offiziellen Vorspiel- und Ausscheidtermin in Hamburg bleiben, sein Fürst hatte vorher Geburtstag, und gerade an seinem Geburtstag konnte er ihn unmöglich allein und ohne Musik lassen. Gewählt wurde also der andere und zahlte seine Erkenntlichkeit.

Neumeister war empört, und Mattheson zitierte später aus seiner Weihnachtspredigt die berühmt gewordenen Worte: »Er glaube ganz gewiß, wenn auch einer von den bethlehemitischen Engeln vom Himmel käme, der göttlich spielte und wollte Organist zu St. Jacobi werden, hätte aber kein Geld, so möchte er nur wieder davonfliegen.« Womit er zweifellos recht hatte. Aber schließlich waren die Kirchenvorsteher von Sankt Jacobi keine

solchen Kunstenthusiasten wie Neumeister, sondern Kaufleute und Honoratioren, und ihnen ging es – nicht anders als dem Herzog von Weimar – um die Reputation und dann darum, daß auch die Kasse stimmte. Ganz allgemein ist unter Politikern wohl nicht leicht einer zu finden, der seiner Kunstbegeisterung die sachbezogene Politik untergeordnet hätte. Schweitzer kommentiert: »Welche Ermutigung hätte Bach bei einer Behörde gefunden, die das Geld seiner Kunst vorzog?« Nun, Bachs Kollege Telemann und später sein eigener Sohn Carl Philipp Emanuel kamen mit dieser »Behörde« sehr gut zurecht. Und auch Schweitzer gibt zu: »Die Stellung bot bei weitem weniger Schwierigkeiten und Anlaß zu Demütigungen als die, die er dann später in Leipzig annahm.« Terry schreibt einfach: »Was Bach veranlaßte, den Posten auszuschlagen, wissen wir nicht. Vielleicht entdeckte er an Ort und Stelle Mängel, die ihm aus der Ferne entgangen waren.« Und noch Werner Neumann hat ein halbes Jahrhundert später weder eine Vorstellung von Bachs finanziellen Verhältnissen noch eine Ahnung von der Situation des damaligen Hamburger Musiklebens und erklärt: »Daß er die Angelegenheit dann doch nicht ernsthaft weiterbetrieb, mag ... durch ernüchternde Einblicke in die Hamburger Berufssituation ... bedingt gewesen sein.« Dabei hat Bach sich von Köthen aus nochmals um die Stelle beworben. Der Brief ist nicht erhalten, doch hätte seinerseits eine Absage darin gestanden, wäre Neumeister für seine Bemerkung in der Weihnachtspredigt ja der Boden entzogen gewesen.

Aber auf diesen einfachen Sachverhalt ist, wie man sieht, nicht einer seiner Biographen gekommen.

XI

GENAUGENOMMEN WAR FÜR die Hamburger Herren der Herr Hofkapellmeister aus Köthen bei aller Begabung ein armer Teufel, und man sah keinerlei Ursache, sich einen solchen zu leisten, sofern ein anderer für die Kirchenkasse nützlicher war. Also blieb Bach weiter in Köthen und konnte sich seinen schmalen Trost nur in seiner großen musikalischen Arbeit suchen.

Es muß eine sehr bittere Zeit für ihn gewesen sein. Für Hamburg fehlte es ihm wohl nicht an Können, aber um so schmerzlicher am Geld. Hier saß er nun mit seinen vier Kindern und einer Magd in einem Haus, das ohne seine Frau von einer entsetzlichen Leere war. Sie hatte die Magd angeleitet, den ganzen großen Haushalt geführt, und dies alles kam jetzt allein auf ihn zu. Vier Kinder waren zu versorgen, Catharina Dorothea mit zwölf die älteste, Friedemann zehn und seine Brüder Carl Philipp Emanuel und Bernhard gerade sechs und fünf Jahre alt. Das in Köthen geborene Knäblein war noch vor der Mutter verstorben – es war der dritte Kindersarg gewesen, dem Bach hatte das Geleit geben müssen. Doch der Haushalt ging weiter, auch wenn die Hausfrau nun unter der Erde lag. Täglich dreimal waren sieben Mäuler zu stopfen, die Magd war anzuleiten für das, was im Hauswesen zu besorgen war, das Brennholz mußte herein, die Vorräte für den Winter mußten angeschafft werden, er mußte sich kümmern um Kleidung und Schuhwerk und um was alles noch.

Die Führung eines Haushalts im 18. Jahrhundert war keine Kleinigkeit, vieles von dem, was wir längst für Selbstverständlichkeiten halten, gab es noch nicht. Das Wasser mußte eimerweise aus dem Brunnen geholt werden, im Winter mußte man aufpassen, daß er nicht zufror. Überhaupt mußte man – vor allem natürlich im Winter – eine gut überlegte private Vorratswirtschaft betreiben: Man hatte für das Fleisch sein Pökelfaß und seinen Rauchfang, man versorgte sich mit Haltbarem zur Erntezeit. Aber das Mehl für die Morgensuppe konnte man nicht im Großen einkaufen, es wurde naß gemahlen und war nach spätestens vier Wochen ranzig. Man konnte auch einen Topf mit Wasser nicht einfach auf die Herdplatte stellen: Die gab es erst hundert Jahre später, alles wurde auf offenem Feuer gekocht, der Topf wurde über die Flammen gehängt. Aber das Brennholz kam nicht in Bündeln, sondern in Stücken und mußte zuerst einmal zerhackt werden. Abends wurde die Öllampe angezündet, und sie brannte nicht besonders hell – der Lampenzylinder war noch nicht erfunden. Kerzen waren Luxus, in Bürgerhäusern brannte ein Kienspan, der in einen Ring in der Wand gesteckt wurde. Es gab ja auch noch keine Stahlfedern: Johann Sebastian Bach hat sein gesamtes Lebenswerk mit Gänsekielen geschrieben.*

Die Umständlichkeit der damaligen Haushaltsführung wird am deutlichsten bei Bachs Umzug nach Leipzig sichtbar: Für den Hausrat brauchte es vier volle Wagen! Und allein die Erziehung der Kinder war keine Kleinigkeit: Da die allgemeine Schulpflicht fehlte, war es Sache der Eltern, ihnen Lesen, Schreiben und Rechnen beizubringen. Dies, den ganzen Haushalt und mehr hatte alles Bachs Frau besorgt, nun lag es auf ihm.

Und unter all den Umständen musizierte er, hielt seine Orchesterproben, hatte Schüler, gab seinem Fürsten Unterricht, schrieb die sechs *Brandenburgischen Konzerte*, die Orchestersuiten und arbeitete an einem seiner Hauptwerke: seinem *Wohltemperierten Klavier*. Denn inzwischen hatte er die wohltemperierte Stimmung, die zwar mehrfach beschrieben, aber noch von keinem anderen wirklich erreicht und in aller Vollständigkeit angewandt worden war, sich voll zu eigen gemacht. Die *Chromatische Fantasie und Fuge* war seine erste geniale Manifestation in dieser Richtung. Nun hatte er zu jeder bis dahin nur theoretisch möglichen Tonart ein Präludium und eine Fuge ausgeführt.

Die Kunst bestand nicht darin, sechs oder sieben Vorzeichen hinzumalen und hernach statt in C-Dur in Cis-Dur, statt in e-Moll in dis-Moll zu beginnen. Die Kunst bestand im Übergang von einer Tonart zur anderen, in der Modulation. In der reinen wie in der gemäßigt temperierten Stimmung, den bis dahin gebräuchlichen, klang ein dis-Moll-Akkord, ein Cis-Dur-Akkord unsauber und war zu meiden. Wenn man in A-Dur schrieb, brauchte man als Dominantakkord E-Dur und geriet damit in die »Wolfsquinten«. Aber so, wie Bach sein Cembalo zu stimmen gelernt hatte, klangen sie nunmehr rein: Er hatte den Quintenzirkel, der bis dahin nach oben offen war, geschlossen und so quasi zwischen den Ozeanen der Musik die Verbindung, den nördlichen Seeweg, gefunden.

Es war kein theoretisches Streben, das ihn dazu veranlaßt hatte, sondern für seine Musik eine kompositorische Notwendigkeit. Niemand zu Bachs Zeit trieb es so durch die Welten der Tonarten wie Johann Sebastian Bach, niemand sonst wußte die Übergänge von einer Tonart zur anderen, von Akkord zu Akkord mit solcher Souveränität zu behandeln, keinen anderen hinderte folglich ein offener Quintenzirkel so sehr wie ihn. Das unreine Fis-Dur, das unreine b-Moll waren für ihn Schranken, die er nicht hinnehmen konnte – also mußte er beweisen, daß sie zu überwinden waren. Und er bewies es sich, indem er vierundzwanzig Präludien und Fugen für den vollkommenen Quintenzirkel schrieb. Es war eine einzigartige und umwälzende Leistung in seiner Zeit. Dmitri Schostakowitsch hat im 20. Jahrhundert ähnliches unternommen, aber da war alles längst Selbstverständlichkeit und seine Harmonik auch längst nicht mehr an die strengen Gesetze der klassischen Harmonielehre gebunden.

Schweitzers Ansicht, das »Orgelbüchlein für anfahende Organisten« sei »eines der größten Ereignisse in der Musik überhaupt«, wird so noch unverständlicher. Terry behauptet, das Werk hätte Bachs »Beitrag zu dem Streit gebildet, der um die Stimmung des Klaviers entbrannt war«. Und meint, es habe aber »mit der trockenen Debatte der Fachleute gar nichts zu tun gehabt«.

Nun dürfte man Bach wohl den Fachleuten zurechnen, aber eine »trockene Debatte« war die Sache für ihn gerade deshalb keineswegs, und das wäre sie auch für Terry nicht gewesen, hätte er jemals versucht, das Werk auf einem Instrument mit »gemäßigt temperierter Stimmung« zu spielen. Er hätte sich dann auch nicht

darüber verwundert, daß »der Kampf um eine eigentlich technische Frage durch eine Sammlung von musikalischen Kleinodien
ausgetragen werden sollte, die mit der trockenen Debatte der
Fachleute gar nichts zu tun hatten«. Man erkennt aus dieser
Feststellung unschwer, daß Terry von der Sache nicht nur nichts
verstand, sondern überhaupt sehr weit von jeder musikalischen
Praxis entfernt war: Das Problem war ja in allererster Linie ein
praktisches!

Nur: »ein Beitrag zum Streit« war es absolut nicht. Dann nämlich hätte Bach es bekanntmachen, also veröffentlichen müssen.
Es gehört aber zu den größten Merkwürdigkeiten der Musikgeschichte, daß das bahnbrechende und damit einflußreichste
Werk des Jahrhunderts zu Bachs Lebzeiten niemals gedruckt worden ist. Die Größe seiner Bedeutung schon zu damaliger Zeit
erkennt man daraus, daß es sich in Abschriften verbreitete. De
facto ist es *das* Standardwerk über alle musikalischen Epochen
hinweg geblieben, von dem Mozart ebenso profitierte wie Schumann und Mendelssohn, Beethoven ebenso wie Wagner und so
fort bis in die Gegenwart, eine regelrechte Hausbibel für alle
ernsthaften Musiker, die sich mit Tasteninstrumenten und mit
Komposition beschäftigen. Hätte es damals bereits eine GEMA gegeben, eine Gesellschaft für Aufführungs- und mechanische Ver-
vielfältigungsrechte, gegeben, Bach wäre allein vom Präludium
Nr. 1, dem in C-Dur, ein reicher Mann geworden.

Er wurde es in seinem ganzen Leben nicht, und die gestochene
Ausgabe dieses fundamentalen Werkes wäre ihm einfach zu teuer
gekommen. Man hat errechnet, daß ein gedrucktes Exemplar zu
damaliger Zeit für weniger als fünfunddreißig Taler nicht auf den
Markt zu bringen gewesen wäre. Das war eine horrende Summe,
wenn man bedenkt, daß später in Leipzig Bachs feste Jahresein-
künfte ganze fünfzig Taler betrugen. Wenngleich besser bezahlt
als seine Kollegen in den Städten, war auch Bach in Köthen nicht
reich. Im Notenhandel kannte er sich als Käufer aus (und schrieb
sich die wichtigen Sachen lieber gleich selber ab). Er wußte also
von Anfang an, daß hier Verkaufsmöglichkeiten nicht gegeben
wären, und schrieb dieses Wunderwerk dennoch, zwar »zum
Nutzen und Gebrauch der Lehre begierigen musikalischen
Jugend als auch der in diesem Studio schon habil Seyenden beson-

derer Zeitvertreib«, aber im Grunde doch nur für seinen und seiner Schüler Hausgebrauch oder, wie man heute dazu sagt, für die Schublade.

Von den praktischen Erfordernissen her wäre jenes Klavierbüchlein, das er für seinen Friedemann anlegte und in dem sich zum *Wohltemperierten Klavier* Entwürfe befinden, zusammen mit den zwei- und dreistimmigen Inventionen völlig ausreichend gewesen. Was darüber hinausging, schrieb er aus freien Stücken, aus eigenem Antrieb und weil er es sich selbst schuldig war. Nach Zeitgenossen, die ähnliches und in ähnlichem Umfang taten, kann man lange suchen. Für Bach ist es charakteristisch.

Über das *Wohltemperierte Klavier*, welches Spitta übrigens zwar unter Bachs Köthener Werken aufzählt, aber sonst nicht weiter erwähnt, ist viel geschrieben worden. Am originellsten ist der Hinweis in Riemanns Musiklexikon, das Werk sei durch Johann Caspar Ferdinand Fischers *Ariadne musica* von 1706 inspiriert worden. Auch auf diese Idee kann nur jemand kommen, der beide Werke nie miteinander verglichen hat und sehr wenig Musikverstand besitzt. Fischers *Ariadne musica* ist eine Sammlung wunderschöner und geistvoller Musik. Aber nicht nur ist ihr Aufbau ein ganz anderer, auch Fischers Formen sind sehr viel schlichter. Und nicht nur kommen Bachs kühne Akkordverbindungen und Übergänge darin gar nicht vor: Dort sind auch gerade jene Tonarten ausgelassen, deren Verwendbarkeit Bach mit seinem Werk eben erstmals demonstrieren konnte: Cis-Dur, Fis-Dur, es-Moll, gis-Moll, b-Moll: Fischer verfügte noch nicht über die wohltemperierte Stimmung.

Welch komplizierte Zustände damals auf dem Gebiet der musikalischen Stimmung bestanden,* kann jeder feststellen, der sich um die historische Aufführungspraxis der damaligen Zeit bemüht. Und wenn damals einer im praktischen Umgang mit seinem Klavier erstmalig eine vollständig temperierte Stimmung zustande gebracht hat, dann hatte er, als es ums Demonstrieren ging, ganz bestimmt etwas anderes im Kopf als die Frage, wen er nun damit imitieren könne. Nein, Bach hatte beim *Wohltemperierten Klavier* von Fischer so wenig zu übernehmen wie beim Capriccio von Kuhnau.

Wenn sich jemand etwas weniger oberflächlich mit Fischers

Zweiundachtzig Jahre lang verbreitete sich das »Wohltemperierte Clavier« ausschließlich dadurch, daß es immer wieder begeistert abgeschrieben wurde.

Werken beschäftigt hätte, müßte ihm freilich aufgefallen sein, daß sich zu Bachs Präludium Nr. 1 auch eine Parallele in Fischers Präludium *Clio* in seinem *Musicalischen Parnassus* befindet. Nur wer behaupten wollte, Bachs Präludium sei in Anlehnung an dieses Präludium entstanden, befände sich nachweislich abermals im Irrtum.

Hermann Keller hat ein ganzes Buch über das *Wohltemperierte Klavier* verfaßt, worin sehr genau vorgestellt wird, was sich einer im Grunde selbst erarbeiten kann, sofern er nicht, wie der kanadische Pianist Glenn Gould,* Bachs Werk mit Carl Czernys *Kunst der Fingerfertigkeit* verwechselt. Auch an Deutungen fehlt es bei Keller nicht. Bemerkenswert ist zum Beispiel seine Erkenntnis, Bach habe mit dem Thema der cis-Moll-Fuge (cis – his – e – dis) ein liegendes Kreuz komponiert, was man dadurch herausbekommen kann, daß man die erste und vierte sowie die zweite und dritte Note mit Strichen verbindet. Man erkenne daraus Bachs erschütternd tiefe Frömmigkeit, und es sei das kein Einzelfall, sondern komme auch bei anderen Komponisten der Zeit vor.

Die Sache mit dem Kreuz ist nichts als bloße Behauptung, aber mit der zweiten Feststellung hat Keller völlig recht: So tritt uns die tiefe Frömmigkeit unseres deutschen Volkes in dem alten Volkslied *Kuckuck, Kuckuck, ruft's aus dem Wald* noch viel tiefer entgegen, denn wenn man dort die erste mit der vierten und die zweite mit der dritten Note verbindet, wird das Kreuz noch ungleich deutlicher. Und aus Mozarts *Kleiner Nachtmusik*, mit gleicher Methode behandelt, wird ein ganzer Friedhof; zum Glück hört man's nicht. Man darf dann natürlich auch auf die tiefe Frömmigkeit der Mathematik verweisen, die ohne das Kreuz als Zeichen für plus gar nicht auskommt und mit einem Andreaskreuz als Zeichen für die erste Unbekannte, nämlich dem x, zweifellos auf die Unerforschlichkeit göttlichen Ratschlusses hinweisen will.

All das ist natürlich den Künsten einer Sekretärin vergleichbar, die auf ihrer Schreibmaschine Bildchen tippt (was technisch möglich ist). Indessen hat dergleichen in der Bach-Literatur geradezu Schule gemacht. Siegmund-Schultze zum Beispiel hat entdeckt, daß in Bachs *Kreuzstabkantate* das Wort »Kreuz« auf einem dis steht, auf einem d mit Versetzungszeichen, also eben einem »Kreuz«, und erblickt darin ebenfalls einen feinsinnigen Symbolgehalt. Daß in der *h-Moll-Messe* der Alt sein »Crucifixus« mit einem aufgelösten fis, also einem f, beginnt, wäre dann wohl als ein Hinweis auf die bevorstehende Auflösung des Leibes Christi zu deuten, und es ist tief bedauerlich, daß uns die Musikwissenschaft bis heute noch immer nicht die theologische Bedeutung des Versetzungszeichens ♭ entschlüsselt hat.

Ein anderer hat abgezählt, daß in der Kantate *Dies sind die heil'gen zehn Gebot'* Bachs Thema gerade aus zehn Noten besteht, und macht ihn so quasi zum Erfinder einer theologischen Zehntonreihe. Im gleichnamigen Choralvorspiel BWV 635 sind es dann allerdings nur noch neun Noten. Entweder hat sich Bach da verzählt, oder er war mehr Musiker als Mystiker. Da sich in Bachs Nachlaß *kein* Buch über die Kabbala befand, hat sich Friedrich Smend damit beschäftigt und nachgewiesen, daß Bach in seine Kompositionen die Kabbala eingeschmuggelt, wo nicht mit deren Hilfe diese sogar hergestellt hat. Diese Idee ist dann auch von anderen eifrig verfolgt worden.* Klaus Peter Richter hat dazu glücklicherweise festgestellt, daß die Anwendung der Kabbala geradezu zwangsläufig zum Erfolg verurteilt ist, aber darauf hätte Smend eigentlich auch selbst kommen können, wenn er die Memoiren Giacomo Casanovas gelesen hätte.

Man darf sich über alles dergleichen deswegen herzlich lustig machen, weil es mit Musik weniger als nichts zu tun hat und lediglich die (fast trostlose) Entfernung der Betrachter von ihrem Gegenstand anzeigt. Das Ringmotiv in Richard Wagners *Rheingold* hätte nicht im mindesten an Substanz gewonnen, wenn Wagner es kreisförmig komponiert hätte oder Siegfrieds Hornruf geschweift. Bach kannte und konnte in der Musik mehr als jeder andere vor und nach ihm, aber selbst da, wo er möglicherweise auf Symbole ausging, kommt man seiner Musik weder durch Abzählen noch durch eine theologische Verklärung von Versetzungszeichen nahe. Auch Keller ist bei seiner Kreuzkonstruktion etwas anderes durchaus entgangen: daß nämlich jenes Thema der cis-Moll-Fuge nichts anderes als ein notengetreues, um zwei Ganztöne nach oben transponiertes B-A-C-H ist: Bach ist also damals der Versuchung, innerhalb seines Fugenwerks seinen eigenen Namen zu komponieren, bewußt aus dem Wege gegangen. Ganz offensichtlich wünschte er seine Tonfolge nicht durch außermusikalische Bezüge verdunkelt. Was die Deuter nachdenklich machen sollte!

Es gibt noch mehr Nachdenkenswertes. Bach war jetzt fünfunddreißig, hatte eine gute Stellung, ein sehr gutes Orchester, einen wunderbaren Dienstherrn, aber seine Frau war tot, und alles, was sie ihm zurückgelassen hatte, waren ihre vier Kinder. Dörte, die älteste, war jetzt zwölf, aber sie zeigte keine außergewöhnliche Neigung zur Musik und war als Mädchen ohnehin mehr dem Haushalt verbunden. Carl Philipp Emanuel und Bernhard waren acht und sechs, also fast noch im Spielalter, noch ganz und gar Kinder. Wilhelm Friedemann, mit zehn oder elf, war schon verständig und sehr musikalisch. Das *Notenbüchlein* verfaßte Bach nicht »für meine Söhne«, was nahegelegen hätte, da die musikalische Ausbildung in seinem Hause doch Selbstverständlichkeit war, sondern für seinen Großen allein. Von dem es ohnehin heißt, er sei sein Lieblingssohn gewesen.

Und da ist noch etwas anderes merkwürdig, sobald man sich einmal mit den Porträts der Bachs beschäftigt: Bach selbst, ebenso wie Carl Philipp Emanuel, haben beide den gleichen Typus wie schon der Stammvater Veit Bach: das Breitschultrige, Stämmige, Gesetzte, nicht rundlich zu nennen, aber kräftig. Das Bild des erwachsenen Friedemann zeigt einen gänzlich anderen Typ: Er ist schlanker, feingliedriger, nervöser. Wenn er später für sein Porträt mit verwegenem Künstlerhut Modell sitzt, wirkt das Porträt seines Bruders Carl Philipp Emanuel dagegen beinahe spießig. Auch Bachs Porträt steht in beträchtlichem Gegensatz zu dem Bild des genialen Sohnes, Ähnlichkeit ist da nicht. Und da die anderen Bachs ihm alle nicht gleichen, gibt es nur eine einzige Erklärung dafür: Er glich seiner Mutter! In Friedemann erkannte der Vater am ehesten seine verstorbene Frau wieder, und es ist nur zu verständlich, daß er zu seinem Ältesten ein ganz besonderes Verhältnis hatte: Er war nicht nur schon damals der Verständigste, der Musikalischste, sondern in ihm lebte für Bach auch seine tote Maria Barbara fort.

Bachs Verhältnis zu Friedemann änderte sich für Friedemann, als der Vater sich eine zweite Frau nahm. Anderthalb Jahre nach dem Tode seiner Frau heiratete Bach ja wieder. In den verschiedenen Bach-Biographien liest sich das reichlich nüchtern: »Der

Wilhelm Friedemann Bach. Das Porträt aus seiner späteren Berliner Zeit zeigt einen gänzlich anderen Erscheinungstyp als die Bilder von Carl Philipp Emanuel und Johann Christian Bach (vgl. S. 368 und 369).

Schmerz über den Verlust seiner Frau hindert Bach nicht, klar zu sehen, daß seine Kinder eine Mutter brauchen, das Haus eine Wirtschafterin und er eine Gefährtin«, schreibt Rueger etwa. Siegmund-Schultze bemerkt trocken: »Schon ein Jahr später heiratete Bach, der die unmündigen Kinder nicht ohne Mutter lassen konnte ...« Terry kennt für die Heirat ausschließlich moralische Gründe: »Es läßt sich denken, daß der Mann, der seine Kinder lehrte, Jesu Namen anzurufen, ehe sie ihre Fünffingerübung begannen,* in seinen Forderungen fürs tägliche Leben die strengsten Grundsätze hatte. Daher empfand er die Lücke in seinem frauen- und mutterlosen Haushalt so besonders schmerzlich.« Liebe, wie man sieht, spielt dabei gar keine Rolle. Auch bei Spitta nicht, der schrieb: »Nach den Lebensanschauungen, die im Bachschen Geschlecht herrschten, war es ziemlich selbstverständlich, daß Sebastian im Witwerstande, zu welchem er durch den Tod seiner ersten Gattin verurteilt war, nicht verblieb.« Und der schon oft zitierte Martin Geck fragt nicht einmal nach den Familientraditionen, sondern konstatiert nur: »Dem Brauch der Zeit gemäß sucht er sich recht bald eine zweite Frau.«

Wie man sieht, erkennen alle diese Verfasser lediglich die Vernunft und die Konvention als Gründe für eine Eheschließung an, und Otterbach teilt uns zwar ausführlich mit, daß der Oboist der Köthener Kapelle nebenher auch Fechtunterricht gab, aber die tiefen Einschnitte in Bachs Leben übergeht er und entwickelt so einen gewissen Adlerblick für das Unwesentliche.

Was aber Bachs zweite Frau angeht, so kümmert sich überhaupt keiner um ihre Situation. Werner Neumann schreibt in seinem *Kleinen Bach-Buch*: »... gewiß aber hat es die sechzehn Jahre jüngere Künstlerin als hohes Glück empfunden, von dem berühmten Hofkapellmeister als Lebensgefährtin und Mutter seiner unmündigen Kinder auserkoren zu sein.« Junge Damen von heute dürften es indessen wohl kaum als besonderen Glücksfall erachten, gleich nach ihrem zwanzigsten Geburtstag einen fast sechzehn Jahre älteren Witwer mit vier Kindern zu heiraten, noch dazu, wenn sie bereits einen eigenen, gar nicht schlecht bezahlten Beruf ausüben, also selbständig und erfolgreich sind.

Anna Magdalena Wülcken war beides, und dies in einer Zeit, in der selbständige junge Damen eine große Seltenheit waren, da die meisten jungen Mädchen nur darauf zu warten hatten, daß sie unter die Haube kommen und Hausfrau und Mutter werden konnten. Mademoiselle Wülcken war fürstliche Sängerin am Hofe von Anhalt-Zerbst, und ihr eigenes Einkommen betrug fast die Hälfte von dem Bachs. Sie stand sich also allein sehr gut und war keineswegs auf eine baldige Heirat angewiesen.

Anderseits wird bei Bach die Sache so dargestellt, als habe er nur zugreifen müssen, um sich unter den Töchtern des Landes die geeignete herauszusuchen. Da aber war nun, von der Vernunft und der Konvention her betrachtet, diese Mademoiselle Wülcken keineswegs eine sehr gescheite Entscheidung – daß da der Witwer Bach sich so ein junges Ding heraussuchte, mehr als fünfzehn Jahre jünger als er selber, an Selbständigkeit gewöhnt und in der Führung eines Haushalts ebenso wie in der Kindererziehung gänzlich unerfahren.

Wie man bei näherem Hinsehen erkennt, widersprach die Verbindung von seiten der Sängerin Wülcken ebenso wie von seiten des Hofkapellmeisters Bach jeder Vernunft, von der Konvention ganz zu schweigen. Es liegt darum der Schluß nahe, auf den von all den zitierten Wissenschaftlern nicht ein einziger jemals gekommen ist: Es muß da von beiden Seiten außerordentlich viel Liebe im Spiel gewesen sein! Und die hat dann ein ganzes Leben lang angehalten, wovon nicht nur Anna Magdalenas dreizehn Kinder ein beredtes Zeugnis ablegen, sondern noch mehr die vielen Notenhandschriften, die beweisen, mit welcher Hingabe sie sich der Arbeit ihres Gatten annahm. Wie vordem für Friedemann, so legte Bach auch für seine Anna sogleich ein eigenes Notenbüchlein an, und es ist *nicht* als Lehrwerk bestimmt, sondern darf eher als eine Sammlung von musikalischen Liebeserklärungen betrachtet werden – nicht als eine, in der unentwegt von Sehnsucht, Zuneigung und Küssen die Rede ist, sondern eine, die den gemeinsamen Empfindungen, dem gemeinsamen Erleben gewidmet ist, eine weitaus reichere und umfassendere also.

Man kann nicht annehmen, daß der Einzug der Stiefmutter ins Haus von Friedemann mit Gleichgültigkeit oder gar mit Zuneigung aufgenommen worden ist. Wenn ihm bisher die Liebe des Vaters in ganz besonderem Maße zuteil geworden war, so stand nun eine fremde junge Frau zwischen ihnen, kaum sieben Jahre älter als die große Schwester, und wenn Bach »seinen Großen« auch nicht weniger liebte als vorher, er konnte seine Zuneigung nun wieder teilen, und es müssen notwendig ungleiche Teile gewesen sein: Die quicklebendige junge Frau, die ihn mit ihrer Liebe dem Leben wiedergeschenkt hatte, hatte ihm einfach mehr zu geben als der elfjährige Sohn. Und es muß damals ein feiner, aber tiefer Riß im Hause Bach entstanden sein: Man weiß nichts davon, daß nach Bachs Tod die beiden großen Söhne, Friedemann und Carl Philipp Emanuel, Anna Magdalena in irgendeiner Weise unterstützt hätten, obgleich sich damals beide durchaus in guten Verhältnissen befanden: Sie war und blieb die Stiefmutter.

Aber es war – und wir müssen uns allen Bach-Biographen zum Trotz damit abfinden – weder eine Konventions- noch eine Vernunftehe, es war tatsächlich eine Liebesheirat, was Bach und Anna Magdalena zusammenführte.

Fürst Leopold war großzügig, er stellte Anna, ebenso wie vor ihm der Zerbster, als fürstliche Sängerin an, mit zweihundert Gulden. Damit wurden die Bachs – höchst ungewöhnlich für den Anfang des 18. Jahrhunderts – ein berufstätiges Ehepaar und standen sich mit sechshundert Gulden im Jahr zuzüglich Realzuwendungen wirklich gut.

Der Fürst war spendabel, und er war das nicht ganz ohne Grund: Er war glücklich. Denn er hatte sich mit seinen achtundzwanzig Jahren gleichfalls verliebt, in eine Prinzessin aus dem Hause Anhalt-Bernburg, keine zwanzig Kilometer von Köthen entfernt. Und Friederike Henrietta war mit ihrem schwarzen Haar und ihren Kohlenaugen durchaus eine Person, die einen schwärmerischen jungen Mann in sich verliebt machen konnte. Sie unterschied sich nur in einem Punkte ganz außerordentlich von Anna Magdalena: Sie war durchaus nicht willens, sich anzupassen. Dies, meinte sie, käme ihrem Gemahl zu.

Und Fürst Leopold kam ihr gern entgegen. In seinen Augen hatte er eine Perle errungen. Für die Hochzeit ließ er das ganze Schloß renovieren. Und die anschließenden Hochzeitsfeierlichkeiten dauerten volle vier Wochen.

Da hatte Bach aber Musik zu schaffen!

Das ist ein Irrglaube. Bach schrieb überhaupt keine. Es gibt Leute, welche uns nachträglich einreden wollen, die Hochzeitsmusik sei nur verlorengegangen. Aber ebendas ist ganz unwahrscheinlich. Bach nahm seine Musik viel zu ernst, als daß er leichtfertig damit umging. Einmal hatte er zum Geburtstag seines Fürsten auf einen Satz eines *Brandenburgischen Konzerts* einen ganzen Huldigungschor obendrauf geschrieben, und das war bestimmt eine Gelegenheitsarbeit. Aber sie ist uns erhalten. Die Trauermusik, die er später auf Leopolds Tod schrieb, ist ganz in der *Matthäuspassion* aufgegangen. Aber auch sie ist uns separat erhalten. Und die ganze Hochzeitsmusik sollte verloren sein? Bach hätte bestimmt sein Bestes gegeben, er hätte auch die Zeit dazu gehabt, denn während der großen Hochzeitsvorbereitungen war ja keine Zeit, nicht einmal ein Raum im Schloß fürs Musizieren. Aber es gab keine Hochzeitsmusik. Denn Friederike Henrietta liebte die Musik absolut nicht.

Sie bewunderte das Militärische, und so schaffte ihr Leopold eine Garde an. Schließlich hatte er auf der Ritterakademie in Berlin seine Offiziersausbildung genossen, er verstand etwas davon, und wenn seine angebetete Braut diesen Wunsch hatte, so war es ihm eine Freude, ihn zu erfüllen. Siegmund-Schultze hat sich schlecht informiert, wenn er behauptet, Fürst Leopold habe sich deswegen auf einmal so intensiv mit militärischen Dingen befaßt,

Fürst Leopold von Anhalt-Köthen und seine Gemahlin Friederike Henrietta von Anhalt-Bernburg: ein sehr ungleiches Paar!

»weil sich jetzt auch die kleinen absolutistischen Staaten zu Kriegsrüstungen gezwungen sahen, insbesondere in Nachbarschaft des kriegerischen Brandenburg-Preußen«.

Friedrich Wilhelm waren seine »langen Kerls« viel zu kostbar, als daß er sie einem Krieg ausgesetzt hätte. Der Nordische Krieg war mit glücklichem Ausgang für Preußen gerade zu Ende gegangen. Zwischen Berlin und Köthen bestanden geradezu freundschaftliche Beziehungen. Außerdem ist Friedrich Wilhelm I. im Gegensatz zum großen Sohn in seinem ganzen Leben nicht in ein friedliches Land einmarschiert. Nein, politische Gründe gab es keine, der Braut eine Freude zu machen war Grund genug. Die Musik konnte etwas warten, es war nicht alle Tage Hochzeit; nach der Hochzeit würde sie schon wieder zu ihrem Recht kommen.

Aber sie kam nicht wieder zu ihrem Recht. Bachs Schaffen der Köthener Jahre ist überwältigend reich, und Violine und Violoncello hat er in jenen Jahren besonders bedacht, mit einzigartigen Solostücken, mit Kammermusik; drei Violinkonzerte stammen aus dieser Zeit und die *Brandenburgischen Konzerte* und die Orchestersuiten, aber alle aus den Jahren bis 1721.

Am 3. Dezember heiratete Bach Anna Magdalena – zum Ärger der lutherischen Gemeinde in einer Haustrauung –, und eine Woche darauf, am 11. Dezember, vermählte sich der Fürst mit Friederike Henrietta von Anhalt-Bernburg. Von da an schrieb Bach für das Schloß keine Musik mehr. Der von Spitta als »jähzornig« Bezeichnete, der Mann mit dem »cholerischen Temperament« (Rueger) schrieb sieben Jahre später an einen Freund, daß es »das Ansehen gewinnen wollte, als ob die musicalische Inclination bei besagtem Fürsten in etwas laulicht werden wollte, zumale die neue Fürstin schiene eine amusa zu sein«. Doch das Bach-Werkeverzeichnis sagt aus, daß Bach nach der Verheiratung seines Fürsten bis zu seinem Weggang nur noch Klaviermusik schrieb, für seinen eigenen häuslichen Gebrauch – nur noch Klaviermusik . . .

Um es deutlicher zu sagen: Friederike Henrietta hatte ihrem Leopold gründlich den Kopf verdreht und seinen Hofkapellmeister kaltgestellt.

XII

ES WAR DIES das dritte Mal, daß Bach sich kaltgestellt sah: In
Mühlhausen hatte ihm der pietistische Fanatismus von Pfarrer
Johann Adolph Frohne seine »regulierte Kirchenmusik zu Ehren
Gottes« unmöglich gemacht. In Weimar hatte ihn der Herzog
einem unbegabten Kapellmeister unterstellt, ihn vom Komponieren entbunden und ihn schließlich nur noch wie einen unbotmäßigen Lakaien behandelt. Und hier wurden seine Dienste nun
nicht mehr benötigt. Mit siebenunddreißig war er in Köthen praktisch pensioniert. Damit stand er zum drittenmal vor einem Scher-
benhaufen.

Bach war geduldig. Bach ertrug vieles in seinem Leben mit
einer fast unglaublichen Geduld, wieder und wieder. Was sollte er
jetzt machen? Natürlich war er in Köthen warm gebettet. Das
warf man nicht leichtsinnig fort. Aber er war entbehrlich, er war
nutzlos geworden. Und es sah nicht so aus, als ob sich dieser
Zustand ändern würde: Der Fürst war ja glücklich mit seiner
»amusa«, die ihn in seinen Neigungen so verwandelt hatte.

Bach wartete also ab. Aber für einen unentwegt fleißigen Menschen – und Bach war nun gewiß einer – ist Untätigkeit schwer zu
ertragen. Da starb am 5.Juni 1722 in Leipzig der Thomasschul-
Kantor Johann Kuhnau. Er war kein schlechter, er war ein recht
tüchtiger Mann gewesen. Geck, der ihn »wenig tüchtig« nennt,
hat sich in seinen Arbeiten offensichtlich nicht umgesehen.

Also da war eine Vakanz. Und Leipzig war fast so bedeutend
wie Hamburg. Siegmund-Schultze meint, es mußte »Bach die
Möglichkeit reizen, in der Messe- und Universitätsstadt Leipzig
als Kantor der führenden Kirche tätig zu sein und die kirchen-

musikalischen Erfahrungen auf höherer Ebene mit den Verpflichtungen als director musices zu verbinden«. Aber er irrt auch diesmal wieder, und gleich mehrfach: Messe und Universität unterstanden nicht der Stadt, sondern dem König, das Kantorenamt gehörte nicht zur Kirche, sondern zu einer Schule, und Bach reizte gar nichts. Er war schließlich Hofkapellmeister, und als solcher stand er denn doch erheblich über einem Schulmeister. Andere reizte die Position sichtlich auch nicht besonders: Die Stelle blieb ziemlich lange vakant. Der Juli ging ins Land, der August, der September und schließlich das ganze Jahr 1722.

Ein volles Jahr saßen die Bachs nun schon untätig herum. Es kam zu Entlassungen in der Hofkapelle, sie wurde ja nicht mehr gebraucht. Was übrigblieb, war die Jagdmusik. Bach und Frau bezogen eigentlich nur noch ein Gnadengehalt. Aber Bach bewarb sich nicht. Bach hörte, daß sich Telemann von Hamburg aus um die Stelle beworben hatte, aber die Hamburger hatten seine Bewerbung sofort mit einer Gehaltserhöhung beantwortet. Er erfuhr, daß sein Freund Johann Friedrich Fasch, der Hofkapellmeister von Anhalt-Zerbst, sich die Vakanz schon angesehen hatte, auch der Hofkapellmeister Christoph Graupner aus Darmstadt sollte sich beworben haben, ein Mann mit einem sehr guten Namen, und daneben noch verschiedene andere. Eigentlich mußte da also etwas zu machen sein. Aber Bach hatte seine Begeisterung für »die Anziehungskraft einer von starken aufgeklärten Kräften und bürgerlichem Fortschritt bestimmten Großstadt« (so Siegmund-Schultze) sichtlich unter Kontrolle: Er dachte gar nicht daran, sich zu bewerben.

Es war später Herbst, als »der Hochmögende Rat der Stadt Leipzig« in aller Förmlichkeit einen Abgesandten an ihn schickte, den Licentiaten Christian Weiße, Hilfsgeistlichen an Sankt Thomas. Man sollte meinen, daß der ihm nunmehr die Stelle anbot. Aber das tat er nicht, er ersuchte Bach lediglich, sich gleichfalls um die Stelle zu bewerben. Denn die Herren wollten sich keinesfalls binden, sie wollten nur eine reichere Auswahl haben. Und Bach war ihnen ja durch Kuhnau von der Orgelabnahme in der Universitätskirche her bekannt.

Im übrigen machte der »Hochmögende Rat« um die Besetzung der Stelle einen riesigen Kuhhandel (man kann das freund-

licher kaum nennen): In den gesamten Ratsprotokollen zwischen 1720 und 1730 gibt es keinen anderen Gegenstand, über den so oft und so zähflüssig verhandelt worden wäre wie 1721/22 über die Besetzung des Schulkantor-Amtes mit Bach. Am 5. Juni war Kuhnau gestorben. Telemann hatte längst abgesagt, aber selbst ein halbes Jahr später, in der Ratssitzung vom 23. November, wurde Bachs Name noch gar nicht in Erwägung gezogen. Erst einen ganzen Monat danach, am 21. Dezember, tauchen die Namen von Graupner und Bach als neue Bewerber im Protokoll auf, wobei die Sympathien sofort bei Graupner liegen. Graupner macht noch Ende Dezember sein »Probstück« mit einer Kantatenaufführung. Drei Wochen später (am 15. Januar 1723) tauchen in der Ratssitzung Zweifel auf, ob er von seinem Landesherrn seine Entlassung erhalten werde.

Bach hatte sich nach Weißes Besuch schon für Dezember bereit erklärt, ebenfalls ein »Probstück« vorzuführen, aber Graupner war ihm eindeutig vorgezogen worden. Auch jetzt, nachdem Graupner abgesagt hatte, wurde nicht etwa Bach, sondern zunächst ein Einheimischer, der Leipziger Organist Georg Balthasar Schotte, zum »Probstück« aufgefordert. Er lieferte es am 2. Februar, und erst am folgenden Sonntag, dem 7. Februar, durfte

Bach seine Kantate *Jesus nahm zu sich die zwölfe* aufführen. Aber auch jetzt gab ihm der Rat noch keineswegs eine Zusage. Zunächst verlangte er von Bach die schriftliche Zustimmung seines Landesherrn, daß er von Köthen freikommen könne, und auch das erst wieder nach geraumer Zeit, nämlich nach zwei Monaten, in der Ratssitzung vom 9. April.

Bach lieferte diese Erklärung umgehend, nämlich am 19. April, persönlich ab. Aber erst nachdem auch Graupner, der von Darmstadt nicht loskam, Bach ausdrücklich für die Stelle empfiehlt, am 22. April 1723, also nach insgesamt elf Monaten, entschließt sich der Rat endlich, Bachs Dienste anzunehmen, und vier Monate davon waren nur ausgefüllt mit Bedenken. Auch dann dauerte es noch einmal zwei Wochen, bis es mit Bach zur Vertragsunterzeichnung kam. Weder die Verhandlungen mit Telemann noch die Verhandlungen um Graupner haben so lange gebraucht wie die um die Einsetzung Bachs. Und was erwartete ihn?

Die Thomasschule war die »schola pauperum«, die Armenschule der Stadt. Da die Stadt die Kosten für die Schule trug, hatten die Schüler sich nützlich zu machen. Und da der Rat auch für die Kirchen der Stadt zu sorgen hatte – der Rat, nicht das Konsistorium besetzte die geistlichen Ämter! –, hatten die Schüler in den Stadtkirchen die Musik zu machen. Dafür war in der Schule ein Lehrer eingesetzt, der neben dem Lateinunterricht auch für die Kirchenmusik zu sorgen hatte. (Nebenbei: Im Böhmischen war noch im 19. Jahrhundert unter der Bezeichnung »Ludi magister« die Verbindung von Lehrer und Kirchenchorleiter üblich.) Der Lateinunterricht trat nach außen hin nicht weiter in Erscheinung, aber was der Mann als Musiker leistete, war Sonntag für Sonntag in vier Kirchen zu hören. Nicht umsonst war dieser Musiklehrer mit dem obligaten Lateinunterricht, der »Cantor«, in der Schule dem Konrektor gleichgestellt: In gewissem Sinne stellte er für die Schule das Aushängeschild dar. Weswegen er auch ein gewaltiges Salär erhielt, nämlich im Jahr einhundert Taler. (In der Dresdener Hofkapelle verdiente der geringste der Musiker schon das Doppelte.)

Es ist von der Leipziger Bach-Forschung behauptet worden, der Name »Armenschule« für Sankt Thomas hätte lediglich auf einer alten Tradition beruht, es sei in Wahrheit bei Bachs Amtsantritt eine recht angesehene Schule gewesen. Es ist aber nicht die Wahrheit. Wer in Leipzig etwas auf sich hielt, schickte seine Söhne in die Nicolaischule oder nahm sich einen Privatlehrer, wie das beispielsweise der Bürgermeister Dr. Gottfried Lange und in späteren Jahren auch Bach selber tat. Und wenn die Thomasschule die Bezeichnung »schola pauperum« aus Tradition führte, so stand ihr der Titel in jeglicher Beziehung auch in der Praxis zu. Man wird in den Ratsakten bis zum Amtsantritt Gesners vergeblich danach forschen, daß sich der Rat um die Erhaltung der Schule jemals in irgendeiner Weise gekümmert hätte. Nicht in den letzten hundert Jahren! Diese Schule war seit langem verlottert und befand sich in stetigem Niedergang. Sie hatte einmal einhundertzwanzig Schüler gehabt und hatte bei Bachs Amtsantritt gerade noch zweiundfünfzig. Von diesen zweiundfünfzig hatte nicht einmal jeder ein eigenes Bett (manche mußten sich zu dritt eines teilen), aber fast alle Schüler hatten die Krätze.

Die Schüler von Sankt Thomas waren auch dazu verpflichtet, zweimal wöchentlich als »Kurrende« in den Straßen zu singen, um sich durch ihren Gesang Geld regelrecht zu erbetteln. Von diesen Bettelpfennigen waren bestimmte Sätze an die Lehrer zur Bezahlung des Unterrichts abzugeben. Und um von dem Zustand des Schulgebäudes einen ungefähren Eindruck zu geben: In der »großen Schulstube« mußten wegen Raummangels gewöhnlich drei Klassen gleichzeitig unterrichtet werden. Im Gebäude selbst hatte es seit zweihundert Jahren keinerlei bauliche Veränderungen mehr gegeben. Es wurden auch keine für nötig erachtet. Der Gesamtzustand der Thomasschule war für die Stadt so nebensächlich, daß er in den Ratsakten bis 1730 – im Gegensatz zum Spital oder zum Zucht- und Waisenhaus – gar nicht auftauchte.

Es ist nicht wahrscheinlich, daß Bach sich über diese Zustände nicht informiert hat, und es erhebt sich lediglich die Frage, warum er trotz dieser Zustände dieses Amt anzunehmen bereit war.

Die Gründe dafür sind vielfältig. Bach war in Köthen zur Untätigkeit verurteilt und ertrug das nicht, abgesehen davon, daß er sich eigentlich ausrechnen konnte, wann die junge Fürstin auch ihn abhalfterte. Er brauchte einfach einen neuen Tätigkeitskreis, auch aus Gründen der Sicherheit.

Wenn er sich nun trotz der miserablen Zustände in der Leipziger Thomasschule dort bewarb, so deswegen, weil er diese Zustände für belanglos hielt. Daß ihn der Lateinunterricht eine Menge Zeit kosten würde, war ihm natürlich klar. Aber sein Vorgänger Kuhnau hatte sich bei dieser Aufgabe vertreten lassen, und wenn ihm die Sache zu lästig wurde, stand ihm diese Möglichkeit schließlich auch offen. Das würde ihn zwar die Hälfte seines Gehalts kosten, und mit fünfzig Talern im Jahr konnte er natürlich keine sechsköpfige Familie ernähren und eine Magd bezahlen, zumal auch die Realleistungen gegenüber Köthen eingeschränkt waren und nur die Mietfreiheit blieb.

Aber auch sein Gehalt betrachtete er offensichtlich nur als Nebeneinnahme. Denn erstens war in Leipzig überhaupt wieder Musik zu machen, und in der Kirchenmusik war er zu Haus. Und dann hatte Kuhnau auch das Amt des Universitätsmusikdirektors innegehabt, und mit den Studenten ließ sich ebenfalls musizieren. Und was die Einnahmen anging, so setzten sie sich, wovon ihn der Licentiat Weiße ausführlich überzeugt haben dürfte, hauptsächlich aus den vielen Leipziger Akzidenzien zusammen, Hochzeiten, Taufen, Begräbnissen, die alle extra bezahlt wurden und von denen in einer so großen Stadt mit dreißigtausend Einwohnern eine beträchtliche Anzahl zusammenkommen mußte. Man sollte da in einem guten Jahr auf sechshundert bis achthundert Taler kommen können. Das war dann ein Drittel mehr als die beiden Gehälter in Köthen zusammen.

Es war natürlich eine reichlich unsichere Einnahme, aber etwas anderes kam noch hinzu: Leipzig war tatsächlich die Stadt, die es hinsichtlich ihres Handels und Wandels mit Hamburg aufnehmen konnte. Was sich aber in Hamburg zum eigentlichen Amt hinzuverdienen ließ, das hatte ihm dort Erdmann Neumeister eingehend beschrieben und sein erfolgreicher Mitbewerber Johann Joachim Heitmann vor Augen geführt, als der ihn durch Zahlung von viertausend Mark Kurant aus dem Felde schlug. Was Hamburg zu bieten hatte, mußte in Leipzig so ähnlich auch vorhanden sein. Die Sorge für die drei Söhne kam hinzu: An der Leipziger Universität konnten sie studieren, und ein studierter Mann war allemal der angesehenere.

Bei näherem Hinsehen spielten also die Bedingungen in der Thomasschule tatsächlich kaum eine Rolle. Der gegenwärtige

Bestand an Schülern war zwar schlecht, aber der Anstellungsvertrag gab ihm ja die Möglichkeit, bei künftigen Neuzugängen vom Gesanglichen her über die Aufnahme mit zu entscheiden, es ließ sich also etwas aufbauen. Darüber hinaus: Telemann hatte sich für das Amt interessiert, und der war immer ein guter Geschäftsmann gewesen. Und die Mitbewerber Graupner und Fasch waren Hofkapellmeister wie er selbst und wären doch beide gern in Leipzig Schulkantor geworden. Es mußte also an der Stelle wahrhaftig etwas dran sein. Man wurde damit gleichzeitig »director musices«, also doch etwas Besseres als nur Musiklehrer.

Das städtische Orchester bestand zwar nur aus sieben Leuten – drei Bläsern und vier Streichern –, aber man konnte weitere Instrumentalkräfte in der Schule heranbilden, und unter den Leipziger Studenten gab es auch tüchtige Musikanten, seit über zwanzig Jahren bestand ein Collegium musicum. Zudem: Nachdem der Rat die Besetzung der Stelle mit so großer Umständlichkeit und Gründlichkeit angegangen war, ließ sich doch nur daraus schließen, daß er der Musik außerordentlich zugetan sei. Auf die Details des Vertrags kam es dann unter solchen Umständen nicht mehr so an.

Er war zugegeben etwas merkwürdig, dieser Vertrag. So durfte Bach ohne ausdrückliche Erlaubnis des Rates die Stadt nicht verlassen. Er hatte nicht nur den Hochmögenden Rat, sondern auch alle Inspektoren und Schulvorsteher als seine Vorgesetzten zu betrachten. Bei allen Leichenbegängnissen hatte er mit seinem Chor vor dem Sarg herzugehen. Ausdrücklich mußte er sich ferner verpflichten, kein Universitätsamt anzunehmen. Das konnte ganz wörtlich wohl nicht gemeint sein, da sein Vorgänger ja das Amt des Universitätsmusikdirektors innegehabt hatte, übrigens zum Nutzen der Stadt. Zum Unterrichten mußte er sich ausdrücklich verpflichten, auch wenn ihm der Vertrag einen Vertreter gestattete, sofern dem Rat daraus keine Kosten entstünden. Gegenüber Telemann war der Rat nicht kleinlich gewesen, ihn wollte man vom Lateinunterricht sogar gänzlich befreien.

Aber bei Telemann wußten die Herren vom Rat schließlich, was sie bekommen hätten, ihn kannten sie ja schon von früher her. Er war schon als Student in Leipzig sehr rege gewesen, man hatte ihm die Musik in der Paulinerkirche übertragen können, er hatte

das studentische Collegium musicum gegründet, und da man zu
seiner Zeit in Leipzig sogar ein Opernensemble besaß, hatte er
dafür auch Opern komponiert. Das freilich hatte man ihn nachsehen müssen, Kuhnau hatte rechte Schwierigkeiten dadurch
gehabt, daß die jungen Leute lieber in der Oper als in der Kirche
musiziert hatten. Die Oper hatte sich auch inzwischen so gut wie
erledigt, aber dem Bach schrieb man doch in den Vertrag, er habe
so zu musizieren, daß die Musik »nicht zu opernhaft heraus-
komme, sondern die Zuhörer vielmehr zur Andacht aufmun-
tere«.

Auch sonst sicherte sich der Rat ab. So verlangte er, daß Bach
auch außerhalb seiner Dienstverpflichtungen, »privatim«, die
Schüler musikalisch unterweise, selbstverständlich kostenlos, und
daß er mit seiner Musik auch den Herren des Rates kostenlos zur
Verfügung zu stehen habe. Daß ihm keinerlei Sonderbedingun-
gen eingeräumt wurden, wie er sie bisher von allen seinen bisherigen Diensttherren erhalten hatte, stand außer Frage. Man
nahm in Bach einen, den man nicht kannte, weil die, die man
kannte, von außerhalb nicht zu haben waren. Und ein Einheimischer, wie der Organist Schott oder Schotte von der Neuen Kirche, kam natürlich überhaupt nicht ernsthaft in Frage – nicht einmal Propheten gelten etwas in ihrem Vaterlande.

Freilich hatte Schweitzer ganz recht, als er schrieb: »Es ist
neuerdings Mode geworden, dem Leipziger Rat einen billigen
Vorwurf daraus zu machen, daß er mit Bach erst fürlieb nahm,
nachdem er vergebens den ›seichten‹ Telemann und den unbe-

Einige der damaligen Leipziger Ratsherren: die Ratsherren Steger, Plaz, Wagner, Born und Bürgermeister D. Lange. Von keinem der Herren ist irgendwann irgendein anerkennendes Wort über Bachs Leistung bekannt geworden.

deutenden Graupner zu gewinnen suchte. Sehr zu Unrecht. Diese beiden waren in Leipzig gut bekannt und hatten für die Mitwelt einen Namen, den Bach noch nicht hatte. Man kann doch von einer Behörde nicht verlangen, daß sie die Urteile der Nachwelt ahnend vorwegnimmt.«

Die in diesem Zusammenhang oft zitierte Bemerkung ist die des Ratsherrn Abraham Christoph Plaz, »da man nun die Besten nicht bekommen könne, so müsse man mittlere nehmen«. Sie wird zuerst von Spitta zitiert, und alle übrigen haben sie hernach getreulich von ihm abgeschrieben. Da sie leider überhaupt nicht in das Bild von Leipzig als einer »von starken aufgeklärten Kräften und bürgerlichem Fortschritt bestimmten Großstadt« passen will, gab man sich später in der Neuen Bachgesellschaft viel Mühe, den schlechten Eindruck abzuschwächen. Am originellsten ist diesbezüglich eine ausführliche Arbeit des Tübinger Professors Ulrich Siegele,* die sich gleich über mehrere Jahrgänge des *Bach-Jahrbuchs* erstreckt. Er entwickelt darin breite Aspekte einer »Leipziger Kulturpolitik« und behauptet, der Leipziger Rat sei so etwas wie eine »Koalitionsregierung unter wechselndem Vorsitz der Parteien« gewesen. Da habe es nun eine »Kantorenpartei« und eine »Kapellmeister-Partei« gegeben, die eine sei für Bach und die andere gegen ihn gewesen, was dann in aller Breite ausgeführt wird.

Wodurch Siegele zu seinen Theorien gekommen ist, ist leider nicht erkennbar, nur kann man mit Sicherheit behaupten, daß er sie einem Quellenstudium nicht verdankt, denn aus den Leipziger

Ratsakten jener Jahre ergibt sich eindeutig, daß von »Koalitionsregierung« und »wechselnden Parteien« keine Rede sein kann. Natürlich wechselten sich in Leipzig die drei Räte alljährlich Ende August ab, aber das führte keineswegs zu einem Zickzackkurs in der Stadtverwaltung, und völlig jenseits aller Realität befindet sich Siegele, wenn er da eine auf das Musikleben orientierte »Kulturpolitik« herausfiltern will – mit Ausnahme der Kantorenwahl für die Thomasschule spielt in den Ratsprotokollen jener Jahre die Kultur keinerlei Rolle, Siegeles Arbeit bleibt durchgehend reine Erfindung. Demungeachtet hat sie in gleich drei *Bach-Jahrbüchern* den ersten Platz eingenommen, und keiner seiner Herren Kollegen hat ihm je widersprochen.

Aber auch die Bemerkung des Ratsherrn Plaz ist völlig überbewertet worden. Sie ist mitten aus einer Debatte herausgerissen. Denn nachdem der Ratsschreiber diese Ansicht im Protokollbuch eingetragen hatte, mußte er die Sitzung verlassen, weil er an anderer Stelle gebraucht wurde, und übergab die weitere Protokollführung an ebenden Ratsherrn Plaz. Aber dieser hat sie unterlassen, und so weiß bis heute niemand, wie die Sitzung ausgegangen ist. Und es ist keineswegs auszuschließen, daß Herrn Plaz da widersprochen wurde, er sich verteidigen mußte und daher nicht zur Fortsetzung des Protokolls gekommen ist. Es wäre sogar denkbar, daß seine schlechte Meinung von Bach, wie sie im Protokoll von 1730 erhalten ist, eine ihrer Wurzeln darin hat, daß er damals nicht recht bekam.

Von der musikalischen Welt seiner Zeit hatte er jedenfalls nicht allzuviel Ahnung, wie aus seinem Urteil über Graupner hervorgeht. Von dem sagte er in der Ratssitzung vom 15. Januar 1723, »er kenne H. Graupner zwar nicht spezial, jedoch mache er eine gute Gestalt und schiene ein feiner Mann zu sein, glaube auch, daß er ein guter Musicus wäre, nur wäre dahin zu sehen, daß er auch die Information in der Schule versähe«.

Man kann aus diesem seinem Diskussionsbeitrag unmöglich großen musikalischen Sachverstand ableiten, jedenfalls lag ihm die Musik viel weniger am Herzen als der Lateinunterricht.

Aber die anderen Herren machten da keine Ausnahme. So der Ratsherr Adrian Steger: »Er sei kein Musicus und beziehe sich auf des Regierenden Herrn Bürgermeisters judicium.« Oder Stifts-

Die Thomaskirche.

herr Jacob Born: »Weil Herr Graupner so ein gutes Lob habe ...« Baumeister Gottfried Wagner »votieret aus angezogenen Ursachen auf Graupnern«. Ratsherr Johann Job: »Er kenne Graupnern nicht von Person, es werde aber viel Gutes von ihm gesprochen.« Nicht ein einziger unter all diesen Herren gibt irgendwo und irgendwann ein eigenes musikalisches Urteil ab, alle beziehen sich auf allgemeine Eindrücke oder Meinungen dritter. Wir kommen also der Wahrheit viel näher, wenn wir uns mit der Tatsache abfinden, daß unter den Herren vom Rat keiner so recht etwas von Musik verstand und daß das lange Hin und Her bei der Behandlung dieser Angelegenheit seine Ursache vor allem darin hat, daß die Herren hier eine Entscheidung zu treffen hatten in einer Sache, von der sie im Grunde nichts verstanden.

In der heutigen Kommunalpolitik kommt dergleichen auch noch vor. So wäre die 1994 vieldiskutierte Auflösung des Berliner Schiller-Theaters natürlich zu vermeiden gewesen, wenn der Senat nicht mehrfach die ungeeigneten Theaterleiter bestellt hätte. Es ehrt den Leipziger Rat von 1723, daß er gleiches unbedingt vermeiden wollte. Nur: welche Mittel standen ihm dabei zur Verfügung? Musiksachverständig war keiner der Herren. Man wollte für sein Geld möglichst etwas Außerordentliches haben, aber das einzige, worauf man sich einigermaßen verlassen konnte, waren irgendwelche Bekanntschaften.

Telemann war von seiner Leipziger Tätigkeit her noch in allerbester Erinnerung, also war er der Wunschkandidat Nr. 1. Graupner war ebenfalls Absolvent der Thomasschule und der Leipziger Universität gewesen, so war er Nr. 2. Fasch hatte den gleichen Leipziger Ausbildungsgang und wäre schließlich auch in Frage gekommen, aber es ging ja nicht nur um die Musik, es ging ja auch um die Schule, und was man dem wohlbekannten Telemann als besondere Vergünstigung zugestanden hätte, nämlich die Freistellung vom Lateinunterricht, konnte man schließlich nicht jedem anderen einräumen und damit womöglich zur Gewohnheit werden lassen. Darauf hatte Fasch abgesagt, und da unter den anderen Bewerbern auch keine rechte Berühmtheit war, schickte man schließlich den Licentiaten Weiße nach Köthen – aber nur zu Sondierungsgesprächen! Bach hatte allerdings nicht studiert, aber er war zum Unterrichten bereit und hatte überdies eine Empfehlung von Graupner, also von einem Fachmann, den man kannte.

Daß man nach so viel Suchen außerhalb sich nicht damit blamieren konnte, daß man am Ende einen Einheimischen (nämlich Schott) nahm, stand außer Frage. Bach hatte ganz ordentlich musiziert (er mußte sich nur davor hüten, ins Theatralische abzugleiten) und war zum Unterrichten bereit. So war er für den Leipziger Rat der Notnagel, und für Bach, der in Köthen nicht bleiben konnte, war die Vakanz in der Leipziger Thomasschule der Notnagel. Eine Wunschehe war es für beide Seiten nicht, aber wenn man nicht bekommen konnte, was man liebt, mußte man lieben, was man bekommen konnte. Bei näherem Hinsehen war es für beide Seiten keine ideale, aber eine annehmbare Lösung.

So kam Bach zu dem entscheidenden Irrtum seiner Laufbahn, was ihm von seinen Biographen hernach als die Erfüllung seines Lebens angerechnet wurde.

XIII

BACH WAR FÜNF Jahre und fünf Monate in Köthen. Er war dort gerade zweieinhalb Jahre glücklich, dann starb ihm seine heißgeliebte Frau. Als Witwer mit vier kleinen Kindern schrieb er die *Brandenburgischen Konzerte*, die *Inventionen* und den größten Teil des *Wohltemperierten Klaviers*. Er war noch nicht einmal drei Jahre da, als er versuchte, das Grab seines Glückes zu verlassen. Der Versuch scheiterte an Geldmangel. Dann fand er eine großartige zweite Frau, Anna Magdalena, und mußte feststellen, daß die Frau, die sein Fürst zur gleichen Zeit geheiratet hatte, keine Musik mehr zuließ. Wenn er im Herbst 1720 hatte weggehen wollen, so stand spätestens ab Januar 1722 fest, daß er werde weggehen müssen, und so sind weitere vierzehn Monate in Köthen von der Erkenntnis geprägt, daß dort kein Platz mehr für ihn war.

Daraus kommt Terry zu der Auffassung, daß die fünf Köthener Jahre »zu den heitersten und friedlichsten seines Lebens« gezählt hätten. Walter Vetter schreibt in seinem Buch über den Kapellmeister Bach: »Mögen im übrigen die Köthener Jahre noch so unbeschwert gewesen sein, sie zeigen bestimmt nicht lauter unbeschwerte Musik«, und spricht vom »fröhlichen Treiben bei Hofe«. Ebenso spricht Smend von »jenen glücklichen Jahren, in denen Bach als Kapellmeister in Köthen wirkte«. Er behauptet auch, Bach habe schon im Dezember 1722 in Leipzig eine Kantate aufgeführt, obwohl Bachs Name in den Ratsakten zum erstenmal erst drei Tage vor Weihnachten erwähnt wird, selbstverständlich ohne Bezugnahme auf eine Aufführung. Sie wäre auch ein Wunder gewesen, denn in der Vorweihnachtszeit schwieg die Kirchenmusik (was der Theologe Smend hätte wissen dürfen).

Auch daß Bach bereits Ostern 1723 in der Thomaskirche seine *Johannespassion* aufgeführt habe, hat die Mißachtung der Fakten zur Voraussetzung. Denn als der Rat sich am 22. April endlich zur Wahl Bachs entschloß, spielte zwar die Empfehlung durch Graupner eine Rolle, aber es ist unwahrscheinlich, daß keiner der Herren bei dieser Gelegenheit auf die gerade erfolgte große Passionsaufführung Bezug genommen hätte, hätte sie nur stattgefunden. Wie ja auch Bachs »Probstück« am 7. Februar überflüssig gewesen wäre, wenn er acht Wochen vorher schon eine Kantate aufgeführt hätte. Bei näherem Hinsehen kann man in Fachkreisen solche Behauptungen eigentlich nur aufstellen, wenn man es selber nicht weiß und sicher sein kann, daß es die anderen auch nicht wissen. Und tatsächlich tritt uns bei der Beschäftigung mit Bach-Literatur an vielen Stellen eine Welt entgegen, die sich lediglich aus ungeprüften Vorstellungen zusammensetzt.

Vorwiegend Vorstellungen bestimmten auch den Wunsch, nachzuweisen, Bach sei vor allem und zuallererst ein musizierender Gottesmann gewesen. Alles, was nicht als kirchenbezogene Musik dargestellt werden kann, gerät danach mehr oder weniger zum Randereignis. Als Begründung für diese Auffassung wird gewöhnlich Bachs Definition des Generalbasses herangezogen: »Er wird dergestalt gespielt, daß die linke Hand die vorgeschriebenen Noten spielt, die rechte aber die Con- und Dissonatien dazu greift, damit dies eine wohlklingende Harmonie gebe zur Ehre Gottes und zulässiger Ergötzung des Gemüts. Wo das nicht in acht genommen wird, da ist's keine eigentliche Musik, sondern ein teuflisches Geplärr und Geleier.«

Man muß, um das religionsbetont mißzuverstehen, auch wieder einen beträchtlichen Abstand von der Musik haben. Von »unzulässiger« Musik nämlich spricht Bach nirgends, sondern bezeichnet die »Ergötzung des Gemüts« neben der Musik »zur Ehre Gottes« ausdrücklich als »zulässig«, stellt da also Musik zur Andacht und zur »Ergötzung«, also Unterhaltung, ausdrücklich nebeneinander: Der Generalbaß gehörte für ihn (und für die Musik seiner Zeit) zu beidem. Und beides hat er ja auch geschrieben, tatsächlich waren ja nicht nur seine *Kaffeekantate*, seine *Englischen* und *Französischen Suiten* oder seine kleine Nachtmusik (nämlich die *Goldberg-Variationen*) für ihn Musik zur Unterhaltung, sondern auch jene Orchestersuiten, von denen die zweite mit einem ausdrücklich »Badinerie« benannten Stück schließt, also mit einer musikalischen Tändelei.

All diese sind gewiß Werke eines frommen Mannes, aber gewiß nicht die immerwährenden Andachtsübungen eines frommen Mannes. Wer mit seinem Leben in Gott ruht, muß nicht den ganzen Tag beten, und Bach war keiner von denen, die bei solchen Wörtern wie »Vergnügen« oder »Unterhaltung« die Nase rümpfen, keiner, der dem Vergnügen an und in der Musik aus dem Weg ging. Nicht einmal einen regelrechten Gassenhauer verschmähte er am Schluß seiner *Bauernkantate*. Was sollte also eine moralische Wertung anläßlich der Behandlung von Ausführungspraxis? Nein, für den Musiker Bach war es »ein teuflisches Geplärr und Geleier«, wenn jemand zum Baß die falschen Akkorde griff. Darum ging es! Die Anekdote berichtet, daß er deswegen dem Organisten Johann Gottlieb Görner sogar bei einer Probe einmal die Perücke an den Kopf geworfen habe. Und als Wilhelm Friedemann einmal nachts am Cembalo phantasierte und mittendrin abbrach, soll Bach aus seinem Bett aufgestanden sein, um das Stück zu Ende zu bringen. Wer über diese Geschichte lächelt, kann nicht verstehen, daß für einen solchen Musiker Harmonien, Klänge überhaupt, feste und greifbare Substanzen sein mußten, nicht anders als die Bretter für den Tischler oder für den Kürschner die Felle.

Allerdings ist die Musik ein durchaus geheimnisvolles Ding: Man kann sie nicht essen, sich nicht mit ihr kleiden, mit ihr nichts beweisen – sie ist, rein als Erscheinung betrachtet, ganz und gar unnütz. Den Singvögeln kann man sie noch als Paarungshilfe nachsehen (obwohl nicht recht verständlich ist, warum die Lerchen dazu vom Felde in die freie Luft steigen). Aber warum Menschen die Erzeugung von Schwingungen zwischen sechzehn und siebzehntausend Hertz Bedürfnis, Beruf, Berufung ist, läßt sich nicht erklären, ebensowenig, warum Könner auf diesem Gebiet mehr Bewunderung, ja Verehrung finden als Erfinder, Feldherren oder Staatsmänner. Auch daß der Hang zur Musik dem Menschen offenbar angeboren ist: In einer Höhle bei Marseille hat man eine Flöte gefunden, die wenigstens zwanzigtausend Jahre alt ist. Offensichtlich ist der Mensch ohne Musik nur ein Fragment. Die

Beschäftigung mit ihr hat sogar einen ganzen Wissenschaftszweig hervorgerufen, die Musikwissenschaft, durch welche allerdings keine Musik erzeugt wird. Auch eine Annäherung an das Grundphänomen findet man dort kaum. Die Musikästhetik behauptet (nach Felix Maria Gatz), Musik »weise hin auf ein Außerklangliches und somit eine Wirklichkeit, die selbst Nicht-Musik ist«, und in jedem Fall »bedeute Musik nicht sich selbst«.

Aber das klingt denn doch mehr verworren als ernstzunehmend und führt allzu weit ins x-Beliebige. In der Unfähigkeit, Musik als Musik zu begreifen und sie nur als eine Krücke zum Bereich der Nichtmusik verstehen zu können, liegt die hoffnungslose Torheit dieser Beschäftigung. Wilhelm Furtwängler erklärte dazu: »Die Deutlichkeit des Ausdrucks ist in der Musik eine andere als die des Wortes, aber nicht weniger bestimmt.« Und: »Die Kunst entspringt Sphären, die jenseits der Willenssphäre sind.« Parallele Feststellungen findet man sowohl bei Bernstein wie bei Beethoven, aber wenn sie derartige Erklärungen ernst nähme, brächen ganze Zweige der Musikwissenschaft von dem ihr so eigenen Baum der Erkenntnis.

Die Biographen stimmen ziemlich in der Ansicht überein, Bachs Wirken habe in Leipzig recht eigentlich erst begonnen. (»Er kam erst spät zur Reife«, wie Besseler das ausdrückt.) Was er schließlich geworden sei, das sei er in und durch Leipzig geworden. Doch ehe man sich dieser Ansicht nähert, muß man feststellen, daß sie auf zwei Wegen erreicht worden ist.

Schon Spitta und Terry feiern natürlich das damalige Leipzig als eine höchst bedeutende Stadt, eine geradezu ideale Umgebung für das fromme Genie Bach. Als aber Johann Sebastian Bach zusammen mit Immanuel Kant 1945 der Sowjetunion und ihren Satrapen in die Hände fiel, wurde damit ein ganz neues Bach-Bild fällig. Kant ließ sich als ein Philosoph, der im Irrtum des Idealismus befangen war, quasi in die Ecke stellen. Als man sich in der Sowjetunion des großen Bürgers von Kaliningrad (Königsberg) entsann, stellte man in der DDR seine Werke unter Glas aus. Bach jedoch hatte mit seiner Musik einen weitaus größeren Wirkungskreis, ihn konnte und wollte man keinesfalls preisgeben. Aber man konnte schlecht weiter den musizierenden Gottesmann verehren, da die marxistische Weltanschauung ja intensiv dem Glauben des

Atheismus huldigt. Denn auch die Vorstellung, daß diese Welt ohne ein göttliches Walten auskäme, ist ja schierer Glaube und erhebt als solcher auch den Anspruch, ganz allein richtig zu sein.

Um Bach der marxistischen Mitwelt zu erhalten, mußte also das Bild des musizierenden Gottesmannes übermalt werden: Zwangsläufig hatte die Welt des neuen Wollens die Welt der frommen Vorstellungen zu bekämpfen, und so wurde Johann Sebastian Bach zum »Musiker der Aufklärung« umfunktioniert. Dies besorgte der Präsident der eben gegründeten DDR in der Hochblüte des Stalinismus zum zweihundertsten Todestag Bachs 1950 in Leipzig ganz persönlich. Durch ihn wurde Bach der Mann, der »die Musik aus den Fesseln mittelalterlicher Scholastik befreite«,* der »Bahnbrecher jener großen Periode der Aufklärung«, derjenige, »der das Neue bedeutet, das vorwärts drängt und in die Zukunft weist«. Und es wurde von ihm behauptet, daß »bis 1945 das offizielle Deutschland Bachs Werk lediglich als formalistische Spielerei betrachtet« habe, die Bürger hätten »die große nationale Bedeutung Bachs nie voll erkannt«, und »die sogenannte Bach-Pflege, die dann folgte« (sic), sei »zu einer immer stärker werdenden Verfälschung und Entstellung Bachs« geworden.

Man müßte das nicht so ausführlich zitieren, hätte dieses Programm nun nicht die Leipziger Bach-Forschung durchgehend beeinflußt. Anschließend ging es weniger darum, neue Erkenntnisse zu gewinnen als Beweise für eine vorgefaßte Behauptung, und Albert Einsteins These »Phantasie ist wichtiger als Wissen« bewährte sich auf ganz neue Weise. Zum Leipziger Bach-Fest 1975 wurde ebendiese Rede dann nochmals in einer Liebhaberausgabe veröffentlicht. Und es wurde darin nicht nur behauptet, bisher sei in Bachs Werk »der humanistische fortschrittliche Inhalt bewußt unterdrückt worden«, sondern Bach wurde am Schluß auch gleich noch zu einem »Herold des Friedens« ernannt und behauptet: »In seinen Werken ertönt der Schrei der gequälten Menschen, die sich nach Frieden und Glück sehnen.«

Um diesen Tenor kam die Leipziger Neue Bachgesellschaft fortan nicht mehr herum, denn aus dem Hort, aus dem solch neue Weisheit strömte, kam auch das unentbehrliche Geld. Und alle ihre Druckveröffentlichungen bedurften der staatlichen Druckerlaubnis, hatten also die offizielle Parteilinie der SED zu bestätigen. So erklärte denn fünfundzwanzig Jahre später das »Bach-Komitee der Deutschen Demokratischen Republik« anläßlich eines neuen Bach-Festes: »Damals erarbeitete die fortgeschrittene Musikwissenschaft die Umrisse des neuen Bachbilds, das die Vereinseitigungen früherer Jahrzehnte überwand.« Und wenig weiter wörtlich: »Damit trat die Bachrezeption in ein geschichtlich neues Stadium ein.«

Das aber blieb nun keineswegs eine DDR interne Angelegenheit, denn natürlich war und ist Leipzig ein Zentrum der Bach-Forschung, und das politisch vernünftige Bestreben, die Verbindungen auch in der Zeit der immer stärker werdenden Abgrenzung nicht abreißen zu lassen, öffnete der neuen DDR-Linie Türen, zumal die Thesen ja unpolitisch schienen und die Mißtöne der Präsidentenrede nur in Ausnahmen, zum Beispiel bei dem »Begründer der marxistischen Musikwissenschaft« Ernst Hermann Meyer, wiederkehrten. Bei der Darstellung von Bachs Musik als »der Musik der Aufklärung« blieb es. 1982 gab es sogar nochmals ein großes wissenschaftliches Leipziger Symposium über »Bach und die Aufklärung«. Die Herren waren sich zwar keineswegs einig, was unter »Aufklärung« tatsächlich zu verstehen sei, waren aber fest entschlossen dazu: Das »neue Bach-Bild« wurde zementiert.

So erklärte Hans Pischner, der damalige Intendant der Berliner Staatsoper,* in einem vielbeachteten Aufsatz auch das *Wohltemperierte Klavier* zu einem »Produkt der Aufklärung«, weil es »enzyklopädisch« sei und »das Enzyklopädische damals in der Luft lag«. Das war selbstverständlich vollkommen aus jener Luft gegriffen, denn zwanzig Jahre bevor und zehn Jahre nachdem Bach das Werk abgeschlossen hatte, erschienen insgesamt nur zwei Lexika in Deutschland, und in Paris hatten sich die Enzyklopädisten noch nicht einmal zusammengefunden, aber es klang sehr schön.

Natürlich wurden auch die »starken aufklärerischen Kräfte« von Leipzig gesammelt, auf die Bach angeblich bei seinem Einzug gestoßen war. Der Bedeutendste von allen war selbstverständlich Johann Christoph Gottsched, der allerdings erst nach Bach in Leipzig eintraf und den die marxistischen Philosophen mangels entsprechender Abstimmung mit den marxistischen Musikwissenschaftlern in einer marxistischen *Geschichte der Aufklärung in Deutschland* leider nicht einmal der Erwähnung für würdig hielten, und dann natürlich Gottfried Wilhelm Leibniz und Christian Thomasius. Beide waren zwar gebürtige Leipziger, hatten aber die Stadt schon seit dreißig Jahren verlassen.

Leibniz hatte gar nicht erst versucht, sich in seiner Vaterstadt festzusetzen, und Thomasius, dem großen Rechtsgelehrten und verdienstvollen Bekämpfer der Hexenprozesse, hatten die Alt-lutherisch-Orthodoxen in Leipzig so lange zugesetzt, bis er ins Preußische, nämlich nach Halle, ausgewandert war, wo er die Universität gründete.

In Halle fand sich auch August Hermann Francke wieder, nachdem ihm wegen seiner pietistischen Glaubensauffassung von den Leipziger Orthodoxen das Leben zur Hölle gemacht worden war. In Halle war man freizügiger und gestattete ihm die Gründung eines Waisenhauses. Allerdings waren die Pietisten auch nicht liberaler als die Orthodoxen und zeigten in Halle den rationalistischen Philosophen Christian von Wolff bei ihrem König an. Der verfügte Wolffs Ausweisung, und August der Starke bot ihm darauf eine Professur an seiner Universität in Leipzig an. Wolff aber war schon 1701 in Leipzig gewesen, er kannte Leipzig, verzichtete dankend und begab sich lieber nach Marburg, obwohl er dort weniger Geld bekam. Er wußte, was von der Leipziger Aufklärung zu halten war.

Das geschah 1723, also im selben Jahr, in dem Bach nach Leipzig kam. Mit der Universität hatte August schon dreizehn Jahre vorher Ärger gehabt: Als damals an der Universität eine Professur vakant war, mußte er unter Aufwand seiner königlichen Macht einen Lehrstuhl für Naturwissenschaften durchsetzen – es war der erste für Chemie überhaupt. Auch die Einrichtung einer Professur für Lehensrecht, Natur- und Völkerrecht bedurfte seines Machtworts – die Orthodoxen hatten bis zuletzt auf einem weiteren Theologen bestanden. Es gab in dieser Stadt mit ihren dreißigtausend Seelen deren siebenunddreißig, jene von der Universität nicht mitgerechnet, also je einen auf achthundert Einwohner.

Die Geistlichen wurden übrigens vom Rat eingesetzt und unterstanden dem Konsistorium nur in geistlichen Dingen. Dagegen unterstand die Universität dem König, ebenso wie die Leipziger Messe. Obgleich sie mehrmals im Jahr stattfand, ist in den Leipziger Ratsakten von ihr niemals die Rede. Die Stadt übte lediglich bei der Buchmesse mit einer eigens dafür eingesetzten Kommission die Zensur aus und verhinderte auf diese Weise noch zehn Jahre nach Bachs Tod, daß jemals ein Buch jenes aufklärerisch ketzerischen Voltaire dort zum Verkauf kam. Und gegenüber der Universität bestand seitens des Rates eine immer schwelende Feindschaft, denn da sie dem König unterstand, waren die Professoren, ihre Angehörigen und sogar ihre Dienstboten von jeglicher Steuer befreit und hatten obendrein ihre eigene Gerichtsbarkeit, waren also in gewisser Hinsicht geradezu exterritorial. Die Stadt rächte sich, indem sie, wie auch in Bachs Vertrag zu lesen, ihren Angestellten die Annahme eines Universitätsamtes verbot. Bach hielt sich, wie sein Vorgänger, nicht daran, aber es sollte auf andere Weise böse Folgen für ihn haben.

Im Zusammenhang mit Leipzig zitiert man gern Johann Wolfgang von Goethe mit »mein Leipzig lob' ich mir, es ist ein Klein-Paris und bildet seine Leute«. Aber das war vierzig Jahre später. Das Leipzig, in das Bach einzog, war vor allem anderen eine Hochburg der altlutherischen Orthodoxie und im Zusammenhang damit stockkonservativ. Es war keine Nebensache, sondern eine hochwichtige Klausel, daß Bach sich ausdrücklich verpflichten mußte, »keinerlei Neuerungen einzuführen«. Er erfuhr sehr bald, wie allergisch Rat und Konsistorium in dieser Hinsicht waren. Daß Handel und Wandel blühten, daß dieses Leipzig »florierte«, hatte mit der geistigen Verfassung von Bachs Vorgesetzten nichts zu tun. Hätte »der große Musiker der Aufklärung« in Leipzig jene »starken Kräfte der bürgerlichen Aufklärung« angetroffen, von denen so gern erzählt wird, wären die Voraussetzungen für eine ideale Zusammenarbeit vorhanden gewesen, nicht anders als jener, die Händel beschieden war, als er in London auf seine opernbegeisterten Lords traf. Bachs Leipziger Arbeits- und Lebensumstände waren, wie man weiß, leider keineswegs derart erfreulich. Und die Behauptung, Bach sei bei seinem Einzug in Leipzig auf starke Kräfte der bürgerlichen Aufklärung gestoßen, ruht in Wirklichkeit auf einem einzigen, freilich nahezu unerschütterlichen Fundament: der vorsätzlichen Kenntnislosigkeit ihrer Verkünder.

XIV

AM 29.MAI 1723 war im *Holsteinischen Correspondenten*, dem Leipziger Wochenblatt, zu lesen: »Am vergangenen Sonnabend zu Mittage kamen vier Wagen mit Hausrat beladen von Köthen allhier an, so dem gewesenen dasigen Fürstlichen Kapellmeister, als nach Leipzig vozierten Cantor Figurali* zugehöreten. Um zwei Uhr kam er selbst nebst seiner Familie auf zwei Kutschen an und bezog die in der Thomasschule neu renovierte Wohnung.«

Es war für lange Zeit die einzige Notiz, die über das Wirken Bachs in der Zeitung erschien. Im Lichte der Öffentlichkeit stand er durchaus nicht. Der Rat hatte die Kantorwohnung, die ein Teil der Thomasschule war, aber ihren eigenen Hauseingang hatte, für rund zweihundert Taler neu herrichten lassen. Leider kann man aber daraus nicht auf die große Spendabilität des Rates schließen: Acht Jahre später mußte die Wohnung bereits erneut renoviert werden. Es kann also bei Bachs Einzug nicht mehr als das Nötigste gemacht worden sein, und daß es dennoch so ins Geld ging – es waren immerhin zwei Cantoren-Jahresgehälter –, deutet darauf hin, daß der Zustand des ganzen Gebäudes einigermaßen miserabel gewesen sein muß.

Vor dem Auszug Bachs hatte es im Leben des Köthener Hofes noch einen tiefen Einschnitt gegeben: Nach wenig mehr als fünfzehn Monaten einer glücklichen Ehe war Leopolds junge Frau plötzlich verstorben.

Leute mit etwas wenig Vorstellungsvermögen meinten, nun habe Bach doch eigentlich dableiben und der Fürst sofort wieder zum Geigenbogen greifen können. Einfühlsamere dürften begreifen, daß dem Fürsten nach diesem Schicksalsschlag keineswegs nach Musizieren zumute war. Bemerkenswert ist, daß von jenen, die behaupten, die Hochzeitsmusik sei verlorengegangen, keiner die Trauermusik vermißt. Sie ist gleichfalls nicht geschrieben worden. In der kurzen Zeit ihres Wirkens hatte die junge Fürstin die Atmosphäre in Köthen völlig verändert, und erst nach Leopolds Wiederverheiratung stellte sich die Musik allmählich wieder her – nicht in der einstigen Pracht. Der *Holsteinische Correspondent* irrte aber, als er vom »gewesenen dasigen Fürstlichen Kapellmeister« sprach: Den Titel eines solchen durfte Bach bis zum Tode des Fürsten tragen.

Bevor Bach in aller Feierlichkeit in sein neues Amt eingeführt werden konnte, hatte er zunächst eine Glaubensprüfung abzulegen – das Konsistorium hatte auch noch ein Wort mitzureden und wollte keinen Musiker, dem die Feinheiten orthodoxer Theologie fremd waren. So hatte Bach über die Erbsünde auszusagen, daß die Flacianische Übertreibung der Erbsündenlehre als gegen alle Artikel christlichen Glaubens verstoßend abzulehnen sei, von der Concordienformel, daß gute Werke weder zur Seligkeit notwendig noch daß sie ihr schädlich seien, über die Höllenfahrt Christi, daß der ganze Christus in Geist und Fleisch durch die Hölle gefahren. Auch die drei Grundfehler des Pietismus hatte er auswendig zu wissen, hatte zu erklären, warum die Begriffe Pietät und Orthodoxie darin falsch aufgefaßt seien, daß der Begriff Orthodoxie falsch gefaßt sei und daß auch das Verhältnis von Geist und Fleisch und Geist und Buchstaben falsch gelehrt werde. Wogegen sich die Orthodoxie als die uneingeschränkte Übereinstimmung von Theologen und Laien mit dem kirchlichen Bekenntnis darstellte (wie denn die offizielle Darstellung in den Augen aller offiziellen Vertreter immer die einzig richtige ist). Das Allerwichtigste aber war das Verhältnis zur reformierten Kirche, also zum Kalvinismus. Diesbezüglich war entschieden worden, daß die von diesem vertretene Lehre von den Worten der Heiligen Schrift abweiche, daher Ketzerei bedeute und zum Verlust der ewigen Seligkeit führe. Nachdem Bach als bisheriger Hofkapellmeister eines kalvinistischen Ketzers auch das ohne Stocken herzusagen gewußt und auch die Visitationsartikel ohne Zögern unterschrieben hatte, wurde ihm seitens des Konsistoriums vorläufig nichts weiter in den Weg gelegt.

Die Amtseinführung selbst fand am 5. Mai 1723 in der großen Schulstube der Thomasschule statt. Auf drei Stühlen saßen der Herr Bürgermeister Gottfried Conrad Lehmann, der Herr Oberstadtschreiber Carl Friedrich Menser und Herr Licentiat Christian Weiße als Vertreter des Konsistoriums, auf der anderen Seite auf zehn Stühlen der Rektor und die übrigen Herren. Die ganze Amtshandlung ist sorgfältig protokolliert worden, nur von einem Stuhl für Bach ist nichts zu lesen. Der Thomanerchor sang, der Bürgermeister hielt eine gemessene Ansprache, und Bach antwortete mit geziemend wohlgesetzten Worten.

Aber dann kam der Eklat: Licentiat Weiße wagte es, namens des Konsistoriums ebenfalls ein paar Begrüßungsworte an den neuen Cantor zu richten. Er hatte die Weisung aufgrund einer Verordnung des Konsistoriums an den Superintendenten Salomo Deyling. Weiße zeigte den diesbezüglichen Zettel vorher sogar vor. Die Begrüßung bestand in einem einzigen Satz.

Aber Bürgermeister Lehmann war sofort zutiefst beleidigt und erklärte auf der Stelle, daß eine solche Einführung von dem Consistorio vormals nicht geschehen und somit etwas bisher Unerhörtes und Neuerliches darstelle. Herr Oberstadtschreiber Mense pflichtete ihm sofort in vollem Umfange bei und versprach von dieser »ungesetzlichen Neuerung« sogleich einen vollständigen schriftlichen Bericht an den Hochweisen Rat zu geben. Weiße versuchte, sich zu entschuldigen, aber dazu war es schon zu spät: Da eine Begrüßung des neuen Cantors durch das Konsistorium vordem nicht der Brauch gewesen, war der Rat sogleich entschlossen, gegen diese »ungesetzliche Neuerung« vorzugehen.

So gab es tatsächlich in der Folge einen geharnischten Briefwechsel zwischen Rat und Konsistorium, wobei man nicht übersehen darf, daß beide Dienststellen inmitten der Stadt kaum dreihundert Meter weit auseinanderlagen. Statt Briefen hätten sie sich eigentlich sogar mit Zurufen verständigen können, wenn sie nur auch Verständigung gewollt hätten. Aber der Rat pochte auf seine Oberhoheit und das Konsistorium auf seine Selbständigkeit. Der Briefwechsel über dreihundert Meter Entfernung, weil das Konsistorium gewagt hatte, den Herrn, der künftig die Musik in vier Kirchen zu bestimmen hatte, mit einem einzigen Satz zu begrüßen, zeigt besser als alles andere, wohinein Bach da geraten war. Laut Protokoll hatte er »hinter die Stühle« zu treten, tatsächlich stand er als Untertan von Rat und Konsistorium von Anfang an dazwischen.

Die Amtspflichten des Schulcantors waren vielfältig. Der Unterricht begann früh um sieben und dauerte bis nachmittags drei Uhr. Von zehn bis zwölf war die Mittagspause. An den ersten drei Tagen der Woche hatte er zweimal Gesangsunterricht zu geben, um neun und um zwölf, am Freitag früh hatte er mit den Schülern den Gottesdienst in der Kirche zu besuchen. Außerdem hatte er täglich von sieben bis acht lateinische Grammatik zu geben, nur donnerstags hatte er frei, aber dafür war er ja zusätzlich auch am Sonntag beschäftigt. In jeder vierten Woche hatte er außerdem die Inspektion in der Schule, das heißt, er mußte mit den Schülern zusammen wohnen, auch nachts in der Schule schlafen, mit den Schülern zusammen früh um fünf (im Winter um sechs) aufstehen und mit ihnen abends um acht zu Bett gehen. Darüber hinaus hatte der Schulcantor die Musik in den vier Hauptkirchen der Stadt zu beschaffen, nämlich in der Nicolaikirche, der Thomaskirche, der Neuen Kirche und der Peterskirche. Die fünfte, die Paulinerkirche, unterstand der Universität, doch kam an hohen Festtagen noch der Gesang in der Kirche des Hospitals Sankt Johannis hinzu.

Der Cantor selbst hatte sonntags abwechselnd in Sankt Nicolai und Sankt Thomas eine Kantate aufzuführen, welche er am Sonnabendnachmittag einstudieren durfte. Da sich der Cantor nicht zerteilen konnte, hatte er für die drei anderen Kirchen aus der Reihe der Schüler Chordirigenten heranzubilden und einzusetzen, die sogenannten Präfekten.

Da Bach mit dem, was er an Notenmaterial vorfand, nicht zufrieden sein konnte, begann er, die Kantaten selbst zu schreiben, was bedeutete, daß er Woche für Woche etwa zwanzig Minuten Musik für Soli, Chor und Orchester zu schaffen hatte: die Texte zu besorgen, die Musik zu komponieren, für das Ausschreiben der Stimmen zu sorgen und das Ganze einzustudieren und aufzuführen. Wenn er bessere Instrumentalisten haben wollte, so hatte er diese außerhalb des Schulunterrichts »privatim« auszubilden, bei Begräbnissen hatte er mit den Schülern vor dem Sarg herzugehen, für die Musik bei Hochzeiten und Taufen zu sorgen und seinem Vertrag gemäß für Musik bei den Ratsmitgliedern zur Verfügung zu stehen.

»Fügt man nun noch hinzu, daß der Kantor als Musikdirektor an den beiden städtischen Hauptkirchen auch die Inspektion über die Organisten derselben und über die Stadtpfeifer und Kunstgeiger hatte, welche bei den Kirchenmusiken mitwirken mußten, so sind seine Berufspflichten sämtlich genannt«, schreibt Spitta. Und fährt fort: »Daß dieselben sehr drückend gewesen wären, wird nicht behauptet werden können.« Auch Schweitzer meint: »Seine Tätigkeit an der Schule war nicht aufreibend.« Beide Autoren übersehen nur, daß sich der überwiegende Teil von Bachs Leipziger Einkünften aus Nebeneinnahmen zusammensetzte, und diese Taler wollten einzeln verdient werden. Mit den Schülern zu einem fremden Begräbnis zu gehen war sicher nicht sehr aufreibend, aber es war in der Währung zu bezahlen, die fleißigen Menschen am teuersten ist: mit Zeit.

Im übrigen waren die Aufgaben des Schulcantors damit noch nicht vollständig beschrieben. Denn da war ja auch noch die Universität. Johann Kuhnau hatte gewußt, warum er auf das Amt des Universitätsmusikdirektors Wert legte: Von dort kamen seine Musiker! Mit den sieben Herren der Ratsmusik ließ sich allzuviel wirklich nicht anfangen, auch wenn unter ihnen der Trompeter Gottfried Reiche vorzüglich war. Und mit den zweiundfünfzig Schülern der Thomasschule waren vier Chöre zu besetzen. Das gab zwar theoretisch dreizehn für jeden Chor, aber bei weitem nicht alle waren musikalisch, nicht alle hatten eine brauchbare Stimme, manche waren auch manchmal krank oder heiser – selbst wenn man Neue Kirche und Peterskirche schwächer besetzte, ließen sich Instrumentalisten von den Chorsängern nur sehr beschränkt abzweigen.

Schon Kuhnau hatte wegen des schlechten Zustands der Chöre Eingaben an den Rat gemacht, hatte nie eine Antwort bekommen, eingesehen, daß er nichts verbessern konnte, und sich damit abgefunden. Der Rektor Johann Heinrich Ernesti hatte sein Amt seit mehr als dreißig Jahren inne, stand in den Siebzigern, und verändert hatte er in seiner ganzen Amtszeit nichts. Die Zustände in der Schule gaben sechs Jahre vor Bachs Eintrittsjahr zu einer Inspektion Anlaß, danach veränderte sich 1723 Bedeutendes,

Johann Kuhnau,
Bachs Vorgänger.
Auch er erhielt auf
alle seine Eingaben
nie eine Antwort.

nämlich die Bezeichnungen im Lehrerkollegium. So hießen von da ab die vier niederen Lehrer nicht mehr Baccalaureus funerum, Bacccalaureus nosocomici und Collaboratores primus und secundus, sondern einfach Quartus, Quintus, Sextus und Septimus. Das war alles.

Im übrigen glich der geistige Zustand der Schule dem baulichen. Die Schulordnung bestand seit 1534, also seit 189 Jahren, nahezu unverändert. Früher war einmal der freie Tag des Kantors Freitag gewesen, jetzt war es Donnerstag. Der lateinische Katechismus Martin Luthers, der als eines der Lateinlehrbücher diente, war ebenso alt wie die Schulordnung, das andere Lateinlehrbuch, die *Colloquii Corderi*, war erst seit 1595, also seit 130 Jahren, im Gebrauch. Und Latein spielte im Lehrplan eine wichtige Rolle. Wer allerdings näher hinsah, mußte feststellen, daß die lateinischen Klassiker wie Cäsar, Cicero, Livius, Ovid völlig fehlten: Es wurde ausschließlich Kirchenlatein gelehrt, und da die Texte sämtlich rein theologischen Inhalts waren, war auch der Lateinunterricht eigentlich nur ein fremdsprachlicher Religionsunterricht. Naturwissenschaften fehlten ganz. Und wem die Unterrichtszeit – von sieben bis drei – etwas lang vorkommt, darf nicht übersehen, daß der Unterricht ausfiel, sooft die Schüler anderswo nötiger gebraucht wurden, bei Beerdigungen oder Hochzeiten zum Beispiel oder zum Kurrendesingen in den Straßen.

Die Aufteilung des dabei eingesammelten Geldes hat Spitta genau beschrieben: »Von dem Gelde, welches bei den Michaelis- und Neujahrsumgängen gesammelt wurde, erhielt nach Abzug eines Thalers für den Rektor der Kantor zunächst ein Elftel, und nach Abzug eines weiteren Elftels für den Konrektor und sechzehn Dreiunddreißigsteln für die Sänger nochmal ein Viertel des Restbetrages.« Es fällt einem der Ausdruck »Pfennigfuchserei« dabei ein, und man ahnt, welche Auseinandersetzungen einer so detaillierten Aufteilung vorangegangen sein müssen. Aber das Salär war karg, und die übrigen Herren des Lehrerkollegiums verfügten keineswegs über die Nebeneinnahmen des Schulcantors, der ihnen in ihrem Kreis wie ein Krösus vorgekommen sein muß.

Spitta hat sich die Leipziger Ratsakten* nur im Hinblick auf Bach vorgenommen. Hätten die Lobsänger des »aufgeklärten Leipzigs« einmal einen Blick hineingetan, sie hätten Ulrich Siegele fragen können, ob er sie wirklich für so unwissend halte, daß sie an eine »Kulturpolitik« im Leipziger Rat glaubten. Sie mußten ihn aber nicht erst fragen: Sie waren es. Der Rat jedoch hatte Wichtigeres zu tun. Da war ein Ratsschreiber durch einen Hund zu Schaden gekommen, und es war also ein Bericht anzufertigen »wegen der großen Hunde, die so viel Schaden tun«. Da beschwerte sich »die brauende Bürgerschaft«, sie komme mit dem Bierpreis nicht zurecht. Das wurde vertagt. Da benötigten die acht Mitglieder des Ratsausschusses, der »Enge«, Vorschüsse von vierhundert Talern. Das wurde bewilligt. Eine Stadtschreiberwohnung war reparaturbedürftig – wurde verschoben. Der Stadtsyndikus Job wollte mehr Geld, bekam fünfhundert Taler. Alte Münzen wollte der Rat ankaufen, das Dach im Hospital war reparaturbedürftig, fünfundsiebzig Taler bekam der Ratswegschreiber, hundert Taler der Ratsoberwegschreiber. Dann verlangte der »Königliche General-Lieutenant und Gouverneur« (der in der Stadt liegenden Pleißenburg), daß die Stadttore länger geöffnet bleiben sollten. Das wurde per Ratsbeschluß energisch zurückgewiesen, »denn es vermehrt die Wollust und das üppige Leben«. Wie auch das Bierbrauen nur unter der Bedingung gestattet wurde, »daß es ganz dünnes Bier sein und verkauft werden sollte«.

So tritt uns aus diesen Ratsakten das Leben einer Kleinstadt mit ihren vielen kleinen Sorgen entgegen, die in kleiner Weise behandelt werden. Für die städtischen Bedürfnisse wird das nötigste getan, für die Ratsmitglieder sind Einkünfte da, die Bürger werden nach Möglichkeit kurz gehalten, die Obrigkeit wird zugleich bekrittelt und hofiert: Der Rat hat beim König 200000 Taler Schulden, was ihn zwar sehr ärgert, aber ihn zugleich zur Devotion nötigt. Als im Lande eine Fleischsteuer verordnet wird, ist man schon deswegen dagegen, weil es keine städtische ist, aber selbstverständlich beugt man sich. Als eine Tochter Augusts des Starken nach Leipzig kommt, hat man für die »kgl. Prinzessin« auf der Stelle ein »Präsent von 1000 Dukaten« (gleich 3000 Talern). Übrigens titulierte der Leipziger Rat diese Dame, wie man jederzeit nachlesen kann, als »königliche Prinzessin«, obwohl ihr von der Bach-Gesellschaft maximal die Bezeichnung »eine Prinzessin aus dem kurfürstlichen Hause«* zugestanden worden wäre, und auch das sicher nur mit Fragezeichen, da sie ein uneheliches Kind Augusts war.

Was man aus keiner Bach-Biographie erfährt, was aber beim Studium der Leipziger Ratsakten nicht zu übersehen ist, ist die Tatsache, daß es sich keinesfalls und zu keiner Zeit dort um eine »Koalitionsregierung wechselnder Parteien« handelte. Vielmehr ist die damalige Bezeichnung »Ratsverwandtschaft« voll gerechtfertigt. Als solche sahen sich die Ratsmitglieder jedenfalls an. Was uns heute als Ungeheuerlichkeit vorkommen mag, betrachtete der Leipziger Rat in seiner Gesamtheit als Selbstverständlichkeit: daß es seine Hauptaufgabe sei, seine Mitglieder mit Ämtern zu versorgen. Sooft die Frage nach einer Erweiterung des Rates aufgeworfen wurde, wurde sie mit dem Argument abgeschmettert, daß es ja noch nicht einmal möglich sei, alle Mitglieder des Rates mit gebührenden (das heißt einträglichen) Ämtern zu versorgen.

Entsprechend wichtig waren auch direkte Beziehungen zum Rat. Daß man bei der Besetzung des Kantoratsamtes zuerst danach fragte, wer wen kannte und wer was über wen gesagt habe, war der Normalfall. 26. April 1721: »Bürgermeister Plaz schlägt Magister Hebenstreit als Sonnabendprediger vor, der ein gelehr-

ter Mensch und zehn Jahre bei seinen Kindern Informator sei.«
Das paßt völlig zu seinem Hinweis bei der Auswahl des Cantors:
»In Pirna solle auch einer sein.« Als Hauslehrer bei einem Herrn
der Ratsverwandtschaft hatte man erhebliche Aufstiegschancen
und konnte sich eine ganze Menge erlauben. Das war nicht nur
zehn Jahre später eindrucksvoll zu erleben. Man genoß Kredit und
wurde gedeckt.

Friedrich Engels schrieb 1845 in seinen *Deutschen Zuständen*
den bösen Satz: »Nichts kommt dem infamen Benehmen der kleinen bürgerlichen Aristokraten der Städte gleich, und in der Tat,
man würde es nicht glauben, daß der Zustand Deutschlands noch
vor fünfzig Jahren so war, wenn er nicht noch im Gedächtnis vieler lebte, die sich dieser Zeit noch erinnern.« Es ist just dieser
Eindruck, den man beim Studium der Leipziger Ratsakten be-
kommt. Bach konnte diesen Eindruck schon am Tag seiner Amtseinführung bekommen, aber leider kann man auch aus seinen
späteren Erlebnissen ersehen, daß Engels nicht übertrieben hat.

XV

RIVALITÄT UND DAS eifersüchtige Hüten der eigenen Befugnisse
bestimmten auch das Verhältnis zwischen Rat und Universität,
richtiger zwischen Universität und Rat, da ja die Universität lan-
desherrlicher Oberhoheit unterstand, in der Rangfolge dem Rat
gegenüber also zwar nicht verfügungsberechtigt, aber vorgeord-
net war. Ihre Mitglieder unterstanden der Weisungsberechtigung
des Rates nicht, unterstanden nicht der städtischen Gerichtsbarkeit und zahlten an die Stadt keine Abgaben. Der Rat fand sich
nicht ohne Zähneknirschen damit ab. Die Universität erschien
ihm gelegentlich als rechte Last, was nicht behinderte, daß man
anderseits mit ihr regelrecht verkungelt war. Denn nach außen hin
hielt man sich auf seine Universität etwas zugute, man hatte nicht
etwa außerhalb, sondern selbstverständlich an seiner Leipziger
Universität studiert. Auch Bürgermeister Lange hatte seinen
Doktorhut von der Leipziger Universität erworben.

Die vom Rat ins Auge gefaßten Bewerber für das Kantorenamt
in der Thomasschule – Telemann, Graupner, auch Fasch – hatten
alle drei in Leipzig studiert und von der Universität aus das Leipziger Musikleben entfaltet. Das Telemannsche Collegium musicum war Angelegenheit der Universitätsstudenten. Die Gottesdienste in der Paulinerkirche wurden von der Universität ausgerichtet, die ganze Kirche unterstand der Universität. Umgekehrt
hatten in der Vergangenheit städtische Angestellte auch ein
Universitätsamt inne: Der alte Ernesti, Rektor der Thomasschule, war an der Universität Professor für Poesie (wozu wir
heute wohl » Literaturwissenschaft «, vielleicht auch » Poetologie
und Ästhetik « sagen würden). Kuhnau und seine Vorgänger

waren neben ihrem Kantorenamt bestallte Direktoren der Universitätsmusik.

Das war jetzt anders geworden: Bach mußte sich in seinem Anstellungsvertrag ausdrücklich verpflichten, kein Universitätsamt anzunehmen, und die Universität ihrerseits wartete auch nicht auf die Bestellung eines neuen Schulcantors, sondern nutzte die kantorlose Zeit, um noch vor Bachs Amtsantritt einen eigenen Universitätsmusikdirektor einzusetzen, den Organisten Görner von der Nicolaikirche. Der Rat war dagegen nicht nur machtlos, sondern auch gar nicht daran interessiert: Er nahm's nicht zur Kenntnis. Für Bach aber, den neuen Director musices vierer Leipziger Kirchen, sah die Sache leider ganz anders aus. Er war bei den außerordentlich bescheidenen Kräften, die ihm für seine Musik zur Verfügung standen, auf Verstärkung aus der Universität durchaus angewiesen. Zudem war Bach ja nicht nach Leipzig gekommen, um den eingerissenen musikalischen Schlendrian fortzusetzen. Schlendrian war seine Sache überhaupt nicht, was er machte, machte er ordentlich und gründlich, und dies wurde denn auch die Hauptursache für den vielen Verdruß in seinem Leben. Manche seiner Lebensbeschreiber haben ihm nachträglich Uneinsichtigkeit, Dickschädeligkeit und anderes vorgeworfen, aber Genie besteht eben zu einem gut Teil in der Fähigkeit, eine Sache mit weit mehr Intensität als durchschnittliche Talente zu betreiben, und in der Unfähigkeit, eine Sache nur halb zu tun – verbummelte Genies gibt es nicht, sie sind keine.

Als Bach nach Leipzig kam, meinte er, man habe sich deswegen so lange mit seiner Wahl bedacht, weil der Rat wollte, daß er in seinem Amt etwas leiste. Das war sein tiefgreifender Irrtum: Die Herren wollten vor allem vor ihm ihre Ruhe haben. Er aber fing an zu wirken.

Er begann damit, daß er jahrelang für jeden Sonntag eine neue Kantate schrieb. Es sei ihm darauf angekommen, sich einen Vorrat zu schaffen, heißt es. Aber wieso? War denn keiner da? Kuhnau hatte doch auch jeden Sonntag eine Kantate aufzuführen gehabt, nicht anders als sein Vorgänger Johann Schelle. Sollten all diese Kantaten plötzlich verschwunden sein? Und ausgerechnet nur Bachs Kantaten sind fast alle noch vorhanden? Es handelte sich hinsichtlich der Aufführung von Kantaten und Motetten um eine alteingeführte, festgefügte Ordnung. Und wenn Bach sich einen ganzen Vorrat an neuen, eigenen Kantaten anschaffte, so kann es dafür nur den einzigen Grund geben: daß ihm die bisherigen alle nicht gut genug waren.

Er sah hier in Leipzig endlich die Möglichkeit, eine »regulierte Kirchenmusik zu Ehren Gottes« zu verwirklichen, so, wie er sie sich vorstellte, wie sie ihm in Arnstadt und Mühlhausen nicht verstattet worden war. Die Herren, die ihn in sein Amt gewählt hatten, sollten mit seiner Leistung zufrieden sein können.

Dazu aber brauchte er diese Studenten mit ihrem Collegium musicum, also das Amt des Universitätsmusikdirektors. Nur war das auch wieder eine komplizierte Angelegenheit. Die Verbindung mit dem Schulamt war ein bloßes Herkommen, keine offizielle Festlegung. Zu besorgen war der Gottesdienst in der Universitätskirche.* Aber das waren nun wieder zwei Gottesdienste, nämlich der alte und der neue. Ursprünglich war in der Paulinerkirche nur an den hohen Festtagen Gottesdienst gehalten worden – das war der alte. Bei der Einsetzung des regelmäßigen Gottesdienstes – des neuen – vor dreizehn Jahren war Kuhnau der Student Fasch in die Quere gekommen. Er hatte sich erboten, den »neuen Gottesdienst« mit seinem Collegium musicum zu übernehmen. Kuhnau hatte die Ausführung schließlich bekommen, weil er auf eine zusätzliche Bezahlung verzichtet hatte. Aber als Kuhnau gestorben war und noch kein neuer Schulcantor in Aussicht, sah der Organist von Sankt Nicolai die Möglichkeit, an dieses Amt heranzukommen, und die Universität sah die Möglichkeit, sich jetzt ein für allemal von der Personalunion zu befreien.

Nun nahm Bach noch vor seiner Amtseinführung am ersten Pfingstfeiertag die Rechte am »alten Gottesdienst« schon an sich und führte eine Kantate auf, entschlossen, sich innerhalb der Leipziger Ordnungen zu behaupten. Und Görner behauptete weiter seine frisch erworbenen Rechte am »neuen Gottesdienst«. Es gab aber außerdem noch die »Universitäts-Feierlichkeiten«. Bach betrachtete sie, da schon zur Zeit des »alten Gottesdienstes« eingeführt, als ihm zugehörig. Aber wieder kam ihm etwas dazwischen, das er schon in Arnstadt ungenügend beachtet hatte. Dort hatte er bei der Auseinandersetzung mit den Arnstädter Gymnasiasten erfahren müssen, daß die Interessen der Arnstädter Bürger allemal den Ansprüchen eines Zugereisten vorzuziehen waren. Das war hier nicht anders: Bach war in Leipzig ganz neu, und Görner war Leipziger. Er erhielt auch sein Honorar aus dem, was vorher an Kuhnau bezahlt worden war, und Bach erhielt nichts. Nach dem ersten halben Jahr seiner Amtstätigkeit kam Bach endlich bei der Universität um die fällige Bezahlung ein – und wurde prompt abgewiesen. Resolution* (einstimmig): »Es wäre Bach, weil er sich zu spät gemeldet und überhaupt kein ius prohibendi hätte, abzuweisen.« Ein gerütteltes Maß an Arroganz ist in dieser Stellungnahme unübersehbar: Man versuchte einfach, ihn loszuwerden.

Bach, von seinen Biographen wegen seines Jähzorns verschrien, nahm die Abweisung ruhig hin und versah den ihm zustehenden Dienst in größter Gelassenheit weiter. Ohne Honorar. An den »hohen Feiertagen« und eventuellen Universitätsfeierlichkeiten hatte er in Professoren und Studenten seinen festen Zuhörerkreis und konnte so nachweisen, daß seine Musik mehr als ordentlich war und jedenfalls besser als die Görnersche. Wogegen man offensichtlich auch nichts hatte, solange man sie gratis bekommen konnte. Im Dezember 1723 lieferte er so anläßlich der Amtseinführung des Professors Kortte ein Dramma per musica, und als im Mai 1724 der König wieder einmal nach Leipzig kam, auch den musikalischen Festakt. Als aber Bach zwei Jahre lang Geduld bewiesen hatte und feststellen mußte, daß all sein Bemühen nichts fruchtete, wandte er sich mit einer Eingabe an seinen »König und Churfürsten«.

Es gibt Leute, die meinen, so weit hätte er nicht gleich gehen müssen (und noch dazu so bald!). Wenn er indessen gegen die Universität beim (allein zuständigen) Oberhofgericht geklagt hätte, wäre er nicht weit gekommen, denn dessen Vorsitzender war der Ordinarius der juristischen Fakultät an der Universität und hätte wohl kaum gegen seine Universität entschieden. Es blieb ihm also gar nichts anderes als der ordentliche Dienstweg. Am 14. September 1725 sandte er den Brief ab, und schon am 23., kaum eine Woche später, bekam die Universität aus Dresden den Auftrag, der Beschwerde unverzüglich stattzugeben und »den Supplikanten klaglos zu stellen«.

Aber sie dachte nicht daran. Sondern machte Bach die Mitteilung, man habe in der Sache nach Dresden geschrieben. Was man geschrieben habe, schrieb man nicht. Also mußte Bach nun nach Dresden schreiben, um sich eine Abschrift des Briefes zu erbitten. Er erhielt sie ebenso umgehend wie die Antwort auf seinen ersten Brief. Das deutet darauf hin, daß er dort einige Wertschätzung genoß. Was sehr verständlich ist, weil er dort gerade am 19. und 20. September zwei Orgelkonzerte gegeben hatte. Es zeigte sich, daß die Antwort der Universität voller gezielter Unrichtigkeiten steckte: Es ging ihr nicht um die Aufklärung eines Sachverhalts, sondern einzig darum, Bach ins Unrecht zu setzen.

Bach mußte nun wieder den wahren Sachverhalt in einem ausführlichen Brief aufklären, und offensichtlich glaubte man ihm in Dresden mehr als der Universität, denn diese mußte ihm nunmehr die bisherigen Bezüge Kuhnaus zugestehen und ihm das bisher Einbehaltene nachzahlen. Darüber hinaus wurde ihm das »alte Amt« förmlich zugesprochen. Zwar sollte Görner seine Stelle behalten, aber damit mußte die Universität für ihn zusätzlich in die Tasche greifen, wenn er es nicht umsonst verrichten sollte. Dies war, wie man sieht, für die Universität durchaus kein glücklicher Ausgang der Geschichte und eine weise Entscheidung: Die königliche Order (nach Spitta »in durchaus nicht bestimmter Fassung«) hatte sehr bestimmte Folgen.

Sehr bestimmte Folgen hatte auch Bachs bis dahin kostenloses Musizieren für sein künstlerisches Ansehen: Er hatte gezeigt, was er konnte, und in der Universität gab es Leute, die das sehr genau zu schätzen wußten: die Studenten. Das Concilium der Professoren hatte durch diesen Nichtakademiker eine Schlappe erlitten, die Studenten hatten einen Musikmeister entdeckt. Damit war natürlich der nächste Zwischenfall bereits vorprogrammiert, und er ereignete sich keine zwei Jahre später.

Am 6. September 1727 starb die Gemahlin Augusts des Starken, die Kurfürstin Christiane Eberhardine. In heftigem Gegensatz zu ihrem Gemahl hatte sie es abgelehnt, an seiner Seite die polnische Königskrone entgegenzunehmen, und war Kurfürstin geblieben. Denn die Voraussetzung für die Krönung war der Übertritt zum Katholizismus gewesen, und August war als sächsischer Kurfürst zwar der Schutzherr des protestantischen Glaubens im ganzen Heiligen Römischen Reich deutscher Nation, hatte sich aber in Anlehnung an ein berühmtes Wort Heinrichs IV. von Frankreich gesagt: Auch Polen ist eine Messe wert. Das verzieh ihm Christiane Eberhardine, protestantisch bis ins Mark, nie. Für den politischen Aufstieg ihres Gatten hatte sie keinen Sinn, sie verließ ihn und lebte fortan in der Nähe von Wittenberg in ihrem Schloß Pretzsch an der Elbe, bis an ihr Lebensende ständig von zwei Geistlichen für ihre persönliche Erbauung umgeben.

Eine würdige Partnerin Augusts war sie zu keiner Zeit, aber in ihrer verbissenen Frömmigkeit ein Widerpart von erheblicher innenpolitischer Wirkung. Denn sämtliche Geistlichen Sachsens fühlten sich von ihrem Kurfürsten verraten, seit er katholisch geworden war. Von allen Kanzeln wehte ein Sturm der Entrüstung. Der König nahm es mit Gelassenheit, ja Nachsicht, aber in Dresden mußte er einigen der Herren regelrecht den Mund verbieten lassen, weil sie es zu arg trieben. Das schüchterte die anderen freilich kaum ein; mußten sie sich auf der Kanzel im Zaum halten, so verstärkte dies nur ihre Empörung.

In alledem stand die Kurfürstin als ein protestantischer Fels in dem sündhaften Meer des Irrglaubens, und ihre Wirkung war um so stärker, als sie nie an die Öffentlichkeit trat. Für die gläubigen Sachsen bedeutete sie so etwas wie für die Bayern später König Ludwig II., der sich ja auch so gut wie nie sehen ließ. Wenn sie nach Dresden kam und ihr Gemahl ihr begegnete, behandelte dieser sie stets mit größter Ritterlichkeit – woraus man natürlich auf sein schlechtes Gewissen schließen durfte. Daß er im übrigen den Katholizismus auf sein Haus beschränkte und durchaus keine breite katholische Propaganda zuließ, rechnete ihm niemand als Verdienst an. Vorbild war und blieb die Kurfürstin Christiane Eberhardine, und sie genoß ob ihrer opferbereiten Glaubensfestigkeit den Ehrennamen »die Betsäule Sachsens«. Aber auch Säulen stehen nicht ewig, am 6. September 1727 starb sie. Landestrauer war selbstverständlich.

Manche erwogen aber noch mehr. Leipzig war schließlich geradezu *die* Hochburg altlutherischer Orthodoxie. Sowohl in der Universität wie beim Rat der Stadt wurde eine besondere Trauerfeier in Betracht gezogen. Aber sofort wieder davon Abstand genommen. Denn dies war bei genauerem Hinsehen eine sehr heikle politische Angelegenheit. Einerseits stand der Rat mitsamt seiner Geistlichkeit natürlich hinter Christiane Eberhardine, anderseits stand er aber bei seinem König mit 200 000 Talern in der Kreide, und eine Trauerfeier konnte auch als unfreundlicher Akt ausgelegt werden. In der gleichen Zwickmühle befand sich die Universität – feierte sie, wenn sie feierte, des Königs Gemahlin oder des Königs Widerpart? Eine verantwortungsbewußte Behörde tut in einem solchen Fall das, was unter keinen Umständen ganz falsch sein kann und zudem immer noch die Möglichkeit einer Ausrede eröffnet: nämlich nichts.

Nur hatten die Herren Professoren die Rechnung wieder einmal ohne ihre Studenten gemacht. Unter diesen gab es einen, der jedenfalls eine Trauerfeier wollte, ein nicht unvermögender junger Herr von Adel und mit seinem Hofmeister hier, ein gewisser Hans Carl von Kirchbach, und er ging einen Weg, auf den man bisher in keiner der beiden Behörden gekommen war: Er reichte seine Bitte um Genehmigung einer Trauerfeier beim König in Dresden direkt ein. Er erhielt Zustimmung, und nun waren Universität und Stadt aus der Gefahrenzone: Von Stund an wurde die ganze Trauerfeier zur Privatangelegenheit.

Das heißt: nicht ganz. Denn der Studiosus Kirchbach war ja als solcher Angehöriger der Universität, und nachdem die Herren Professoren ihrer politischen Verantwortung ledig waren, entsannen sie sich ihres Weisungsrechts. Diese Trauerfeier war keine direkte Universitätsfeier und gehörte folglich nicht zum »alten Gottesdienst«. Demnach stand ihre Ausrichtung dem von der Universität eingesetzten Universitätsmusikdirektor Görner zu. Der junge Herr von Kirchbach aber wußte zwischen den musikalischen Qualitäten Bachs und Görners durchaus zu unterscheiden und beauftragte daher Bach damit.* Das war der würdige Anlaß für die Universität, zu demonstrieren, daß sie es hinsichtlich Rechthaberei mit dem Hochmögenden Rat durchaus aufnehmen konnte.

Kirchbach beauftragte also Bach mit der Komposition, Görner erhob bei der Universität Einspruch, Kirchbach wurde vor das Concilium geladen und beauftragt, Görner sowohl Komposition wie Aufführung zu übertragen. Kirchbach dachte aber nicht daran, er hatte auch Bach schon bezahlt. Darauf drohten ihm seine Professoren, sie würden Bach zur Aufführung nicht zulassen. Darauf drohte Kirchbach, die ganze Feier platzen zu lassen. Nun lud das

Collegium den Herrn von Kirchbach und Görner zusammen vor (Bach keineswegs), und Kirchbach erklärte sich bereit, Herrn Görner fürs Nichtstun ebensoviel Honorar zu zahlen wie Herrn Bach fürs Komponieren. Aber nun bestand Görner zusätzlich auf einem schriftlichen Revers Bachs, daß sich ein solcher Vorfall niemals wiederholen solle, und dieser wurde auch sogleich aufgesetzt und auf der Stelle der Universitätsdiener zur Thomasschule geschickt, Bachs Unterschrift einzuholen. Man ersieht aus dem ganzen Vorgang, daß es den Herren keineswegs um einen Ausgleich ging, sondern nur um das Bestreben, auch gegen den Widerstand des jungen Herrn von Adel Bach zu ducken.

Bach tat an dieser Stelle der Ereignisse das einzig Richtige: Er ließ den Abgesandten der Universität einfach vor der Tür stehen, und nach einer Stunde vergeblichen Wartens ist er dann auch wieder gegangen. Wir wissen sogar noch die Uhrzeit: Er kam früh um elf, und ab zwölf hatte Bach wieder seine Musikstunde zu halten. Nachdem der Universitätsdiener vergeblich angeklopft hatte, wurde der Universitätssyndikus zur Klärung der Rechtslage bemüht. Er schlug vor, wenn Bach nicht unterschriebe, den feierlichen Zettel an Herrn von Kirchbach zu übergeben. Dort kam der unverzüglich abgesandte Abgesandte aber nur bis zu dessen Hofmeister, und bei diesem ist der Zettel auf unerklärliche Weise untergegangen.

Bach war den Leipziger Herren Professoren mit gleicher Standhaftigkeit gegenübergetreten wie in Arnstadt den Rüpeln vom Gymnasium. Freunde hatte er sich so keine erworben. Aber hatte er dort welche zu verlieren? Er hat denn nur noch einmal bei einem Universitätsakt mitgewirkt: beim Begräbnis des Professors für Poesie Johann Heinrich Ernesti. Doch war dieser zugleich der Rektor der Thomasschule gewesen, und so konnte man bei dieser Gelegenheit dem Schulcantor das Recht schlecht streitig machen.

Ein bedeutender Mann, der sehr wohl hätte eingreifen können, hat sich aus der ganzen Angelegenheit mit Umsicht herausgehalten: der Herr Professor Gottsched. Von ihm als hochangesehenen Fachmann hatte sich Kirchbach den Text des aufzuführenden Gesanges dichten lassen, und seine klare Entscheidung hätte den Ablauf der Ereignisse durchaus beeinflussen können. Aber er hütete sich. Er war erst das dritte Jahr hier und gerade dabei, Karriere zu machen, wenngleich gegenwärtig in einer etwas unangenehmen Situation: Im Gegensatz zu den Professoren der theologischen, juristischen und medizinischen Fakultäten blieben ihm nämlich die Studenten weg.

Er war im Januar 1724 nach Leipzig gekommen, auf der Flucht vor den preußischen Werbern. Denn er war von ungewöhnlich hohem Wuchs, und die Werber Friedrich Wilhelms I. fingen, nicht anders als die Sklavenjäger im afrikanischen Busch, solche Leute von der Straße und vom Felde weg ein, damit sie der »Soldatenkönig« zu seinem persönlichen Vergnügen in seinen Kasernen einsperren und zum Exerzieren abrichten konnte, womit er die Tradition des preußischen Heeres begründete. Dabei war es ihm völlig gleich, ob es sich bei einem »langen Kerl« um einen leibeigenen Bauern oder um einen Universitätslehrer handelte – entscheidend war die Länge, und für Preußens Gloria muß man ihm solche Späße wohl nachsehen.

Gottsched hatte an der Königsberger Universität studiert, hatte dort schon mit einundzwanzig eine Abhandlung über die Leibnizschen Monaden verteidigt und war im Vorjahr dort mit dreiundzwanzig zum »Lehrer der Weltweisheit« erhoben worden. In Leipzig glückte es ihm, sogleich nach seiner Ankunft eine Hauslehrerstelle bei Universitätsprofessor Johann Burckhard Mencke zu bekommen. Keine zwei Monate später wurde er ob seiner genauen Kenntnisse in der Theorie der Dichtkunst Mitglied der Leipziger »Deutschübenden Gesellschaft«, eines literarischen Vereins von einigem Einfluß, und schon nach kurzer Zeit hatte er sich mit seiner unermüdlichen Betriebsamkeit an ihre Spitze gesetzt.

Schon ein Jahr später schrieb der Steuerrevisor Henrici unter dem Dichternamen Picander ein satirisches Gedicht auf ihn, aber so etwas konnte ihn nicht beirren, er hatte die Weltweisheit studiert und schrieb: »Wir alle wissen, daß die Anzahl der Verständigen zu allen Zeiten die kleinste gewesen ist ... Daher ist aber auch nichts Unsichereres als ihr Beifall. Wer bedenkt es wohl unter uns, was die Zunge für ein unschätzbares Glied des Körpers sei? Ohne dieselbige könnten wir nicht reden, ohne die Rede aber würde der Mensch auf gewisse Weise kein Mensch mehr bleiben. So nötig nun die Sprache zum Gebrauche der Vernunft ist, um so viel mehr sollten wir unsere Zunge hochschätzen. Reden können wir alle, klug und vernünftig reden können die wenigsten. Wir müssen auch alle reden, aber wenn wir nur alle das rechte Maß zu halten wüßten, daß wir nicht zu viel redeten ...«

So viel als Kostprobe aus Gottscheds Weltweisheit. Als 1727 die Kurfürstin starb, war er längst an der Universität Professor für Logik, Metaphysik, Dichtkunst und Weltweisheit. Das Dichten nach allen Regeln des Verstandes hatte er in Königsberg unter Hofrat Pietsch erlernt, hatte die Schriften von Leibniz und Wolff gründlich studiert und wähnte (wie Bernays in der *Deutschen Biographie* berichtet), damit nach seinen eigenen Worten »hinreichende Kräfte gesammelt zu haben, um nach den verschiedensten Geistes- und Kunstgebieten mit Sicherheit vorzudringen und sich auf jedem beliebig anzusiedeln«. Bertrand Russell erklärte es einmal als die eigentliche Tragödie dieser Welt, daß die Dummen immer so sicher seien und nur die Gescheiten voller Zweifel. Zweifel lassen sich in Gottscheds Schriften nirgends finden, obwohl sich Zweifelhaftes darin reichlich findet.

Ihn also hatte Kirchbach beauftragt, die Trauerode zu dichten. Als Dichter hätte Gottsched nun bei der Auswahl des Komponisten sehr wohl ein Wort mitreden können. Aber dazu war er wohl nicht nur zu vorsichtig, sondern sicher auch der Überzeugung, daß bei der wissenschaftlich nachweisbar hohen Qualität seiner Arbeit die Musik ohnehin nur Nebensache sei.

Die Dichtungen Gottscheds sind heute in keiner Sammlung zu finden. Im Anfang des 20. Jahrhunderts hat sich in Leipzig einmal eine Gottsched-Gesellschaft gegründet mit dem Ziel, Gottscheds gesammelte Werke herauszugeben. Aber sie hatte den Umfang dieser Arbeit ebenso wie das öffentliche Interesse daran überschätzt und ging ein, noch ehe sie das erste Viertel dieser Aufgabe bewältigt hatte. Auch die Verse der Trauerode sind nur durch Bachs Komposition ungefähr erhalten. Sie sind streng nach den Regeln verfaßt und beginnen mit den etwas zweideutigen Zeilen

»Laß, Fürstin, laß noch einen Strahl
Aus Salems Sterngewölbe schießen ...«

Der Leipziger Bach-Spezialist Werner Felix bezeichnet Gottscheds Arbeit als »ein Werk von hoher künstlerischer Qualität« –

Johann Christoph Gottsched, der Hochberühmte und Vielgeschmähte. Später wies er auf Bachs große Bedeutung für Leipzig öffentlich hin.

er hat es vermutlich nicht zu Ende gelesen, aber diese Behauptung hat natürlich ihren Grund: Da man in der DDR entschlossen war, aus dem »Gottesmann« Bach einen »Aufklärer« zu machen, mußte Gottsched eben auch einer werden, und ein begabter Dichter obendrein.

Bach war hinsichtlich Gottscheds dichterischer Qualitäten freilich etwas anderer Ansicht, denn er arbeitete das Poem um. Die neun Strophen Gottscheds von abgezirkeltem Gleichmaß löste er entschlossen auf und verwandelte sie in eine zehnsätzige Kantate. Daß er sich bei seiner Komposition nicht an die im ewigen Gleichschritt dahinklappernden Verszeilen hielt, sondern auch hier wieder, dem Inhalt vorauseilend, mit zahlreichen Textwiederholungen musizierte, verstand sich von selbst. Das machte er immer so. Gleich die ersten vier Verszeilen wiederholte er in Teilen siebenmal und brachte sie damit gänzlich aus ihrem Geklapper.

Dichter aber, noch dazu, wenn sie so sehr vom wissenschaftlich begründeten Gleichmaß und der untadeligen Gelehrtheit ihrer Arbeit überzeugt sind, sind durch weniges auf dieser Welt so tief zu verwunden wie durch Abänderung ihres unsterblichen Textes. Gottsched war beleidigt und als Dichter ins Mark getroffen. Der zitierte Professor verwundert sich darüber, daß es von da an – bis auf eine einzige Ausnahme – nie mehr zu einer Zusammenarbeit zwischen Bach und Gottsched kam. Aber was hätte denn ein Gottsched mit einem Musiker anfangen können, der gegenüber der unanfechtbaren akademischen Richtigkeit seiner Dichtungen einfach nicht die gebührende Ehrfurcht kannte und durch seine Musik ein literarisches Kunstwerk in einen falsch gegliederten literarischen Brei verwandelte?

Gottsched hatte von seinem Dichten eine eigene hohe Meinung: »Daß man von der Poesie überhaupt fast niemals so billig urteilt, als man sollte, das kommt daher, weil man ihren wahren Wert nicht erkennt. Wer sie nach ihrer Würde hochschätzen will, der muß einen Verstand haben, der nicht von gemeiner Gattung ist. Es gehört dazu eine mehr als gemeine Geschicklichkeit, ein sonderbares Naturell, ein richtiger, durchdringender, gründlicher und allgemeiner Verstand, eine fruchtbare, lebhafte und lautere Einbildungskraft. Diese hohe Gabe wird weder durch die Kunst noch durch das Studieren zuwege gebracht. Sie ist schlechterdings ein Geschenk des Himmels.«

Dieses und noch mehr kann man in den Schriften des »Exponenten der Leipziger Aufklärung« nachlesen. Mit einem Menschen, der der literarischen Leistung derart verständnislos gegenüberstand und sie derart verstümmelte wie Bach, konnte ein Literat von Bildung und von der Größe eines Gottsched platterdings nicht zusammenarbeiten, es ist unverständlich, daß man das in der Leipziger Neuen Bachgesellschaft übersehen hat.

Bach hatte gegenüber der Universität drei Siege errungen. Er hatte entgegen den Absichten der Universität sein Honorar und seine Ansprüche auf den »alten Gottesdienst« durchgesetzt. Er hatte sich durch die Universität nicht die Trauerode wegnehmen lassen. Und er hatte aus Gottscheds gebildetem Versgeklapper ein großartiges musikalisches Werk gemacht und es vor der Creme der Leipziger Gesellschaft aufgeführt.

Daraufhin wollte die Universität bis an sein Lebensende nichts mehr mit ihm zu tun haben.

XVI

DER ERSTE HANDFESTE Zusammenstoß mit der geistlichen
Behörde der Stadt, dem Konsistorium, erfolgte schon anläßlich
des Osterfestes von 1724. Bach war bis dahin bereits von außerordentlicher Regsamkeit gewesen. Von seinen ganz neuen Kantaten war bereits die Rede. Und wie groß der künstlerische Abstand
zu anderen Meistern seiner Zeit war, kann man schon feststellen,
wenn man sie nur mit denen solcher Meister wie Buxtehude oder
Telemann vergleicht. Für das Reformationsfest am 31. Oktober
1723 überarbeitete Bach seine großartige Kantate *Ein feste Burg
ist unser Gott* aus seiner Weimarer Zeit und erweiterte sie. Es war
bestimmt die allerbeste Musik, die die Leipziger bis dahin in
einem Reformationsgottesdienst gehört hatten. Zu Weihnachten
beschenkte er sie mit einem *Magnificat*, das zu seinen großartigsten musikalischen Schöpfungen gehört. Und für Ostern hatte er
seine *Passionsmusik nach Johannes* vorgesehen. Es ergab sich unter
diesen Umständen und in Anbetracht seiner vielen Nebenleistun-
gen, daß die morgendliche Lateinstunde früh um sieben, der
Lateinunterricht überhaupt, sehr lästig wurde, und so machte er
sehr bald von seinem vertraglich zugesicherten Recht Gebrauch,
sich diesbezüglich vertreten zu lassen. Konrektor Siegmund
Friedrich Dresig übernahm diese Arbeit für fünfzig Taler im Jahr,
der Hälfte von Bachs Gehalt.

Die *Johannespassion* ist auf Köthener Notenpapier geschrieben, und die Handschrift wird als teilweise flüchtig geschildert.
Daraus wird bisweilen der Schluß gezogen, das Werk sei noch in
Köthen komponiert und von Bach schon vor seinem Amtsantritt
aufgeführt worden. Das ist allein wegen der Ansprüche, die das

Werk stellt, unwahrscheinlich: Es verlangt mindestens fünfzehn Musiker, und dem Chor gehört fast ein Drittel des Werkes. Und das Notenpapier vermag über die Entstehungszeit schon gar nichts auszusagen: In Köthen angeschafft, wird es beim Umzug nach Leipzig nicht weggeworfen. Auch die Handschrift beweist nichts: Die Flüchtigkeit kann auf Zeitknappheit ebensogut hinweisen wie darauf, daß Bach schneller erfand, als er es hinschreiben konnte. Was wieder auf zwei Möglichkeiten hinweist: entweder daß ihm die Musik besonders rasch in den Sinn kam oder daß er die Notierung mancher Teile als reine Routinearbeit ansah, die keiner besonderen Sorgfalt bedurfte.

Jedenfalls steht fest, daß er sichtlich nach der Reformationskantate und dem Weihnachtsmagnificat auch die Passionsmusik zu einem besonderen Ereignis machen wollte. Die Aufführung – was jeder bestätigen wird, der sich darum bemüht hat – erforderte umfangreiche Zurüstungen: Er brauchte von den Thomanern, was irgend zum Singen befähigt war, er kam im Orchester mit den acht Stadtpfeifern nicht aus, brauchte also Verstärkungen, und für alles brauchte er neben Orgel und Cembalo auch noch Platz. Deshalb setzte er die Aufführung für Karfreitag 1724 in der Thomaskirche an, nicht nur, weil deren Orgelempore weitaus geräumiger als die der Nicolaikirche war.

Aber das war nun geradezu eine Dreistigkeit ohne Beispiel. Denn es war ein alteingeführter Brauch in Leipzig, daß die Passionsmusik in jährlichem Wechsel in der Nicolai- und in der Thomaskirche aufgeführt wurde. Im Vorjahr hatte sie in der Thomaskirche stattgefunden, also war in diesem Jahr Sankt Nicolai dran!

Bach hatte sehr ernsthafte Gründe für Sankt Thomas: Dort war nicht nur mehr Platz auf der Empore; in der Nicolaikirche waren sowohl die Orgel wie auch das (für die Rezitative unentbehrliche) Cembalo dringend der Reparatur bedürftig, und die Podeste für den Chor waren so morsch, daß er damit rechnen mußte, daß die Sänger darauf einbrachen. Bach hatte seine Kirchenbehörde rechtzeitig auf diese Zustände hingewiesen, und diese hatte sie zu keiner Zeit bestritten. Nur fühlte sie sich dafür nicht zuständig. Denn da war nun wieder die komplizierte Rechtslage: Das Konsistorium war ja nur für die geistlichen Angelegenheiten verantwortlich. Hinsichtlich dieser bestand es auf der Aufführung in Sankt Nicolai, und dies um so entschiedener, als in dieser Kirche der Superintendent Deyling predigte. Sie konnte also gegenüber Sankt Thomas keinesfalls zurückgesetzt werden!

Überdies gab es einen Ratsbeschluß von 1721, welcher die abwechselnde Aufführung in beiden Kirchen festgeschrieben hatte. Und Bach hatte sich in seinem Vertrag ausdrücklich verpflichten müssen, keine Neuerungen einzuführen.

Nur änderte das leider nichts an der Tatsache, daß das Cembalo in der Nicolaikirche schon achtzig Jahre alt war und auch die Orgel seit zweiunddreißig Jahren keinen Handwerker mehr gesehen hatte, von den Podesten zu schweigen.

Das Konsistorium erklärte Bach, die Veränderung der Zustände sei nicht seine Aufgabe, sondern die des Rates. Als Bach deswegen beim Rat vorstellig wurde, erhielt er die schon damals weder neue noch originelle Antwort: Für diese Reparaturen sei kein Geld da. Und als Bach erklärte, dann könne er die Aufführung nicht in Sankt Nicolai machen, erklärte man ihm beim Rat, dies sei nun Sache des Konsistoriums.

Jetzt verwunderte sich das Konsistorium über Bachs Klage, denn zu Kuhnaus Zeiten waren die Instrumente und Podeste doch noch gut gewesen. Man wollte sich nicht entsinnen, daß auch Kuhnau schon in Sankt Nicolai nicht mehr hatte aufführen wollen – andernfalls wäre ja der Ratsbeschluß von 1721 nicht nötig gewesen. Die Aufführung 1722 war kurz vor seinem Tode, es war also begreiflich, daß er damals resigniert hatte. Wir wissen von dieser Passionsmusik auch ebensowenig wie von der im folgenden Jahr.

1724 wollte Bach jedenfalls als der neue Director musices eine ordentliche, eine schöne und große Passionsmusik machen. Das war unmöglich mit einer Orgel, bei der Töne ausblieben oder nicht aufhörten, weil Ventile hingen, und es war nicht möglich mit einem Cembalo, das nach achtzig Jahren wohl als verschlissen angesehen werden mußte. Wenn der Rat kein Geld hatte und das Konsistorium kein Einsehen, so mußte Bach notgedrungen auf eigene Faust handeln: Die Schuld an einer schlechten Musik hätte man schließlich weder dem Rat noch dem Konsistorium, sondern ausschließlich ihm in die Schuhe geschoben. Also ließ er kurzerhand Zettel drucken des Inhalts, daß die Passionsmusik auch in diesem Jahr wieder in Sankt Thomas stattfinden werde.

Damit hatte er nun überhaupt erst Öl ins Feuer gegossen: Umgehend erhielt er wegen seiner Eigenmächtigkeit eine Vorladung vors Konsistorium: Er habe nicht nur gegen seinen Vertrag, sondern auch noch gegen seine ausdrückliche Weisung verstoßen. Aber eben auf seinen Vertrag konnte Bach sich berufen, indem der ihn verpflichtete, seine Kirchenmusik »nach besten Kräften« zu machen. Die Erfüllung ebendieses Punktes aber habe ihm der Zustand der Nicolaikirche unmöglich gemacht.

Schließlich war auch dem Herrn Superintendenten mit einer Katzenmusik in Sankt Nicolai nicht gedient, und da Bach das seine bereits erfolglos getan hatte, mußte sich das Konsistorium schließlich doch höchstselbst um die – nunmehr umgehend notwendige – Veränderung der Zustände bemühen. Das Konsistorium bequemte sich endlich, Orgel, Cembalo und Podeste wurden endlich instandgesetzt, aber es kam auch der erneute Ratsbeschluß, »daß die vorjährige Passion diesjährig in St. Nicolai aufgeführt werden muß«. Mit der deutlichen Rüge für Bach: »Der Herr Cantor möge sich seines Ortes danach achten.« Im übrigen las man im Ratsprotokoll: »... daß das Clavizymbel etwas repariret werden müßte, was jedoch alles mit leichten Kosten zu richten, und bittet allenfalls noch um einige Gelegenheit, damit er die bei der Musik zu brauchenden Personen wohl logieren könne.«

Von Bach wurde allerdings noch verlangt, daß er eine erneute Ankündigung drucken lasse des Inhalts, daß die Passionsmusik nun doch in Sankt Nicolai stattfände. Er war aber nicht bereit, nochmals für den Druck zu zahlen. Also liest man weiter im Protokoll: »Es solle der Herr Cantor eine Nachricht, daß die Musik diesmal in der Nicolaikirche stattfinden solle, drucken lassen auf des Hochweisen Rats Kosten.« Auf die kam es allerdings kaum noch an, allein die Orgelreparatur (»Nur das Nötigste!«) verschlang sechshundert Taler. Woraus man deutlich erkennt, wie sehr Bach im Recht war.

Den Wortlaut der Ratsankündigung lieferte Bach. Er ist zwar korrekt, aber keinesfalls sehr freundlich zu nennen:

»Da nach verfertigtem Druck der Passionstexte vom Hochedlen und Hochweisen Rat beliebt worden, daß die Aufführung künftigen Freitag in der Kirche zu St. Nicolai geschehn soll, so hat man es denen Herrn Zuhörern hiermit wissend machen wollen.«

Bach hatte nicht mehr getan, als sich die minimalen Voraussetzungen für seine Musik zu beschaffen, und hatte sich schließlich durchgesetzt. Aber seinen Sieg dankte ihm niemand. Mit seinem Starrsinn hatte er Rat und Konsistorium ein anderes Mal gegeneinandergebracht – sowohl der Rat wie das Konsistorium kamen durch diesen neuen Schulcantor in Schwierigkeiten. Dafür hatte man ihn nicht eingestellt. Er war sehr wenig anpassungsfähig und -willens, dieser Herr Bach. Ein Querkopf.

Und dann passierte 1728 diese Sache mit dem Magister Gottlieb Gaudlitz. Wobei man wohl zuvor etwas von Bachs geistlichem Vorgesetzten sagen sollte, dem Superintendenten Deyling. Sein lebensgroßes Bild ist bis auf den heutigen Tag im Altarraum der Thomaskirche zu bewundern. Er war ein sehr gelehrter Herr, natürlich streng altlutherisch-orthodox, Pietisten wurden in Leipzig nicht geduldet. Erhalten sind von ihm seine *Observationes sacrae*, zu deutsch *Heilige Beobachtungen* – einhundertfünfzig lateinische theologische Abhandlungen in drei Bänden. In einer spricht er auch in acht Zeilen über Musik, sehr nebenbei. Er wußte sichtlich mit ihr nicht mehr anzufangen, als daß sie zum exakten Ablauf eines Gottesdienstes dazugehörte – bewegt hat sie ihn kaum, und einen Förderer hatte Bach mit seinem Bemühen um »eine regulierte Kirchenmusik zu Ehren Gottes« mit Sicherheit nicht.

Bachs Hausbibel ist erhalten, darin finden sich einige aufschlußreiche Anmerkungen von seiner Hand im ersten und zweiten Buch der Chronik. Im ersten heißt es im 25. Kapitel: »Und David und die Feldhauptleute sonderten aus zum Dienst … prophetische Männer, die auf Harfen, Psaltern und Zimbeln spielen sollten.« Und einige Verse später: »Und es war ihre Zahl mit ihren Brüdern, die im Gesang des HERRN geübt waren, allesamt Meister, zweihundertachtundachtzig.« Daneben findet sich die handschriftliche Anmerkung Bachs: »NB. Dieses Capitel ist das wahre Fundament aller Gott gefälligen Kirchenmusik.« Am Ende des 28. Kapitels desselben Buches heißt es: »Siehe, da sind die Ordnungen der Priester und Leviten zu jedem Dienst im Hause Gottes, auch hast du zu jedem Werk Leute, die willig und weise sind zu jedem Dienst ...« Dazu Bachs Anmerkung: »Ein herrlicher Beweis, daß neben anderen Anstalten des Gottesdienstes besonders auch die Musica von Gottes Gebot durch David mit angeordnet worden.« Eine dritte Anmerkung schließlich findet sich im zweiten Buch der Chronik bei Kapitel 5, den Versen 12–15, in denen die Musik der Leviten und Priester anläßlich der Überführung der Bundeslade geschildert ist: »NB. Bey einer andächtigen Musique ist allezeit Gott mit seiner gnädigen Gegenwart.«

Die Anmerkungen zeigen, wie sehr Bachs Musik in seinem Glauben gegründet war. Aber sie sind nicht nur ein Beleg seiner tiefen Frömmigkeit, sondern ebenso Beleg dafür, wie hoch er seine Musik einschätzte: Sie war von seinem Standpunkt aus kein geringerer Bestandteil des Gottesdienstes als die Predigt. In den Psalmen hätte er noch viele Hinweise auf den Gottesdienst der Musik finden können. Bemerkenswert ist, daß er nur diese beiden »politischen« Stellen mit Kommentaren versehen hat. Nach seiner Auffassung stand aufgrund dieser von ihm kommentierten Textstellen der Musiker in der Kirche dem Theologen gleichberechtigt gegenüber. Dieses war der Standpunkt, von dem aus er die Musik im Gottesdienst machte.

Es gibt für einen Kirchenmusiker bis heute keinen besseren Standpunkt, auch wenn es bis heute keineswegs immer der Standpunkt aller Theologen ist. Daß es Deylings Standpunkt gewesen sein könnte, dafür gibt es nach allem, was wir von ihm wissen, keinen Anhaltspunkt. Und so drückt die erste dieser drei Bibelanmerkungen nicht allein Bachs tiefe Gläubigkeit aus, sondern auch eine glaubensfeste Kampfeinstellung: »Ein herrlicher Beweis, daß neben anderen Anstalten des Gottesdienste BESONDERS AUCH DIE MUSICA VON GOTTES GEIST durch David mit angeordnet worden« – die Ausübung seiner Musik war Bach ebenso zutiefst Glaubenssache wie ihre Verteidigung, und unter diesem obersten Gesichtspunkt höchster Lauterkeit muß sein gesamtes Handeln unter den Leipziger Verhältnissen begriffen werden.

Leipzig war eine Stadt – und das hatte er gleich bei seiner Amtseinführung mit eigenen Augen gesehen –, in der jegliche Amtsperson die ihr zustehenden Rechte genau abgemessen bekam und sie ebenso peinlich genau zu verteidigen hatte, wenn sie sie nicht verlieren wollte. Daß es dabei weder Fairneß noch Freund-

Der Leipziger Handelsherr Georg Bose. Er wohnte am Thomasfriedhof den Bachs gegenüber und unterhielt mit ihnen bis zu seinem Tode 1725 freundschaftliche Beziehungen.

lichkeit gab, hatte er im Kampf um den Universitätsmusikdirektor und anläßlich der Aufführung seiner Trauerode erfahren. In diesem Leipzig mußte man sich seiner Haut wehren, sofern man nicht untergehen wollte oder über die entsprechenden Beziehungen verfügte. Dann freilich sah alles anders aus.

Die Bachs waren in Leipzig keineswegs ohne Freunde. Nicht nur der Kaufmann und Ratsherr Bose – am Thomaskirchhof gegenüber – und der Advokat Dr. Falckner schätzten ihn. Da war auch der Steuereinnehmer Henrici oder die Frau von Ziegler, die ihm die Texte für seine Kantaten schrieben. Aber Verbindungen zur Geistlichkeit gab es keine. Licentiat Weiße, der ihn in Köthen aufgesucht und ihm Leipzig so schmackhaft zu machen versucht hatte, war einer der Paten bei der ersten Leipziger Kindtaufe gewesen. Andere geistliche Paten gab es nicht mehr. Man darf da einen wichtigen Standesunterschied nicht vergessen: Die Herren hatten alle studiert, ebenso die Herren vom Ratsausschuß, der »Enge«, die den Ton in der Stadt angaben, und Bach war nur ein unstudierter Musiker, ein Mann, dem offensichtlich sogar der Lateinunterricht in der Schule schwerfiel – andernfalls hätte er ihn ja nicht so schnell abgegeben. Und dann kam da beim Konsistorium die Sache mit dem Magister Gaudlitz.

Heutigentags ist es allgemein der Brauch, daß die Lieder für den Gottesdienst der Pfarrer heraussucht und sie Kantor oder Organist mitteilt. Das ermöglicht es ihm, die Lieder dem Thema der Predigt entsprechend auszuwählen. Zu Bachs Zeiten war die Auswahl der Lieder, für die es einen festgefügten Turnus gab, Sache des Directoris chori musices, also die seine. Als Magister Gaudlitz neu als Prediger an der Thomaskirche eingeführt wurde, änderte er dies und schrieb die Lieder selber an. Eine Zeitlang sah der »jähzornige« Bach auch diesmal wieder geduldig zu. Als aber Herr Magister Gaudlitz zur Änderung sich nicht bequemen wollte, sah Bach sich genötigt, sich ans Konsistorium zu wenden. Er hatte sich seinerseits vertraglich verpflichten müssen, keine Neuerung einzuführen, und dies war eine Neuerung. Sie griff in seine Rechte ein und beschnitt sie.

Zwischen zwei vernünftigen Menschen hätte sich die ganze Angelegenheit mit einem Gespräch regeln lassen, eine vertrauensvolle Zusammenarbeit zwischen Pfarrer und Cantor vorausgesetzt. Aber es ist typisch für das Verhältnis zwischen der Leipziger Geistlichkeit und Bach, daß eben von dieser Zusammenarbeit nirgends eine Spur zu finden ist, weswegen die Bach-Biographen allesamt auch peinlich vermeiden, auf dergleichen zu sprechen zu kommen. Der Herr Magister Gaudlitz war zu einer Verständigung mit Bach nicht bereit, Bach blieb nur die Eingabe an seine geistliche Behörde. Diese fand leider keine Möglichkeit, das Verhalten von Gaudlitz als berechtigt hinzustellen, mußte dem Musiker Bach sein Recht auf Festsetzung der Kirchenlieder bestätigen und dem Herrn Kollegen die Unrechtmäßigkeit seines Verhaltens darlegen. Das war ein saurer Apfel, denn der Magister war einer der Ihren, und dieser Bach hatte ja schon bei der Passionsaufführung von 1724 bewiesen, daß er immer seinen Kopf durchsetzen mußte!

Das Ganze ereignete sich im selben Jahr 1727, in dem Bach auch um die Aufführung seiner Trauerode zu kämpfen hatte. Er war noch nicht ein Jahr da, da hatte er 1724 sich Orgelreparatur und Podeste in der Nicolaikirche anläßlich der Passionsaufführung regelrecht erkämpfen müssen, im folgenden Jahr mußte er sich seine Rechte in der Universität mit Eingaben beim König erstreiten, jetzt hatte er dagegen angehen müssen, daß man ihm

Rektor Johann Heinrich Ernesti (der Ältere) fand sich mit allen Mißständen in der Thomasschule ab, veränderte nichts und rührte für Bach keinen Finger.

aus dem Konsistoriumsbereich seine Rechte beschnitt, und im Herbst kamen die harten Auseinandersetzungen um die Aufführung seiner Trauerode. Und das war längst nicht alles. Denn auch in der Schule stand sein Recht, über die aufzunehmenden Schüler aufgrund ihrer gesanglichen Qualitäten mitzuentscheiden, nur auf dem Papier. Der Rektor Ernesti stand in seinem fünfundsiebzigsten Jahr und war seit achtundvierzig Jahren an der Thomasschule. In dieser ganzen Zeit hatte es unter ihm keinerlei Veränderungen gegeben, der alte Kuhnau hatte sich mit seinem lahmen Regiment abfinden müssen, und Bach zur Seite zu stehen fehlte es ihm nicht nur an Willen, sondern auch an Tatkraft. Schließlich gab es in der Schule noch weit größere Mängel als den Mangel an guten Sängern. Die Zahl der Schüler war seit langem rückläufig, da konnte man auf die Kehlen der Neuzugänge keine zusätzliche Rücksicht nehmen.

Nachdem Bach viereinhalb Jahre Cantor der Leipziger Thomasschule war, hatte er sich mit seinen leidigen Qualitätsansprüchen und seiner fixen Idee von einer »regulierten Kirchenmusik zu Ehren Gottes« beim Rat, beim Konsistorium und bei der Universität gründlich unbeliebt gemacht und hatte obendrein von der Schule nur noch fünfzig Prozent der zugesagten festen Einnahmen, dafür aber vorwiegend unzureichende Sänger. Er stand jetzt im zweiundvierzigsten Jahre seines Lebens, auf der Höhe seines Schaffens, und eine Anerkennung seiner Arbeit hatte er bisher noch von keiner seiner Behörden erhalten – eher das Gegenteil.

So viel zu den »starken Kräften der Aufklärung«,* auf die Bach nach Angabe der Leipziger Neuen Bachgesellschaft bei seinem Einzug in Leipzig gestoßen war. Es sollte nicht der letzte Stoß sein, den er von ihnen erhielt.

Der dreißigjährige selbstbewußte Künstler in Weimar.

Der trauernde Witwer in Köthen (Gemälde von Johann Jacob Ihle, 1720).

Das Porträt Elias Gottlob Haußmanns von 1746 zeigt deutlich das beginnende Augenleiden.

Bach in seiner Leipziger Zeit (Silberstiftzeichnung). Dieses Bild, das in den dreißiger Jahren entstanden sein dürfte, weist wesentlich mehr Ähnlichkeit mit den vorherigen beiden Porträts auf als ein bekanntes späteres Ölbild, das einen vergrämten älteren Herrn mit mageren Wangen und scharfgeschnittenen Gesichtszügen darstellt.

XVII

WAS ABER HAT es mit diesem Begriff »Aufklärung« überhaupt auf sich? Man hat ja das ganze 18. Jahrhundert als »das Jahrhundert der Aufklärung« bezeichnet. Doch das ist irreführend. Denn es war kein aufgeklärtes Jahrhundert, sondern nur eines, in welchem Aufklärer und auch Aufgeklärte vorkamen. Kant hat am Ende dieses Jahrhunderts Aufklärung definiert als »die Fähigkeit, sich seines Verstandes ohne die Hilfe anderer zu bedienen«. Aber Spinoza hatte schon weit früher, schon 1670, die »Befreiung des Menschen aus seiner selbstverschuldeten Abhängigkeit« als notwendig verkündet. Es läßt sich also nicht behaupten, daß aufklärerische Gedanken erst im 18. Jahrhundert aufgekommen seien. Aufklärer gab es schon sehr viel früher, und sie hatten alle eine gemeinsame Eigenschaft: Sie waren in den herrschenden Kreisen gründlich unbeliebt.

Schon Sokrates wies mit seiner dialektischen Methode seinen Schülern nach, daß bei genauem Hinsehen die Dinge gänzlich anders waren, als man sie gemeinhin darstellte. Daraufhin wurde er als ein Verderber der Jugend hingerichtet. Der Staufenkaiser Friedrich II. war ein wahrhaft aufgeklärter Monarch. Also wurde er vom Papst zum leibhaftigen Antichrist erklärt. Dante wurde 1302 zum Tode verurteilt und mußte fliehen. Guido von Arezzo, der die Notenlinien erfand, wurde aus dem Kloster gejagt, Descartes erhielt Vorlesungsverbot, Galileis Schriften kamen für Jahrhunderte auf den Index, er selbst wurde mit Androhung der Folter zum Schweigen gebracht. Spinoza wurde aus der jüdischen Gemeinde ausgeschlossen. Als Voltaire die Dummheit und Hohlheit des Präsidenten der königlich-preußischen Akademie der

Wissenschaften, Maupertuis, entlarvte, fiel er beim aufgeklärten Friedrich II., dem Großen, in Ungnade und erhielt Stadtarrest, während Maupertuis Präsident blieb. Am Ende seines Lebens wurde Voltaire das Begräbnis verweigert.

Dies sind wenige Beispiele, die Reihe ließe sich lange fortsetzen. Alle Aufklärer wollten nichts anderes als an die Stelle falscher Tradition neue Erkenntnisse setzen, nachweisend, daß das Hergekommene nicht das Richtige sei. Einer Stadtverwaltung, die ihren Angestellten Neuerungen ausdrücklich verbot und auch an anderen Stellen sich Neuerungen gegenüber verschlossen zeigte (man studiere die Ratsprotokolle), kann Interesse an Aufklärung nicht unterstellt werden, ebensowenig einer Universität, in der die fünf Theologen und elf Philosophen das Sagen hatten.

Die Theologen mühten sich damals weit mehr als heute, vor allem den absolut richtigen – orthodoxen – Glauben zu wahren, waren also notwendig strikt konservativ. Die Leipziger Philosophieprofessoren hatten sich demzufolge strikt an das Dogma zu halten. Was einem Philosophieprofessor passierte, der eine selbständige Einstellung bewies, durfte der rationalistische Professor Wolff in Halle erfahren: Er wurde von den Theologen sogleich der Gotteslästerung beschuldigt und daraufhin vom König von Preußen des Landes verwiesen. Was noch ein mildes Verfahren genannt werden muß: Wie in der Schweiz und in Frankreich unschuldige Menschen wegen angeblicher Gotteslästerung im »Jahrhundert der Aufklärung« auf barbarischste Weise hingerichtet wurden, kann man bei Voltaire nachlesen.

Es gab ja auch bis ans Ende jenes Jahrhunderts noch Hexenverbrennungen, wenn auch nicht in Leipzig. Doch selbst in Preußen wurde die Folter erst mit dem Regierungsantritt Friedrichs des Großen abgeschafft (wenn auch nur teilweise), Leipzig besoldete seinen Stadthenker. Und auch die von den Leipziger Professoren Felix und Schneiderheinze vertretene Behauptung, Gottsched sei die Zentralgestalt der literarischen Aufklärung und der Exponent der Leipziger Aufklärung gewesen, hat zur Voraussetzung, daß einer niemals einen Blick in Gottscheds *Ausführliche Redekunst* oder in seinen *Versuch einer kritischen Dichtkunst für die Deutschen* geworfen hat. Damit konnte Gottsched sich zwar zwischen 1730 und 1740 zu einer Art deutschem Literaturpapst erheben, aber von der von ihm als beispielhaft hingestellten Literatur ist ebenso wenig übriggeblieben wie von seiner eigenen. Die große deutsche Schauspielerin Caroline Neuber, die, um die Hebung der Schauspielkunst bemüht, seit 1737 die Gottschedschen Reformvorschläge auf die Bühne umgesetzt hatte, mußte 1741 Leipzig verlassen, weil ihr mit dem Gottschedschen Theater die Zuschauer ausblieben und der große Gottsched kein anderes duldete.

Nein, es war kein »aufgeklärtes« Leipzig, man hatte für einen wirklichen Aufklärer weder Platz noch Verständnis, wie noch darzustellen sein wird. Anderslautende Behauptungen halten näherer Besichtigung nicht stand, ebensowenig wie die Behauptung, Bach sei ein »aufklärerischer Musiker« gewesen.

Was soll man sich auch darunter vorstellen? Die *Meditationen* des Descartes ebenso wie Wolffs *Vernünftige Gedanken von der Menschen Tun und Lassen* dienten ganz sicher der Aufklärung der Menschen, aber mit Musik hatten sie nichts zu tun, ebensowenig wie die Musiker mit ihnen. Bach hatte mit der *Chromatischen Fantasie und Fuge* und dem *Wohltemperierten Klavier* eine bis dahin nicht bekannte Erweiterung der harmonischen Möglichkeiten demonstriert, aber das diente ebensowenig einer politischen oder philosophischen Aufklärung wie eine »aufklärerische Malerei« oder eine »aufklärerische Architektur«, wenn es eine solche gegeben hätte.

Das Gegenteil wird natürlich behauptet, aber irgendwelche Beziehungen zwischen diesem oder jenem Kunstwerk und dieser oder jener Zeiterscheinung, auch der Zeit allgemein, lassen sich rein spekulativ immer irgendwie herstellen. So hat auch Mozart mit seiner Musik zur *Zauberflöte* angeblich freimaurerische Geheimnisse preisgegeben, Haydn mit jener Messe, die er in Eisenstadt zu Ehren des englischen Admirals Nelson aufführte, angeblich der Französischen Revolution gehuldigt und Beethoven mit seinen Sinfonien gegen das Metternichsche System gekämpft. All das haben angesehene Musikologen verkündet,* aber für all solche Behauptungen braucht es weniger Gelehrsamkeit als Bedenkenlosigkeit, ja Dreistigkeit, und solche Arten von Musikwissenschaft erinnern einzig an die hängenden Gärten der sagenhaften Königin Semiramis: Man muß staunend zu ihnen emporblicken, weil ihnen jegliche Fundamente fehlen.

Auch Leuten, die Ausdrücke wie »aufklärerische Ideen« oder »unter dem Einfluß der Aufklärung« gebrauchen, kann man mit beträchtlicher Sicherheit nachsagen, daß sie sich niemals mit dieser Materie ernsthaft beschäftigt haben. Für Bach hat man diesbezüglich eigens den Begriff einer »deutschen Frühaufklärung«* etabliert, was immer einer darunter verstehen mag. Daß er indessen »aufklärerische Ideen« durch das Studium Spinozas und Wolffs oder aber von seinen altlutherisch-orthodoxen Beichtvätern bezogen haben könnte*, scheint einigermaßen unglaubwürdig.

Von ihm ist vielmehr zu berichten, daß er, nachdem er Jahre hindurch Sonntag für Sonntag eine neue Kantate komponiert und aufgeführt hatte, 1728 einen ganzen Kantatenjahrgang von seinem Vetter in Meiningen aufkaufte. Schweitzer meint, Bachs Kantaten stellten das Kernstück seines ganzen kompositorischen Schaffens dar. Die Glaubenskraft, die in ihnen zum Ausdruck kommt, die künstlerische Meisterschaft, die in ihnen enthalten ist, stehen außer jedem Zweifel. Nur daß sie die Hauptleistung seines Schaffens ausmachten, darf bezweifelt werden. Die selbst auferlegte Pflicht, über Jahre hinweg jeden Sonntag mit einer neuen Kantate aufzuwarten, ist bewundernswert genug, die Lösung mehr als staunenswert. Ein anderer als Bach wäre darüber unausweichlich in bloße Routine abgeglitten. Aber bei einem Musiker von solcher Spannweite des Schaffens ist es undenkbar, daß er diese Pflichterfüllung als Kernstück und alles andere als Nebenwerk seines Lebens angesehen hätte.

Ein ernster Musiker von heute, vor die Aufgabe gestellt, über Jahre hinweg jede Woche zwanzig Minuten Musik für Soli, Chor und Orchester zu schreiben, einzustudieren und aufzuführen, dürfte einen solchen Antrag entrüstet zurückweisen, vor allem, wenn er daneben noch verschiedensten anderen Pflichten nachkommen muß. Und der Kirchenchor, der mit maximal acht Probestunden und einer zweistündigen Orchesterprobe eine Bach-Kantate aufführen möchte, ist wohl auch nicht leicht zu finden.

Von Bach sind rund zweihundert Kirchenkantaten erhalten; die Auswahl der Predigttexte folgte einem vierjährigen Turnus, dem schließt sich die Zahl der erhaltenen Kantaten ziemlich genau an. Und man kann verstehen, daß Bach es schließlich satt hatte, jeden

Sonntag eine neue Kantate vorzuführen, nachdem er bis jetzt mit dem Rat, dem Konsistorium und der Universität nur Zusammenstöße gehabt und keine Anerkennung gefunden hatte. Die Schule, die ihn so viel von seiner Zeit kostete, brachte ihm nach Abgabe seines Lateinunterrichts nur einen sehr kärglichen Sold, war wissenschaftlich rückständig, als Internat verschlampt und stellte ihm ungenügende Sänger zur Verfügung.

Bach war daneben weiter Fürstlich-Köthenscher Hofkapellmeister und wurde auch in Weißenfels zum Hofkapellmeister ernannt. Für den Leipziger Rat waren zwar Köthen und Weißenfels nicht mehr als unbedeutendes Ausland, aber Bach genoß doch an diesen Höfen ein wesentlich höheres Ansehen als in Leipzig. Es war also weitaus vernünftiger, seine Tätigkeit dorthin auszuweiten und sie in Leipzig einzuschränken.

Es wäre vernünftiger gewesen. Aber offensichtlich war es eine Perspektive, die für Bach überhaupt nicht in Frage kam. Wenn er seine eigenen Kantaten durch die seines Vetters ablöste, so vor allem, weil er die Hände frei brauchte für eine wesentlich größere Arbeit. Ein anderer hätte sich freilich zurückgezogen und für die nächste Passionsmusik irgendeine seiner Vorgänger genommen. Aber nicht Bach! Der faßte unter solchen Umständen den Entschluß, den Leipzigern im nächsten Jahr, wo er wieder die Thomaskirche mit ihren größeren Möglichkeiten zur Verfügung hatte, nun eine ganz neue, noch größere, noch schönere Passionsmusik zu bereiten. Damit mußten sie doch endlich zu überzeugen sein! Und sein Freund Henrici hatte ihm den Text dafür zu schreiben.

Henrici war anfangs bei der Post, wurde später Steuereinnehmer, kam als solcher viel unter die Leute und verstand es, trotz seiner Beschäftigung, mit der einer seinen Mitmenschen im allgemeinen wenig Freude bereitet, ebenso fröhlich wie angesehen zu bleiben. Nebenher war er Gebrauchsliterat und schrieb keineswegs nur zur frommen Erbauung, besang auch Liebe und Wein sowie gewisse Tagesereignisse und verkörperte so etwas wie eine Leipziger Anakreontik vor Gellert (der erst ein Jahr nach Bachs Tod in Leipzig Professor wurde). Gelegentlich verspottete er auch gern einmal eine Zeiterscheinung, wie 1725 den sich vordrängelnden Professor Gottsched.

Da er freimütig bekannte, daß ihm seine Dichtungen auch Mühe machten und Gelegenheitsdichtungen auch fällig waren, wenn ein Musenkuß nicht in Sicht war, wird ihm der Vorwurf gemacht, er sei eigentlich kein Poet gewesen, was wenig Kenntnis der Poeterei verrät. Denn selbst den Hochbegabten fallen die Verse nicht im Rausch ein, auch Dichtung ist mit Arbeit verbunden. Nur wird sie bei Poeten selbst unter Terminzwang noch Poesie und bleibt bei den anderen auch im Rausch nur Pfuscherei.

Henricis geistliche Texte werden verschiedentlich als schwülstig bezeichnet, aber damit kam er lediglich dem Zeitgeschmack nach und bewegte sich völlig auf Gottscheds Niveau. Doch nicht nur in der *Matthäuspassion* und im *Weihnachtsoratorium* findet sich echte Lyrik voll tiefer Gedanken. Und Henrici lieferte seinem Freund Bach nicht nur den Text zur *Matthäuspassion*, sondern ebenso zu seiner *Kaffeekantate* und zur *Bauernkantate* – zwei Meisterstücke von Gelegenheitsdichtung. Sein Dichtername übrigens war Picander, aber ganz Leipzig wußte, daß darunter der Steuereinnehmer Henrici zu verstehen war.

Die *Matthäuspassion*! Sie war es, an der Bach 1728 schrieb, unter Umständen, unter denen andere sich eingeschränkt hätten. Und er brauchte Zeit dafür, nicht nur wegen der Schule und wegen der Begräbnisse und Hochzeiten, die den wesentlichen Teil seiner Einkünfte ausmachten, sondern auch deswegen, weil ihn die Inspektion in der Schule in jeder vierten Woche zusammengerechnet ein Viertel des Jahres von seiner Komponierstube fernhielt. Es gab verschiedenste Gründe zum Resignieren, aber er vertraute seinem Auftrag und seiner Kunst und glaubte immer noch, daß er seiner Obrigkeit nur zeigen müsse, was für eine großartige Musik er zu schaffen imstande sei, um diese Obrigkeit für sich zu gewinnen.

Er übersah, daß diese Obrigkeit nicht nur überhaupt nichts von Musik verstand, sondern auch gar nichts von ihr verstehen wollte. Sie wollte einen braven Angestellten, einen Lehrer für Latein und Musik, der das Nötige an Musik bei den Gottesdiensten und Begräbnissen besorgte, keine Ansprüche stellte und mit dem, was etwa an Nebeneinnahmen zusammenkam, ebenso wie mit den vorhandenen Mitteln zum Musikmachen zufrieden war.

Aber eben alles dies konnte Bach seiner Obrigkeit nicht leisten, selbst wenn er sich um Erfüllung dieser Ansprüche bemüht hätte. Er hat sich freilich nicht darum bemüht – sie waren ihm unverständlich. Er war Musiker. Die Musik war nicht einfach das Zentrum, sondern sie war der vollständige Inhalt seines Lebens. Die Hauptfähigkeit eines Genies besteht ja darin, seine Sache mit einer weitaus größeren Intensität zu betreiben, als sich das Durchschnittsmenschen auch nur vorstellen können. Das drastischste Beispiel dafür ist der große Newton: Seit Jahrtausenden hatten die Menschen Äpfel zu Boden fallen sehen und sich nichts dabei gedacht, aber ihm fiel das als etwas völlig Ungewöhnliches auf, und er verbiß sich so darin, daß er die Gravitationsgesetze entdeckte.

Nicht anders stand es mit Bach und seiner Musik. Ganz gewiß war er das, was man einen »begnadeten Musiker« nennt. Aber Gnade ist alles andere als ein Vergnügen, zur Gnade wird einer verurteilt. Lessing ließ mit Bedacht von seinem Maler Conti* die Erkenntnis aussprechen, daß Raffael unzweifelhaft das größte malerische Genie geworden wäre, auch wenn er unglücklicherweise ohne Hände wäre geboren worden. Er war zum Malen verurteilt. Genauso war Bach dazu verurteilt, den Kosmos seiner Musik zu durchdringen, und aus ebendiesem Grunde verstand er genau das nicht, was Gottsched so hervorragend zustande brachte und seinesgleichen bis auf den heutigen Tag so exzellent kann: sein eigenes Ich in Szene zu setzen.

Bach war die Sache allemal wichtiger als seine Person, und die Sache selbst – die Musik und ihr göttlicher Auftrag unter den Menschen – war ihm heilig. Auf Gottsched und Bach passen jene Sätze, die Schopenhauer* in seiner Abhandlung *Vom Genie* schrieb: »Die bloßen Talentmänner kommen stets zu rechter Zeit: denn, wie sie vom Geiste ihrer Zeit und vom Bedürfnis derselben hervorgerufen werden; so sind sie auch gerade nur fähig diesem zu genügen ... Der nächsten Generation jedoch sind ihre Werke nicht mehr genießbar, sie müssen durch andere ersetzt werden, die denn auch nicht ausbleiben. Das Genie hingegen trifft in seine Zeit, wie ein Komet in die Planetenbahnen, deren wohlgeordneter und überschaubarer Ordnung sein völlig excentrischer Lauf fremd ist.«

Womit er denn auch das Verhältnis zwischen Bach und der Leipziger Obrigkeit präzis dargestellt hat. Für Bach, welchem die

Musik der vollständige Lebensinhalt war, war es eben unverständlich, ja nicht einmal vorstellbar, daß seine Leipziger Obrigkeit für seine Musik so wenig Verständnis haben sollte wie für eine Predigt auf Chinesisch. Er meinte, wenn er nur laut genug predigte, so müsse er doch verstanden werden.

Und so setzte er sich hin und schrieb die großartigste, gewaltigste und erschütterndste Passionsmusik dieser Welt, ein Werk von solcher Größe und Erhabenheit, daß es seinesgleichen bis auf den heutigen Tag nicht gefunden hat. Es ist sehr viel über diese *Matthäuspassion* geschrieben worden, und wer über Bach schreibt, fühlt sich verpflichtet, sie anzubeten.* Aber es ist niemals darüber geschrieben worden, unter welch elenden Umständen er dieses Werk geschaffen, unter welch miserablen Bedingungen er es aufgeführt hat. Die Aufführung erfolgte Ostern 1729, und wir wissen es nur dadurch, daß Henrici seinen Text hat drucken lassen. Im übrigen wurde das Ereignis totgeschwiegen. Genaugenommen muß man sogar von einem gründlichen Mißerfolg dieser Aufführung sprechen, einem Mißerfolg, der für Bach eine schier endlose Reihe von häßlichsten Widerwärtigkeiten nach sich zog. Denn von da ab ging es mit seinem ohnehin beschädigten Ansehen bei seiner Obrigkeit rapide abwärts.

XVIII

BACH NAHM ALLES zusammen, was er hatte und was er irgend auf-
treiben konnte. In der Thomaskirche standen zwei Orgeln,* also
nahm er zwei Orgeln. Wenn er alle seine brauchbaren Thomaner
versammelte, konnte er notfalls zwei Chöre besetzen, also nahm
er zwei Chöre. Und zu den zwei Chören gehörten zwei Orchester.
Er mußte das seine also halbieren. Zum Glück war er schon längst
nicht mehr auf Stadtpfeifer und eventuelle Instrumentalisten aus
der Thomasschule angewiesen, sondern konnte auf Studenten aus
dem Collegium musicum rechnen, das sich zudem gerade in einer
Umbruchsituation befand: Der Organist Schotte, der bisher die
Leitung hatte, hatte eine Anstellung mit besseren Möglichkeiten
in Gotha gefunden. Daß er in Leipzig keinen Aufstieg zu erwarten habe, hatte ihm der Rat ja schon vor fünf Jahren zu verstehen
gegeben, als er seine Bewerbung für das Thomaskantorat
ablehnte. Daß Bach im April 1729, also gerade um Ostern, statt
seiner die Leitung dieses Collegiums übernahm, beweist bereits
bestehende Verbindungen. Und noch etwas anderes: nämlich daß
die Studenten den Cantor von der Thomasschule zu schätzen
wußten. Sonst hätten sie ja Görner wählen können, der schließlich
offizieller Universitätsmusikdirektor war. Mit Bach entschieden
sie sich für den Mißliebigen.

So wichtig es für Bach war, daß er das Amt übernahm – das
noch weitaus Bedeutendere ist es eigentlich, daß sich die Studenten für Bach entschieden. Denn es war ja kein Amt, das einer
besetzen konnte wie einen leeren Stuhl. Das Collegium war eine
völlig freiwillige Vereinigung, spielte auch in einer völlig privaten
Umgebung, nämlich im Zimmermannschen Kaffeehaus, und

seine Dirigenten wählte es sich selbst. Als man Bach das Amt antrug, hatten einige Mitglieder aus den Kantatenaufführungen schon ihre Erfahrungen mit ihm. Sie wußten also, daß seine Musik schwierig und er selbst anspruchsvoll war. Aber sie kannten keinen besseren, und es ist aus all der Zeit, in der er mit den Studenten musizierte, nicht bekannt, daß es jemals zu Unverträglichkeiten zwischen ihnen und Bach gekommen wäre. Offensichtlich konnte er von ihnen fordern, was immer er wollte, sie leisteten ihm Gefolgschaft. Später legten sie sich für ihn sogar mit dem Rat an. Was der Rat dem Bach denn auch heimzahlte.

Zwei Chöre, zwei Orgeln, zwei Orchester – es war alles, was Bach hatte, und er hat später auch niemals wieder für eine derart große Besetzung geschrieben. Diesmal setzte er alles ein. Auf seine Musiker konnte er sich verlassen. An den Orgeln saßen ordentliche Leute, an der großen Orgel Görner, der von der Neuen Kirche zur Nicolaikirche übergewechselt war. Das Risiko der ganzen Aufführung lag erstens bei den Sängern. Einen anderen Chor als die Thomaner gab es nun einmal nicht. Und zweitens in Bachs Nebenverpflichtungen: Im Februar 1729 war er am Hof zu Weißenfels, in der ersten Märzwoche zwar wieder in Leipzig, aber die folgenden drei Wochen mit Anna Magdalena und Wilhelm Friedemann in Köthen.

Es war ein trauriger Anlaß, der ihn hinführte: Fürst Leopold war gestorben, noch keine vierunddreißig Jahre alt, und es war die Trauermusik, nach der man in Köthen verlangte. Bach nahm ein Stück seiner eben vollendeten *Matthäuspassion* dafür – nicht nur, weil er keine Zeit hatte, Neues zu schreiben, er hatte auch nichts Besseres zu geben. Der sehr kluge Reinhard Raffalt hat ihm verübelt, daß er für einen »Duodezfürsten« jene Musik aufführte, die einem heiligen Zweck geweiht war. Aber es war nicht irgendein »Duodezfürst«, es war der beste Dienstherr, den Bach je gehabt hatte, sein einziger Gönner und Mäzen. Sein Hinscheiden hatte er aus tiefstem Herzen zu beklagen, einen zweiten Fürsten Leopold fand er im Leben nicht wieder.

Zusammengezählt blieben also Bach für die Einstudierung der Passion gerade drei Wochen, und in diesen drei Wochen waren auch drei Kantaten aufzuführen. Selbstverständlich konnte er unter solchen Umständen den gewaltigen Gesangspart nicht allein einstudieren. Dafür standen ihm seine »Präfekten« zur Verfügung. Er hatte deren drei: seinen eigenen Sohn Wilhelm Friedemann, den bis heute als Orgelkomponisten geschätzten Johann Ludwig Krebs und den weniger bekannt gewordenen Johann Ludwig Dietel.

Die Präfekten waren von vornherein die eigentlichen Hauptstützen seiner ganzen kirchenmusikalischen Arbeit, denn weder konnte er sonntags in vier Kirchen zugleich sein noch all die nötigen Einstudierungen – Chöre und Soli – selbst vornehmen. Sonst hätte er nicht nur sein eigener Komponist, sondern auch noch sein eigener Korrepetitor sein, und seine Sänger hätten sich nach seiner Zeiteinteilung und nicht nach dem Stundenplan der Schule richten müssen.

Da dies alles nicht möglich war, bildeten die Präfekten das Rückgrat seiner Musik. Wenn sie gelingen sollte, mußte er sich auf sie unbedingt verlassen können. Dazu mußten sie sich bei ihren jüngeren und gleichaltrigen Schulkameraden durchsetzen können, vor allem aber selbst gute und zuverlässige Musiker sein. Bach konnte nicht alle Schüler gleichmäßig in der Musik ausbilden, die Präfekten hatten notwendig einen Teil des Unterrichts zu übernehmen, auf ihre Ausbildung also mußte er sich besonders konzentrieren.

Was in keiner Biographie erwähnt wird, sich aber nachweisen läßt: Für die *Matthäuspassion*, ein Werk von mehr als dreistündiger Dauer, hatte Bach für sich ganze vierundzwanzig Unterrichtsstunden und jene Sonnabendproben, in denen auch die Kantaten probiert werden mußten. Die gesamte Einstudierung erfolgte also unter beträchtlichem Zeitdruck. Das Werk war ja außerordentlich anspruchsvoll. Noch hundert Jahre später hielt der erfahrene Dirigent Carl Friedrich Zelter, dem die geschulten Sänger der Berliner Singakademie zur Verfügung standen, der Schwierigkeiten wegen eine Aufführung für ebenso unmöglich wie vierzig Jahre später die Künstler der Wiener Hofoper eine Aufführung von Wagners *Tristan*. Bach ging also mit seiner Aufführung unter Zeitdruck und mit beschränkten künstlerischen Mitteln ein großes Wagnis ein. Er mußte sich auf die Routine seiner jungen Sänger verlassen.

Aber da waren ja nicht nur die Chöre, da waren ja auch die gro-

Das Innere der Thomaskirche nach dem Umbau von 1885 …

... und zur Zeit Bachs. Bedingt durch die verschiedenen Einbauten, traf Bach damals in dieser Kirche auf eine gänzlich andere Akustik.

ßen Solopartien. Auch für sie hatte Bach nur Schüler. Seine Frau war zwar eine ausgebildete und gute Sängerin, aber Frauen durften sich ja in den Leipziger Kirchen ebensowenig hören lassen wie schon einundzwanzig Jahre früher in Arnstadt. Anna Magdalena hatte mit der Übersiedlung nach Leipzig auch ihren Beruf eingebüßt.

Die Proben müssen also mit großer Hektik stattgefunden haben. Spitta berichtet, Bach habe einmal bei einer solchen dem Görner wütend seine Perücke an den Kopf geworfen. Das war für einen korrekten deutschen Quellenforscher der wilhelminischen Zeit ein Zeichen von geradezu unglaublicher Unbeherrschtheit. Spittas fast einhellig durch die gesamte Bach-Literatur geschleppte Behauptung, Bach sei also jähzornig gewesen, hat hier ihren Ursprung.

Hätte er Orchesterproben des Grandseigneurs der großen deutschen Dirigenten, Wilhelm Furtwängler, beigewohnt, hätte er ihm wahrscheinlich Tobsuchtsanfälle unterschoben. Von Arturo Toscanini berichtet die Anekdote, er habe in einer seiner Proben einem Cellisten wütend seine goldene Uhr an den Kopf geworfen. Das Orchester wußte etwas besser als Spitta über die möglichen Nervenzustände eines Dirigenten Bescheid, legte zusammen und schenkte ihm am nächsten Tag eine neue (eine stoßgesicherte).

Man soll nicht annehmen, daß dergleichen Ereignisse die Regel seien, aber um von einem einmaligen Perückenwerfen auf das Vorhandensein von Jähzorn zu schließen, muß einer von der musikalischen Praxis schon sehr weit entfernt sein: Im Gegensatz zu den emsigen Detailforschern sind die großen Musiker auch allemal mit bedeutendem Temperament versehen gewesen. Ohne dasselbe kommt eine bedeutende Musik nicht zustande. Auch die »Feindschaft« zwischen Bach und Görner ist ja übertrieben worden. Er war nach Bachs Tod sein Nachlaßverwalter und Betreuer der Familie. Dafür gibt sich keiner her, mit dem man lebenslang feind war.

Die erste Aufführung der *Matthäuspassion* erfolgte am Karfreitag des Jahres 1729, und die einzige erhaltene Kritik ist die einer unbekannten adeligen Dame, welche davon gesagt habe: »Behüte Gott! Ist es doch, als ob man in einer Opera Comedie wäre.« Diese Bemerkung hat man später im Interesse des Leipziger Ansehens herabzuspielen versucht: Man wisse nicht, um welche Dame es sich da gehandelt habe und ob sie überhaupt ernstzunehmen gewesen sei. Man entschuldigte sich quasi für ihre Bemerkung. Völlig unnötig: Sie hatte ja recht.

Man muß sich nur an dem Wort »Comedie« nicht stoßen, es hat mit unserer Vorstellung von einer Komödie nichts gemein. Die Neubersche Truppe spielte oft sehr ernsthafte Stücke, dennoch blieben sie »Komödianten« – »Comedie« steht schlicht für »Theaterstück«. Daß aber die Dame durch diese Passionsmusik an die Oper erinnert wurde, ist begreiflich. Man muß sich Händels *Brockes-Passion* oder Grauns *Der Tod Jesu* anhören, um den Riesenschritt zu begreifen, den Bach da in die Richtung der Musikdramatik unternommen hatte.

Es war nicht die Musikdramatik von Händels späten Oratorien, die noch heute in England auch szenisch aufgeführt werden. Bachs Musik ist nicht szenische Musik, sondern in sich und aus sich selbst dramatisch, und das keineswegs nur bei jenen Stellen voller Erregung wie dem »Kreuzige«-Chor oder der knappen Schilderung, wie der Vorhang im Tempel zerriß. Sie bringt keine Verklärung, ist in all ihrer Schönheit keine »schöne Musik«, sondern zwingt zum Miterleben, und die anonyme Dame mußte sich ihrer Wirkung mit der Bezeichnung »opernhaft« erwehren, weil sie ganz ohne optische Unterstützung und nicht auf einer Bühne, sondern in der Seele des Hörers das große Geschehen lebendig macht. Damit aber unterschied sie sich von allem, was man bisher in Leipzig an Passionsmusik zu hören bekommen hatte. Die Dame hatte das erfaßt: Ihr war unbehaglich geworden, weil es sie ergriffen hatte.

Wenn man die Musikdramatik der Oper heranzieht, darf man sich freilich nicht an Spittas Ansichten von den »trüben Fluten eines gedankenlosen Kunsttreibens« halten, sondern an die Definition Erdmann Neumeisters von der Kantate: »eine Cantata sähe aus wie ein Stück einer Opera«. Ihm ist Bach von Anfang an gefolgt, dem Dramatischen war er zu keiner Zeit abgeneigt, auch wenn er im Gegensatz zu seinen Kollegen Reinken und Telemann keine Opern komponierte. Die Kantate, die er zur Amtseinsetzung des Professors Kortte schuf, nannte er ein »Dramma per musica«. Und das tief Beeindruckende, Dramatische in der *Matthäuspassion* war volle Absicht: Er hatte die Größe seiner Mittel auf die Größe seines Stoffes angesetzt.

Nur hatte er damit natürlich gegen seinen Vertrag verstoßen. Darin war er ausdrücklich verpflichtet worden, dafür zu sorgen, »daß die Musik nicht zu lang währen und nicht opernhaftig herauskommen« möge. Die ungenannte Dame hatte gänzlich anderes empfunden, und ihr Ausspruch wäre nicht erhalten geblieben, wenn er nur als Absurdität angesehen worden wäre. Den Rat, seine Vorgesetzten, hatte Bach sich mit seiner Musik keineswegs erobert. Er war schon wieder einmal zu weit gegangen.

Er ging jedoch sogar kurz darauf noch weiter. Die Aufführung muß auch für ihn selbst höchst unbefriedigend verlaufen sein. Paul Hindemith meinte, wenn Bach seine Kantaten und Passionen mit so kleiner Besetzung habe aufführen können, so müsse man bedenken, er habe eben einen Thomanerchor zur Verfügung gehabt. Doch gerade dieser Chor war es, mit dem Bach nach dieser Aufführung bis zum äußersten unzufrieden war, weil er offensichtlich nicht entfernt das zu leisten vermochte, wozu Bach ihn benötigte. Wenn er eine Wiederholung des Debakels ausschließen wollte, so mußte ihm endlich das vertraglich garantierte Recht zugestanden werden, bei der Auswahl neuer Schüler ein entscheidendes Wort mitzusprechen.

Das Gegenteil trat ein: Bei der Neuaufnahme von Schülern wurden nur fünf von denen aufgenommen, die Bach geeignet befunden, und dafür vier, die er als ungeeignet abgelehnt hatte. Von seinem Rektor hatte er Unterstützung in der Sache nicht zu erwarten: Ernesti stand in seinem achtundsiebzigsten Jahr, und es sollte sein letztes sein. Er war gebürtiger Leipziger, war in Leipzig aufgewachsen, hatte in Leipzig studiert, war in der Thomasschule schon als Konrektor gewesen, 1693 Rektor geworden und hatte auch früher schon allen Veränderungen erfolgreich widerstanden: Zwar sollte schon 1717 eine Schulinspektion samt neuer Schulordnung kommen, aber sie kam erst 1723 und erhielt die alten Zustände. Ernesti wußte, wie man mit der Bürokratie umging: Indem er unentwegt etwas zu ändern vorgab, änderte er nichts und ersparte sich und seiner Behörde damit Schwierigkeiten. Bei ihm stand Bach hinsichtlich der Durchsetzung seiner musikalischen Belange auf verlorenem Posten. Also verfaßte er eine Eingabe an den Rat.*

Er hatte, wie man daraus ersieht, noch immer eine völlig falsche Vorstellung von diesem Rat. Er hätte nichts Ärgeres tun können. Sein Vorgänger Kuhnau hatte in der gleichen Sache auch schon zwei Eingaben gemacht. Er hatte keine Antwort darauf bekommen. Und als er wegen der baulichen Zustände in Sankt Nicolai dort keine Passionsmusik mehr aufführen wollte, hatte der Rat festgesetzt: Es bleibe alles beim alten, und damit basta.

Bach glaubte, wenn er das Nötige nur vernünftig darlegte, würden die Herren ein Einsehen haben, zumal sie ja das Debakel mit eigenen Ohren hatten hören können. Schließlich hatte er ein Werk geschaffen, wie es bis dahin noch nicht dagewesen war, und er hoffte, das werde endlich auffallen. Aber er hatte nicht aufzufallen, im Gegenteil: Er hatte seine Musik so zu machen, »daß sie nicht zu lange währen und nicht zu opernmäßig herauskommen« sollte. Er hatte gegen beide Forderungen verstoßen.

Die erste hat übrigens ihre Parallele: Auch der Fürstbischof von Salzburg hatte sich von Mozart im Anstellungsvertrag ausbedungen, daß seine Musik nicht zu lange währen dürfe. Aber das war mehr als ein halbes Jahrhundert später, und Mozart war ein welterfahrener junger Mann und hat die Behandlung, die er durch den Erzbischof erfuhr, mit seinem Weggang aus Salzburg beantwortet.

Doch Bach wollte noch gar nicht aus Leipzig weg, er wollte nur endlich eine ordentliche Kirchenmusik machen können. Es muß für einen Musiker von seiner Feinheit des Empfindens eine nicht endende und nur schwer erträgliche Qual gewesen sein, Sonntag für Sonntag über Jahre hinweg seine Musik nicht anders als unvollkommen aufgeführt zu hören. Und es ist bewundernswert, schier nicht zu fassen, welch unendliche Geduld dieser große Mann unter diesen Umständen bewies. Aber Geduld, lange, hartnäckige Geduld hatte er schon in früheren Jahren immer wieder bewiesen – in Arnstadt, in Mühlhausen, in Weimar, selbst in Köthen, wo er fast ein Jahr untätig herumgesessen hatte, bevor er der Möglichkeit des Leipziger Amtes nähertrat. Warum ist das noch nie festgestellt worden? Bachs Riesengeduld ist weit besser nachzuweisen als sein angeblicher Jähzorn.

Die Leipziger Ratsstube. Hier wurde über Bachs Leistung beraten und einstimmig beschlossen, ihm die Besoldung zu kürzen.

Die Besetzung seiner Chöre bei der *Matthäuspassion* kennen wir genau, nämlich aus seinen Eingaben: »... summa zu gebrauchende Schüler 17, noch nicht zu gebrauchende 20, ganz untüchtige 17 ...« – siebzehn »zu gebrauchende« Schüler: Dieses war die Besetzung für zwei, stellenweise sogar drei Chöre und Soli. Hindemith hat in seiner Bach-Gedenkrede von 1950 behauptet, erst diese »kammermusikalische« Besetzung ließe alle Feinheiten der Komposition hervortreten. Es gibt auf dem Musikmarkt ein reichhaltiges Angebot von Aufnahmen alter Musik mit historischen Instrumenten und in historischer Besetzung. Der Versuch, die *Matthäuspassion*, Chöre und Soli, mit insgesamt nur siebzehn

Sängern zu bewältigen, ist nicht darunter. Joshua Rifkin* aus den Vereinigten Staaten ist übrigens zu der Ansicht gekommen, Bach hätte seine Chöre überhaupt nur einstimmig besetzt, weil immer nur eine Chorstimme erhalten sei.

Nun geht aus Bachs Eingaben von 1729 und 1730 eindeutig das Gegenteil hervor. Doch Rifkins völlig haltlose »interessante Hypothese« ist tatsächlich in Fachkreisen ernstgenommen worden. Daß Bach in seiner Eingabe eine solche Möglichkeit ausdrücklich ausgeschlossen hatte, war nicht von Interesse – wer liest schon Eingaben?* Auf die Tatsache, daß im Orchester auch zwei Geiger immer aus einer Stimme zu spielen pflegen, daß zwei oder sogar drei Knaben also, durch Instrumente nicht behindert, sehr gut aus einer einzigen Stimme singen konnten, ist man dabei nicht gekommen, dazu hätten die beteiligten Wissenschaftler mindestens so viel Fachwissen besitzen müssen wie jeder Orchesterdiener. Doch eine größere Besetzung als zweimal drei Sänger in jeder Stimme verlangte Bach in seinem »kurzen, jedoch höchst nötigen Entwurf einer wohlbestallten Kirchenmusik« gar nicht. Für zwei Chöre wären das vierundzwanzig statt siebzehn Sängern gewesen. Der Rat empfand diese bescheidene Forderung als eine bodenlose Unverschämtheit:

Da wagte doch tatsächlich ein städtischer Angestellter, die Hochmögenden und Wohlweisen Herren des Rates zu belehren! Dabei hatte der Rat just zu dieser Zeit wahrhaftig andere und sehr ernste Sorgen. So verlangten die Oberoffiziere der Bürgerwehr, daß man ihnen neben dem zugeteilten Kapitän-Lieutenant auch noch einen Vize-Lieutent dazugebe. Der Hausvater des städtischen Lazaretts war gerade verstorben, und für die Nachfolge hatten sich nicht weniger als sechzehn Bewerber gemeldet. Daneben war das Peterstor baufällig geworden. Zudem lastete unentwegt über den Häuptern der Herren der Ratsverwandtschaft eine Schuldenlast von inzwischen 270 000 Talern in Schuldscheinen bei der Staatskasse in Dresden, die irgendwann eingelöst werden mußten. Und in diesen Berg von Sorgen und Kümmernissen – sie stehen alle im Ratsprotokoll – kam der Cantor der Thomasschule und wollte bessere Sänger haben!

Was die Schule anging, so bereitete sie ohnehin genug Schwierigkeiten: Der Rektor war im Herbst dieses Jahres gestorben, der

Konrektor auch schon siebzig, die Schulzucht schlecht, die Lehrer untereinander im Streit wegen der Verteilung der kargen Nebeneinnahmen – und nun der Cantor. Und was für ein Cantor! Man kann lange in den Ratsakten blättern und wird vergeblich nach einem Menschen suchen, über den so viel und so einmütig geschimpft worden ist. Von einer Kulturpolitik, wie sie Siegele dem Rat unterstellt, ist da nirgends die Rede. Aber von Bach steht fest, daß es mit seinem Ansehen beim Rat nach der Aufführung der *Matthäuspassion* nun rapide bergab ging. Sie war nicht nur viel zu lang, vor allem war sie auch viel zu dramatisch gewesen. Schließlich hatte man Bach schon vor fünf Jahren anläßlich der *Johannespassion* deswegen gerügt. Aber hatte er sich die Rüge zu Herzen genommen? Im Gegenteil: er hatte es nur ärger getrieben.

Und nun brach der Sturm los: Kein städtischer Angestellter hatte so oft Urlaub eingereicht wie er. Die Singstunden ließ er von seinen Präfekten halten und sah nur zu. Und den Lateinunterricht schwänzte er ganz und gar. Daß er in seinen Singstunden vor allem die Präfekten ausbilden mußte, weil sie ihn an den Sonntagen in drei Kirchen zu vertreten hatten, übersah man. Daß ihm in seinem Vertrag das Recht, sich im Lateinunterricht vertreten zu lassen, ausdrücklich eingeräumt worden war, kam keinem der Herren in den Sinn. Fest stand nur, daß es mit diesem Schulcantor nun schon wiederholt Schwierigkeiten gegeben hatte, daß er seine Zeit damit vertrödelte, das studentische Collegium musicum zu leiten und in der Gegend herumzufahren. Und daß alle bisherigen Ermahnungen nichts gefruchtet hatten.

Gemeinsame Feststellung (vorgetragen durch Hofrat Adrian Steger): »Der Cantor ist incorrigibel!« Und Beschluß: »Ihm die Besoldung zu verkümmern.« Was hieß: Neben den kärglichen fünfzig Talern, die ihm nach Ablösung seines Lateinunterrichts übrigblieben, wurde er von den Nebeneinnahmen der Lehrer ausgeschlossen. Einstimmig. In all den Sitzungsprotokollen, in denen von Bach die Rede ist, ist nicht *ein* gutes Wort für Bach festgehalten. Es ist auch nicht bekannt, daß irgendeiner der geistlichen Herren irgendwann und irgendwo sich in irgendeiner Weise für Bach eingesetzt hätte, den Herrn Superintendenten Deyling, den Schweitzer als Bachs Gönner bezeichnet, eingeschlossen. Der Rat hatte Differenzen mit dem Cantor? Da hielt man sich heraus. Sein

*Ratsherr Christian Ludwig
Stieglitz: »Der Cantor thuet
nichts!«*

Starrsinn war ja noch von der Affäre mit dem Herrn Magister
Gaudlitz in nachdrücklichster Erinnerung. Bachs riesige schöpferische Leistung* in den vergangenen sechs Jahren – die *Johannespassion*, die *Matthäuspassion*, das *Magnificat*, die rund zweihundert
Kirchenkantaten, genug für ein Lebenswerk – war für den Rat
einfach nicht vorhanden. Kein einziger Ratsherr widersprach der
zusammenfassenden Feststellung vom Ratsherrn Christian Ludwig Stieglitz: »Der Cantor tuet *nichts*!« So wurde das im Protokoll festgehalten und der Beschluß Bach unverzüglich mitgeteilt.

Ein praktisch denkender Mensch hätte sich an dieser Stelle mit
Recht gesagt: Wenn sie mich nicht wollen, sollen sie's lassen. Und
hätte sich für die entgangenen Gelder anderswo Einkünfte
gesucht. Aber Bachs Geduld war hartnäckig, sie hatten ihn noch
nicht so weit. Er verlor wegen der Verkürzung seiner Bezüge kein
Wort. Hinsichtlich der Herabsetzung seiner Person, der falschen
Darstellungen, der Mißachtung seiner Leistungen, der Nichteinhaltung seines Vertrags wollte er gar nicht verhandeln. Das
schluckte er alles. Aber seine Musik mußten sie ihn machen lassen.
Es war doch in ihrem ureigensten Interesse! Dachte er. Und setzte
sich hin und reichte statt einer Verteidigung und Berichtigung der
gegen ihn erhobenen Vorwürfe unter Hintansetzung aller berech-

tigten Bitternis die präzise und rein sachliche Darstellung ein: »Kurzer, jedoch höchst nötiger Entwurf einer wohlbestallten Kirchenmusik; nebst einigen unvorgreiflichen Bedenken von dem Verfall derselben.« Es war eine genaue Beschreibung und Begründung der höchst bescheidenen Mittel, die er für ein ordentliches Musizieren wenigstens brauchte.

Er erhielt nicht einmal eine Antwort. Er hat von dem Hochmögenden und Wohlweisen Rat der Stadt Leipzig überhaupt niemals eine Antwort erhalten. Außer der Verkürzung seiner Bezüge. Aber nun hatten sie ihn endlich so weit gebracht, daß er fortwollte.

Ja, fort wollte er! Am 28. Oktober 1730 schrieb er deswegen einen ausführlichen Brief an seinen alten Schulkameraden Georg Erdmann, der ihn auch in Weimar noch einmal besucht hatte und inzwischen russischer Konsul in Danzig geworden war. Der Brief ist als »biographische Skizze« in die Bach-Literatur eingegangen, aber wer Bachs umständlichen und immer von Förmlichkeiten geprägten Kanzleistil genauer studiert hat, kann diesen Brief nicht anders als den verzweifelten Aufschrei eines Menschen empfinden, der in höchster Not einem andern sein Herz mit der Bitte um Hilfe ausschüttet. Bach legt ihm sein ganzes bisheriges Leben dar, seine Familienverhältnisse, unterläßt auch nicht die Versicherung, daß auch seine Kinder sich beim Musizieren nützlich zu machen verstünden. Doch immer wieder unterschätzt wurde das gallebittere Fazit Bachs aus siebeneinhalb Dienstjahren: »... eine wunderliche und der Music wenig ergebene Obrigkeit ... mithin fast in stetem Verdruß, Neid und Verfolgung leben muß«.*

Und das ist das wahre Leipzig der »deutschen Frühaufklärung«, wie es Bach kennengelernt hat! So wenig Anerkennung wie in Leipzig hatte er noch in keiner seiner bisherigen Anstellungen gefunden. Er wollte weg – aber wo sollte er hin? Er hatte eine große Familie, sieben Kinder waren zu versorgen. Eine Organistenstelle, wie sein Bruder in Ohrdruf gehabt hatte, reichte ihm also nicht aus, er hätte denn auch mit Ackerbau und Viehzucht anfangen müssen.

Er war fünfundvierzig. Und er war nun wirklich und endgültig evangelischer Kirchenmusiker. Für einen solchen waren die lukrativen Stellen im Heiligen Römischen Reich deutscher Nation schwach gesät. Die Reformierten, wie in Preußen oder Köthen, brauchten keine Kirchenmusiker. Und für die katholischen Lande kam ein Evangelischer überhaupt nicht in Frage, dort konnte er nicht einmal vorsprechen. Zum süddeutschen Protestantismus – Augsburg, Nürnberg, Württemberg, Franken – fehlten ihm die Verbindungen. Es war wenig Platz für ihn auf der Welt.

Was Erdmann angeht, so wissen wir nicht einmal, ob Bach von ihm eine Antwort erhielt. Vom Leipziger Rat aber wissen wir, daß er bei der Verkürzung der Bezüge dieses unbotmäßigen Schulcantors nicht haltmachte. Ein ordentlicher Rat spart. Und bei der Untersuchung des Falles Bach hatte sich auch herausgestellt, daß die studentischen Aushilfen im Orchester der Kantatenaufführungen in üblicher Weise vom Rat bezahlt wurden. Aber leitete dieser Bach nicht statt zu unterrichten auch das studentische Collegium musicum? Das hieß doch: Er verschaffte auf solche Weise den Mitgliedern aus dem Stadtsäckel zusätzliche Einnahmen? Das ging natürlich nicht: Die Gelder für die Aushilfen wurden gestrichen.

Die Studenten kamen keineswegs alle von reichen Eltern, sie mußten sich folglich anderswo nach Nebeneinnahmen umsehen und blieben aus. So hatte Bach nun nicht nur weiterhin schlechte Sänger, sondern auch noch ein schlechteres Orchester, konnte also zwangsläufig auch nur schlechtere Musik machen. Aber auch das wurde nun wieder nur als Beweis dafür angesehen, daß er sich trotz aller Erziehungsmaßnahmen nicht zu bessern gedachte. Es war eine Schraube ohne Ende. Der Rat dachte nicht daran, ihm bessere Sänger zu ermöglichen, und hatte ihm nicht nur die Besoldung, sondern auch sein Orchester verkümmert. Noch nie war Bach gezwungen worden, seine Musik mit so unzulänglichen, so armseligen Mitteln zu machen.

Und ein Ausweg war nirgends sichtbar – nirgends bot das evangelische Deutschland dem »Meister aller Meister«, seinem »fünften Evangelisten«, eine annehmbare Vakanz. Die Auseinandersetzungen mit der Kirchenbehörde in Arnstadt waren noch eine Bagatelle gewesen. Aber in Mühlhausen hatte ihm pietistischer Fanatismus seine »geregelte Kirchenmusik« unmöglich gemacht. In Weimar hatte die Rachsucht des Herzogs ihm jede weitere Entwicklung abgeschnitten. In Köthen hatte ihn eine amusische Fürstin kaltgestellt. Und nun hatte ihm in Leipzig ein mißgünstiger und verständnisloser Rat seinen musikalischen Apparat ausgetrocknet: Mit dem, was ihm verblieben war, ließ sich große Kirchenmusik endgültig nicht mehr machen.

Spitta, der alle Daten so sorgfältig gesammelt hat, ist das Verzweifelte der Situation nicht aufgegangen, Terry ebensowenig. Schweitzer bezeichnet in seinem großen Buch in Anlehnung an Spitta dies alles lediglich als »äußere Unannehmlichkeiten« und behauptet, die Jahre vor und nach der *Matthäuspassion* seien Bachs glücklichste Zeit gewesen. Nein:

Nach sieben Jahren Leipzig und mit fünfundvierzig auf der Höhe seines Schaffens befand sich Bach auf dem tiefsten Tiefpunkt seines bisherigen Lebens und in einer ausweglosen Situation.

Dazu Schweitzer: »Wir können nicht sagen, daß Bach durch diese Spannung litt. Sie diente vortrefflich seinem eigenen Bedürfnis nach Unabhängigkeit, denn er spielte das Konsistorium gegen den Rat und den Rat gegen das Konsistorium aus und tat inzwischen, was er wollte.«

Leider ist nichts davon wahr, aber außer der englischen Schriftstellerin Esther Meynell* hat Schweitzer niemand widersprochen.

XIX

JOHANN SEBASTIAN BACH war ein frommer Mann, das sagen alle
seine Biographen und belassen es dabei: Frömmigkeit als etwas zu
Bach, aber nicht zu ihrer biographischen Darstellung Gehöriges.
Dabei ist Frömmigkeit auch frommen Biographen doch nicht
untersagt und Biographie nie nur eine Zusammenstellung von
Namen, Daten und Ereignissen. Menschen sind sehr zusammen-
gesetzte Wesen, bestehen aus Leib und Seele, aus dem Geistigen
ebenso wie aus dem Animalischen. Nur in ihrer Polarität sind sie
als Menschen zu erfassen ebenso wie die Welt: Ohne die Annahme
(das Annehmen!) geistiger Kraft gerät sie schnell ins Unbegreifliche. Denn auch das menschliche Schicksal vollzieht sich in solcher
Polarität: Zu einer Hälfte ist der Mensch mit seinem Willen selbst
für sein Schicksal verantwortlich, und es ist seine Sache, was er aus
seinem Leben macht. Aber das ist nur die eine Hälfte – was daraus
wird, ist göttliche Fügung. Natürlich kann man sie »Zufall« nennen – aber was ist Zufall anderes als das, was einem zufällt?

Bach ist seinen Weg immer ganz geradeaus gegangen, wie
seine Fußmärsche: von Ohrdruf nach Lüneburg, von Lüneburg
nach Hamburg, von Arnstadt nach Lübeck. Und in seiner Kunst
kannte er keine Kompromisse, hat sich in Arnstadt nicht vor den
Gymnasiasten gebeugt (»den Unterricht in gemäßigter Form
wiederaufzunehmen«), hat sich in Mühlhausen vom Pietisten
Frohne nicht seine Musik wegnehmen lassen, setzte in Weimar
seine Entlassung durch, als ihm der Herzog die Entwicklungsmöglichkeiten abschnitt, und verließ das warme Nest Köthen, als
es dort für seine Musik nichts mehr zu tun gab.

Aber auch dies ist nur die eine Hälfte seiner Lebensgeschichte.

Die andere, die nicht weniger beeindruckende und wunderbare, ist die, daß ihm, sooft ihm eine Tür zuschlug, auch immer wieder eine andere aufgetan wurde: Das Angebot von Mühlhausen fiel ihm zu, als es in Arnstadt für ihn nichts mehr aufzubauen gab. Als ihm in Mühlhausen seine »regulierte Kirchenmusik zu Ehren Gottes« verwehrt wurde, war die Organistenstelle in Weimar für ihn frei, und als der Herzog den Musiker Bach degradierte, bescherte ihm ein freundlicherer Fürst den sozialen und künstlerischen Aufstieg in Köthen.

Unerbittliches und unergründliches Schicksal raubte ihm seine geliebte Frau, aber es führte ihm danach auch auf ebenso unergründliche Weise das neue Glück mit der jungen Anna Magdalena Wülcken zu. Das alles sind Zufälle, die einem im nachhinein wohl wie eine Reihe von Wundern oder auch Fügungen vorkommen dürfen. Nur Leipzig brachte ihm nach all den Jahren voller ehrlichster Anstrengung das künstlerische Aus, ohne daß eine Tür sich öffnete: Mit wie vielen Hoffnungen war Bach nach Leipzig gegangen, und wie aussichtslos war alles geworden! Der alte Spruch »Der Mensch denkt, aber Gott lenkt« bewährte sich einmal mehr in häßlichster Weise.

So schien es. Nach menschlichem Ermessen gab es keine Aussicht auf Besserung. Zwar war der alte Rektor Ernesti, der ihn immer so zuverlässig im Stich gelassen hatte, im vergangenen Herbst gestorben, und die Stelle war seit Juli neu besetzt, aber es war klar, daß der neue Rektor auf jeden Fall ein Freund des Rates zu sein hatte, in dessen Interesse gewiß ein wenig energischer, aber für Bach doch keinesfalls besser, auch wenn er ein alter Bekannter war. Es wäre außerordentlich unklug von diesem Rektor gewesen, sich wegen Bachs sogleich mit dem Rat anzulegen.

Nun war er allerdings ein Freund des Rates, das heißt mindestens auf Empfehlung eines Freundes des Rates geholt worden. Der Dresdener Amtspräsident Bühnau hatte ihn nachdrücklich empfohlen und verbürgte sich für ihn: Johann Matthias Gesner. Zu Bachs Zeit war er in Weimar Konrektor des Gymnasiums gewesen. Dann war er dort, von des Herzogs Kanzler Greiff gefördert, in Nachfolge des Konsistorialsekretärs Salomo Franck Verwalter der herzoglichen Bibliothek und Münzsammlung geworden. Darum hatte der Neffe ihn, als der alte Herzog starb, auf

Johann Matthias Gesner reformierte die Thomasschule von Grund auf und verbesserte Bachs Stellung entscheidend. Während seiner Amtszeit erlebte Bach seine einzigen glücklichen Dienstjahre.

der Stelle entlassen – Dank für dreizehn Jahre treue Dienste.

Aber auch über Gesner hatte eine gütige Hand gewaltet, er war nach seinem Weggang Rektor des Alumnengymnasiums in Ansbach geworden und hatte dort jenes umfangreiche Reformprogramm verwirklicht, das er bereits vor seinem Amtsantritt in Weimar veröffentlicht hatte. Die Ansbacher Verhältnisse kannte er besonders gut, er war als Alumne in dieser Schule aufgewachsen, und die Verhältnisse in der Thomasschule konnte er schon deswegen genau einschätzen, weil er selbst – genau wie die Thomasschüler in Leipzig! – als Kurrendeschüler in Ansbach hatte bettelnd durch die Straßen ziehen müssen.

Das war natürlich nicht der ausschlaggebende Grund, ihn als neuen Rektor zu verpflichten. Aber Gesner hatte sich nicht nur als Pädagoge, sondern auch als Altphilologe einen Ruf erworben, der bis nach Holland reichte, war also ein namhafter Gelehrter. Zudem galt er als tatkräftig, und in der Schule mußte nun doch einmal etwas verändert werden. Mit seinen neununddreißig Jahren hatte Gesner für diese Aufgabe genau das richtige Alter, besaß seinen Ruf und hatte überdies als bisheriger Rektor von Ansbach auch die nötige Erfahrung.

Gesner war in Weimar ein ehrlicher Bewunderer von Bachs

Kunst gewesen und hat später dieser Bewunderung in einer seiner Schriften in glänzendem Latein Ausdruck gegeben. Es ist also auszuschließen, daß er Bach beim Wiedersehen in Leipzig nicht auf das freundschaftlichste begrüßt hat. Aber Bach kannte Leipzig aus sieben Jahren besser als Gesner bei seinem Einzug und wollte trotz Gesner aus Leipzig fort – was anzeigt, wie tief seine Enttäuschung und Bitternis gewesen sein müssen. Gesners Freundlichkeit konnte daran nichts ändern.

Im ersten Vierteljahr nun wirklich nicht. Aber Gesner war das, was Bach von seiner Charakterbeschaffenheit her niemals war und auch nicht sein konnte: ein Diplomat. Zunächst schien er gar nichts zu ändern. Aber dann kam das Wunder: Er änderte alles.

Doch er ging mit äußerster Vorsicht zu Werke, mit sorgfältigster Klugheit, und so verstand er es, vieles von dem, was bis dahin für schier unmöglich gehalten wurde, möglich zu machen. Es grenzte an Zauberei: Was seit einhundertsechsundneunzig Jahren unberührt, vom Alter geradezu geheiligt worden war, veränderte er binnen kurzem vollständig, entscheidend und in einem unerhörten Umfang: Er veränderte den Lehrplan – und das im Einverständnis mit dem Rat, der nichts so argwöhnisch beäugte wie Neuerungen, und Auge in Auge mit dogmatischen Theologen, die eifersüchtig darüber wachten, daß das Lehren des Dogmas in keiner Weise beschnitten würde.

Er machte den Lehrplan der Thomasschule geradezu unglaublich modern und richtungweisend für alle Zeitgenossen, und der Rat fand keinen Grund, Einspruch zu erheben. Er schaffte das alte geheiligte Lateinlehrbuch, die *Colloquii Corderi* von anno 1595, ab und führte statt der ausschließlichen Beschäftigung mit dem Kirchenlatein die Beschäftigung mit dem klassischen Latein und den Schriftstellern der Antike ein – Dinge, die heute selbstverständlich sind, aber in der Thomasschule völlig vergessen waren. Und da er genau erkannt hatte, wie wichtig die Beschäftigung mit den Quellen der Antike für die Überwindung einer nur religionsbezogenen Engstirnigkeit war, fügte er dem Lateinunterricht den Unterricht im Griechischen hinzu.

Ebenso wußte er jedoch, daß in einer ordentlichen schulischen Ausbildung zu den Geisteswissenschaften die Naturwissenschaften treten müßten, und so gab es in seinem Lehrplan erstmals auch höhere Mathematik, Geographie und Naturkunde. Auf Gesners Konto kommen solche Einrichtungen wie das lateinische Extemporale und die kursorische Lektüre, und sein Unterrichtsprogramm dachte bereits an solche Dinge wie Zeichenunterricht und Körperübungen.

Dieser neue Lehrplan war in der Tat revolutionär, und Gesner wußte dies alles so zu bewerkstelligen, daß die Herren vom Rat nichts Revolutionäres darin fanden. Er schaffte aber noch mehr: Er brachte den Rat, der jeden Taler fünfmal umdrehte, dazu, die ganze Thomasschule umzubauen – diese Schule, für deren Erhaltung seit zweihundert Jahren nur immer das Allernötigste, Unumgänglichste ausgegeben worden war. Und er war noch nicht einmal ein Dreivierteljahr da, als der Umbau der Schule tatsächlich begann – ein umfassender Umbau, der länger als ein Jahr dauerte.

Und nun begannen auch für Bach die Wunder. »Der Gerechte muß viel leiden, aber der Herr hilft ihm aus allem« – die Wahrheit dieses Bibelspruchs konnte er jetzt in aller Eindringlichkeit erleben: Auch die Cantorenwohnung, in der den Bachs bis dahin fünf Kinder gestorben waren, wurde nun von Grund auf renoviert, die Bachs erhielten während dieser Zeit eine andere Wohnung, und der Rat bezahlte sogar die Miete. In der erneuerten Wohnung überlebten die Kinder!

Aber Gesner tat noch mehr für Bach: Er sorgte dafür, daß der Cantor mit Einführung des neuen Lehrplans von der Verpflichtung zum Lateinunterricht entbunden wurde. Das war nun nicht nur die Befreiung von diesem Unterricht, es war zugleich auch die Verdopplung des Gehalts: Bach brauchte ja nun nicht mehr die Hälfte davon für die Vertretung an den Konrektor abzugeben.

Das alles war schon großartig, aber Gesner gelang noch ein weiterer, außerordentlich geschickter und segenbringender Schachzug: Er erreichte, daß der aufsässige Cantor, mit dem der Rat bis dato nur Ärger gehabt hatte, zur Erleichterung des Rates künftig in allen Angelegenheiten dem Rektor unterstellt wurde. Der Rat war froh, die unliebsamen Auseinandersetzungen mit diesem Bach so endlich auf eine untere Ebene zu verlagern, und Gesner hatte nunmehr die Möglichkeit, Bach von Amts wegen gegen die Verständnislosigkeit des Rates in Schutz zu nehmen.

Da auf diese Weise die Klagen über den Cantor von selbst aufhörten, konnte Gesner auch erreichen, daß Bach wieder in seine vollen Bezüge eingesetzt wurde. Und da Bach nunmehr dem Rektor unterstand, unterstand auch Bachs Urlaub dem Rektor, und so finden wir Bach, kaum daß der Umbau der Schule einsetzt, auf Reisen nach Dresden, wo er mit Glanz in der Sophienkirche konzertiert, oder nach Kassel, wohin ihn der Erbprinz eingeladen hat. Der Erbprinz behandelt ihn wahrhaft fürstlich, stellt Bach und seiner Frau für die Dauer des Aufenthalts Diener und Sänfte zur Verfügung, lädt ihn zur Tafel und schenkt ihm zum Abschied noch einen kostbaren Ring.

Durch Gesner wird Bach endlich instand gesetzt, seine gesellschaftliche Stellung als die eines wahrhaft großen Musikers wahrzunehmen, wahrzunehmen auch in der Schule: Das Recht, über die Einstellung der Schüler mitzubestimmen, kann er jetzt – nach acht Jahren! – erstmals ausüben. Denn sein Rektor, der seine Rechte verteidigt, ist an seiner Musik interessiert, und nicht nur aus persönlicher Neigung: Als Pädagoge erkennt er – im Gegensatz zu ganzen Generationen von Schulmeistern! – die grundsätzliche Bedeutung der Kunst für die Erziehung überhaupt. Die Musik wird daher bei ihm ein gleichberechtigter Teil des Lehrplans.

Gesner bleibt der einzige Vorgesetzte in Bachs siebenundzwanzig Leipziger Dienstjahren, der seine Größe als Musiker erkennt, bewundert und fördert. Noch Jahre später, als er Leipzig längst verlassen hatte, ging die Begeisterung für Bach mit dem Altphilologen durch, und als er Quintilians Werk über die Redekunst – *De institutione oratoria* – herausgab, riß ihn die Erinnerung zu der nachfolgenden Fußnote hin, die in der Neuausgabe eines lateinischen Quellenwerks eigentlich nichts zu suchen gehabt hätte:

»Dies alles würdest du, Fabius, völlig unerheblich nennen, wenn du, aus der Unterwelt heraufbeschworen, Bach sehen könntest – um nur ihn anzuführen, denn er war vor nicht allzulanger Zeit mein Kollege [Gesner schreibt nicht etwa »mein Untergebener«!] an der Leipziger Thomasschule; wie er mit beiden Händen und allen Fingern etwa unser Klavier spielt, das allein schon viele Kitharai in sich faßt, oder jenes Grundinstrument, dessen zahllose

Pfeifen von Bälgen angeblasen werden, wie er hier mit beiden Händen, dort mit schnellen Füßen über die Tasten eilt und allein gleichsam ganze Heere von ganz verschiedenen, aber doch zueinander passenden Tönen hervorbringt; wenn du ihn sähest, sage ich, wie er bei einer Leistung, die mehrere eurer Kitharisten und zahllose Flötenspieler nicht erreichen, nicht etwa nur eine Melodie singt wie der Kitharöde und seinen eigenen Part hält, sondern auf alle zugleich achtet und von dreißig oder gar vierzig Musizierenden diesen durch ein Kopfnicken, den nächsten durch Aufstampfen mit dem Fuß, den dritten mit drohendem Finger zu Rhythmus und Takt anhält, dem einen in hoher, dem anderen in tiefer, dem dritten in mittlerer Lage seinen Ton angibt; wie er ganz allein mitten im lautesten Spiel der Musiker, obwohl er selbst den schwierigsten Part hat, doch sofort merkt, wenn irgendwo etwas nicht stimmt; wie er alle zusammenhält und überall abhilft und, wenn es irgendwo schwankt, die Sicherheit wiederherstellt; wie er den Takt in allen Gliedern fühlt, die Harmonien alle mit scharfem Ohre prüft, allein alle Stimmen mit der eigenen begrenzten Kehle hervorbringt. Sonst ein begeisterter Verehrer des Altertums, glaube ich doch, daß Freund Bach allein, und wer sonst ihm vielleicht ähnlich ist, den Orpheus mehrmals und den Arion zwanzigmal übertrifft.«*

Das war eine für einen Altphilologen wahrhaft ungewöhnliche Anmerkung zu einem Text aus der Römerzeit, aber Gesner war auch ein ungewöhnlicher Kopf. Im Juli 1730 war er gekommen, schon im März 1731 hatte der Umbau der ganzen Schule begonnen, und im Frühjahr 1733 war sie von innen und außen nicht wiederzuerkennen: Ein modernes pädagogisches Institut in einem modernen Gebäude! Er wäre tatsächlich für die Thomasschule der ideale Rektor gewesen.

Nur zeigte sich an dieser Stelle leider, daß große Geister vom Zuschnitt eines Gesner nicht Maß zu halten wissen: Er wollte nicht nur Rektor der Thomasschule sein, als Altphilologe von Ruf und Berufung erstrebte er nun, nachdem er den inneren und äußeren Umbau der Schule vollendet hatte, auch noch ein Lehramt an der Universität. Die Herren vom Rat hatten ihn bisher gewähren lassen und ihm viel nachgesehen, aber dieses ging ihnen nun gegen den Strich. Sein Vorgänger hatte zwar ebenfalls eine Professur an der Universität innegehabt, aber daraus war doch das ganze Übel der Vernachlässigung der Schule entstanden! Also Beschluß des Rates (im Protokoll nachzulesen): »Er solle aber nun auch dabei bleiben und nicht allezeit auf etwas anderes fallen.« Dementsprechend wurde der Antrag Gesners, sich um ein Universitätsamt bewerben zu dürfen, abgelehnt. Einstimmig.

Gesner hatte genug für die Schule getan, sie kam nunmehr notfalls auch ohne ihn aus. Er bewarb sich daher unter Verzicht auf das Rektorat bei der Universität um das Lehramt. Aber so war es nun auch nicht, daß sie dort auf ihn gewartet hätten. Die Herren Professoren hatten ihren Vergil noch im Kopf: »Quidquid id est, timeo Danaos etsi dona ferentes.« Das hieß auf deutsch: »Was es auch sei, die Danaer fürchte ich, auch wenn sie Geschenke anbringen«, und wenn die Herren vom Rat diesen Gesner für ein Lehramt freigaben, so war das verdächtig, man spann mit dem Rat keinen guten Faden. Verbarg sich also dahinter nicht deutlich die Absicht, der Universität eine Laus, einen stillen Beobachter in den Pelz zu setzen? Aber so leicht ließ man sich nicht hereinlegen. Weshalb auch hier das Gesuch des Herrn Gesner abgelehnt wurde – ebenfalls einstimmig! – mit der Begründung, »da er ein zu enger Freund des Rates sei«.

Die »starken aufklärerischen Kräfte« von Leipzig hatten, wie man erkennt, ihre ganz eigenen, tiefgreifenden Gedankengänge und einmal mehr erfolgreich zugeschlagen.

Leider war Gesner durchaus nicht der Mann, der bereit war, für den Rest seines Lebens auf Forschung und Lehre zu verzichten und sich mit einem Verwaltungsamt zu begnügen. Außerdem gab es regelrechte Abwerbungsangebote von anderer Seite. So bot ihm der preußische König die Aufsicht über alle preußischen Schulen nebst Reform nach eigener Vorstellung an. Aber der hatte seinen eigenen Ruf. Wenn ihn seine Untertanen zu Gesicht bekamen, liefen sie davon. Bekannt ist, daß er einem derselben bis ins Haus nachlief. Auf die Frage: »Warum reißt ihr vor mir aus?« antwortete der: »Majestät, wir fürchten Sie so.« Worauf Majestät mit den Worten »Lieben sollt ihr mich!« mit dem Stock auf ihn losging. »Niemand wird Preuße ohne Not«, hieß es im Volksmund.

Also folgte Gesner dem Ruf des Kurfürsten von Hannover und

ging nach Göttingen, als Professor in diplomatischem Rang. Daß er dorthin an die Universität berufen worden wäre, wie Leupold behauptet, ist ein Irrtum: Die Universität Göttingen wurde erst im Jahre 1737 gegründet, und zwar durch Gesner, was einmal mehr seinen Rang in der damaligen wissenschaftlichen Welt beweist.

Von alledem weiß die Bach-Forschung nichts. Der »durch seine musikwissenschaftlichen Veröffentlichungen als kompetent ausgewiesene« Martin Geck weiß nichts von dem, was Gesner ab 1731 alles in der Thomasschule vornahm, und behauptet schlicht, Bach habe sich »offenbar mit den Zuständen abgefunden«. Beweis: »Da er keine Eingaben mehr schrieb.« Den Namen Gesner kennt der kompetente Professor nicht einmal, und das einzige Ereignis, das er aus dieser Zeit überhaupt des Erwähnens wert erachtet, ist die Tatsache, daß während der Wohnungsrenovierung der Henker von Leipzig bei den Bachs den Abtritt ausgeräumt hat. Sonst weiß er nichts.

Man kann die Neue Bachgesellschaft in der DDR aber leider in diesem Zusammenhang ebenfalls kaum rühmen. Im Nachvollzug der Präsidentenrede von 1950 (Wilhelm Pieck hatte damit die bedeutendste politische Leistung seiner ganzen Laufbahn vollbracht) fand im Jahre 1976 ein großes Symposium zu dem Thema »Bach und die Aufklärung« statt. Mußte man doch nun endlich beweisen, was sechsundzwanzig Jahre zuvor so kühn behauptet worden war. Der Name Gesner wurde dort nicht einmal erwähnt! Der Leipziger Bach-Forscher Armin Schneiderheinze hatte bereits im Vorjahr anläßlich des »III. internationalen Bachfests« in seinem Aufsatz *Bach und die Aufklärung* nachgewiesen, daß er ebenfalls vom Wirken Gesners in Leipzig keinerlei Ahnung hatte. Er schrieb: »Unter den Thomasschulrektor Professor Joh. Heinrich Ernesti ... und unter Johann Matthias Gesner ... blieb Bach in seinen Bemühungen noch weitgehend ungestört.« Nun hatte der alte Ernesti ihn der militanten Unzufriedenheit des Rates schutzlos preisgegeben, dagegen hatte Gesner Bachs Stellung, sein Arbeitsgebiet, seinen Einfluß, seine Wohnmöglichkeiten, sein ganzes Leben verändert. Wenn einer, dann war Gesner ein Aufklärerischer gewesen.

Warum haben die Herren von der Leipziger Neuen Bachgesellschaft einstimmig Schneiderheinzes oberflächliche und total irreführende Darstellung abgesegnet, und warum hat die Leipziger Bach-Forschung auch in ihrem großen Symposium an keiner Stelle Gesners unbestreitbare Verdienste erwähnt? Warum hat die Leipziger Bach-Forschung es nie für nötig gehalten, sie auch nur zu bemerken?

Sie hatte ihren triftigen Grund: Der Universität war er nicht vertrauenswürdig, und der Rat war mit ihm unzufrieden, weil er »immer etwas anderes« wollte. Darauf hatte er die Stadt umgehend wieder verlassen. Man hatte also alle Ursache, ihn zu vergessen: Er war überhaupt kein Leipziger gewesen!

Und so stopften die Leipziger seine sämtlichen Verdienste kurzerhand seinem Nachfolger in die Tasche: Johann August Ernesti, einem jungen Mann von erstaunlicher Umsicht und Tatkraft. Nach zwei Jahren Studium in Wittenberg war er 1728 nach Leipzig gekommen und fand sogleich zu dieser Stadt den richtigen Zugang: Als Hauslehrer bei Bürgermeister Stieglitz. An der Universität schrieb er sich mit gleicher Klugheit bei den regierenden Geistern ein: Bei Professor Gottsched und Superintendent Deyling. Besonders Gottsched muß das sehr freudig begrüßt haben, denn er hatte im Vorjahr gerade darüber geklagt, daß ihm die Hörer wegblieben. Stieglitz hatte viel Gefallen an dem strebsamen jungen Mann, und als 1730 zugleich mit dem Rektor auch die Konrektorstelle in der Thomasschule neu zu besetzen war, sorgte er persönlich dafür, daß Ernesti, gerade dreiundzwanzig geworden, diesen Posten erhielt. Das war keine Uneigennützigkeit, sondern Ergebnis kluger Überlegung: Erstens verpflichtete er damit den ehrgeizigen jungen Mann zu Dankbarkeit, und zweitens hatte er auf diese Weise jemanden, der ihn über alle Vorgänge in der Schule bestens auf dem laufenden hielt. Denn Gesner genoß zwar einen vorzüglichen Ruf, aber einem derart unruhigen Geist gegenüber war Kontrolle angebracht.

Ein Vergleich zwischen den Laufbahnen Gesners und Ernestis ist aufschlußreich*. Gesner war der Sohn eines armen Landpfarrers, kam nach dessen Tod ins Internat des Ansbacher Gymnasiums und hatte während seiner Schulzeit und seines Studiums in Jena mit härtesten Entbehrungen zu kämpfen. Auch seine Amtszeit in Weimar und das Rektorat in Ansbach brachten ihm keineswegs Wohlhabenheit. Er wurde zwar schon bald ein sehr angesehener, aber niemals ein reicher Mann. Auch in Göttingen betrug sein Jahresgehalt nur siebenhundert Taler, wovon er zwar mit seiner Familie leben, aber Reichtümer nicht ansammeln konnte. Dennoch blieb er dem Kurfürsten von Hannover als Universitätsprofessor und als Diplomat treu und schlug glänzendere Angebote aus. Zu seiner besonderen Ehre darf gesagt werden, daß er auch in Göttingen die Verbindung zu seinem ehemaligen Konrektor nicht abreißen ließ und Ernestis wissenschaftliche Arbeiten noch von dort aus förderte.

Ernesti war der fünfte Sohn des kurfürstlich sächsischen Superintendenten von Tennstedt im Thüringischen und bekam seine erste Erziehung durch einen Hauslehrer. Als sein Vater starb, kam er auf die berühmte Lateinschule von Schulpforta und gewann seine Lehrer sogleich durch seine Strebsamkeit. Mit glänzenden Zeugnissen versehen, nahm er an der Universität in Wittenberg philologische und theologische Studien auf, fand dann in Leipzig sogleich den richtigen Anschluß und bewies damit, daß er nicht nur ein sehr fleißiger, sondern auch ein sehr weltgewandter junger Mann war. Nachdem er sich als Konrektor unter den Augen seines Gönners, des Bürgermeisters Stieglitz, bestens bewährt hatte, verstand es sich nahezu von selbst, daß er nach dem Weggang Gesners der neue Rektor werden müßte.

Nun war er wirklich ein sehr enger Vertrauter des Rates, aber ihm wurde deswegen der Zugang zur Universität nicht verschlossen – Gottsched (der fünfmal Rektor war) und Deyling sprachen ja für ihn. Auch der Rat war damit einverstanden und hatte nichts dagegen, daß er 1742 dort ordentlicher Professor wurde, auch nicht, als er 1747 das Schulamt ganz aufgab. Er war nun einmal nicht nur ein Mann von glänzenden Gaben, er verstand sie auch zu nutzen. So war er schon als Thomasschulrektor sehr bald auch Universitätsdozent, als Professor für Theologie predigte er in der Universitätskirche, und geradezu unentbehrlich für die Leipziger Hautevolee wurde er durch seine Lob- und Festreden in deutscher wie in lateinischer Sprache, die er sich – ein Mann in gehobener Stellung – außerordentlich gut bezahlen ließ. (Der gewöhnliche Preis dafür waren fünfzig Taler – das halbe Jahresgehalt seines Schulcantors.) Seine Frau Rahel starb bei ihrer ersten Geburt, er blieb Witwer und lehrte seine Tochter Sophie Friederike Lateinisch und Griechisch. Er war ein großer, ein hochwichtiger Mann, ausgewiesen durch zahlreiche wissenschaftliche Veröffentlichungen und ebenso angesehen wie reich. Nach seinem Tode brachte allein der Verkauf seiner Bibliothek mehr als siebeneinhalbtausend Taler, und außer seinem Stadthaus in Leipzig besaß er zwei Rittergüter.

Er hat Karriere gemacht.

XX

JOHANN MATTHIAS GESNER war keine vier Jahre in Leipzig, und die Zeit zwischen 1731 und 1735 war die einzig glückliche in Bachs siebenundzwanzig Leipziger Dienstjahren. Es war zugleich eine Zeit großer Veränderungen im Bachschen Familienleben: Für Wilhelm Friedemann, der inzwischen dreiundzwanzig geworden war, erreichte der Vater, daß er sich um das Organistenamt in der Dresdener Sophienkirche bewerben durfte, und er gewann die Stelle durch sein glänzendes Orgelspiel vor allen anderen Bewerbern mühelos. Carl Philipp Emanuel ging nach Frankfurt, um dort Jura zu studieren. Das hatte auch Friedemann schon drei Jahre in Leipzig getan. Selbstverständlich sollte auch Emanuel Musiker werden, aber der studierte Mann war der angesehenere, das hatte Bach selbst inzwischen oft genug erfahren müssen.

Der Bachsche Haushalt war weiterhin groß genug und konnte einem Hausvater einige Sorgen bereiten: Für Dörte, die Älteste, war nirgends ein Hochzeiter in Aussicht, die Bachs mußten damit rechnen, daß sie sitzenbleiben würde, Gottfried Heinrich, noch ein Kind, war schwachsinnig und würde sein Leben lang auf fremde Hilfe angewiesen bleiben. Aber Bernhard, inzwischen zwanzig, erwies sich schon als ein tüchtiger Musiker, für den bald eine Stelle gefunden werden mußte. Bach brachte sich ob seines Sohnes in Mühlhausen in Erinnerung, und er stand dort in so gutem Andenken, daß sein Bernhard dort sogleich unterkam – nicht als Organist an Sankt Blasius, wie sein Vater, sondern an Sankt Marien, wo die Altlutherisch-Orthodoxen im Gegensatz zu den Pietisten nichts gegen die Kirchenmusik hatten.

Auch in Bachs musikalischem Apparat gab es Veränderungen:

Einer seiner zuverlässigsten Sänger, der jüngere Schemelli, verließ die Schule 1734, der so zuverlässige Präfekt Johann Ludwig Dietel folgte ihm im nächsten Jahr, und der großartige Johann Ludwig Krebs, einer seiner liebsten Schüler überhaupt (»Der einzige Krebs in meinem Bache«, sagte er scherzend), ging ebenfalls 1735 ab. Bach hatte in Weimar schon seinen Vater unterrichtet, und der hatte seinen Sohn nach Leipzig geschickt, weil er wußte, daß vom Bach mehr als von irgendeinem anderen zu lernen war. Und wieviel Krebs von ihm gelernt hat, ist bis heute an seinen Orgelkompositionen abzulesen.

Aber er hatte für die Stelle des ersten Präfekten einen Kantorensohn namens Gottfried Theodor Krause, zweiundzwanzig und leider auch schon halb auf der Universität. Ernesti hat ihm zusammen mit fünf anderen noch im April 1736 das Zeugnis ausgestellt, es seien »sechs Jünglinge, die zu guter Hoffnung berechtigten und denen er genehmige, sich den Annehmlichkeiten der philosophischen Forschung zu widmen« (»sex bonae spei adolescentes de commodis ex historia philosophica capiendis dicere jussi«).

Die Arbeitsbedingungen in der Schule waren nach dem Umbau von Gebäude, Lehrplan und Schulordnung glänzend: Bach hatte bei der Aufnahme der Schüler hinsichtlich ihrer musikalischen Fähigkeiten ein entscheidendes Wort mitzureden, das Chorsingen wurde ordentlich, und Bachs Musik blühte auf. Wie schön sie damals tatsächlich aufgeblüht sein muß, ersehen wir aus dem Ausspruch der alten adeligen Dame anläßlich der *Matthäuspassion*. Die Geschichte lautet vollständig: »Auf einer Adelichen Kirch-Stube waren viel Hohe Ministri und Adeliche Damen beysammen, die das erste Passionslied aus ihren Büchern mit großer Devotion sangen. Als nun diese theatralische Music anging, so gerieten alle diese Personen in die größte Verwunderung, sahen einander an und sagten: Was soll daraus werden? Eine alte Adeliche Wittwe sagte: Behüte Gott, ihr Kinder! Ist es doch, als ob man in einer Opera Comedie wäre.«

Im Erscheinungsjahr 1732 konnte sich das kaum auf die verlorene *Markuspassion* von 1731 beziehen, aber die Erinnerung an die *Matthäuspassion* wäre kaum nötig gewesen, wenn nicht Bachs Musik eben 1732 dank der verbesserten Aufführungsmöglichkeiten zunehmend mehr die Andacht der Gemeinde gewonnen hätte.

Es gab nicht nur Musikfreunde in Leipzig. So hatte der Pastor Christian Gerber in seinem Buch *Unbekannte Sünden* sich über den Mißbrauch der Kirchenmusik ausgelassen, und mit dem Bericht über den getanen Ausspruch sahen sich andere Leute gleichfalls in der Lage, etwas gegen den überhandnehmenden Einfluß dieser Musik zu leisten.

Auch etwas anderes aus jenen Jahren ist noch des Bemerkens würdig: Im Jahre 1733 bewarb sich Bach in Dresden um den Titel eines Hofcompositeurs. Er komponierte dafür eigens zwei Sätze einer lateinischen Messe (der späteren *h-Moll-Messe*) – ein Beweis, wie wichtig ihm die ganze Sache war! Nun war aber Bach gerade in diesem Jahr noch vollständig in Gesners Gunst und Schutz: Er war von seinen Verpflichtungen als Lateinlehrer befreit, in seine alten Bezüge eingesetzt, mit seiner Musik im Lehrplan der Schule an die gebührende Stelle gebracht. Gesner hatte ihm tatsächlich alle Querelen aus dem Weg geräumt. Die Position, die er sich bei seinem Amtsantritt seit 1723 vorgestellt hatte – Gesner hatte sie ihm geschaffen, er konnte endlich mit seiner Stellung zufrieden sein.

Dennoch findet sich in seinem Bewerbungsschreiben um den Titel die bemerkenswerte Formulierung »mich darbey in dero mächtigste Protection zu nehmen geruhen« – der Titel also nicht so sehr als eine Auszeichnung, sondern als eine Schutzmaßnahme, und unmittelbar folgend auch die Begründung: »Ich habe einige Jahre und bis daher bey denen beyden Haupt-Kirchen in Leipzig das Directorium in der Music gehabt, darbey aber ein und andere Bekränckung unverschuldeterweise auch jezuweilen eine Verminderung derer mit dieser Function verknüpfften Accidentien empfinden müssen, welches aber gänzlich nachbleiben möchte, daferne Ew. Königliche Hoheit mir die Gnade erweisen und ein Praedicat von Dero Hoff-Capelle conferiren ...«

Das Bewerbungsschreiben, wie man sieht, ist in Wahrheit ein Hilferuf! Zweifellos hat zwischen Bach und Gesner echte Freundschaft bestanden (anders ist es nicht zu erklären, daß Gesner von ihm später nicht als einem »Untergebenen«, sondern ausdrücklich als einem »Kollegen« – »collega« – spricht). Dann aber ist es ganz unwahrscheinlich, daß Bach ein so wichtiges Schreiben nicht mit seinem Freund Gesner abgesprochen hat. Weitaus wahrscheinlicher ist es indessen, daß Gesner, der ja ein sehr politischer und diplomatischer Kopf war, seinen Freund Bach geradezu dazu aufgefordert hat, sich mit dem Titel um königlichen Schutz zu bewerben.

Gesner muß zu diesem Zeitpunkt den wahren Charakter des Leipziger Rates schon ziemlich genau erkannt haben: Im kommenden Frühjahr verließ er die Stadt, weil ihm Rat und Universität die weiteren Entwicklungsmöglichkeiten versperrten. Im Sommer 1733 muß er sich über die Unsicherheit von Bachs gegenwärtiger Position voll im klaren gewesen sein. Daß Bach sich regelrecht um einen königlichen Schutzbrief bewarb in einem Zeitabschnitt, in dem er sich eigentlich so sicher wie nie hätte fühlen müssen, bleibt ohne Gesners Einfluß unverständlich und ist anders als durch Gesners Einfluß nicht erklärbar.*

Gesner hatte bei seiner Neuregelung die Kompetenzen zwischen Konrektor und Cantor exakt geteilt: Der eine war für die wissenschaftlichen, der andere für die musikalischen Aufgaben der Schule zuständig. So verstand es sich fast von selbst, daß nach seinem Weggang sein bisheriger Konrektor Ernesti in die Stellung des Rektors aufrückte. Er war nicht nur ein sehr tüchtiger junger Mann, er hatte auch in Bürgermeister Stieglitz einen engagierten Protektor. Es gab keine Ursache, anderswo einen Rektor zu suchen. Für Bach änderte sich dadurch nichts bis auf eine Kleinigkeit: Ernesti war jetzt nicht mehr sein Kollege, sondern sein Vorgesetzter. Indessen bewies Bach als der Ältere, daß er ihn aufrichtig schätzte: Bei den nächsten zwei Kindern, die Anna Magdalena ihm schenkte, lud er seinen Rektor zum Paten, so deutlich anzeigend, daß es ihm nicht nur um die beruflichen Kontakte ging, sondern daß er dem Alleinstehenden – Ernesti blieb noch bis zu seinem siebenunddreißigsten Jahr Junggeselle – den Zugang zu seiner Familie eröffnete.

Wir verdanken jener Zeit eines der fröhlichsten und schönsten Werke Bachs: das *Weihnachtsoratorium*. Zum Jahreswechsel 1734/35 erklang es das erste Mal, nicht als geschlossenes Werk, sondern in sechs einzelnen Kantaten zwischen dem 25. Dezember und dem 6. Januar. Das hat dann verschiedenste Musikbeschreiber zu der Behauptung verführt, die Kantaten seien unter sich ganz ohne Zusammenhang, ein Oratorium liege also keinesfalls vor.

Das Peinliche an dieser Feststellung ist nur, daß das bei einer zusammenhängenden Aufführung kein Mensch bemerkt, da sich die »zusammenhanglosen« Kantaten nahtlos aneinanderfügen und eher getrennte Aufführungen den großen Bogen des Ganzen beeinträchtigen.

Das hängt damit zusammen, daß der große Kontrapunktiker und Harmoniker Bach gleichzeitig auch ein unvergleichlicher musikalischer Architekt war. (Zu welch staunenswerter Groß-architektur er imstande war, hat Schleuning anhand der *Kunst der Fuge* untersucht und ist allerdings zu äußerst verblüffenden Fest-stellungen gekommen.)

Beim *Weihnachtsoratorium* wird immer darauf hingewiesen, daß Bach darin Kompositionen vereinigt habe, die er keineswegs zu kirchlichen Zwecken, sondern zu höchst weltlichen Gelegen-heiten verfaßt hatte, vor allem als Huldigungskantaten für den neuen König und Kurfürsten August III. Schweitzer meinte, daß Bach das *Weihnachtsoratorium* nur geschaffen habe, »damit die schönsten Stücke aus der ›Wahl des Herkules‹ und der Huldi-gungskantate ›Tönet, ihr Pauken‹ nicht verlorengingen«. Eine Dame, die im Kulturministerium der untergegangenen DDR* län-gere Zeit eine Menge zu sagen hatte, sprach dem Werk überhaupt Religiosität ab, ernannte es zu einer »hohen Aussage mensch-lichen Selbstbewußtseins« und behauptete, Bach habe damit einmal mehr bewiesen, daß er »ein großer deutscher Aufklärer« gewesen sei. Wahrscheinlich gehörte es zur Tragik ihres Lebens, daß sie ihn nicht gänzlich zum Atheisten machen konnte. Daß sie aber keineswegs allein in dieses Horn blies, zeigt, zu welch bedeu-tenden Leistungen die DDR-Musikwissenschaft mindestens am Rande fähig war.

Es lenkt unseren Blick auf das bei Bach so häufig erwähnte »Parodieverfahren«. Daß eine Bachsche Komposition einmal da und einmal dort auftritt, daß er sie wiederverwendet hat, ist keine Seltenheit. Aber eine Seltenheit ist es schon, indem andere Kom-ponisten sich diese Mühe nicht machten, sondern lieber gleich etwas Neues schrieben, von dem man allerdings sagen muß, daß es lange nicht so haltbar war. Was nicht zuletzt seine Ursache auch darin hat, daß sie nicht so viel zu investieren hatten, sowohl an musikalischer Substanz wie an Können. Bach investierte immer

Beträchtliches; was immer er arbeitete, arbeitete er mit größter Solidität, er konnte einfach nicht schludern oder auch nur es sich leichtmachen; wenn er komponierte, komponierte er intensiv. Weswegen ihm das Erreichte mit Recht auch zu schade war zum Wegwerfen. Ein Architekt wird von seinen Bauten zumeist überlebt. Was ein Maler geschaffen hat, bleibt sichtbar. Eine Komposition verklingt, und doch steckt nicht weniger Kunst und Leistung darin. Warum also sie nicht wiedererklingen lassen?

Schweitzer meinte, man solle statt des *Weihnachtsoratoriums* besser die ihm zugrundeliegenden weltlichen Kantaten aufführen, da die Musik zu jenen Texten eine weitaus engere Verbindung habe. Aber in den großen Bach-Arien ist nie die Musik für den Text, sondern immer der Text für die Musik da, und unbestreitbar ist diese Musik im *Weihnachtsoratorium* in einen um vieles höheren Bezug gestellt als in der *Wahl des Herkules*. Damit, daß Bach diese Musik im *Weihnachtsoratorium* wiederverwendete, weihte er sie einem erhabeneren Zweck, und dieses Zweckes erwies sie sich voll würdig. Es gibt bei ihm zahlreiche Beispiele, daß er weltliche Musik für geistliche Zwecke neu verwendete, aber es gibt keine Beispiele in umgekehrter Richtung: Was er dem Gottes-Dienst geweiht hatte, trug er nicht wieder in die Welt hinaus. Wie auch Blumen aus dem Licht der Welt in die Kirche gebracht werden, aber es schon eine arge Profanierung wäre, eine vom Altar zu nehmen, um sie sich ins Knopfloch zu stecken.

Über den praktischen Anlaß, die Zweckmäßigkeit der Wiederverwendung hinaus war da aber noch etwas anderes: die Aufbewahrung der schöpferischen Leistung. Er gehört zu jenen Komponisten, die zu ihrer Arbeit ein ganz besonderes Verhältnis haben, weil ihnen damit etwas »gelungen« ist: die Lösung einer selbstgestellten Aufgabe, in die sie mit der Niederschrift des ersten Einfalls hineingeraten sind.

Ist es nicht staunenswert und fast unglaublich, daß Haydn, der in seinem Leben so viel Musik geschaffen hat, noch als Siebziger aus dem Gedächtnis ein Werkverzeichnis anlegen und sich dabei fast an jedes einzelne seiner Themen erinnern konnte? Er hatte mit ihnen gerungen, hatte sie abgeklopft auf jede ihrer Möglichkeiten, war mit ihnen in Sackgassen und auf Schnellstraßen gekommen, hatte sie zum Gipfel ihrer Möglichkeiten und zu ihrem seligen Ende gebracht. Damit waren sie ein Stück von ihm selbst geworden.

Denn der Einfall (der auch erst in einen hineinfallen muß!) ist zwar viel und doch allein noch gar nichts. Aus sich selbst kann er nicht leben, aber zugleich erhebt er schon seine eigenen Ansprüche, fügt sich dieser und sträubt sich gegen jene Weiterentwicklung. Bei der Bachschen Musik kommt hinzu, daß es da nicht nur eine Melodie gibt mit einer Begleitung, sondern daß da alle Stimmen zugleich ihre Ansprüche stellten. Und all diese Kunstfertigkeit für einmal zwanzig Minuten und dann nie wieder?

Bach hatte keinen Grund, seine Musik nicht wiederzuverwenden. Er tat es nicht willkürlich, sondern nach dem ihr innewohnenden Sinn. Das Schlummerlied der Wollust in der *Wahl des Herkules* war als Allegorie rasch verbraucht. Erst als Schlummerlied für den eben geborenen Gottessohn bekam es Bestand. Und Picanders neuer Text ging in Tiefe und Schönheit weit über den ursprünglichen Text hinaus. Nach »Schlafe, mein Liebster, und pflege der Ruh'« hieß es ursprünglich »Schmecke die Lust der lüsternen Brust und erkenne keine Schranken«. Jetzt hieß es: »Labe die Brust, empfinde die Lust, wo wir unsre Herzen erfreuen.« Die Behauptung Schweitzers, Teile des neuen Textes seien »gänzlich farblos und hätten eine solche Musik nie aus sich hervorgerufen«, ist irrig. Um auf »Folge der Lockung entbrannter Gedanken« ein Schlummerlied zu komponieren, muß einer am Text schon herzlich uninteressiert sein.

Henrici hatte einen neuen Text auf eine bereits vorhandene Musik zu machen. Das ist nicht jedem gegeben, und er hat unter der barocken Formulierung manch schönen Gedanken eingebracht. Schweitzer tut ihm bitter unrecht, wenn er urteilt: »Man wundert sich, daß der Meister sich zu einem so unfeinen und wenig sympathischen Menschen hingezogen fühlte.« Man darf zu Ehren Henricis darauf hinweisen, daß dieser angeblich »so wenig sympathische Mensch« auch in jenen Jahren Bach freundschaftlich verbunden blieb, in denen Rat, Schule, Universität und Kirchenbehörde längst von ihm abgerückt waren.

Aber daß die Biographen mit dem von ihnen so verehrten großen Bach freundschaftlich umgegangen wären, läßt sich leider insgesamt nicht behaupten, nicht einmal das Wort »korrekt« ist in diesem Zusammenhang angebracht. Rueger behauptet allen Ernstes: »Hätte er seinen Ratsherren nur einen Bruchteil Unterwürfigkeit oder wenigstens Respekt entgegengebracht, wäre ihm mit Sicherheit vieles erspart geblieben.« Beispiele dafür weiß er keine.

Sämtliche ungünstigen Eigenschaften Bachs traten dann beim »Präfektenstreit« mit Ernesti zutage, von welchem Schweitzer behauptet, Bach habe »durch sein blindes Drauflosgehen aus einer Kleinigkeit eine große Affäre gemacht«. Wenn man sich um etwas tieferes Eindringen in den Gang der damaligen Ereignisse bemüht, stellt sich die Angelegenheit freilich etwas anders dar.

Der näheren Besichtigung wert sind indessen schon Bachs Bemühen um die Pflege seiner Dresdener Verbindungen und der fleißige Aufwand, den er betrieb, um in der Aufmerksamkeit des Dresdener Hofes zu bleiben.

Dort hatte sich vieles verändert: Der alte regierende Minister, der Graf Flemming, dessen Gunst er sich 1717 durch sein Konzert nach Marchands Abreise hatte gewinnen können, war 1729 gestorben, und auch August der Starke hatte im Februar 1733 das Zeitliche gesegnet. Nachfolger Flemmings wurde der Reichsgraf Heinrich von Brühl, der es vom Leibpagen Augusts zum Kammerherrn und 1731 zum regierenden Minister gebracht hatte und der dann zum eigentlichen Regenten in Sachsen und Polen wurde.

Denn der Nachfolger Augusts des Starken, sein Sohn gleichen Namens, hatte leider nicht die Herrscherpersönlichkeit seines Vaters. Aber sein Vater hatte ihn mit einer Tochter des Kaisers Franz I. vermählt, also einer Schwester Maria Theresias. Der sächsische Kurfürst war ja der Erste im Reich und Stellvertreter des Kaisers, die engeren Beziehungen zum Hause Habsburg waren also natürlich. Friedrich II. betrachtete das in den Schlesischen Kriegen als Berechtigung, in Sachsen ohne Kriegserklärung einzufallen und die Kosten seiner Kriege aus dem wohlhabenden Land herauszupressen. Aber das hat erst mit einem späteren Teil von Bachs Biographie zu tun.

Wie sein Vater kam auch August III. gern nach Leipzig, die Huldigungsmusiken lagen dann in Bachs Händen, und Bach bemühte sich, sein Bestes zu tun. So war der Eingangschor des *Weihnachtsoratoriums* »Ertönet, Posaunen, erschallet, Trompeten« ursprünglich eine solche Huldigungskantate. Und Bach

Zu Bachs besonderen Freunden und Verehrern gehörten der Dresdener
Hofkapellmeister Johann Adolf Hasse und seine europaweit berühmte
Gattin, die Sängerin Faustina Bordoni. Bach besuchte sie mehrfach in
Dresden, und beide besuchten ihn wiederholt in Leipzig.

begnügte sich nicht mit Huldigungskantaten, er sorgte auch in
Dresden am Ort dafür, daß er im Gedächtnis blieb. Mit verschiedenen Solisten der Dresdener Hofkapelle war er gut bekannt, mit
dem Herrscher über die Hofoper, dem berühmten Hasse, und seiner nicht minder berühmten Frau, der Sängerin Faustina Bordoni, regelrecht befreundet: Beide haben ihn in Leipzig besucht,
so wie er gern einmal die Dresdener Hofoper besuchte, um da mit
seinem Sohn Friedemann »die hübschen Liederchen zu hören«.
Was einmal mehr beweist, daß der große Kirchenmusiker der
Musik »zur Recreation des Gemüths«, also der Unterhaltungs-
musik, keineswegs abgeneigt war.

Aus dem Jahre 1731 wissen wir von einem zweistündigen Konzert Bachs auf der Silbermann-Orgel in der Dresdener Sophienkirche, und Friedemann wurde zwar durch sein großes Können,
aber nicht ohne des Vaters Einfluß 1733 dort Organist.

Bachs Gesuch um den Titel des Hofcompositeurs erfolgte kurz
nach dem Regierungsantritt Augusts III., da sind also Zusammenhänge. Zusammenhänge auch zwischen den großen Huldigungsmusiken und der Tatsache, daß das Gesuch zunächst in der

*Die Silbermann-Orgel in der (untergegangenen) Dresdener Sophien-
kirche, jahrelang die Wirkungsstätte Friedemann Bachs.*

Schwebe blieb. August III. war zwar durch Brühls Geschicklichkeit im Januar 1734 wie schon sein Vater zum König von Polen
gewählt worden, aber eine französische Gegenpartei im Sejm
stellte den Polen Stanislaus Leszczynski als Gegenkönig auf. Es
war keine nationale, es war eine rein politische Entscheidung,
der französische Einfluß auf die polnische Geschichte jener Zeit
ist nicht zu unterschätzen. Hier war er zu schwach, Stanislaus

Leszczynski wurde aus dem Lande getrieben, und ab 1736 stand fest, daß der einzig rechtmäßige König der Polen der Sachse August III. war. In diesem Jahr brauchte Bach den Titel dann allerdings nötiger den je: Der Präfektenkrieg war ausgebrochen.

XXI

KRIEGE BRECHEN NICHT aus wie Vulkane. Auch Kaiser Franz Joseph fing den ersten Weltkrieg (mit Kaiser Wilhelm im Rücken) deswegen an, weil er eine willkommene Gelegenheit bot, den österreichischen Ländern das Königreich Serbien einzuverleiben. Die Sache begann mit einem Ultimatum, an dem man so lange herumformuliert hatte, bis es mit Sicherheit unannehmbar war. Der Tod des Thronfolgerehepaares war zutiefst bedauerlich, aber im übrigen ein sehr willkommener Grund zum Losschlagen.

Auch der Präfektenstreit brach nicht aus wie ein Vulkan, auch er wurde nachweislich bereits Monate vorher von Ernesti sehr sorgfältig vorbereitet, und das Vergehen des Präfekten Krause bot nichts anderes als den gewünschten Anlaß. Der Streit ist vielfach erwähnt und sehr detailliert beschrieben worden. Spitta gibt eine fast auf den Tag genaue Beschreibung der einzelnen Vorfälle. Auf die kürzeste Form bringt ihn der Pastor Johann Friedrich Köhler in seiner *Geschichte der Leipziger Schulen* von 1776:

»Mit Ernesti zerfiel er [Bach] ganz. Die Veranlassung war diese. Ernesti entsetzte den Generalpräfekten Krause, der einen der unteren Schüler nachdrücklich gezüchtigt hatte, verwies ihn, da er entwichen war, von der Schule, und wählte an dessen Stelle einen anderen Schüler zum Generalpräfekten – ein Recht, das eigentlich dem Cantor zukommt, dessen Stelle der Generalpräfekt vertreten muß. Weil des gewählte Subjekt zur Aufführung der Kirchenmusik untauglich war, traf Bach eine andere Wahl. Darüber kam es zwischen ihm und Ernesti zur Klage und beide wurden seit der Zeit Feinde.«

Soweit unser Text. Nachdem »die Aufklärung« voll in die

Bach-Biographie eingebrochen war, ist ihr auch der Präfektenstreit nicht entgangen: Er wurde damit hingestellt als die tragische
Auseinandersetzung zweier großer Aufklärer. Nun ist die Behauptung, Bach habe mit seinem *Weihnachtsoratorium* Aufklärung
betrieben, nicht sinnvoller als die Behauptung, Ford habe sein
Auto zu Ehren des amerikanischen Präsidenten gebaut, aber seit
Wilhelm Piecks Präsidentenrede war ja die Aufklärung das
nächstliegende Mittel, Bach der Kirche zu entreißen. Und nachdem Gesner als Zeuge für die Leipziger Aufklärung unerwünscht
war (siehe das Protokoll des Leipziger Symposiums *Bach und die
Aufklärung* von 1976), weil ihn Rat und Universität regelrecht aus
Leipzig vertrieben hatten, war der große Aufklärer nunmehr
zwangsläufig der jüngere Ernesti. Damit hatte man nun gleich
zwei große Vorkämpfer der Aufklärung* beieinander, und ihre
Tragik war, daß sie sich bekriegten, obwohl sie doch beide auf
derselben Seite der Barrikade standen. Zwar gab es im damaligen
Leipzig gar keine Barrikade (es sei denn eine gegen die Aufklärung), aber es war natürlich ein sehr schönes Bild. Es ließ beide
gleichmäßig hochleben und wirkte obendrein überzeugend.

Sein einziger Fehler ist nur: Es ist platterdings reine Erdichtung und hat nicht das mindeste mit der Wahrheit zu tun. Bach war
nun einmal genausoviel Aufklärer wie in Dresden der Gold-
schmied Dinglinger oder die Architekten Pöppelmann und Bähr,
und diese drei seiner Zeitgenossen in seine Nähe zu rücken setzt
ihn nicht herab. Es lenkt nur den Blick auf die Tatsache, daß
Künstler möglicherweise etwas anderes zu leisten haben als Philo-
logen und Philosophen.

Zusätzlich aber gibt es noch eine andere Erklärung des Präfektenstreits, nämlich die, daß damals die Abtrennung der Wissenschaftsschule dem »Geist der Zeit« entsprochen habe. Spitta und
Schweitzer behaupten das, und »Aufklärung« und »Geist der
Zeit« passen denn auch ausgezeichnet zusammen. Der »Geist der
Zeit« ist ja ein sehr williges Wesen, das sich immer herbeizitieren
läßt, wenn Fakten nicht zur Hand sind. »Johann Sebastian Bach
kam mit dem ›Wohltemperierten Klavier‹ einer Forderung der
Zeit nach« (Besseler), »das Enzyklopädische lag damals gewisser-
maßen in der Luft« (Pischner), »eine neue Zeit brach an«
(Schweitzer).

Das klingt, als wüßte einer überlegen über ganze Abschnitte der Historie so genau Bescheid, daß er sich summarisch darüber äußern könne, während er sich in Wahrheit doch nur so summarisch äußert, weil er sich über die Detailfakten gar nicht erst unterrichtet hat. (Was Goethe zu der Bemerkung veranlaßte: »Was ihr den Geist der Zeiten heißt, das ist gewöhnlich nur der Herren eigner Geist, in dem die Zeiten sich bespiegeln.«) Im Falle der Thomasschule: Ohngeachtet des rapiden Fortschritts der Wissenschaften und der Ausweitung des Lehrplans besteht die Musikpflege darin bis heute, und »die Zeit« verlangte tatsächlich zu keiner Zeit eine Trennung, ebensowenig wie in der Dresdener Kreuzschule, bei den Regensburger Domspatzen, dem Tölzer Knabenchor oder den Schöneberger Sängerknaben, obwohl die wissenschaftlichen Anforderungen doch seit jener Zeit eher zugenommen haben.

Ernestis Beitrag als Rektor zur Wissenschaftsschule seiner Zeit war überdies etwas eigenartig: Er reduzierte nämlich den Lehrplan. Erstens reduzierte er den Unterricht im Griechischen – er hatte gegen das Griechische eine Abneigung und hielt es für unbedeutend. Zweitens reduzierte er den Mathematikunterricht: Er warf die Algebra hinaus und beschränkte ihn auf Geometrie und Arithmetik. Seine Stärke und sein Interesse – neben der Theologie – war das Lateinische, aber diesbezüglich beschränkte er seinen Unterricht auf die Primaner, also auf diejenigen, die Kenntnisse schon weitgehend besaßen; die, denen er sie erst hätte beibringen müssen, interessierten ihn nicht. »Dem, was man die schöne Literatur nach dem Vorgange der Franzosen zu nennen pflegt«, schreibt sein Biograph Friedrich August Eckstein in der *Allgemeinen Deutschen Biographie*, »war er nicht gewogen.« Darum reduzierte er auch den Lehrplan des Lateinischen und warf die römischen Dichter, wie Ovid und Vergil, hinaus.

Mit welcher Ursache ihn Bach-Biographen als einen Förderer der »Wissenschaftsschule« bezeichnen können, bleibt also etwas rätselhaft. Sie haben sich offensichtlich vor allem zuwenig umgesehen. Sie berichten übrigens alle, daß Ernesti den Präfekten Krause für sein Vergehen zu hart bestraft habe. Das einzige, das man bei all diesen Berichten vermißt, ist die Frage: warum? Man erzählt doch sonst von Ernesti nicht, daß er ein solch strenger

Johann August Ernesti (der Jüngere), mit dem anderen nicht verwandt, zerstörte wohlüberlegt Bachs Kirchenmusik und schloß Schüler Bachs von seinem Unterricht aus.

Wüterich gewesen sei, im Gegenteil: Es wird berichtet, daß unter seinem Rektorat die Schuldisziplin sehr nachgelassen habe.

Aber diese Biographen beschäftigen sich auch alle nur mit Bach. Warum beschäftigte sich niemand mit dem Herrn Rektor Ernesti? Eckstein gibt eine sehr lebendige Lebensbeschreibung dieses Mannes, warum hat sie offensichtlich keiner gelesen? Unter anderem findet sich darin die bemerkenswerte Feststellung: »Dem in dem Alumnate unter Bach blühenden Gesangsinstitute war er nicht hold, weil er als Feind der Kirchenmusik eine Beeinträchtigung der wissenschaftlichen Studien darin fand.« Er war also, was man parallel zur Köthener »amusa« als einen »amusus« zu bezeichnen hat: Er war grundsätzlich gegen die musische Erziehung.

Dem kam der Lehrplan der Schule freilich nicht entgegen: Gesner hatte das Wissenschaftliche und das Musikalische darin als gleichberechtigt verankert. Gleichberechtigt waren ihm darum auch sein Konrektor und sein Cantor. So konnte sich Bachs Musik entfalten, er kam zu einem Chor von begabten Sängern, die er entsprechend ausbilden konnte und mit dem er daher auch Erfolge erreichte. Das studentische Collegium musicum war unter seiner Leitung auch nicht schlechter geworden. So konnte er Ostern 1736 sogar eine erneute Aufführung der *Matthäus-passion* wagen, und aus diesem Jahr gibt es keine hämischen Bemerkungen darüber. Und sooft der König kam, war er dabei und führte etwas Großartiges in aller Öffentlichkeit auf: Es waren alle Voraussetzungen gegeben, daß sein Ruf und sein Ansehen in dieser Zeit beträchtlich zunehmen konnten.

Ernesti war von frühester Jugend an äußerst ehrgeizig, das geht aus seiner Laufbahn unübersehbar hervor. Unmöglich konnte er Gefallen daran gefunden haben, daß Gesner den Cantor ihm gleichstellte. Nun, da er Rektor und Bach sein Untergebener geworden war, mußte er erleben, daß Bach auf einem Gebiete, von dem er absolut nichts hielt, Erfolge einheimste und ihn so in den Schatten setzte. Es war keine Seltenheit, daß Schüler sich überhaupt nur deswegen um die Aufnahme in die Thomasschule bemühten, weil sie auf diese Weise eine musikalische Ausbildung bei Bach erhielten. Anderseits war Bach in seiner jovialen und geraden Art gegenüber dem um zwanzig Jahre jüngeren Vorgesetzten auch noch denkbar freundlich und entgegenkommend, wie er – das ist verbürgt! – zu jedermann freundlich und entgegenkommend war. Bach muß auch zu seinem Rektor volles Vertrauen gehabt haben: Einen, dem man mißtraut, lädt man nicht gleich zweimal hintereinander zum Gevatter.

Damit unterlag er aber einem verhängnisvollen Irrtum: Ernesti war auf Bachs Popularität eifersüchtig. Wir wissen von dem Umgang mit dem Collegium musicum: Bach war bei den jungen Leuten regelrecht beliebt. Ernesti genoß dieses Glück nicht. Von seinen Universitätsvorträgen heißt es: »Kürze und Deutlichkeit empfahlen dieselben, Lebendigkeit zeichneten sie nicht aus.« Und über seine Predigten in der Universitätskirche: »Die Ausarbeitung der Predigten in deutscher Sprache machte ihm viel Mühe, aber er gefiel nicht, weil ihm Popularität und Wärme abgingen.« Bach besaß nun aber beides, auch später noch liefen die Schüler ihm nach. Das war im ganzen eine höchst ungleiche Verteilung: Der Cantor war beliebter als der Rektor! Es ist verständlich, wenn da bei Ernesti Eifersucht aufkam. Wenn er nichts unternahm, schwammen ihm die Felle davon – der Cantor »stahl ihm die Show«!

Diesen Zustand abzuändern war allerdings nicht so einfach,

zumal ja seit Gesner der Rat nicht mehr über Bach zu klagen wußte und er auch in der Schule keinen Anlaß zur Klage gab, ja sogar auf ein freundschaftliches Verhältnis zu seinem Rektor Wert legte.

Es war behutsam vorzugehen. Um in der Schule die ungeliebten Kunstübungen zu verdrängen, mußte dem Bach die Musik verdorben werden: War sie gut nicht mehr zu machen, würde nicht nur ihr Einfluß von selbst zurückgehen, sondern auch Bachs Einfluß und Ansehen mußten schwinden. Es war ein eleganter Rufmord, der da herzustellen war. Wie die Bach-Biographien beweisen: Er ist Ernesti dann hervorragend gelungen.

Der Weg führte über die Präfekten. Die Präfekten waren die Stützen von Bachs Kirchenmusik, ohne sie konnte er die Aufgabe, Sonntag für Sonntag für die Musik in vier Kirchen mit Aufführung einer Kantate zu sorgen, nicht bewältigen. Bach selbst war nicht angreifbar, dazu war er zu loyal. Aber man traf ihn vernichtend, wenn man seine Präfekten traf. Dazu war Ernesti bereits im November 1735 entschlossen. Um den Plan auszuführen, fehlte nur noch der passende Kriegsgrund, so etwas wie die Ermordung des österreichischen Thronfolgers. Es konnte natürlich auch etwas weitaus Geringeres sein, es kam nur darauf an, etwas daraus zu machen. Als sich bei dem Schüler Gottlieb Theodor Krause ein Vergehen ergab, sah Ernesti seine Stunde gekommen.

Bachs Präfekten hatten nicht nur musikalische, sondern in Verbindung mit ihrer Arbeit auch disziplinarische Aufgaben. Ohne Disziplin gibt es kein brauchbares Chorsingen, und Bachs Chöre bestanden weder ausschließlich aus begeisterten Sängern noch aus lauter Musterknaben. Junge Leute zwischen zwölf und sechzehn sind allgemein für Erzieher bisweilen etwas schwierig. Krause war Bachs erster Präfekt, der »Generalpräfekt«, und hatte in seinem ersten Chor einige wirkliche Flegel, die ihm erheblich zu schaffen machten und über deren Aufführung bereits aus der Gemeinde Klagen kamen. Bei einer Brautmesse im Frühling 1736 wurden die mutwilligen Störungen dann so arg, daß sich Krause nicht anders zu helfen wußte, als daß er den Schlimmsten mit hinausnahm und verprügelte.

Er war aber damit an den Falschen gekommen, denn Kastner –

so hieß er – war der Sohn des Bergakzisedirektors von Freiberg, und mit einem solchen Vater läßt man sich nicht von einem älteren Schüler schlagen, selbst wenn der im Recht sein sollte: Kastner beschwerte sich beim Rektor. Er sei so hart getroffen worden, daß sein Rücken blutete.

Das konnte nun weder der Schulbader noch dessen Gehilfe feststellen, aber darauf kam es auch nicht mehr an: Rektor Ernesti hatte endlich seinen Anlaß. Es half nichts, daß Krause sich entschuldigte und sein zu hartes Zugreifen bereute: Der Rektor verurteilte ihn zu öffentlichen Stockschlägen vor versammelter Schule.

Das war die ärgste Strafe, die er zu vergeben hatte, sie war das letztemal vor achtzehn Jahren ausgesprochen worden, und der Delinquent konnte sich danach in der Stadt nicht mehr blicken lassen.

Was bisher niemand festgestellt hat: Diese Strafe entsprach in keiner Weise dem Gewicht des Vorfalls. Denn das Schlagen in der Schule war in jenen Jahren noch vollkommen üblich, es gehörte geradezu zum Unterricht. Der Stock war ein ganz gewöhnliches Machtmittel in den Händen des Lehrers. Noch in den Unterklassen der Gymnasien im ersten Drittel des 20. Jahrhunderts war bisweilen der Rohrstock anzutreffen, gab es mindestens die heftige Kopfnuß bei verminderter Aufmerksamkeit. Krause hatte vielleicht zu hart zugeschlagen, aber er hatte nichts getan, was zu seiner Zeit nicht üblich gewesen wäre. Maximal wäre ein Tadel angebracht gewesen, vor allem aber die Abstrafung derer, die ihn zu seinem Vorgehen gereizt hatten. Aber die gingen straffrei aus, eindeutig zielte Ernesti mit seiner Maßnahme also einzig auf die Beseitigung von Bachs Generalpräfekten.

Das Vergehen hatte sich nicht in der Schule, sondern in der Kirche ereignet, also in Bachs Amtsbereich. Doch Ernesti verhängte die vernichtende Strafe, ohne mit Bach auch nur Rücksprache zu nehmen. Und er sorgte auch sogleich dafür, daß Bach keine Gelegenheit zu einer Rücksprache hatte: Unmittelbar nach der Urteilsverkündung verreiste er bis zum Morgen der Urteilsvollstreckung und entzog seinem Stellvertreter, dem Konrektor Dresig, vorsorglich jegliche Vollmacht, in diese Angelegenheit einzugreifen.

Krause war bis dahin ein zuverlässiger und tüchtiger Bursche gewesen. Als Bach von der Sache erfuhr – durch Krause, nicht etwa durch seinen Rektor! –, kann er nicht anders als fassungslos gewesen sein. Und der Rektor entzog ihm durch seine Abwesenheit gleichzeitig jede Möglichkeit, die Sache zu regeln!

Krause schrieb eine Eingabe an den Rat, in der er sich nochmals ausdrücklich für den Vorfall entschuldigte. Aber das half ihm nichts, und schließlich kam es für ihn auf eins heraus, ob er die Strafe auf sich nahm oder sich ihr durch Flucht aus der Schule entzog: Ruiniert war sein Ruf so und so. Er wählte die Flucht: Als der Rektor am festgesetzen Tag wiedererschien (nicht etwa eher!), war Krause nicht mehr da: Ernesti hatte die Hauptstütze von Bachs Kirchenmusik erfolgreich in die Flucht geschlagen.

Als er nach geglückter Tat endlich für Bach zu sprechen war, konnte er sich sogleich bei ihm entschuldigen: Welch unglückliches Zusammentreffen der Umstände, und welch bedauerliches Fehlverhalten des Konrektors Dresig! Da Krause sich nicht hatte verprügeln lassen, hatte er wenigstens Krauses gesamte Habe beschlagnahmt, einschließlich Krauses Ersparnissen. Es waren dreißig Taler, viel Geld für einen jungen Mann, und Ernesti hatte durchaus kein Recht dazu.

Das muß man ihm beim Rat klargemacht haben, denn Krause wandte sich mit einer zweiten Eingabe dorthin, und Ernesti mußte nachgeben. Er nutzte die Gelegenheit sogleich, dem Bach zu zeigen, daß er im Grunde ein warmherziger und zum Verzeihen bereiter Mensch sei.

Schon im vorhinein hatte er vorzüglich diese Maske der Freundlichkeit zu wahren gewußt: Wenn einer jemanden hereinlegen will, sucht er eine gute Stunde bei ihm aus. Es kam darauf an, dem Bach anstelle eines fähigen Präfekten einen möglichst untauglichen unterzuschieben. Ernesti hatte ihn schon. Er hieß auch Krause und war jetzt dritter Präfekt, der von der Peterskirche, in der ohnehin die schwächeren Sänger eingesetzt waren, wo also nicht viel zu verderben war.

Und Ernesti hatte schon ein halbes Jahr vorher den idealen Zeitpunkt für die diesbezügliche entscheidende Verhandlung mit Bach gefunden (was zeigt, mit welch langer Hand er seinen Anschlag tatsächlich vorbereitete): Als er und Bach im November

1735 nach einem Hochzeitsessen in guter Stimmung und in bestem Einvernehmen miteinander nach Hause fuhren und die Erörterung einen rein theoretischen Eindruck machen mußte, schlug er Bach den Krause II als Nachfolger im Amt des ersten Präfekten für den Krause I vor.

Bach hatte Bedenken, aber Ernesti konnte ins Feld führen, daß dem die Stelle als Dienstältesten zukomme, und Bach sah um so weniger Ursache, sich in nächtlicher Stunde sogleich energisch dagegen zu verwahren, als dies ja ein bloßes Privatgespräch und die Angelegenheit überhaupt nicht spruchreif war. So äußerte er eben nicht mehr als kollegiale Bedenken, aber Ernesti hatte schon erreicht, was er wollte.

Denn dieser Johann Gottlob Krause – Krause II – stand in der Schule keineswegs in gutem Ruf. So hatte er sich bei einem Schneider einen teuren Rock machen lassen und dachte nicht ans Bezahlen. Der Schneider hatte natürlich dafür gesorgt, daß sich das herumsprach, und allgemein galt Krause als »liederlicher Hund«. Es ist auch später nicht bekannt geworden, daß er je zur Musik ein engeres Verhältnis gehabt hätte. Unglückseligerweise fand sich aber Bach während jener Kutschfahrt bereit, die Besetzung der wichtigen Position mit ihm zu versuchen, und erlebte schon bald jenes Debakel, auf das Ernesti mit der Besetzung der Stelle zielgerichtet ausgegangen war. Seine Absicht funktionierte:

Nachdem er Krause I in die Flucht getrieben hatte, setzte er – sich auf Bachs November-Einverständnis berufend – Krause II als Nachfolger ein. Bachs Bedenken konnte er damit zerstreuen, daß er ja gerade gegenüber Krause I bewiesen hatte, wie streng er in disziplinarischen Fragen durchzugreifen bereit war, er gab sozusagen für Krause II eine Garantie und nahm gleichzeitig Bach die Möglichkeit, ihm zu widersprechen.

Es kam, wie es vorauszusehen war: Krause II erwies sich als Schlamper, war nicht daran interessiert, unter seinen Sängern Disziplin zu halten, und die Sauberkeit ihres Gesanges interessierte ihn ebensowenig. Und jetzt schob der Rektor, dem angeblich die Disziplin der Schule so außerordentlich am Herzen lag, Bach die gesamte Verantwortung für den Kirchendienst zu und weigerte sich, in irgendeiner Weise einzugreifen. Natürlich konnte er obendrein behaupten, das habe er im Falle von Krause I getan, und

Bach hätte es ihm dann zum Vorwurf gemacht. Bach aber mußte zusehen und zuhören, wie Krause II durch seine schlampige Unbegabtheit ihm nicht nur den Ruf, sondern vor allem seine so sorgfältig aufgebaute Kirchenmusik verdarb.

Wenn einer der Musik als bloßer Beschreiber, also par distance und einigermaßen ohne Leidenschaft gegenübersteht, kann er so etwas natürlich leidenschaftslos betrachten und dem Untergang der Arbeit vieler Jahre gelassen zusehen. Bachs unentschuldbares Verbrechen besteht darin, daß er nicht dazu imstande war. Seine biographierenden Verehrer bescheinigen ihm denn auch sämtlich, daß er sich im folgenden völlig falsch verhalten habe. Leider unterlassen sie sämtlich ebenso, uns zu erklären, wie er sich aber denn hätte richtig verhalten sollen.

Sein Rektor weigerte sich, in der Angelegenheit irgend etwas zu seinen Gunsten zu unternehmen, und verwies auf die Schulordnung. Eine Eingabe an den Rat hätte Bach nicht weitergeholfen: Nach der Schulordnung unterstand er ja nicht mehr dem Rat, sondern seinem Rektor. Überdies hatte dieser Rektor zum Rat vorzügliche Beziehungen, und überdies hatte der Rat bisher auf sämtliche Eingaben Bachs nicht ein einziges Mal geantwortet.

Auch vom Konsistorium hatte er nichts zu hoffen. Es hatte ihm zwar im Fall Gaudlitz einmal – widerstrebend! – Recht gegeben, konnte sich aber insgesamt hier mühelos mit dem Hinweis aus der Affäre ziehen, daß es gegenüber der Schule nicht weisungsberechtigt und also nicht zuständig sei. Die Herren, die dem Bach Vorwürfe machen, mögen allesamt die Sache drehen und wenden, wie sie wollen: Ernesti hatte seinen Cantor erfolgreich in eine aussichtslose Position hineinmanövriert, genau wie schon davor den Krause I: Welchen Schritt Bach jetzt auch unternahm, er würde ihm in jedem Fall als schwerer Fehler ausgelegt werden können.

Der allerschwerste Fehler Bachs indessen war: Er war kein Intrigant, er war Musiker. Der listigen Gemeinheit Ernestis stand er hilflos gegenüber, und gleichzeitig war er außerstande, schlechte Musik zu ertragen. Sein Rektor ließ ihn im Stich, und weder vom Konsistorium noch vom Rat hatte er Hilfe zu erwarten. Aber für die Musik, die da in Scherben ging, war er verantwortlich!

Den Krause kümmerten seine Ermahnungen nicht, der wußte

ja den Rektor in seinem Rücken. So, als es denn eines Sonntagmorgens gar nicht mehr auszuhalten war, setzte Bach kurzerhand Krause als Generalpräfekten ab und den zweiten Präfekten Kittler an seine Stelle. Überdies zeigte er dies auch noch dem Rektor ordnungsgemäß an.

Krause beschwerte sich prompt beim Rektor, Ernesti, der bisher peinlich darauf geachtet hatte, die Dinge ihrem berechneten Lauf zu überlassen, verwies ihn an Bach, Bach erklärte dem Krause, daß über die Ein- und Absetzung von Präfekten allein er als der Cantor zu bestimmen habe, Krause berichtete das brühwarm wieder dem Rektor, und damit hatte Ernesti genau den Vorfall, den er wollte: Jetzt konnte er Bach mit allem Anschein guten Rechts beschuldigen, er habe sich den Anweisungen seines Rektors in Wort und Tat widersetzt.

Bach merkte immer noch nicht, was hier gespielt wurde, er entschuldigte sich in aller Form und versprach sogar, Krause probeweise nochmals einzusetzen. Aber Krause dirigierte in der nächsten Singestunde so hundsmiserabel, daß Bach das sein ließ. (Ohne Absprache mit dem Rektor kann das nicht erfolgt sein, denn nirgends ist vermerkt, daß er sich um Besserung auch nur bemüht hätte.) Jetzt saß Ernesti endgültig am längeren Hebel, und als Bach auch auf schriftliche Aufforderung den Krause nicht wieder einsetzte, tat Ernesti das selbst auf eigene Faust. Dazu war er freilich nach der Schulordnung gar nicht berechtigt. Bach (»der Jähzornige«!) verlor selbst nach dieser offenen Brüskierung noch keineswegs die Fassung.

Die Oberaufsicht über die Gottesdienste obliegt dem Superintendenten. Mit der selbstherrlichen Wiedereinsetzung des unfähigen Krause hatte Ernesti entschieden einen wesentlichen Teil des Gottesdienstes gestört. Demzufolge wandte sich Bach an den Superintendenten und legte ihm den Sachverhalt dar. Seine Darlegung war eindeutig: Deyling gehörte gewiß nicht zu Bachs Freunden, mußte ihm aber recht geben und versprach, die Sache zu regeln. Der Unterstützung des Superintendenten somit gewiß, jagte Bach den unfähigen Krause aus dem Gottesdienst und setzte seinen Kittler an dessen Stelle.

Er hatte nur zuviel Überzeugung von der Richtigkeit seines Standpunktes (worin ihn Deyling bestärkt hatte) und von der

Superintendent Salomon Deyling, Bachs kirchlicher Vorgesetzter, sagte ihm in der Ernesti-Affäre zunächst Unterstützung zu und ließ ihn dann fallen wie eine heiße Kartoffel.

Standfestigkeit Deylings. Denn nach Bach erschien Ernesti bei diesem, und Ernesti war auf der Universität Deylings Schüler, sogar sein Musterschüler gewesen. Welcher Meister gibt schon seinen Musterschüler preis? Deyling schwenkte zu Ernesti um! Ernesti, nunmehr seiner Sache ganz sicher, erschien vor dem Vespergottesdienst auf dem Chor, jagte den Kittler davon und setzte seinen Krause wieder ein. Außerdem aber untersagte er den Schülern unter Androhung härtester Strafen, irgendeinem von Bach eingesetzten Präfekten Folge zu leisten.

Die Frage, ob Bach im folgenden seine Kompetenzen überschritt, wie gewisse Biographen behaupten, wird an dieser Stelle vollkommen müßig: Der Rektor hatte die seinen so weit überschritten, daß er sich als Bachs Vorgesetzter damit absolut ins Unrecht gesetzt hatte. Nachdem er durch seine bisherigen Intrigen Bach nicht hatte in die Knie zwingen können, griff er an dieser Stelle zu nackter Brachialgewalt. Das Recht der Einsetzung eines Präfekten stand ihm nicht zu, Bach war in jedem Fall für die ordentliche Durchführung der Kirchenmusik verantwortlich. Da Krause diese nicht leisten konnte (und offensichtlich auch gar nicht daran dachte), *mußte* Bach ihn an weiterer Leitung hindern.

Aber nach dem Auftritt des Rektors und seinen Drohungen

Heinrich Graf von Brühl, Nachfolger Flemmings als allmächtiger Kabinettsminister zunächst Augusts des Starken und später König Augusts II. Durch sein Dekret erhielt Bach 1737 den Rang eines königlichen Hofbediensteten.

wollte kein anderer Schüler dirigieren. (Wozu dieser Rektor gegebenenfalls imstande war, hatte er ja im Falle von Krause I bewiesen!) Bachs großartiger Schüler Krebs, jetzt Student, war zufällig anwesend und übernahm die Leitung. Den weiteren Fortgang schildert Spitta:

»Am folgenden Sonntag [19. August] wiederholten sich dieselben ärgerlichen Auftritte. Den vom Rektor bestimmten Präfekten wollte Bach nicht dirigieren und vorsingen lassen, unter den übrigen Schülern wagte es keiner zu tun. Bach mußte sich entschließen, gegen das Herkommen die Motette selbst zu dirigieren, als Vorsänger trat wieder ein Student ein. Noch an demselben Tage richtete Bach an den Rat eine dritte (!) Beschwerdeschrift ... Das dringend notwendige Eingreifen des Rats aber erfolgte nicht.«

Anfang Juli hatte sich der Vorfall mit Krause I ereignet. Seitdem war Krieg. Der Juli war ins Land gegangen, im August war es zu offenen Skandalen gekommen, der Rat sah zu, wie der Cantor zum Präfekten degradiert wurde, und schwieg. Er schwieg den ganzen August und den ganzen September und den November auch noch und sah zu. Man erinnert sich an Siegeles Behauptung, es habe Kulturpolitik und eine Kantorenpartei im Rat gegeben. Aber hier wie auch sonst trat sie nirgends in Erscheinung. Die

Regelung der Kirchenmusik gehörte ebenso wie die Einsetzung der Geistlichen zu den Ratspflichten. Aber der »wohlweise und hochmögende« Rat fühlte sich keineswegs verpflichtet. Man kann sich des Eindrucks nicht erwehren, daß man sich dort über die Zustände geradezu amüsiert haben muß.

Ein Ereignis gab es schließlich, von dem Bach sich etwas Hoffnung versprach: Am 29. September kam der König zu einem Besuch nach Leipzig, und Bach setzte nochmals ein Gesuch um Bewilligung des Titels des Hofcompositeurs auf. Aber der König reiste ab, ohne daß diese Hoffnung erfüllt wurde. Im November endlich setzte Bach eine Eingabe an das Konsistorium auf: Es war schließlich die rechtsprechende Behörde in der kirchlichen Hierarchie und als solche auch dem Superintendenten übergeordnet. Dann, als es Bach schon nicht mehr erwartete, kam die ganz große Freude und Überraschung: Am 21. November erhielt er aus der Pleißenburg, wo der Gouverneur des Königs residierte, die ersehnte Bestallungsurkunde, das »Praedicat als Compositeur bey der Hof Capelle«.

Das schien die Rettung! Denn das war mehr als ein bloßer Titel: Als »Compositeur bei der Hofcapelle« war Bach ab jetzt Hofperson, unter dem persönlichen Schutz Seiner Majestät des »Königs und Churfürsten«. Das mußte auch der Rat respektieren, die neu erworbene Würde mußte er zur Kenntnis nehmen! Dachte Bach, stellte die Beschwerde an das Konsistorium zurück und eilte nach Dresden, um im Überschwang seines Dankes in der Frauenkirche in Anwesenheit zahlreicher Hofpersonen und Persönlichkeiten ein grandioses Konzert auf der großen Silbermann-Orgel zu geben. Der allmächtige Graf Brühl hatte das Dokument unterzeichnet, und die so eilige Übermittlung besorgte kein Geringerer als der Gesandte der russischen Zarin, der Graf Keyserlingk. Ja, Bach hatte bedeutende Freunde und Gönner am Dresdener Hof!

Nur in seiner Sache und gegenüber dem Leipziger Rat halfen sie leider gar nichts. Auch einem »Königlich-Churfürstlichen Hof-Compositeur« gegenüber fühlte sich der Rat in keiner Weise verpflichtet, nicht im November, nicht im Dezember und nicht im Januar. Mochte dieser Bach doch zusehen, wie er mit seiner Kirchenmusik zurechtkam! So sah der sich denn genötigt, seine Ein-

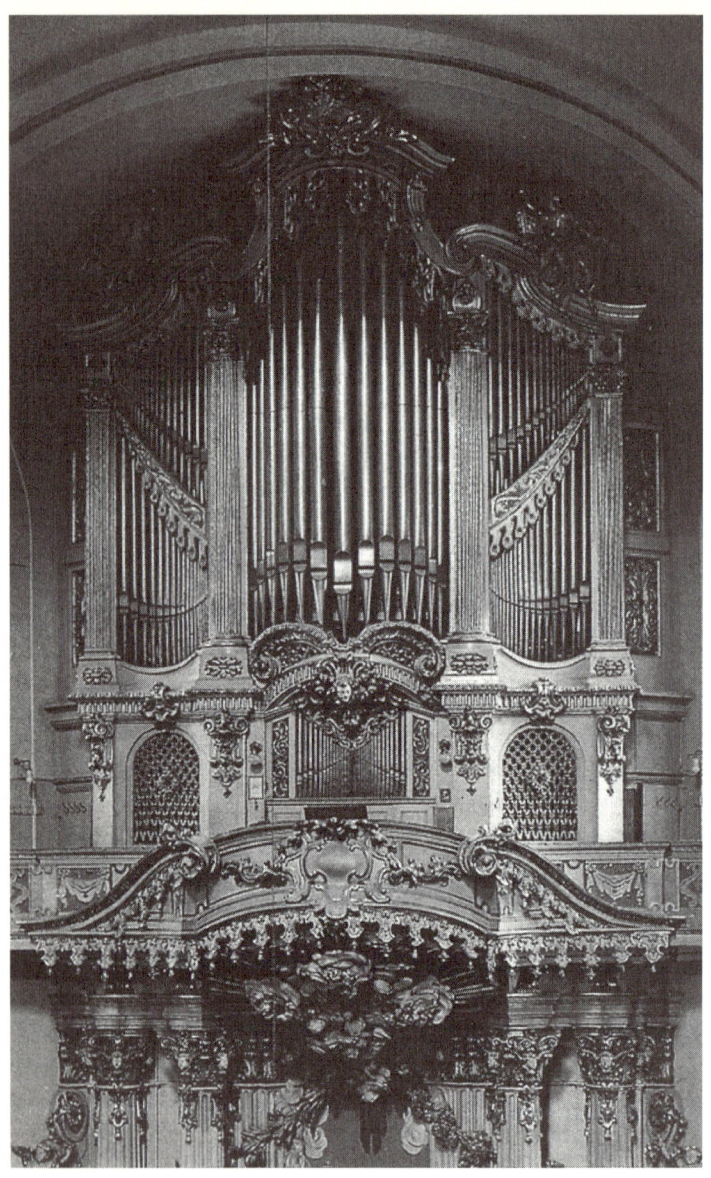

Die Silbermann-Orgel in der Dresdener Frauenkirche, auf der Bach sein Dankeskonzert für den »Hofcompositeur« gab.

gabe an das Konsistorium am 12. Februar des nächsten Jahres –
nach vier Monaten! – doch noch abzugeben. Spitta:

»Sechs Tage zuvor hatte man sich auf dem Rathause zum Erlaß
einer Verfügung allerdings aufgerafft, sie blieb aber zwei Monate
liegen: am 6. April wurde sie Ernesti, am 10. Bach, am 20. Deyling
zugestellt. Große Mühe, in den Kern der Streitfrage einzudringen, hatte sich der Rat nicht genommen. Er wählte das bequemste
Auskunftsmittel und gab beiden Unrecht; im übrigen blieb
Johann Krause erster Präfekt, ›dessen Aufenthalt auf der Schule
Ostern zu Ende gehe‹. Ostern fiel auf den 21. April.«

Zu diesem Zeitpunkt konnte der Rat also sicher sein, daß seine
Entscheidung Bach in keiner Weise mehr nützte. Mit seiner exakt
berechneten Verzögerungstaktik hatte er seinem Liebling Ernesti
bestmöglich den Rücken gestärkt und endgültig demonstriert,
daß er an Bachs Kirchenmusik nicht interessiert war. Spitta wägt
die juristische Situation der Parteien sorgfältig ab, vergißt auch
nicht zu erwähnen, daß Ernesti schließlich zu sehr unsauberen
Mitteln griff, nicht einmal vor Verleumdungen und der Behauptung, Bach sei bestechlich, zurückschreckte – kurz, Ernesti erwies
sich als ein durch und durch unedler Charakter. Aber damit paßte
er ausgezeichnet zu diesem Rat und zu diesem Konsistorium, das
sich seinerseits an der ganzen Sache völlig uninteressiert zeigte
und sie entschlossen einschlafen ließ.

Eine juristische Betrachtung dieses Präfektenkriegs ist schlicht-
weg unnütz und geht am Kern der Sache vorbei. Es bedarf keinerlei Gesetzeskenntnis, sondern nur schlichter Vernunft, um einzu-
sehen, daß derjenige, der für die Musik verantwortlich ist, auch die
Kompetenz haben muß, sie zu machen. Allein der Cantor konnte
entscheiden, wer ihn zu vertreten in der Lage wäre, und schon die
Tatsache, daß diese so naheliegende Erkenntnis bei den zuständigen Herren nie aufgekommen ist, zeigt, wie weit sie allesamt von
jeglichem künstlerischen Verständnis entfernt waren: Das *Weihnachtsoratorium* von 1734, die Passionsmusik von 1736, meint
man, hätten in den Ohren dieser Herrschaften doch mindestens
einen bescheidenen Eindruck hinterlassen müssen. Wenigstens
ein paar dieser Leute, meint man, hätten doch zu dem Eindruck
kommen dürfen, daß Leipzig in diesem Bach einen Mann von
ungewöhnlicher Begabung und Qualität besaß. Man ist im Irrtum.

Die herrschenden Kreise von Leipzig sahen in ihm einzig den Querulanten. Und dem hatten sie es wieder mal gegeben.

»Nichts kommt dem infamen Benehmen der kleinen bürgerlichen Aristokraten der Städte gleich«, hatte Friedrich Engels anläßlich der Besichtigung jener Zeit geschrieben.

Als habe er sich mit dem Schicksal Bachs beschäftigt.

XXII

ERNESTI GING ALS der unumschränkte Sieger aus seinem Krieg
hervor. Er hatte sein Durchsetzungsvermögen bewiesen, seine
Stellung gefestigt, und es stand von jetzt an endgültig fest, daß
Bach bei keiner seiner vorgesetzten Behörden mehr irgendwel-
chen Rückhalt finden würde: Bach war kaltgestellt. Mit verbesser-
ter Stellung konnte Ernesti sich auch endlich einer lästigen Pflicht
entledigen: Er stellte für seine Person die Inspektionen ein, die
ihn nötigten, jede vierte Woche die Nacht neben dem Schlafsaal
der Schüler zu verbringen, und ließ sich von nun an vom Quartus
vertreten. Daraufhin tat Bach ein gleiches. Für die Vertretung zu
sorgen überließ er dem Rektor, der in der Kirche ja auch so
beharrlich für seine Vertretung zu sorgen gewußt hatte. »... und
diese Vernachlässigung hatte den widrigsten Einfluß auf die
sittliche Bildung der Schüler«, schreibt Pastor Köhler in seinen
Notizen zur Schulgeschichte, aber er schreibt nicht, daß Ernesti
irgend etwas dagegen unternommen hätte. Er war schließlich
Wissenschaftler, wollte zur Universität, und das Schicksal der
Thomasschule beschäftigte ihn nur, soweit es seine Interessen förderte.

Schweitzer behauptet: »Was sich hier zu St. Thomas ereignete,
war typisch für das, was in den Schulen jener Zeit überhaupt vor-
ging. Es war eine Epoche der Reorganisation des Schulwesens.
Man fing an, die Studien um der Studien willen zu betreiben.
Darum ging es nicht mehr an, der Musik so viel Platz und Zeit im
Schulbetriebe einzuräumen. Sie wurde hinausgedrängt; die Chor-
internate hatten sich überlebt, wie überhaupt die alten Schüler-
kirchenchöre. Eine neue Zeit brach an.«

Das ist aber auch in diesem Falle reine Erdichtung und trifft auf Ernestis Aufführung in keiner Weise zu. Abgesehen davon, daß er den Lehrplan reduzierte, änderte er nämlich überhaupt nichts und dachte nicht im Traum daran, die musikalischen Aufgaben aus dem Schulbetrieb hinauszudrängen. Denn dafür hätte sich nicht mit Bach, sondern mit dem Rat anlegen müssen, und ein guter Karrierist vermeidet es selbstverständlich peinlichst, seinen Oberen Schwierigkeiten zu bereiten. Was hätte Superintendent Deyling denn gesagt, wenn er die Thomaner nicht mehr hätte singen lassen wollen? O nein, er tastete die Kirchenmusiken in seiner Schule keineswegs an, nur setzte er Bach außerstande, sie ordentlich zu verrichten. Nicht die Musik, sondern diesen Bach wollte er aus seiner Schule, ins Exil wollte er ihn treiben.

Und das gelang ihm über die Maßen: Mit diesem undankbaren Verleumder wollte Bach endlich nichts mehr zu tun haben. Über zehn lange Monate hinweg hatte er ihm systematisch seine Kirchenmusik ruiniert.

Es wird wohl auch niemand glauben, der Rektor Ernesti habe bei der Neuaufnahme der Schüler anno 1737 noch den Schulcantor um seine Meinung befragt. Und es gab in der ganzen Schule keinen Lehrer mehr, der zu ihm gehalten hätte. Die Lehrer hüteten sich. Erstens war seit Gesner die Musik ohnehin vom sonstigen Lehrplan abgetrennt, zweitens aber hatte der Rektor deutlich gezeigt, wie gefährlich es für einen werden konnte, der nicht zu ihm stand – er hatte Beziehungen! Bach hatte dieselben während des Streites so völlig unterschätzt, daß er sogar damit einverstanden war, als Konrektor Dresig sich als Vermittler in einem Schlichtungsgespräch anbot. Wenn er es abgelehnt hätte, hätte er Ernesti nur einen Beweis für seine unversöhnliche Haltung geliefert. Ebensowenig konnte er Dresig wegen Befangenheit ablehnen: In ganz Leipzig gab es niemanden, den er selbst hätte vorschlagen können. Es versteht sich, daß der Konrektor seinem Rektor am Ende in allem recht gab. Und es zeigt, wieviel naives Vertrauen Bach immer noch besaß, als er auf diesen Vorschlag einging. Oder wie verlassen er da schon war.

Was man heutzutage als »Mobbing« kennt, das Hinausekeln eines unerwünschten Mitarbeiters aus seiner Stellung, hatte Ernesti hervorragend zustande gebracht, er hatte Bach »geschafft«.

Am Ende des »Präfektenkriegs« hatte Bach weder in der Schule noch in der Kirchenbehörde, noch im Rat der Stadt irgendeinen Menschen, der bereit gewesen wäre, für ihn einzutreten: Sein musikalischer Apparat war erfolgreich zerschlagen, er selbst war ausgebootet, ja zur Unperson gemacht.

Aber der Bach-Spezialist Christoph Wolff bezeichnet alles dies von Ernesti so glücklich Erreichte nun als den »von Bach selbstverordneten Quasi-Ruhestand«. Dabei hatten seine Oberen ihm doch alle nachdrücklich genug bewiesen, daß er für sie Luft war, weniger als Luft: Die Herabsetzungen hörten nicht auf, der Titel des Hof-Compositeurs, der ihn zur Hofperson machte, war für sie vor allem Ursache, ihm ihre Geringschätzung zu beweisen.

Von welch schäbiger Art diese war, zeigt eine Episode vom 10. April 1737: Als sich da ein Thomasschüler während der Kommunion versungen hatte, wäre der Vorfall mit einer kurzen Aussprache nach dem Gottesdienst zu erledigen gewesen. Aber mit diesem Menschen redete die Kirchenbehörde einfach nicht mehr, und so beschwerte sich der Herr Superintendent nicht etwa bei Bach, der dafür zuständig war, sondern sogleich über Bach beim Rat der Stadt. Und der Rat, der sämtlichen Eingaben Bachs jede Antwort verweigerte, lud ihn umgehend in dieser Angelegenheit vor und erteilte ihm eine Rüge: »Er habe dem Vorsänger einen Verweis zu erteilen und künftig tüchtige Personen zu diesem Geschäft abzusenden.« Daß ebendie Herren vom Rat selbst es waren, die ihn an diesem Geschäft konsequent hinderten, fiel ihnen nicht ein.

Im ganzen wurde das Jahr 1737 abermals einer der ganz großen Tiefpunkte, ein entscheidender sogar in Bachs an Tiefpunkten so reichem Leben. Ein zweiter Gesner kam nicht mehr. Von nun an war Bachs gesamte Obrigkeit gegen ihn, und das sollte sich bis zu seinem Tod nicht mehr ändern.

Und es war ja nicht nur so, daß er isoliert und seine »regulierte Kirchenmusik zu Gottes Ehren« ruiniert war. Anderer, persönlicher Kummer kam hinzu: Seinen Sohn Bernhard hatte er unter Einsatz seines persönlichen Ansehens an Sankt Marien in Mühlhausen untergebracht. An den alten Bach erinnerte man sich noch mit Freuden und Hochachtung, aber der junge trieb es zu arg: Er spielte so wild, daß man einen Sachverständigen rief, der prüfen mußte, ob die Orgel nicht Schaden genommen hätte. Also der Junge mußte von da weg, und Bach setzte seine persönlichen Verbindungen dafür ein, daß er in Sangerhausen eine neue Anstellung fand. Aber dort machte er dem Vater nur neuen Kummer: Er verließ die Anstellung, hinterließ bei seinem Quartiervater einen Berg Schulden und verschwand. Bach hatte sich zweimal vergeblich für ihn verwendet, sein Bernhard hatte ihm nichts als Schande bereitet, und er durfte seine Schulden bezahlen. (Zwei Jahre später mußte er dann erfahren, daß Bernhard tot war.)

Und dann kam in diesem elenden Jahr auch noch der Herr Scheibe, Johann Adolph. Sein Vater war in Leipzig Orgelbauer, Bach hatte schon in seiner Köthener Zeit die Orgel in der Universitätskirche abgenommen und ihr ein gutes Zeugnis ausgestellt. Wer war der Sohn? Auch sein Lebenslauf findet sich in der *Allgemeinen Deutschen Biographie* von 1858:

»... wurde 1708 zu Leipzig als Sohn des Universitätsorgelbauers Johann S. geboren. 1725 verließ er die Nicolaischule daselbst, um sich dem Studium der Rechte zu widmen, wurde aber bald durch die mißlichen Verhältnisse seiner Familie gezwungen, seinen Plan aufzugeben und wandte sich der Musik zu. Er erlernte das Orgel- und das Klavierspiel, begann zu komponieren und suchte sich sein Brot als Lehrer und Concertspieler zu verdienen. Um 1735 findet man ihn in Prag, dann in Gotha, 1736 in Sondershausen, darauf in Hamburg, überall um feste Stellung werbend. Als seine Hoffnungen auf das Hamburger Theater fehlschlugen, da eine von ihm eingereichte Oper wegen des plötzlichen Bankerotts der Direction nicht zur Aufführung gelangte, warf er sich auf die Musikschriftstellerei und gründete 1737 die in zwanglos erscheinenden ›Stücken‹ bis ins Jahr 1740 fortgesetzte Zeitung ›Critischer Musicus‹.«

Und in einem der ersten Stücke, im Mai 1737, schrieb er, nachdem er den Virtuosen Bach über den grünen Klee gelobt hatte, die vernichtenden Zeilen: »Dieser Mann würde die Bewunderung gantzer Nationen seyn, wenn er mehr Annehmlichkeit hätte, und wenn er nicht seinen Stücken durch ein schwülstiges und verworrenes Wesen das Natürliche entzöge, und ihre Schönheiten durch allzugrosse Kunst verdunkelte. Weil er nach seinen Fingern urtheilt, so sind seine Stücke überaus schwer zu spielen; denn er ver-

Johann Adolph Scheibens,
Königl. Dänis. Capelimeisters,

Critischer

MUSIKUS.

Neue,
vermehrte und verbesserte
Auflage.

Leipzig,
bey Bernhard Christoph Breitkopf, 1745.

Die Schrift, mit der Scheibe in die Bach-Forschung hineinkam.

langt, die Sänger und Instrumentalisten sollen durch ihre Kehle und Instrumente eben das machen, was er auf dem Claviere spielen kann. Dieses aber ist unmöglich. Alle Manieren, alle kleinen Auszierungen, und alles, was man unter der Methode zu spielen verstehet, druckt er mit eigentlichen Noten aus; und entziehet seinen Stücken nicht nur die Schönheit der Harmonie, sondern macht auch den Gesang durchaus unvernehmlich. Alle Stimmen sollen mit einander, und mit gleicher Schwierigkeit arbeiten, und man erkennet darunter keine Hauptstimme.* Kurtz: Er ist in der Music dasjenige, was ehemals der Herr von Lohenstein in der Poesie war. Die Schwülstigkeit hat beyde von dem natürlichen auf das künstliche, und von dem erhabenen auf das Dunkle geführet; und man bewundert an beyden die beschwerliche Arbeit und eine ausnehmende Mühe, die doch vergebens angewendet ist, weil sie wider die Natur streitet.«

Diese Meinung ergänzte er im folgenden Jahr noch in einem Sendschreiben an seinen Kollegen Mattheson mit den Worten: »Bachische Kirchen-Stücke sind allemahl künstlicher und mühsamer; keineswegs aber von solchem Nachdrucke, Überzeugung, und von solchem vernünfftigen Nachdencken, als die Telemannischen und Graunischen Werke.«

Man wird da gewaltig an jenen Berliner Criticus erinnert, der nach der Aufführung eines Beethovenschen Streichquartetts urteilte: »Herr van Beethoven wird nie die Geschmeidigkeit der Kozeluchschen Streichquartette erreichen.« (Recht hatte er, nur: wer spielt noch Kozeluch?)

Wenn man dem Scheibe etwas genauer auf die Finger schaut, entdeckt man zweierlei, nämlich erstens, daß er diesem Bach nicht gewachsen, und zweitens, daß er alles andere als ein ordentlicher Musiker war. »Alle Stimmen sollen mit einander, und mit gleicher Schwierigkeit arbeiten, und man erkennet darunter keine Hauptstimme.« Aber »man« ist einzig und allein Herr Scheibe, der Bach die Schuld daran gibt, daß ihm eine Fuge über seinen Verstand geht. Mit seiner Beschränktheit steht er freilich nicht allein, im nächsten Jahrhundert kam dann ein Herr Hanslick nicht mit der Harmonik Bruckners und Wagners zurecht. Und noch mehr als zwei Jahrhunderte später fanden einige Musikwissenschaftler Scheibes Kritik völlig berechtigt.*

Dabei lieferte Scheibe auch praktische Proben seines persönlichen Unverstands. Von seiner eigenen Musik heißt es am selben Ort: »Schon zu Lebzeiten fand er mit seinen musikalischen Schöpfungen weniger Anklang als mit seinen literarischen Arbeiten; seinen Chören wurde eine auffallende Chromatik und daraus folgende übermäßige Schwierigkeit, seinen Arien Mangel an Coloratur, seinen Rezitativen ein Übermaß von Affekt vorgeworfen, ihr größter und allgemeinster Mangel ist jedenfalls Gedankenarmuth.«* Und wenn diese Einschätzung seiner Musik zutrifft (es ist ja auch nichts von ihr übriggeblieben), so zeigt das noch einmal, daß Bachs Schreibweise einfach über Scheibes Horizont ging. Wenn er aber an anderer Stelle Bach vorwirft, er könne schon deswegen kein großer Komponist sein, weil er beim Herrn Professor

Gottsched nicht (wie er) die Weltweisheit studiert habe, nebst der Rhetorik und Dichtkunst, dann wird er absolut lächerlich, und man kann ihn nicht damit entschuldigen, daß andere Theoretiker neben ihm (Mizler zum Beispiel) ähnliche pseudorationalistische Ansichten vertraten. »An ihren Früchten sollt ihr sie erkennen«, heißt es in der Bibel, und kennzeichnend für all diese Leute ist es, daß sie allesamt nichts von Bedeutung hervorgebracht haben, ohne Rücksicht darauf, daß gewisse andere Theoretiker sie als Theoretiker hoch loben. »In der Kunst kommt die Praxis immer vor der Theorie«, sagte Pablo Picasso. Theorie macht eben keine Musik, aber von einem Irving Berlin heißt es, daß er keine Note gekannt habe, doch seine Melodien erklingen in der ganzen Welt, und die Vereinigten Staaten verdanken ihm ihre Nationalhymne.

Es gibt also durchaus keinen Grund, Scheibe wichtig zu nehmen; wenn er sich nicht an Bach vergriffen hätte, wäre er zu Recht längst vergessen. Aber sein Vorwurf, Bach sei kein Komponist, sondern ein gänzlich ungebildeter Mensch, verrät nicht nur bemerkenswerte Dummheit, sondern ist schlicht schmutzig, und er traf Bach, als dieser durch den Ausgang des Präfektenstreits ohnehin in tiefster Seele verwundet war. Es kam alles zusammen: Der Rektor, die Obrigkeit, der Sohn, und nun der Schmutz, mit dem ihn Scheibe bewarf.

Er war jetzt vierzehn Jahre in Leipzig, und nach seinen zweiten sieben Jahren stand er noch ärger da als nach den ersten. Mit zweiundfünfzig sah er auch keine Chancen mehr für einen Ortswechsel, er war kein Goldoni, der in seinem vierundfünfzigsten Lebensjahr noch nach Paris übersiedelte und auf Französisch weiterschrieb. Carlo Goldoni hatte nur sich und seine Frau zu versorgen, er war ein weltgewandter Rechtsanwalt. Bach war Musiker, und er war zur Musik verurteilt, keiner wie Scheibe, der sie auch lassen konnte.

Freilich, in der Situation, in der er sich 1737 befand, hätte er allen Grund zum Resignieren gehabt. Aber man fragt sich, was eigentlich im Kopf eines prominenten Musikwissenschaftlers vorgeht, wenn er da von einem »selbst verordneten Quasi-Ruhestand« spricht. Und ein anderer behauptet allen Ernstes, Bach hätte ihn angestrebt! Er hat ihn sich doch – weiß Gott! – nicht selbst ausgesucht. Der Rektor hatte sich als sein Todfeind erwiesen, das Lehrerkollegium schnitt ihn – es war nur vernünftig, daß er keinen Fuß mehr in diese Schule setzte, auch seine Kinder nicht mehr in diese Schule ließ und für sie einen Hauslehrer engagierte, seinen Vetter Elias. Denn in dieser Schule hatten sie als Bachs Kinder ohnehin nichts Gutes zu erwarten: Von einem Rektor, der sich als so grob unsachlich erwiesen hatte wie Ernesti, konnte nur ein Dummkopf Objektivität erhoffen.

Nein, aus eigenem Antrieb hat Bach die Schule damals gewiß nicht verlassen. »Selbst verordnet« ist eine vollkommene Entstellung des Sachverhalts. Und das Wort »Ruhestand« ist es nicht minder, es ist eine Unwahrheit. Denn unter jenen Umständen, die einen Menschen durchaus in die Lethargie hätten treiben können, arbeitete Bach weiter, weiter mit jener gelassenen Stetigkeit, mit der der Albatros die antarktischen Meere umkreist. Bei manchen Biographen gewinnt man den Eindruck, Bachs einzige Lebensaufgabe sei der Schulcantor gewesen. Und sie freuen sich, wenn sie seinem Charakter in diesem Zusammenhang noch diesen oder jenen Mangel anhängen können, um ihre »Objektivität« zu beweisen. Aber wo und bei wem findet sich an dieser Stelle die Würdigung dieses großen, unbeirrbaren, willens- und glaubensfesten Charakters, vor dessen Standfestigkeit und Kraft man sich nur aufschauend und bewundernd verneigen kann?

Wenn er zu diesem Zeitpunkt den ganzen Kram hingeworfen und sich aufs Altenteil zurückgezogen hätte – wer hätte es ihm verdenken können? Aber er arbeitete weiter, nicht nur unverdrossen, sondern geradezu emsig, auch wenn ihm dieses Leipzig nun so bis zum Hals stand, daß er nicht einmal mehr an seinem Collegium musicum Freude hatte.

Da war auch kein Ruhestand: Es blieb ihm der Großteil seiner Pflichten außerhalb der Schule. Es blieb ihm auch unter solchen Umständen weiter die ganze Verantwortung für die sonntägliche Kirchenmusik. Es blieben die Ratswechselkantaten. Und es blieben die ständigen Taufen und Hochzeiten und die Begräbnisse, bei denen er, »der große Thomaskantor«, mit der Kurrende vor dem Sarg her zu gehen hatte, ein kleiner städtischer Angestellter. Aber jedes Begräbnis brachte ihm seinen Taler, und an festen Bezügen hatte er ganze hundert – um die Familie zu ernähren, hieß es bei den Akzidenzien fleißig sein.

Aber Bach war sein Leben lang fleißig, Ärger und Gram konnten ihn von seiner Arbeit nicht abhalten. Überdies war er nicht völlig verlassen, er hatte noch Freunde. In der Universität war es der Magister Johann Abraham Birnbaum, der seine Verteidigung gegen Scheibe übernahm, nicht nur mit großem Nachdruck, sondern auch mit erstaunlicher Sachkenntnis, und Johann Gottfried Walther, der Vetter in Weimar, pflichtete ihm öffentlich bei.

Es gibt zwar immer noch Musikwissenschaftler, die Scheibes Ansichten als »Zeichen der Zeit« Bedeutung beimessen. Aber seine Maßstäbe bleiben objektiv falsch, und sein weiterer Lebenslauf zeigt denn auch alle Merkmale betriebsamer Mittelmäßigkeit: Er brachte es zwar bis zum Kapellmeister des Kopenhagener Hoforchesters, wurde aber schon nach fünf Jahren, mit einundvierzig, in den Ruhestand versetzt – gewiß nicht wegen überragender Leistungen. Dann legte er sich wieder aufs Komponieren und hinterließ neben zahlreichen Kirchenmusiken allein hundertfünfzig Flötenkonzerte, dreißig Violinkonzerte und siebzig einsätzige Sinfonien. »Ihr größter Mangel ist jedenfalls Gedankenarmuth«, steht in der *Allgemeinen Deutschen Biographie*, die ansonsten die darin aufgenommenen Personen durch die Bank möglichst hochleben läßt.

Birnbaums Entgegnung war exzellent, und ihre Ausführlichkeit zeigt, wie sehr ihm diese Entgegnung Herzensbedürfnis war. Er war nicht Bachs einziger Freund, und nicht nur in Dresden hatte der welche, sogar in Böhmen, wo er nie hingekommen sein dürfte, hatte er seine Verehrer. Da war einmal der Graf Johannes Adam von Questenberg, ein regelrechter Musiknarr, der in seinem Herrschaftsbereich in Jesomerice den Musikunterricht in der Schule einführte und mit den Größen des Wiener Musiklebens, dem damals weltberühmten Hofkapellmeister Johann Joseph Fux und seinem ebenfalls hochberühmten Vizekapellmeister Antonio Caldara, persönlich bekannt war. (Fux schuf mit seinen *Gradus ad Parnassum* das Standardwerk des Jahrhunderts über den Kontrapunkt. Es wurde auch von Bach hochgeschätzt und als Lehrbuch empfohlen.) Das Orchester des Grafen Questenberg spielte eine bedeutende Rolle in Böhmen und Mähren; daß er zu den Bewunderern Bachs zählte und mit ihm in Kontakt stand, ist belegt. Gleiches gilt von dem Grafen Sporck, der seinen Herrensitz in Lissa bei Prag hatte, mit Questenberg in Verbindung stand und dem Henrici schon um die Jahreswende 1724/25 seine *Sammlung erbaulicher Gedanken* gewidmet hatte. Er war also mit Leipzig gut bekannt. Beide, Questenberg wie Sporck, waren katholisch, was aber ihre Begeisterung für den evangelischen Kirchenkomponisten keineswegs einschränkte. Schließlich komponierte ja Bach nicht ausschließlich für die Kirche, der größere Teil seiner Schöpfungen war nicht einmal für den kirchlichen Gebrauch bestimmt.

Bach hat in dieser Zeit seiner totalen Isolation vier Kurzmessen (Missae breves) geschrieben, das heißt Messen ohne Credo, Sanctus und Agnus Dei. Es ist des langen und breiten darüber geschrieben worden, daß Missae breves auch im Gottesdienst der orthodox-lutherischen Kirche vorgekommen wären, und kurzerhand sind diese Messen denn auch zu »evangelischen« erklärt worden.* Nur Beweise dafür, daß diese Messen zu Bachs Zeit in Bachs Kirchen und von Bach aufgeführt worden wären, fehlen vollständig. Und daß sie für Leipzig bestimmt gewesen sein könnten, ist geradezu unwahrscheinlich. Denn wären solche lateinischen Kurzmessen in Leipzig benötigt worden, warum hat sie dann Bach nicht schon vor 1730 zur Zeit seiner Kantaten, des *Magnificat* und der Passionen geschrieben? Warum ausgerechnet zu einem Zeitpunkt, an dem er hinsichtlich der Beziehung zu seinen kirchlichen Oberen auf einem absoluten Tiefstand angekommen war und er weder die Mittel zur Ausführung noch einen Anlaß zur Aufführung gehabt hätte? Es handelt sich um Werke von einigem Anspruch und Umfang – manche Sinfonien Beethovens sind kürzer! Für die Aufführung in einem regulären evangelischen Gottesdienst sind sie denkbar ungeeignet, noch dazu in einer Stadt, wo man ausdrücklich Wert darauf legte, daß die Musik »nicht zu lange währen« solle. Und ausgerechnet in der Zeit seiner schlimmsten Erniedrigung durch Schule, Rat und Konsistorium sollte Bach kein dringenderes Bedürfnis gehabt haben, als nach Zerschlagung seines musikalischen Apparates seiner Obrigkeit gleich vier derart großartige und umfangreiche Kompositionen zu bescheren? Das scheint denn doch unglaubhaft.

Viel glaubwürdiger erscheint da die Tatsache, daß diese Messen mit ihrem Zuschnitt ohne jede Veränderung auch im katholischen Gottesdienst Platz hatten. Notwendige Voraussetzung war nur, daß einem solchen katholischen Kirchsprengel ein weltlicher Herr vorstand. Denn von »Ökumene« waren Katholiken wie Protestanten in jener Zeit noch weit entfernt, ihr Verhältnis zueinander war eher ein kriegerisches. Ob Bach nach dem Vaterunser auch das Avemaria betete, dürfte indessen Sporck ebenso wie Questenberg herzlich gleichgültig gewesen sein, doch im eigenen Gotteshaus mit eigenem Chor und Orchester eine Bachsche Messe aufzuführen mußte ein unvergleichliches Freudenfest darstellen.

Die Leute, die meinen, Bach habe diese Messen im Auftrag der Grafen Questenberg oder Sporck geschrieben, dürften somit der Wahrheit wesentlich näher kommen. (Sporck starb allerdings schon 1738.) Die evangelische Variante mangelt jeglicher ernsthafter Handhabe, wunderbar aber ist, daß Bach in dieser für ihn so schlimmen Zeit einen Auftraggeber fand, der ihm seine Schätze abverlangte und zeigte, daß man anderswo Ohren für ihn hatte.

Denn Bach hatte 1737 von Leipzig die Nase so voll, daß er sogar die Leitung seines Collegium musicum an den Nagel hängte. Dessenungeachtet kam Christoph Wolff, langjähriger Herausgeber der *Bach-Jahrbücher*, zu der überraschenden Erkenntnis, daß praktisch die gesamte Konzert-, Ouvertüren- und Kammermusik einschließlich vieler Sonaten nicht etwa aus Köthen, sondern aus den mittleren und späten dreißiger Jahren in Leipzig stamme. Das hieße denn: In den fünf Jahren, in denen Bach für die Orchester- und Kammermusik in Köthen verantwortlich war, hätte er überhaupt nichts geschrieben, aber als ihm die Arbeit so verleidet wurde, daß in ihm der Entschluß reifte, sich sogar von seinem Orchester zu trennen, schuf er plötzlich Orchester- und Kammermusik in überreicher Fülle.

Eine musikwissenschaftliche Erklärung für dieses ungewöhnliche Phänomen läßt Wolff leider vermissen, aber an waghalsigen Theorien ist auch ansonsten kein Mangel. Schleuning zum Beispiel, für den selbst die Gründe für Bachs Weggang aus Köthen »im dunkel« liegen, sieht im Präfektenkrieg überhaupt nur einen »Kompetenzkampf im Ständestaat«, hält die ganze Sache für eine belanglose Detailfrage, kümmert sich um die Auswirkungen für Bachs Kirchenmusik überhaupt nicht und benutzt die Gelegenheit vor allem, Bach »Inkonsequenz und eigenes Fehlverhalten« anzukreiden. Aber wenn dergleichen als Wissenschaft gilt, warum soll Bach dann nicht auch, gerade zu einem Zeitpunkt, in dem er kein Orchester mehr haben wollte, eifrigst für Orchester komponiert haben?

Doch sein Orchester bekam Bach nur kurze Zeit los. Die Sache mit dem Präfektenstreit war für ihn noch nicht beendet. Da sich das Konsistorium überhaupt nicht zu einer Stellungnahme entschließen wollte, wandte sich Bach im Oktober 1737 endlich als königlicher Hof-Compositeur an seinen Herrn und König, und von dort kam denn am 17. Dezember eine Aufforderung ans Konsistorium, sich endlich mit Bachs Beschwerde zu beschäftigen. Das ging nun den langen, langen Dienstweg: Am 5. Februar 1738, also erst volle vier Monate später, verlangte denn endlich diese Behörde von Rat und Superintendent – die Sicherstellung von Bachs Rechten bei der Ausführung seiner Kirchenmusik? Doch nicht so hastig! Das Konsistorium brauchte nicht erst Parkinsons Bücher zu studieren, es hatte längst ausreichend bürokratische Praxis und verlangte – einen Bericht. Aber energisch! Binnen vierzehn Tagen!

Spitta verschweigt uns, ob er die beiden Berichte gefunden hat, es kam aber in der Sache auch etwas dazwischen, nämlich der König. Zur Ostermesse 1738 besuchte der König wieder einmal Leipzig, da mußte natürlich wieder eine Huldigungsmusik her, und diesmal, so viel stand für den Rat fest, würde sie der Bach nicht machen! Ein Mensch, mit dem man so viel Ärger gehabt hatte, war keinesfalls mehr ein geeigneter Repräsentant der Stadt Leipzig. Und daß er »Hof-Compositeur« war – na wenn schon! Schließlich waren die Ausführenden zusätzlich zu den Ratsmusikern die Studenten, und Universitätsmusikdirektor war Görner. Also stand dem die Musik zu und nicht diesem Herrn Hof-Compositeur. Dachte der Rat.

Aber die Studenten dachten anders: Auch wenn Bach die Leitung des Collegium musicum an Carl Gotthelf Gerlach abgegeben hatte – die Huldigungsmusik wollten sie nur unter Bach machen! Und da sie allein das Sagen hatten, von wem sie sich dirigieren ließen und der Rat einen Streit nicht riskieren konnte, mußte er sich fügen: Da immer noch ein unbeantworteter königlicher Brief in Leipzig herumlag, wäre es doch ein zu arger Affront gewesen, dem königlichen Hof-Compositeur in Leipzig bei königlicher Anwesenheit auch noch das Dirigieren zu untersagen.

Die Studenten hatten also gewonnen, aber Bach gewann auch. Es gelang ihm, bei dieser Gelegenheit seine Sache beim Rat von Hof aus zu Ende zu bringen: Es muß damals ein einflußreicher Herr des Hofes ob Bachs Behandlung beim Rat vorstellig geworden sein. Ab Ostern 1738 hörten die Querelen auf, das heißt vorläufig. Man wartete beim Rat geduldig auf die Gelegenheit, dem Bach seinen Sieg heimzuzahlen. Und die fand sich denn auch, im nächsten Jahr, Ostern 1739.

Von einer Passionsmusik zu Ostern 1738 weiß man ebensowenig wie von der Passionsmusik mit dem Präfekten Krause Ostern 1737. Aber Ostern 1739 wollte Bach denn doch endlich wieder einmal seine *Johannespassion* aufführen.

Aber es kam nicht dazu. Der Rat untersagte ihm die Aufführung, und zwar mit der mehr als fadenscheinigen Begründung, daß »es der Herr Cantor verabsäumet habe, den Text ordnungsgemäß vom Rat genehmigen zu lassen«. Das war nun freilich ein außerordentliches Versäumnis, da diese Passion in Leipzig bereits mehrmals aufgeführt worden war. Aber wo sich eine Demütigung finden ließ, wurde sie dem Bach angetan. Und der Rat mußte's ihm endlich wieder einmal »zeigen«. Es ließ die Entscheidung denn Bach auch durch einen ausgesuchten Mann überbringen, wir kennen seinen Namen und seinen Stand: Es war der Unterleichenschreiber Bienengräber.

Deutlicher konnte der »Hochedle und Wohlweise« Leipziger Rat nicht kundtun, auf welches gesellschaftliche Niveau in seinen Augen dieser Schulcantor gehörte.

XXIII

DEM EREIGNIS VON Ostern 1738 ist viel zuwenig Beachtung geschenkt worden. Denn ein Ereignis war es entschieden, daß die jungen Leute von der Universität ohne Rücksicht auf den Rat darauf bestanden, daß sie der Bach dirigierte, jener Bach, der bei seinen Oberen so völlig in Verschiß geraten war. Görner war kein schlechter Mann, Gerlach war kein schlechter Mann und dirigierte das Collegium musicum. Aber sie wollten bei diesem Ereignis durchaus den Bach haben!

Daraus ist zu ersehen, daß Bach unter der musikalischen Jugend Leipzigs sichtlich beliebt war und außerordentliches Ansehen genoß. Und das war nicht nur bei den Leipziger Studenten so. Nachdem Ernesti endlich diesen Bach aus seiner Schule vertrieben hatte, tat sich höchst Bemerkenswertes: Den Bach war er losgeworden, aber die Musikanten nicht. Jeder, der sich mit einer Neigung zur Musik in der Thomasschule einschreiben ließ, konnte Ernestis Zorn gewiß sein – aber es kamen immer wieder junge Leute, die Thomasschüler wurden, weil sie dadurch Musikunterricht beim Bach erhielten.

Wer bei Bach Unterricht nahm, wurde von Ernestis Unterricht ausgeschlossen – nicht einmal aus dem Nebenzimmer durften solche Schüler seiner Weisheit lauschen. Bekannt ist, daß er die Musikbeflissenen mit »Bierfiedler« titulierte, woraus folgt, daß, wer beim Bach Unterricht nahm, in seiner Schule alles andere als einen leichten Stand hatte und mit massiver Benachteiligung rechnen mußte. Aber Ernesti half dies alles nichts: Wer in der Musik etwas Gründliches lernen wollte, kam auf die Thomasschule und ging zum großen Bach. Schleuning wagt die kühne Hypothese, es sei Bach darum gegangen, seine eigene Schule zu begründen – aber das hatte der gar nicht nötig: Wer die Begabung mitbrachte und etwas bei ihm lernen wollte, den lehrte er, dazu mußte er keine Anzeige in die Zeitung setzen.

Daraus folgt noch etwas. Es gibt Bach-Biographen, die so tun, als sei Bach mit der Vertreibung aus der Schule nun erledigt und alles folgende nur noch ein Nachspiel gewesen. Der Unsinn vom »selbstverordneten Quasi-Ruhestand« steht nicht allein. Spitta überschreibt das Kapitel über die Jahre 1737–50 mit »Die letzte Lebensperiode«, mit »Die letzten Jahre« überschreibt sie Terry. Man sieht nach solcher Überschrift unwillkürlich einen alternden Mann vor sich, der am Stock durch Leipzig geht, von der Welt vergessen und abwegigen musikalischen Problemen nachhängend. Geiringer malte diese Vorstellung dann völlig aus, indem er seine Darstellung jener Zeit mit den traurigen Worten überschrieb: »Dem Ende entgegen«.

Wolff geht bei seinem »Quasi-Ruhestand« offensichtlich von der Vorstellung aus, daß Bach nach Leipzig gekommen sei, um mit seiner Musik »der Thomaskantor« zu werden. Aber er ist nach Leipzig gegangen, um als Schulcantor dort Musik machen zu können. Und als ihm der Schulcantor allseits verleidet worden war, machte er immer noch und immer weiter Musik. Nur den Schulcantordienst versah er bis auf wenige Ausnahmen von nun ab mit der linken Hand. Aber nachdem ihn Ernesti aus der Schule vertrieben hatte, redete er ihm auch nie mehr in die Besetzung seiner Präfekten hinein. Ernesti hatte sein Ziel erreicht, und wer Präfekt wurde, war für ihn sowieso erledigt. Insofern hatte Bach jetzt freie Hand, die Fronten waren geklärt. Und nachdem ihm der Rat 1739 seine Passionsmusik förmlich untersagt hatte, machte er daher 1740 doch eine: Er führte seine *Johannespassion* noch einmal auf, für diesen Zweck überarbeitete er sie sogar.

Da sind wir bei einem weiteren Kennzeichen für Bachs Schaffen, das nicht weniger wichtig ist als sein »Parodieverfahren«. Er hat wirklich eine schier unüberschaubare Menge Musik geschrieben, aber seine Arbeiten waren für ihn nicht »fertig und abgetan«, er arbeitete an ihnen weiter, für ihn waren es nie Gelegenheitsarbeiten, sondern immer schöpferische Problemstellungen, mit denen er sich immer wieder einmal beschäftigte. (Das ist auch der

Weg, auf dem er zum *Wohltemperierten Klavier* Teil II kam.) Und zusätzlich beschäftigte er sich auch mit Sachen, die überhaupt nicht gebraucht wurden, wie der *Orgelmesse*, der *h-Moll-Messe* oder der *Kunst der Fuge*. Wenn Handschriften seiner Orchester- und Kammermusik auf die zweite Hälfte der dreißiger Jahre hindeuten, ist das also keineswegs ein Beleg dafür, daß er sie in dieser Zeit erst komponiert hätte. Er kann sie sehr gut in dieser Zeit revidiert haben, mit der Erinnerung an bessere Tage und gerade, weil er sie jetzt – leider! – nicht mehr brauchte.

Eine Theorie aber ist vollkommen unsinnig: daß er sich jetzt aufs Altenteil zurückgezogen und sozusagen im Schmollwinkel weitergemacht hätte. Es wird in diesem Zusammenhang immer auf die Gründung des »Großen Concerts« im Jahre 1741 durch den Kaufmann Gottlieb Benedict Zemisch hingewiesen, an welchem Bach keinen Anteil hatte. Übersehen wird die Frage: Warum sollte er? Er war auf den Kaufmann Zehmisch nicht angewiesen, er hatte sein Collegium musicum wieder übernommen. Weder Zehmisch noch Bach hatten eine Monopolstellung: Neben dem Bachschen Collegium musicum hat es auch das Görnersche gegeben, Bach war zu keiner Zeit der einzige Musiker in Leipzig. Er vergrub sich auch nicht in abseitige, antiquierte musikalische Probleme, in den »stile antico«,[*] wie uns das Schleuning, Wolff und andere einreden wollen. Und vor allem war er nicht »aus der Mode« – ein Modekomponist war er zu keiner Zeit. Aber zu ihm kamen bis in seine letzten Tage Schüler, junge Leute, die etwas von ihm lernen wollten, und nach dem Zeugnis seines Sohnes Carl Philipp Emanuel glich sein Haus »einem Taubenhause und dessen Lebhaftigkeit«. Das deutet nicht auf Vergessensein hin und schon gar nicht darauf, daß Johann Sebastian Bach zu Lebzeiten »aus der Mode gekommen« sei. War der Herzog in Schwerin, als er in Bachs letztem Lebensjahr seinen Hoforganisten Johann Gottfried Müthel mit einem Stipendium ausstattete, damit er beim alten Bach – und bei keinem anderen! – studiere, wirklich altmodisch? Und der junge Müthel schon so verkalkt, daß er keinen moderneren vorzuschlagen gehabt hätte?

Es wird in diesem Zusammenhang immer vom Aufkommen des »galanten Stils«[*] gesprochen. Was darunter im Detail zu verstehen sei, bewahren die einschlägigen Musikwissenschaftler als

Geheimnis in ihren Busen – »so ist's einmal, und fertig«, wie Leo Stein seine *Lustige Witwe* sagen läßt. Nun wurde der Begriff »galanter Stil« schon von Bachs Amtsvorgänger Kuhnau gebraucht, er war also um die Mitte des Jahrhunderts absolut nichts, das erst hätte in Mode kommen müssen. Schweitzers Klassifizierung Bachs als »Gipfel und Endpunkt der Barockmusik« erweckt die Vorstellung, daß die Leute bis zu Bach alle der Polyphonie gehuldigt und Fugen geschrieben hätten. Aber das war absolut nicht der Fall. Und als Bach starb und der »galante Stil« ihn angeblich längst hinter sich auf dem Altenteil sitzengelassen hatte, gab es weit und breit keinen Komponisten, der seinen Namen hätte verdunkeln können, wie etwa der Name Mozarts den Namen des genialen Sinfonikers Haydn.

Als Bach 1740 an die Einstudierung der revidierten Fassung seiner *Johannespassion* ging, hatte er die Boshaftigkeit von Rektor, Rat und geistlicher Behörde überwunden. Der Rektor hatte trotz aller Intrigen die Musik nicht aus der Schule verdrängen können, der Rat hatte erfahren müssen, daß er es mit dem König zu tun bekam, wenn er dem königlichen Hof-Compositeur an den Rock wollte, da ließ er's lieber. Und das Konsistorium hatte überdeutlich gezeigt, daß es sich um Bach und seine musikalischen Interessen grundsätzlich nicht zu kümmern gedachte. Somit war er ein freier Mann. Die fortlaufende Kirchenmusik organisierte er von seiner Wohnung aus, seine Präfekten waren sämtlich engagierte Burschen, die sich mit der Annahme des Amtes klar für ihn und gegen den Rektor entschieden hatten. Auf die konnte er sich verlassen. Und die Studenten hatten ihm nun mehrfach bewiesen, daß sie wußten, was sie an ihrem Bach hatten. Die Passionsmusik von 1740 kann nicht schlecht gewesen sein.

Aber Leipzig bestand nicht bloß aus Schule, Rat und Konsistorium. Es macht nicht einer jahrelang alle Wochen eine prächtige Musik im Zimmermannschen Kaffeehaus und -garten und hat keine Anhänger. Die Leute waren auch keineswegs so töricht wie Johann Adolph Scheibe – sie hätten Bachs Studentenkonzerten sehr rasch den Besuch versagt, wenn sie an seiner Musik nicht ihre Freude gehabt hätten, wenn sie ihnen altmodisch oder »verworren« und »schwülstig« vorgekommen wäre. Man muß in die Bach-Sachen, die die Leute damals zu hören bekamen, nur einmal hineinhören, in die Bachschen Cembalo- und Violinkonzerte etwa: Das ist nicht nur feinste künstlerische Meisterschaft, das ist immer auch ausgelassenes Musikantentum, weit entfernt von aller Trockenheit. Die Leute, die Bachs Musik als Inbegriff von Erhabenheit und Tiefe anbeten, übersehen durch die Bank, daß er eine große Menge von regelrechten Ohrwürmern hinterlassen hat: Themen, die nach dem ersten Anhören noch tagelang nachklingen und die so mitreißend sind, daß sie den Leuten in Arme und Beine fahren und sie das Mittaktieren anfangen.

Wenn also Bach schon seine Obrigkeit nicht für sich hatte – er hatte sein Publikum!* (Nichts freilich pflegt die Inhaber einer Behörde an mißliebigen Personen mehr zu ärgern, zumal wenn sie trotz ihrer hochwohlweisen Arbeit selber keins haben.)

Die Tatsache, daß Bach jetzt Hofkomponist war, hatte ihm zwar bei seinen Vorgesetzten nichts eingebracht, gegenüber seinen Leipzigern brachte sie ihm aber doch etwas. Da war im September 1737 ein Herr vom Dresdener Hof in die Leipziger Umgebung zugezogen, der Herr von Hennicke, ein einflußreicher Mann, der es vom Lakaien zu einer mächtigen Standesperson gebracht hatte und geadelt worden war. Es war ihm das Gut Wiederau im Amt Pegau verliehen worden, und am 27. September 1737 zog er dort ein als »Johann Christian von Hennicke, Erb-, Lehn- und Gerichts-Herr auf Wiederau, Ihro Königl. Majestät von Polen und Churfürst. Durchl. zu Sachsen Hochbetrauter würcklicher Geheime Rath, Staats-Minister und ViceCammer-Präsident, wie auch Cammer-Direktor des Stiffts zu Naumburg und Zeitz, etc.«.

Es war gut, solch einen hohen Herrn angemessen zu begrüßen, und angemessen war nach dem Ermessen jener, die daran besonderes Interesse hatten, eine Huldigungskantate. Für eine solche kam unter den gegebenen Umständen kein anderer in Frage als der Hof-Compositeur, und Bach verfertigte sie denn auch in prächtigster Weise. Den Text verfaßte ihm sein Freund Henrici, der ohnehin zu den Herren gehörte, die Hennicke auf diese Weise ihre Huldigung darbrachten.

Das zeigt an, daß Henrici alles andere als eine unbedeutende, daß er eine sehr angesehene Erscheinung im Leipziger Stadtleben gewesen sein muß. Die anderen Standespersonen, die sich an der

Sache beteiligten, waren der Amtmann Beiche und der Amts-vorsteher Schilling. Amtmann Schilling war ebenfalls mit Bach gut bekannt, er hatte vor fünf Jahren Pate bei ihm gestanden. Pican-ders Text wahrte alle Form einer höfischen Huldigung, nicht anders als der Text, den Gottsched dann Ostern 1738 als Huldi-gungskantate für den König dichtete.

Das war übrigens das zweite und letzte Mal, daß Gottsched Herrn Bach ein Gedicht zur Komposition auslieferte, wobei aber zu seiner Ehre gesagt werden muß, daß er längst zu jenen Leipzi-ger Persönlichkeiten gehörte, die Bach zu schätzen wußten: Er wies nicht nur darauf hin, daß Leipzig auf diesen großen Künstler stolz sein könne, er schenkte seiner Braut auch die Bachschen Sui-ten, und die spätere Frau Gottschedin, von der es heißt, sie sei ihrem Gatten über gewesen, beklagte sich bei ihm, daß die Sachen verteufelt schwer seien. Womit sie recht hatte, ohne indessen, wie der Besserwisser Scheibe, dies dem Komponisten als Fehler vor-zuhalten.

Als Bach die Huldigungskantate für Hennicke aufzuführen hatte, leitete schon Gerlach das Collegium musicum, aber die Stu-denten standen ihm für die Aufführung wieder zur Verfügung, ebenso wie sie ein halbes Jahr später darauf bestanden, daß Bach die Huldigungsmusik für den König mit ihnen aufführte. Und es half ihm nichts: Ab 1741 mußte er das Collegium abermals über-nehmen, und er hat es bis 1744, möglicherweise sogar bis 1746 weiter geleitet. Da sich junge Leute vorwiegend für alles Neue begeistern, zeigt das, daß Bach für sie alles andere als altmodisch war. Was jenen Wissenschaftlern zu denken geben sollte, die behaupten, er habe sich in jener Zeit total einem »stile antico« zu- und von der »modernen« Musik abgewandt. Worauf noch einzu-gehen sein wird.

Eine bedeutende, freilich nicht eben glorreiche Bemerkung zu dieser Zeit stammt von Spitta. Er schrieb über Bach: »Er hatte sich früh und rasch entwickelt, er kam auch früher zum Still-stande.« Diese These ist in sich vollkommen: Sie stimmt weder vorn noch hinten.

Bach hat sich keineswegs früh oder rasch entwickelt: Er ist zwar seit frühester Kindheit in die Musik hineingewachsen, doch es gibt nicht viel von ihm, das er schrieb, bevor er zwanzig wurde. Von

»früh und rasch« kann also keine Rede sein. Aber der zweite Teil des Spittaschen Urteils ist ebenso aus der Luft gegriffen, denn wieso kam er »zum Stillstande«?

Die Fülle der Gelegenheitskompositionen ebbte ab, das war natürlich. Die Kirche verlangte keine mehr, er brauchte nicht mehr jede Woche eine neue Kantate zu schreiben, diese Sisyphusarbeit hatte er hinter sich, auch die nötigen Schulwerke waren fertig. Aber dann kamen die vier großen Missae breves, 1739 erscheint seine *Klavierübung III*, auch *Orgelmesse* genannt. Im Sommer kommt sein Sohn Friedemann mit zwei anderen Musikern aus Dresden herüber, und es gibt vier Wochen nacheinander Hausmusik. Im September konzertiert er in Altenburg, ab Oktober nimmt er seine Arbeit mit dem Collegium musicum wieder auf, im November reist er nach Weißenfels. Stillstand? Er hat Schüler, er stellt zu seinem Vergnügen ein zweites Mal vierundzwanzig Präludien und Fugen durch alle Tonarten zusammen, er verlegt Werke anderer Komponisten wie die seines Kollegen Hurlebusch, seines Lieblingsschülers Krebs oder die seines Sohnes Friedemann. Und, wie Carl Philipp Emanuel berichtet: »Es reisete nicht leicht ein Musiker durch diesen Ort, ohne meinen Vater kennenzulernen und sich vor ihm hören zu lassen.« Daß Bach seinen Vetter Elias fünf Jahre lang nicht nur als Hauslehrer, sondern auch als Sekretär brauchte, zeigt am besten, wie sehr nach seinem Auszug aus dem Schuldienst seine allgemeine Tätigkeit zunahm. Ernesti mußte übrigens, nachdem er den Cantor verprellt hatte, schließlich an seiner Stelle einen Musiklehrer einstellen. Der Rat genehmigte es ihm anstandslos.

Was Bach nach seinem Auszug 1737 bis zu seinem Tode geschrieben hat, sind samt und sonders keine »Alterswerke«, und einen Stillstand verraten sie schon gar nicht. In den vierundzwanzig Präludien und Fugen, die gemeinhin als *Wohltemperiertes Klavier II* bezeichnet werden, sprüht der Spaß, das uneingeschränkte Vergnügen aus jeder Zeile – amüsanter, abwechslungsreicher, unterhaltsamer ist große kontrapunktische Musik nie wieder geschrieben worden. Und nichts anderes gilt für die *Klavierübung IV* aus dem Jahre 1742 – das sind die *Goldberg-Variationen*. Der Name ist eigentlich falsch, Graf-von-Keyserlingk-Variationen* müßten sie richtiger heißen, denn für ihn hat sie

*Der Reichsgraf von Keyser-
lingk zahlte Bach das höchste
Honorar seines Lebens:
einhundert Louis d'or in
einem silbernen Pokal für
die »Goldberg-Variationen«.*

Bach geschrieben, und Keyserlingk hat sie ihm fürstlich bezahlt:
mit einem silbernen Pokal, randvoll mit hundert Louis d'or
gefüllt.

Der Reichsgraf von Keyserlingk war ein interessanter Mann,
uralter kurländischer Adel, ein bedeutender Diplomat und an den
Höfen in Sankt Petersburg, Dresden, Wien, Warschau und Berlin
gleichermaßen zu Hause. Sein Cousin, Dietrich von Keyserlingk,
war ein enger Jugend- und Herzensfreund Friedrichs des Großen,
scherzhaft von ihm »Schwan von Mitau« oder auch »Caesarion«
genannt. Er war russischer Gesandter, im Dienst der Zarin Anna
ebenso wie ihres Nachfolgers Peters III., und schließlich bis an
sein Lebensende Katharinas der Großen, ein Mann von hoher
Kultur, »der mit ausgezeichneter Staatsklugheit die seltenste
Redlichkeit verband« (wie es in seinem Nekrolog heißt) – und
musikbegeistert. Als er nach Dresden kam, war Friedemann noch
Organist an der Sophienkirche, der damaligen Hofkirche. Er lud
Friedemann in sein Haus ein, ebenso wie manch anderen berühmten Musiker vom Dresdener Hof. Ab 1740 studierte sein Sohn in
Leipzig – Grund für wiederholte Leipzigbesuche. Daß er dabei
Bach besuchte, ist unzweifelhaft, lud er doch seinerseits auch Bach
samt seinem Sekretär Elias zu sich nach Dresden ein, wovon Elias

zu berichten wußte, daß er »viele unverdiente Gnade im Hause dieses großen Abgesandten genossen habe«.

Auf einer seiner Reisen – wahrscheinlich in Königsberg – war Keyserlingk auf einen ungewöhnlich begabten Knaben namens Johann Gottlieb Goldberg gestoßen. Er nahm ihn mit und sorgte für seine Ausbildung, zuerst bei Friedemann Bach, dann bei dessen Vater. Goldberg, der später in die Dienste des Grafen Brühl trat, wurde sein Hauspianist und muß geradezu phantastische Fähigkeiten als Klavierspieler entwickelt haben. Es heißt, er habe die schwierigsten Stücke vom Blatt gespielt, sogar wenn die Noten auf dem Kopf standen.

Der Reichsgraf von Keyserlingk also bestellte sich bei Bach für seinen Goldberg eine kleine Nachtmusik, weil er an Schlaflosigkeit litt. Für einen solchen Zweck hätte nun jeder leidlich geradeaus denkende Komponist eine Komposition verfertigt, welche das Einschlafen begünstigte, natürlich keine langweilige, aber eine doch möglichst beruhigende Musik. Es ist bemerkenswert, daß Bach dieses Nächstliegende keineswegs in den Sinn kam. Im Gegenteil: er fing zwar mit einer sehr beruhigenden Aria im Volkston an, wirklich mit einem Schlummerlied, aber dann verfertigte er dreißig Variationen dazu, die alles andere als beruhigend, die Stück für Stück geradezu aufregend waren. Ein gebildeter Kenner – und Keyserlingk war einer! – mußte unausweichlich in Begeisterung geraten. (Keyserlingk passierte das denn auch, wie Bachs Honorar beweist.)

Aber während es sonst für Bach die natürlichste Selbstverständlichkeit war, mit einer Fuge zu schließen, schloß er hier mit einem Quodlibet, und dieses zeigt uns unübersehbar, daß er mit dem Reichsgrafen auf vertrautestem Fuße gestanden haben muß. Wenn er da mit der Weise anfängt »Ich bin so lang nicht bei dir g'west«, dann ist das unüberhörbar eine Anspielung auf seinen Besuch bei Keyserlingk mit Vetter Elias, das »Kraut und Rüben haben mich vertrieben« eine scherzhafte Anspielung auf die genossenen Köstlichkeiten. Aber Bach treibt es sogar noch weiter, am Schluß schickt er den Reichsgrafen quasi eigenhändig ins Schlafzimmer: Er stimmt das Lied an »Mit dir, mit dir ins Federbett, mit dir, mit dir ins Stroh«! Was blieb dem Reichsgrafen da anderes übrig, als zu Bette zu gehen? Die *Goldberg-Variationen*

Deckblatt zur
Erstausgabe
des IV. Teils der
»Klavier-
übung«, der
»Goldberg-
Variationen«
(1735).

sind, wie man sieht, nicht nur ein Meisterstück von Bachs Kontrapunktik, sondern auch Beweis seines herzlichen Humors.

Nicht anders als die *Bauernkantate*, die aus derselben Zeit
stammt. Ernsthafte Leute halten es ja gewöhnlich für unter ihrer
Würde, dem Spaß jene Bedeutung zuzuerkennen, die er in einem
lebendigen Leben unbedingt hat, sie halten nur für bedeutend,
worüber man nicht lachen kann.

So bemerkt Spitta hierzu: »Es darf uns nicht befremden, daß
Bach sich zur Composition bereitfinden ließ. Er hat die ethische
Seite der Sache wohl ganz außer acht gelassen.« Werner Neumann meint, »die sozialkritische Ergiebigkeit des Stückes« werde
»offenbar erheblich überschätzt«, und spricht von einer »personalstilistisch abseitigen Gelegenheitskomposition«.

Es ist ziemlich schwer, sich mit einer solchen Einschätzung abzufinden. Abgesehen davon, daß man dann von der *Kaffee-kantate* auch nichts Besseres sagen könnte, befindet sich eine ganze lange Aria aus der Kantate *Der Streit zwischen Phöbus und Pan* mittels Parodieverfahren in dieser *Bauernkantate*, ohne daß dem Original die Schmach einer »personalstilistisch abseitigen Gelegenheitskomposition« angehängt worden wäre. Und wenn man näher hinsieht, gibt es auch noch andere Kompositionen Bachs, denen man diese Bezeichnung anhängen könnte, wenn sie nur zu- und weniger danebenträfe.

Daß hier gegenüber dem Kammerherrn von Dieskau in einer Huldigungskantate ein so gänzlich anderer Ton angeschlagen wird als in der Huldigungskantate für den Herrn von Hennicke und überhaupt in allen anderen Huldigungskantaten, müßte doch zu denken geben – der Kammerherr war gleichfalls ein Herr von hohem Stand, also jemand, dem man sich normalerweise mit tiefer Verbeugung zu nähern hatte.

Da müßte es als erstes doch verwundern, daß sich die Huldigenden einen solch unehrerbietigen Ton überhaupt herausnehmen durften. Es gibt keine zweite Huldigungskantate, in der ein derart vertraulicher Ton angeschlagen wird!

Und zweitens sollte man sich doch erkundigen, welche Ursache die Huldigenden für diesen Ton hatten. Denn er zeugt doch nicht nur von einem ausgesprochenen Vertrauens-, sondern von einem geradezu vertraulichen Verhältnis. Und dies muß denn doch in einer Gesellschaft der streng geschiedenen Stände mit seiner Kluft zwischen Bürgern und höherem Adel höchst sonderbar erscheinen.

Der Sonderbarkeiten ist noch eine mehr: Bei der Huldigungs-kantate für den Herrn von Hennicke wissen wir ganz genau, von welchen Standespersonen sie initiiert war. Bei der *Bauernkantate* fehlen Standespersonen ganz, ausgenommen Henrici, von dem der Text verfaßt ist – einem Mann, der sich in gesellschaftlichem Benimm exzellent auskannte. Neumann kreidet ihm an, daß er sich bei dieser Gelegenheit nicht zu »aggressiver Sozialkritik« aufgeschwungen habe, so, als wäre das, was unter bayerischen Politikern als »Derblecken« bekannt ist, damals schon im Schwange und eine Huldigung dafür der geeignete Anlaß gewesen. Es war der Anlaß, der Gutsherrschaft nicht bloß die schuldige Achtung, sondern eine herzliche Zuneigung zu beweisen – und das dürfte denn doch in damaligen Zeiten eine gewaltige Ausnahme gewesen sein. Es kommt hinzu, daß es sich beim Kammerherrn von Dieskau auch nicht um einen Emporkömmling handelte, wie beim Herrn von Hennicke, sondern um alteingesessenen Adel.

Es war aber ein etwas ungewöhnlicher Gutsherr, der Herr von Dieskau. 1742 war gerade Krieg. Preußische Soldaten standen bei Leipzig, dem Status nach zwar diesmal noch als Verbündete, aber Verbündete essen auch Brot, und ohnehin war es zweckmäßig, sich vor ihnen zu schützen: Es gab Rekrutenaushebungen allerorten. Allein in Wiederau, im Amtsbereich des Herrn von Hennicke, mußten sechzig junge Männer zur Fahne, mochten die Bauern sehen, wie sie mit ihrer Feldarbeit ohne die fertig wurden. In Klein-Zschocher kümmerte sich der Herr von Dieskau persönlich um die nötigen Rekruten. Merkwürdigerweise fand er aber nur taugliche zwei. Bei der nächsten Musterung mußte überhaupt keiner mehr einrücken, statt dessen stiftete der Herr von Dieskau ein Faß Freibier.

Auf Land, das nicht bestellt wurde, auf Brachland, wurde seit alters Steuer erhoben (die »caducken Schocken«). Landessteuereinnehmer war Henrici, Steuerprocurator der Gerichtsdirektor Müller, der es mit der Steuereintreibung sehr genau nahm: Wer die Brachensteuer nicht zahlen konnte oder wollte, dem drohte er damit, den Feldertrag zu beschlagnahmen. Als Dieskau davon erfuhr, wies er seinen Landessteuereinnehmer an, die ganze Brachensteuer abzuschaffen.

Man könnte noch mehr solcher Ereignisse aufzählen. Insgesamt hatten die Dorfleute von Klein-Zschocher in fünf Monaten von Herrn von Dieskau auf solche Weise mehr Wohltaten empfangen als davor in fünfzig Jahren. Man muß dazu nicht erst Lokalgeschichte studieren, sie stehen zusammen mit anderen wichtigen Lokalereignissen alle in Henricis Kantatentext verzeichnet, die Taten von Dieskaus Verwalter Ludwig wie die Sparsamkeit von Dieskaus Ehefrau und die Tatsache, daß beide zusammen fünf Töchter, aber immer noch keinen Stammhalter hatten. Und daß die Bauernjungen auf dem Hof bleiben durften und daß der Herr Freibier spendiert hatte und daß dem Herrn Pfarrer Klein-Zschocher zu sittenlos war – eine besonders amüsante Angelegenheit, weil der Ortspfarrer gerade wegen seines Lebenswandels auf ein Vierteljahr von seinem Dienst suspendiert worden war.

Neumann bedauert, daß Henrici nur die ersten Zeilen dieser denkwürdigen Huldigungskantate in sächsischer Mundart fixiert hat, doch darf er sicher sein, daß die Ausführenden des Sächsischen (das damals noch als »Meißner Hochsprache« galt) ausreichend mächtig waren, Henrici also sich weitere Mühe sparen konnte.

Insgesamt kann diese *Bauernkantate* mit ihrem so vielfach aufschlußreichen Text und ihrer absolut einzigartigen Art einer Huldigung als Zeitdokument kaum überschätzt werden – kein Kammerherr aus dieser Zeit hat ein derartiges Denkmal seines Charakters und seiner Tätigkeit aufzuweisen. Und daß Bach diese »Gelegenheitsarbeit« keineswegs auf die leichte Schulter genommen hat, geht schon daraus hervor, daß sie nicht weniger als vierundzwanzig Musiknummern enthält, von denen die wenigsten entlehnt sind und keine für andere Zwecke wiederverwendet worden ist. Am Schluß schrieb er mit dem »Wir gehn nun, wo der Tutelsack in unsrer Schenke brummt« einen regelrechten Gassenhauer.

Daß ihm Spitta die ganze Sache übelnahm, hat seine Ursache wohl vor allem im Anfang. Da gesteht der Bauernbursch, der Sänger, der Sängerin, seiner Braut, »wie gut ein bißchen Dahlen schmeckt«, und für »Dahlen« würden wohl jüngere Leute schamlos »Knutschen« sagen, aber die Braut weiß Bescheid und widerspricht: »Ich kenn' dich schon, du Bärenhäuter, du willst hernach nur immer weiter.« Und nun erfährt man durch Bach auch gleich wohin, denn seine Musik intoniert das Lied »Mit dir, mit dir ins Federbett, mit dir, mit dir ins Stroh«.

Ehe sich Spitta moralisch entrüstete, hätte er freilich auch feststellen sollen, daß Bach dieses Lied schon am Schluß der *Goldberg-Variationen* aufklingen läßt, und sogar bei Robert Schumann hätte er's wiederfinden können – es erklingt am Schluß seines *Faschingsschwanks aus Wien*.

Wenn Spitta aber meint, Bach hätte »die ethische Seite der

Sache wohl ganz außer acht gelassen«, wird er ungerecht. Denn Auftraggeber des Werkes können nur die Klein-Zschochener Bauern gewesen sein, städtische Auftraggeber wären bei solcher Gelegenheit als Städter und nicht als Bauern erschienen und hätten auch kein Verhältnis zu den Bezügen des Textes gehabt. Die Klein-Zschochener Bauern aber hatten unter den geschilderten Umständen nicht nur eine Verpflichtung zur Huldigung, sondern zu einer besonderen Huldigung auch Anlaß, nämlich allen Anlaß zur Dankbarkeit. Das aber ist entschieden einer der schönsten Anlässe der Welt, Bach hat sich seiner sehr liebevoll angenommen und – im Gegensatz zu Spitta und manchem anderen – »die ethische Seite der Sache« voll erkannt.

XXIV

DIE »BAUERNKANTATE« STAMMT aus demselben Jahr, in dem
Bach für einen schlaflosen älteren Herrn eine kleine Nachtmusik
schrieb, die dann als vierter Teil der *Klavierübung* auch im Druck
erschienen ist: die *Goldberg-Variationen*. Und die Bezeichnung
»IV« deutet an, daß da ein Teil III vorausgegangen war, gemeinhin auch *Orgelmesse* genannt, eine Sammlung von großartigen
Choralbearbeitungen und vier Duetten, eingerahmt in ein Präludium und eine Fuge in Es-Dur, bekannt geworden als *Sankt-
Annen-* oder *Trinitatisfuge*, denn es ist eine Tripelfuge – drei Themen werden einzeln vorgestellt und dann miteinander verfloch-
ten. Bereits Schweitzer hat ihr, weil es drei Themen sind, den
Bezug auf die göttliche Dreifaltigkeit unterstellt, freilich nicht,
ohne sich gleichzeitig vorsichtig davon zu distanzieren: Ein Organist (er nennt keinen Namen) habe ihn auf diesen Bezug aufmerksam gemacht. Rueger führt in seiner Bach-Biographie die Unterstellung dann weiter aus und verweist darauf, daß nicht nur die
Fuge, sondern auch das Präludium dreigeteilt sei.

Diese Feststellung trifft zu, nur dem Ganzen nun detailliert die
Darstellung des christlichen Glaubenszentrums unterschieben zu
wollen geht wohl ein wenig zu weit. Denn gänzlich unvoreinge-
nommen könnte man zwar in dem ersten Fugenthema noch das
Emporsteigen von Gottes Geist aus der Tiefe erkennen, aber mit
dem zweiten Thema käme Jesus Christus auf Rollschuhen daher
und mit dem dritten der Heilige Geist in Ritterstiebeln. Man kann
aller Musik allezeit alle möglichen und unmöglichen Bedeutungen
unterlegen, ohne daß sie dadurch an Bedeutung gewinnt. Das
trifft selbst dann zu, wenn ihr der Komponist ausdrücklich einen

programmatischen Sinn unterlegt hat.* Auch bei *Till Eulenspiegels lustigen Streichen* von Richard Strauss muß man keineswegs eine Ahnung von den einzelnen Geschichten haben; selbst für einen, der nicht einmal weiß, wer Till Eulenspiegel war, bleibt es immer noch ein glänzendes Konzertrondo. Beethovens bombastische Programmusik zu *Wellingtons Sieg bei Waterloo* mit ihrer entnervenden Deutlichkeit ist zu Recht untergegangen, trotz ihres Programms, aber spätestens das dritte Thema der Tripelfuge bleibt den Hörern unweigerlich im Gedächtnis, und es kann wohl kaum die Absicht Bachs gewesen sein, aus dem Heiligen Geist einen Ohrwurm zu machen. Manche haben ihren Goethe etwas flatterhaft gelesen und meinen, »es glaubt der Mensch, wenn er nur Töne hört, es müsse sich dabei doch auch was denken lassen«. Aber die Musik ist nun einmal gerade deswegen eine höhere Offenbarung als alle Weisheit und Philosophie, weil sie sich dem grammatikalischen Denken der Sprache entzieht: Die *Trinitatisfuge* ist kein Beitrag zur Lehre von der Dreifaltigkeit.

Auch kann man die großen Choralvorspiele, besser Orgelchoräle, Bachs nicht einfach der Kirchenmusik zuordnen. Sie sprengen den gottesdienstlichen Rahmen. Schweitzer meint sogar, einige überschritten die Grenzen der Musik – allerdings ohne uns mitzuteilen, wo diese für ihn liegen. Jedenfalls darf man die *Orgelmesse* nicht so verstehen, als ob es Bach dabei allein um das textliche Anliegen gegangen wäre – sein geistliches Anliegen war zugleich ein zutiefst musikalisches. Das *Orgelbüchlein* war sowohl auf »anfahende Organisten« wie auf die kirchliche Praxis ausgerichtet, das geht aus der großzügigen Anlage des Ganzen hervor, auch wenn von den ursprünglich geplanten Choralvorspielen nur ein Teil ausgeführt wurde. Die der *Klavierübung III* überschreiten das Maß dieser praxisbezogenen Arbeiten mehrfach bei weitem: Orgelmusik selbst, nicht Liturgie ist ihr Endzweck. Insofern sind auch Bachs große Orgelchoräle freie Orgelmusik. Das bedeutet keinen Verzicht auf ihren geistlichen Inhalt,* aber nicht in den Texten, in ihren Melodien liegen dabei die Wurzeln der Inspiration. Wobei man die musikalische Kraft der alten Choralmelodien nicht hoch genug einschätzen kann: Sie haben über Jahrhunderte hinweg ihre unverminderte Lebenskraft erhalten, und es ist bemerkenswert, wie viele von ihnen immer aufs neue Komponisten zu Choralvorspielen, Orgelchorälen, Choralfantasien veranlaßt haben. Es ist in ihnen eine Kraft, die religiöse Bindungen überspringt: Niemand, der für Musik empfänglich ist, wird sich der Macht der Choralgesänge in der *Matthäuspassion* oder im *Weihnachtsoratorium* entziehen können, ebensowenig aber den Orgelchorälen Regers oder Mendelssohns *Reformationssinfonie*. Und nicht nur *Stille Nacht* ist ein Weihnachtslied, Luthers *Vom Himmel hoch* ist fast fünfhundert Jahre alt, noch älter die Weise von *Innsbruck, ich muß dich lassen* im Choral *Herzlich tut mich verlangen*. Es war nicht einfach naheliegend, es war geradezu unausweichlich, daß unter Bachs Händen aus solchem Liedgut Orgelkompositionen entstanden, die die Bedürfnisse des Gottesdienstes weit überstiegen. Und hinsichtlich der »Bedürfnisse« hatte Bach ohnehin seine eigenen Maßstäbe: Was immer er anfing, seine Musik beanspruchte Raum. Nach seinen Suiten konnte man nicht tanzen, nach seinen großen Orgelchorälen wäre der Gemeinde das Singen im Hals steckengeblieben. Weswegen er die *Orgelmesse* auch gar nicht erst für die Gemeinden, sondern »denen Liebhabern und besonders denen Kennern von dergleichen Arbeit zur Gemüths Ergezung« verfertigte. Er hatte eine höchst persönliche Art, seiner Kirche zu dienen.

Warum schrieb er sich so viele Kantaten? Wo doch von seinen Vorgängern welche in genügender Menge vorlagen? Sie genügten ihm nicht. Die Kantaten von Schelle, von Kuhnau – wo sind sie geblieben? Selbst solche von Buxtehude werden nicht eben häufig gesungen. Die Bach-Kantate steht einzig da, nicht als Vertreterin ihrer Gattung – sie *ist* ihre Gattung.

Übrigens hat Bach auch im sechsten Jahrzehnt seines Lebens noch eine ganze Anzahl Kirchenkantaten geschrieben, außer den *Schübler-Chorälen*, den *Achtzehn Chorälen* und den drei epochalen Großwerken, denen kein vernünftiger Mensch »Stillstand« nachsagen wird: dem *Musikalischen Opfer*, der *h-Moll-Messe* und der *Kunst der Fuge*. Freilich floß sein Leben nach der Vertreibung aus der Schule in gleichmäßigeren Bahnen dahin als in den vorausgegangenen fünf Jahrzehnten. So verliert auch der Rheinstrom nach dem grandiosen Rheinfall und seinen Windungen zwischen den Bergen, je näher er dem Meere kommt, zwar an landschaftlicher Attraktivität, aber er verliert nichts von seiner Kraft.

Es gibt Leute, die Bach nach seinem Auszug aus der Schule einen Stilbruch andichten.* Es sind sehr feinfühlige Menschen, denn daß der Bach der *Französischen Suiten* ein anderer wäre als der der *Goldberg-Variationen* oder der der *h-Moll-Messe* ein anderer Komponist als der der *Matthäuspassion* oder der (Weimarer) Kantate *Ich hatte viel Bekümmernis*, wird sonst nicht leicht einem in den Sinn kommen. Heraushören kann man's wahrhaftig nicht, um so weniger, als Bach nach wie vor Stücke, die er schon früher komponiert hatte, in seine neuen Arbeiten aufnahm. Das hätte er schwerlich getan, wenn er mit seinem bisherigen Stil »gebrochen« hätte.

Schleuning behauptet aber, auch den Grund für Bachs »Stilwandel« zu kennen. Mizler heißt er. Lorenz Christoph Mizler war ab 1732 eine Zeitlang Schüler von Bach, Mizler begründete eine »Societät der musicalischen Wissenschaften«, der Bach sehr lange fernblieb. Aber durch Mizler, sagt unser Autor, ist der Bach auf ganz neue, nämlich ganz alte Ideen gekommen. Wer war Mizler?

Sein Lebenslauf ist von verwirrender Vielgestaltigkeit. Er kam aus Ansbach, wo er unter Rektor Gesner das Gymnasium besuchte. Ein Jahr nach Gesners Ankunft finden wir ihn ebenfalls in Leipzig, er studiert Theologie, geht als Prediger zurück nach Ansbach, kommt als Student zurück nach Leipzig, wird Magister, wechselt zur Rechtswissenschaft, dann zur Medizin über und hält gleichzeitig Vorlesungen über Mathematik, Philosophie und Musik. Dann errichtet er zusammen mit zwei anderen Herren 1738 eine »Correspondierende Societät der musicalischen Wissenschaften« und fängt 1740 sogar mit Komponieren an, ziemlich erfolglos. Dann wird er bei einem polnischen Grafen Hofmathematiker, vier Jahre später promoviert er in Erfurt als Doktor der Medizin, dann geht er wieder nach Polen, wird geadelt, Hofrat, Hofmedicus und Historiograph und stirbt als Inhaber einer Buchdruckerei und Buchhandlung. Das war, wie man sieht, ein bewegtes Leben, und die Musik spielte keineswegs eine zentrale Rolle darin.

Demungeachtet hatte seine »Societät« namhafte Mitglieder: Telemann trat ihr schon 1739 bei, Händel 1745, 1746 die beiden Grauns. Es ist kein Zweifel, daß Bach als einer der ersten gefragt wurde, Mizler war ja sein Schüler. Aber Bach muß ziemlich hartnäckig »nein« gesagt haben – neun Jahre lang. Mizler ging es um die philosophischen, historischen, mathematisch-akustischen und rhetorisch-poetischen Grundlagen der Musik, also nicht so sehr um die Musik selbst als um alles, was irgendwie mit ihr in Zusammenhang gebracht werden konnte. Die Erklärung, warum sein Vater sich so lange von dieser Gesellschaft fernhielt, liefert uns Carl Philipp Emanuel: »Der Selige«, schreibt er in seinem Nachruf, »war kein Freund von trockenem theoretischen Zeuge«, und an anderer Stelle: »Unser seliger Bach ließ sich zwar nicht in tiefe theoretische Betrachtungen ein, war aber desto stärker in der Ausübung.«

Man kann sich demzufolge vorstellen, daß er von einer Schrift wie Mizlers *Anfangsgründe des Generalbasses, nach mathematischer Lehrart abgehandelt* nicht begeistert sein konnte und sich alles in ihm sträuben mußte gegen Mizlers erklärtes Ziel der Societät, »die Musik völlig in die Gestalt einer Wissenschaft zu bringen«. Bach mußte das richtiger wissen, im Gegensatz zu seinen Apologeten. (Wolff behauptet ungerührt, die *Klavierübung III* weise »eine starke theoretisch-historische Komponente« auf, und Schleuning schiebt das Verdienst dafür eben Mizler zu.)

Daß Mizler ein Musiknarr oder gar ein bedeutender Musiker gewesen sei, läßt sich also nicht behaupten, und sein Bestreben, »die Musik völlig in die Gestalt einer Wissenschaft zu bringen«, läßt seine Beziehung zur Musik jedenfalls zweifelhaft scheinen. Denn soviel Wissen und Können Musik auch verlangt, mit Hilfe von Musikwissenschaft ist noch nie ein Evergreen entstanden. Im Gegensatz zum Wissen, das sich einer aneignen kann, ist das Wesentliche in der Kunst nicht erlernbar, Musikalität läßt sich zwar ausbilden, aber nicht anstudieren. Bach dürfte also die Bemühungen seines einstigen Schülers eher belächelt haben, und wenn er sehr viel später der »Societät« doch beitrat, dürften nicht Mizlers Ziele, sondern die in der »Societät« versammelten Mitglieder die Ursache gewesen sein. Für Mizlers Bestrebungen hatte er jedenfalls seine Begeisterung fast ein Jahrzehnt lang fest unter Kontrolle.

Da es indessen gewisse wissenschaftliche Bemühungen gibt, die darin gipfeln, daß man so lange in den Arbeiten seiner Kollegen liest, bis man selbst auf ein paar zusätzliche Gedanken kommt, gibt es Theoretiker, welche behaupten, daß Bach seine ganze *Klavierübung III* lediglich in Anlehnung an alte Vorbilder und um seine Gelahrtheit zu beweisen komponiert habe – sie sei im Grunde nichts weiter als ein Produkt der Rezeption fremder Arbeiten.* Das Besondere der Sache liegt darin, daß diese Leute das nur dem Bach nachsagen, aber sich hüten, gleiches von Brahms oder Beethoven zu behaupten. Dabei könnten sie Beethoven doch leicht vorwerfen, er habe seine *Diabelli-Variationen* nur geschrieben, um nachzuweisen, daß er selbst auch wie der große Diabelli komponieren könne, oder dem Brahms, er habe mit seiner *Akademischen Festouvertüre* bewiesen, daß er zu eigenen Einfällen wohl leider nicht fähig gewesen sei.

All dies ist keineswegs dümmer, als dem Bach zu unterstellen, er habe in seinem großen Orgelwerk andere Komponisten kopieren wollen. Da ist dann Schweitzer noch origineller, der behauptet, die *Vier Duette* darin müßten versehentlich hineingeraten sein, weil er nichts mit ihnen anfangen kann. Keller sagt ja auch, er verstünde sie nicht. Es erhebt sich natürlich die Frage, ob einer die Tripelfuge recht versteht, wenn er sie als Darstellung von Gottvater, Sohn und Heiligem Geist ansieht. Den *Vier Duetten* jedenfalls kann man sehr viel näher kommen, wenn man versucht, ihre Harmonik zu analysieren. De facto gelingt Bach darin nämlich an den verschiedensten Stellen die Aufhebung jedes tonalen Bezugs – er stellt in den *Vier Duetten* sozusagen zum allerersten Mal nicht tonal bestimmte, also atonale Musik vor, so wie er auch in der f-Moll-Fuge des *Wohltemperierten Klaviers* ein Fugenthema vorstellt, das einer Zwölftonreihe sehr nahe kommt (worauf Bernstein hinweist).

All die Leute, die da vom »Stilwandel«, von der »starken theoretisch-historischen Komponente«, von einer Hinwendung zum »stile antico«, von der »Zahlensymbolik«, von »Makrostrukturen«, »Klanggittern« und ähnlichem reden,* werden von sich behaupten, ein nicht gewöhnliches Kunstverständnis zu besitzen, und wenige werden dies zu bezweifeln wagen: Gelehrte, ganz gleich auf welchem Gebiet sie sich betätigen, umweht der Nimbus einer fachlichen Überlegenheit.* Was aber all diesen so kunstsachverständigen Leuten abgeht, ist das Verständnis für die Arbeitsweise von Künstlern. Denn die Kunst – in unserem Falle die Musik – ist ja keineswegs ihre Welt, sondern nur das Objekt ihrer Studien, nicht etwas, das in ihnen stattfindet, sondern etwas, das einmal außerhalb von ihnen entstanden ist, nicht etwas, das sie erleben, sondern etwas, das sie lediglich betrachten und von dem sie sich zum Zweck des Studiums distanzieren. Das aber ist etwas völlig anderes als die Kunst selbst. Die damit verbundene Methode ist nicht die kreative, sondern die deduktive und analytische: Was kommt woher, und was besteht woraus?

Der Aufbau von Schweitzers großartigem, weil begeistert geschriebenem Buch macht das ganz deutlich (und wenn ich mich an der einen oder anderen Stelle mit ihm auseinandersetze, so nicht, um es herabzusetzen, sondern weil es Auseinandersetzung mehr verdient als manches von denen, die es stillschweigend beiseite geschoben haben).

Auch er arbeitet deduktiv. Mit dem Versuch einer Geschichte der Kirchenmusik bis zu Bach hin beginnt er: Was kommt woher? Auch seine Darstellung ist analytisch: Ästhetische Erörterungen, Werkbesprechungen und -analysen machen mehr als die Hälfte des Buches aus, drei Viertel sogar, wenn man die Vortragshinweise einbezieht, das Biographische hingegen weniger als ein Viertel. Seine eigentliche Domäne, in welcher er keine Vorgänger hat, ist die Analyse der Bachschen Tonsprache. (Bereits das *Orgelbüchlein* bezeichnet er als ihr »Wörterbuch«.) Und er hat da durchaus interessante Entdeckungen zu machen!

Nur erweist sich seine Analyse gegenüber Bachs nichttextgebundenen Instrumentalwerken als unergiebig. (Wahrscheinlich rührt sein Desinteresse am *Wohltemperierten Klavier* daher.) Aber notwendig kommt man auch bei der Begegnung mit Bachs Orgelchorälen und Choralvorspielen darüber ins Grübeln: Wenn es für Bach tatsächlich derartige vorgefestigte Ausdrucksformen gegeben hätte, warum hat er dann zum Beispiel für den Choral *Allein Gott in der Höh' sei Ehr'* in neun Choralvorspielen gleich neun voneinander sehr abweichende Behandlungsweisen gefunden? Und die Entdeckung der »Bachschen Tonsprache« wird noch zweifelhafter, wenn man sie auf ihren praktischen Wert überprüft: Beim Musikhören wie beim Musikmachen ist sie so nützlich wie ein Verzeichnis aller von Goethe benutzten Wörter zum Verständnis und Vortrag seiner Dichtungen.

Nach, neben und abseits von Schweitzer haben sich auch andere ähnlichen analytischen Möglichkeiten gewidmet, haben Bachs Noten gezählt, haben dabei arithmetische Wunder entdeckt, deren Ursachen einzig die Notwendigkeiten musikalischer Logik sind, haben herausgefunden, daß er seine Kompositionen mit Hilfe der Kabbala oder überhaupt nur der Kabbala wegen hergestellt hat,* haben aus den von Bach notierten Akkorden auf seine Stellung zu verschiedenen Bibelauslegungen geschlossen und umgekehrt den Einfluß theologischer Fachliteratur auf seine Harmonik untersucht.* Das »Was kommt woher?« und das »Was besteht woraus?« bildet geradezu den Grundstock wissenschaftlicher Bach-Literatur. Mit mehr kann sie sich allerdings auch kaum beschäftigen, man kann ihr höchstens ankreiden, daß diese Beschäftigung hie und da mit beträchtlicher Oberflächlichkeit, nicht selten auch mit an den Haaren herbeigeschleiften Bezügen erfolgt ist.

Gelegentlich ist dergleichen nicht frei von Komik, so zum Beispiel, wenn ein theologisch geprägter Musikwissenschaftler bei einem Bachschen Choral sich allen Ernstes die Frage stellt, ob nicht vielleicht »hinter dem musikalischen Personalstil Bachs … auch ein Ausdruck persönlichen Mitbeteiligtseins am Text«* stünde.

Man muß sich die Feinsinnigkeit einer solchen Fragestellung einschließlich der Tatsache, daß sie von anderen Wissenschaftlern der Fakultät ernstgenommen wurde, auf der Zunge zergehen lassen. Wenig später liest man ebenda eine so fundamentale Würdigung wie: »Bachs eigene Leistung besteht in der überzeugenden Vermittlung zwischen musikalischen Ausdrücken und theologischem Sachverhalt.«

Nun haben theologische Sachverhalte durchaus nichts mit dem Glauben, musikalische Ausdrucksformen nichts mit Kreativität zu tun, aber davon ist keine Rede: Noch amusischer, noch weiter entfernt von jeglichem künstlerischen Empfinden läßt sich das kaum sagen, doch hier sind es gleich vier Bach-Wissenschaftler, die sich zu dieser These einmütig (und unwidersprochen!) bekennen. Nur verbindet Erkenntnisse wie diese und ähnliche zum Glück eine große Gemeinsamkeit: Da damit kein Mensch Musik machen kann, sind sie vollkommen unnütz und höchstens dazu angetan, ihre Verfasser glauben zu machen, sie wüßten in einer Sache Bescheid, zu der ihnen der Zugang absolut verschlossen ist.

Denn mit Verständnis, mit Verstehen der Arbeitsweise des Künstlers hat dies alles weniger als nichts zu tun. Ich habe jahrzehntelang mit Komponisten, Dirigenten, Regisseuren, Sängern und Schauspielern zusammengearbeitet, sie haben mir keineswegs nur »Einblicke in ihre Arbeit gestattet«. Und allen, die da stolz darauf sind, dem Bach nachweisen zu können, daß er dieses von dem und jenes von jenem bezogen habe, daß er hier nach dem Vorbild Palestrinas und dort nach den ästhetischen Kategorien Gottscheds komponiert habe, oder gar, daß er seine musikalischen Ausdrucksformen den Ansichten zeitgenössischer Theologen angepaßt habe, darf ich versichern:

Ich habe in meinem ganzen Leben keinen einzigen Komponisten kennengelernt, dessen Ehrgeiz es gewesen wäre, zu schreiben wie irgendein anderer, wie ein Abgeschiedener schon gar nicht. Ich habe auch keinen Dirigenten kennengelernt, der mit seinen Tempi, seinen Auffassungen von einem Werk irgendeinen anderen hätte kopieren wollen. Und wenn man einen Regisseur überhaupt dazu bringt, sich die Inszenierung eines Kollegen anzusehen, denkt er keinen Augenblick daran, dieses oder jenes von ihm zu übernehmen, sondern ihm fällt fast auf der Stelle ein, was er ganz anders machen wird. Dies alles aber ist nicht so, weil es sich bei all diesen um Narren auf eigene Faust handelte, sondern aus keinem anderen Grunde als dem, daß sie Künstler, also *kreativ* sind und ihre eigenen Einfälle haben. Sie sind genötigt, in ihrer Kunst *sich selbst* auszudrücken, zu verwirklichen. »Von mir ist die Rede, wenn ich schreibe, immer von mir!« sagte Thomas Mann. Was für sie alle gilt.

Natürlich nimmt jeder Künstler, wie alle übrigen Menschen auch, die Einflüsse seiner Umgebung, die Strömungen seiner Zeit in sich auf – auf deutsch schreiben heißt, in einer Sprache schreiben, die sich über tausend Jahre hinweg ihre Gedankenbahnen geformt hat, auch der Modernste also wurzelt mit seiner Sprache in der Vergangenheit. Mit der Musik ist das nicht anders. Aber direkt den Einfluß suchen – so daß man hernach sagen kann: das hat er von dem und das von dem, und hier wollte er schreiben wie der und dort wie jener –, solchen Einfluß aufzusuchen, wie das ausgerechnet dem Bach von Wissenschaftlern wieder und wieder nachgesagt worden ist, entspricht ausschließlich der Denkweise von Epigonen. Mozart verehrte Johann Christian Bach, aber er schrieb nicht wie Johann Christian Bach, Schubert verehrte Beethoven, Brahms verehrte Schumann, Bruckner verehrte Wagner – aber sie alle schrieben keineswegs »unter dem Einfluß von« Bach, Beethoven, Schumann oder Wagner, sondern als Mozart, Schubert, Brahms und Bruckner. Es ist auch kennzeichnend, daß im Schrifttum über die Genannten die Frage »wo er's denn aber her hat?« überhaupt keine Rolle spielt, lediglich die Bachologie bemüht sich darum, den »Meister aller Meister« (und so weiter) in die Rolle eines permanenten Nachahmers zu drängen.

Aber gesetzt den Fall, Bach hätte wirklich Fischers *Ariadne musica* gekannt (was mit hineininterpretierten Ähnlichkeiten noch keineswegs zu beweisen ist), so ist doch einzig und allein von Interesse, daß er aus der gleichen Idee heraus etwas viel Größeres, Vollkommeneres und Bahnbrechendes entwickelt hat.

Aber daß er eben wirklich der allererste ist, der große Präludien und Fugen in Cis-Dur und Fis-Dur und es-Moll und b-Moll geschrieben hat und in diesen Stücken aus diesen Tonarten noch dazu nach Belieben in andere modulierte, was alles bis dahin in solcher Vollkommenheit noch nie dagewesen war, interessiert jene Leute nicht: Den Fischer wollte er nachahmen, das steht für sie fest. Edison, als er endlich die elektrische Glühbirne erfunden hatte, hatte vermutlich auch keine andere Absicht, als die Petroleumlampe zu imitieren.

XXV

DIE UNTERSTELLUNG, BACH habe mit der *Klavierübung III* sein Studium anderer Komponisten nachweisen wollen, ist um so untauglicher, als alles, was Bach aufgreift, unmittelbar zu Bach wird. Das ist in seiner damals einzig dastehenden Harmonik begründet. Für ihn mag eine Differenzierung zwischen seinen *Französischen* und seinen *Englischen Suiten* bestanden haben, für uns ist in den *Englischen* »Englisches« nicht eigentlich herauszuhören, aber daß sie jedenfalls von Bach sind, wird auch für einen, der die Titel nicht kennt, auf der Stelle überdeutlich. Und in der *Klavierübung III* wäre es nur zu berechtigt, zwischen dem Präludium, den vier Duetten und der Fuge einen Zusammenhang zu erkennen, denn alle sechs sind völlig ungewöhnliche Kunstwerke. Völlig ungewöhnlich (und nie so kopiert) ist die Verbindung dreier denkbar heterogener Fugenthemen zu einer Einheit von überschäumender Musikalität, völlig ungewöhnlich auch schon die Gegeneinanderstellung dreier Themen in dem Präludium. Man muß in der Musikgeschichte weit vorausschreiten, bis man wieder einen findet, der drei Themen in einem einzigen Satz, nun sinfonisch, verarbeitet – Bruckner.

Und bei den Choralbearbeitungen erhebt sich die Frage: Wie hätte denn einer, der ganz ohne Auftrag, aus eigenem Antrieb, sich entschlossen hatte, Bearbeitungen jener Choralmelodien zu schaffen, die Luthers Katechismus entsprachen, anders komponieren können als auf verschiedenste Weise, zumal das Werk doch »denen Kennern von dergleichen Arbeit« zugedacht war? Auf die so schön abgezirkelten gleichen Längen im *Orgelbüchlein* zurückzugreifen bestand kein Grund. Es wäre freilich auch geschäftlich von Vorteil gewesen, wenn Bach musikalische Gebrauchsware für den Markt hergestellt hätte (und wir könnten ihm dankbar sein). Aber dies hier war kein Orgelbuch mehr, »worinne einem an-fahenden Organistern Anleitung gegeben wird, auff allerhand Art einen Choral durchzuführen, anbey auch sich im Pedalstudio zu habilitieren etc.«. Es war auch nicht künstlerische Demonstration von Theorie (»Schaut her, ich kann schreiben wie ...«). Denn dann hätte er hinzugefügt, was er im einzelnen gemeint hätte, wie er's anderswo getan hat (»im italienischen Stil«, »in stilo fran-cese«). Dies hier – und das ist das ganz Neue, das noch nicht Dagewesene an diesem Werk – ist aus dem gleichen Impetus geschaffen, aus dem Beethoven später seine Sinfonien schrieb: Nicht um der Welt zu zeigen, welche sinfonische Entwicklung aus einer großen und einer kleinen Terz, aus einem einfachen Drei-klang, aus einer leeren Quinte abgeleitet werden kann, sondern aus sich heraus genötigt, diese musikalischen Problemstellungen vollkommenen musikalischen Lösungen zuzuführen.

Nochmals zurück zu Bernstein: »Die Bedeutung der Musik liegt in der Musik und sonst nirgends.« Aber geben wir ruhig zu, daß das für Menschen, die zur Musik kein lebendiges, sondern nur ein theoretisches Verhältnis haben, geradezu unannehmbar sein muß: Was soll man sich denn bei einer Musik vorstellen, wenn man sich nichts darunter vorstellen soll? Entfernt man indessen von aller Musik die Bedeutung der Bedeutung, bleibt sie immer noch Musik. Was aber bleibt ohne Musik von ihrer Theorie?

»... so nimmt es denn auch nicht wunder, daß wohl erstmalig in Bachs Schaffen eine Werksammlung ... eine starke theore-tisch-historische Komponente aufweist ... in der Gegenüberstel-lung retrospektivischer und modernistischer Satzarten« (Wolff). Das mag einem Nichtmusiker höchst bedeutungsvoll vorkom-men, aber ein Musiker kann auf solche Weise nicht komponieren, außer, ihm eignete jene stilistische Farb- und Charakterlosigkeit, die Gustav Freytag in seinen *Journalisten* dem Schmock in den Mund legt: »Ich habe geschrieben links und wieder rechts, ich kann schreiben nach jeder Richtung.« Bach war alles andere als ein Schmock, er hatte von Anfang an seinen ausgeprägten Personal-stil.

Gewisse Gelehrte kommen sich zwar höchst bedeutend vor,

wenn sie darauf hinweisen, daß hier ein anderer und dort noch ein anderer schon etwas geschrieben habe, das sie an Bach erinnert, aber wenn sie Bach daraus einen permanenten Nachahmungstrieb unterschieben, gehen sie in die Irre. Musikwissenschaftler sind sehr stolz, wenn sie in einem Artikel per Literaturverzeichnis nachweisen können, daß sie darin die Gedanken anderer aufgegriffen haben, aber wenn ein Musiker eine Machart, gar eine Melodie von einem anderen übernimmt, rufen die Kollegen sogleich: »Fuchs, die hast du ganz gestohlen!« Weil in der Kunst immer nur das Originale zählt und das Kopieren verachtet wird.

Ebendieses aber möchten nun die verschiedensten Leute dem Bach als Verdienst zuschieben. Und tun so, als habe der die Kompositionen von Grigny, Frescobaldi, Scheidt überhaupt erst Ende der dreißiger Jahre in Leipzig kennengelernt.* Sie standen ihm aber bereits seit Lüneburg zur Verfügung. Tatsächlich wird ja auch behauptet, Bach habe erst die *Gradus ad Parnassum* von Fux studieren müssen,* um in den alten Kirchentonarten zu schreiben. Aber die Kirchentonarten waren ihm völlig geläufig, viele Choräle stehen bis heute in den alten Kirchentonarten, für einen Organisten des 18. Jahrhunderts waren sie genauso eine Selbstverständlichkeit wie die alten c-Schlüssel.

Und wenn Schleuning von einer »historisierenden Anwendung der alten Kirchentonarten« in der *Klavierübung III* spricht, dann irrt er, denn sie waren nicht nur dazumalen noch im Schwange, er kann sie auch im 19. und sogar im 20. Jahrhundert noch finden, etwa bei Liszt in der zweiten *Ungarischen Rhapsodie*, bei Sibelius in der vierten und sechsten Sinfonie, in der vierten Sinfonie von Brahms, bei Debussy (er studiere »Fêtes« aus den *Nocturnes*) und sogar bei Rocksängern und den Beatles. Diese Kirchentonarten haben nämlich durchaus nichts Antiquiertes, sondern sie ermöglichen äußerst aparte harmonische Wendungen. Nur muß man sich dazu ein wenig in der Welt und in der Welt ihrer Möglichkeiten umsehen.

Vollkommen irrig ist indessen auch der andere Teil der Behauptung: Bach habe zeigen wollen, daß er auch »modernistisch« schreiben könne. Dazu müßte eine solche Schreibweise denn doch irgendwo schon vorhanden gewesen sein (anders hätte er ja nicht in ihrer Art schreiben können, »modernistisch«

schließt ein: nicht von ihm). Leider verschweigen uns aber diese Musikwissenschaftler, wo sie Bachs Schreibweise sonst noch angetroffen haben, und es wäre doch hübsch zu erfahren, daß Bach sich der gleichen Harmonik wie ein Mr. X bedient habe,* um zu zeigen, daß er es mit ihm auch aufnehmen könne und nicht nur mit den Alten.

Es kommt eine andere Komponente hinzu, für die in solchen Vorstellungskoordinaten allerdings kein Raum ist, weil manche Gelehrte sich nur gelehrt vorkommen, wenn sie glauben feststellen zu können, daß ein Genie sich aus nichts als lauter Einflüssen zusammensetzt, und an jeder Stelle nachweisen möchten, wo's der große Geist her hat. Es ist ihr größter Stolz, dergestalt aus einem einzigartigen Lebenswerk einen Fleckerlteppich zu machen.

Nun ist ein großer Geist kein Narr auf eigene Faust, Bach hat sich von frühester Jugend an bis zuletzt in seiner musikalischen Welt umgesehen, sein Informationsdrang war geradezu beispiellos, angefangen von seiner Kinderzeit, als er sich aus des Bruders Schrank nächtens die Noten zum Abschreiben holte. Von frühester Jugend an informierte er sich, aber schon ab Arnstadt schrieb er seinen eigenen Stil. Nicht einmal ein solcher Orgelchoral wie sein *Allein Gott in der Höh' sei Ehr'* aus dem Jahre 1706 ist mit seiner Wucht des Ausdrucks vergleichbar bei Böhm zu finden, keine einzige Fuge von Bachs architektonischer Größe bei Buxtehude. Natürlich hat Bach von beiden gelernt, ebenso wie von Telemann, Marchand, Vivaldi, Händel und vielen, vielen anderen. Er war nicht so töricht, daß er die Erfolgreichen seiner Zeit verachtet hätte, sein Kopf enthielt ein ganzes Kompendium der Musik. Aber wenn er komponierte, komponierte er als Johann Sebastian Bach, und schon das *Capriccio über die Abreise des geliebten Bruders* weist nicht die mindeste Ähnlichkeit mit Kuhnaus *Biblischen Historien* auf.

Darum hätte Bach denn auch, selbst wenn er die theoretischen Absichten gehabt hätte, die ihm von gewisser Seite unterstellt werden, dies nicht einmal überzeugend ausführen können: Sein Personalstil war zu ausgeprägt. Mit vierundfünfzig hatte er mehr als vier Jahrzehnte künstlerischer Selbstverwirklichung hinter sich: eine ausgereifte und unverwechselbare künstlerische Persönlichkeit. Und Persönlichkeit als Ausprägung eines Charakters bedeutet immer auch Fixierung, Festlegung. Bach hatte bis dahin zu keiner Zeit geschrieben wie irgendein anderer. Daß er es jetzt, mit vierundfünfzig, noch angefangen oder auch nur versucht haben sollte, ist Phantasterei.

In akademischem Ton pflegt man das freilich so deutlich nicht auszudrücken. Man widerspricht einander nicht, höchstens ergänzt man einander. Um es also musikwissenschaftlich zu sagen: »Hinsichtlich der *Klavierübung III* dürften die Ansichten Wolffs und Schleunings in verschiedener Hinsicht in naher Zukunft freilich möglicherweise vielleicht einer gewissen Ergänzung bedürfen.«

Man soll da keine halbe Sache machen. Der völlig untaugliche Versuch, dem Medizinstudenten Mizler das Verdienst für einen »Stilwandel Bachs« zuzuschieben, steht nicht allein da. Geck will uns allen Ernstes nachweisen, daß Bach mit seinen Kompositionen den ästhetischen Forderungen Gottscheds und Scheibes entsprochen habe, ihnen also nachgekommen sei, und verbreitet sich ausführlichst darüber, welche Werke Bach in Gottscheds »niederem«, »mittlerem« und »hohem erhabenen« Stil geschrieben habe. Als ob Bach diese ästhetischen Forderungen erst hätte studieren müssen, bevor er zu komponieren anfing. Als ob sie ihm etwas zu sagen gehabt hätten.*

Nun hat ja Carl Philipp Emanuel seinem Vater ausdrücklich attestiert: »Der Selige war kein Freund von trockenem theoretischen Zeuge.« Aber der eben Genannte bekennt freimütig auch an anderen Stellen, daß er den Aussagen von Bachs Söhnen keinen Glauben schenkt. In seinen Augen müssen sie rechte Schwindler gewesen sein, und keinesfalls können sie ihren Vater so gut gekannt haben wie er, der Professor Geck.

Bereits die Idee, Bachs Werke könnten nach den ästhetischen Kategorien von Gottsched und Birnbaum entstanden sein, ist grotesk, auch wenn dergleichen (siehe den Fall Mizler) keine Einzelerscheinung ist. Der Glaube derjenigen, die's nicht können, gerade sie könnten diejenigen anleiten, die es tun, ist unter gewissen Theoretikern durchaus verbreitet. Sie meinen es aufgrund ihrer Studien besser zu wissen. Aber ein Theaterwissenschaftler mag sämtliche Einzelheiten von Shakespeare, seinen Stücken, seiner Zeit und dem Globe Theatre wissen, die Darstellerin der Ophelia kann für ihre Kunst nichts davon gebrauchen: Es hilft ihr weder bei der Atemführung noch bei der Sprechtechnik noch in der Körperbeherrschung, und schon gar nicht bereichert es jene Fähigkeit, die sie überhaupt erst zur Schauspielerin macht: die Emotionen fiktiver Gestalten zu ihren eigenen zu machen und sie auf ein Auditorium zu übertragen. Ohne dieses aber ist alle ihre Schauspielkunst nichts, sie läßt kalt.

Der wissenschaftliche Umgang mit der Kunst ist allemal der nichtkünstlerische. Kunstwissenschaft kann Kunst wohl zergliedern, aber keine hervorbringen, auch mittelbar nicht. Anatomie ist etwas anderes als Zeugung. Der Haremswächter mag aus eigener Anschauung viel von der körperlichen Liebe wissen, das Wesentlichste bleibt ihm verschlossen: die Erotik. Der Verhaltensforscher mag noch so viel über das Leben, das Verhalten, die Psychologie der Delphine erfahren und uns mitzuteilen wissen, aber er ist außerstande zu erfassen, was das Leben dieser so intelligenten Wesen in den Meeren – einer unendlichen Welt ohne Landschaft und Himmel – ausfüllt. Die Weite der Tiefe in den Ozeanen bleibt seiner Erlebnismöglichkeit unzugänglich. »DIE KUNST HAT KEINEN FEIND DENN DEN, DER'S NIT KANN« – diese niederschmetternde Feststellung machte Albrecht Dürer, dem es in seinem Leben an Bewunderern gewiß nicht mangelte. Um den Einfluß Gottscheds und Scheibes auf Bachs Kompositionen zu unterstellen, muß einer dem Bach und der Musik sehr fern sein. Dann freilich kommt es zu solchen Behauptungen wie: »Mit den vier Teilen der Klavierübung eroberte er sich planmäßig das Gebiet der Tastenmusik«* (als hätte es davor nicht schon Berge von Bachscher »Tastenmusik« gegeben), oder: Bachs *Orgelbüchlein* sei am ehesten mit Beethovens *Bagatellen* vergleichbar, oder: daß eine Fuge aus Bachs letzten Lebensjahren* vermutlich schon deshalb zu seiner *Kunst der Fuge* gehöre, weil deren Thema darin gar nicht vorkommt.

Aber nicht minder klug ist Schleunings Behauptung, die *Goldberg-Variationen* seien zu dieser *Kunst der Fuge* eine Vorstudie gewesen, das »Bauprinzip der monothematischen Variationen« weise auf diese hin. Man könnte mit gleicher Emsigkeit erklären, das Fahrrad sei ein Vorläufer des Automobils, denn es habe bereits zwei von dessen vier Rädern, und diese seien, wie beim Auto, gummibereift. Der gelahrte Verfasser dieses hätte sich wenigstens insoweit mit Bach beschäftigen sollen, daß er gemerkt hätte, daß schon jene Fuge, die der Achtzehnjährige dem großen Bruder widmete, »monothematisch« war und daß die monothematische Verarbeitung im übrigen geradezu die Bach kennzeichnende Kompositionsweise ist: Monothematisch sind nämlich auch all seine Konzerte, von den *Brandenburgischen* bis zum *Italienischen*, man kann ihn geradezu (bis auf wenige Ausnahmen) als einen »monothematischen Komponisten« bezeichnen, und eine Gelehrsamkeit, der nicht einmal das aufgegangen ist, ist wenig vertrauenerweckend. Machiavelli sagt in seinem Buch *Vom Fürsten*: »Es gibt dreierlei Köpfe: erstlich solche, welche aus eigenen Mitteln Einsicht und Verstand von den Sachen erlangen, dann solche, die das Rechte erkennen, wenn andere es ihnen darlegen, und endlich solche, welche weder zu dem einen noch zu dem anderen fähig sind.«

Aber kehren wir nach dem Ausflug in die Musikwissenschaft wieder zu Bach zurück. Man darf ihn zu Machiavellis erster Kategorie rechnen, was zwar eine Menge wissenschaftlicher Hypothesen überflüssig werden läßt, uns aber insgesamt dem Verstehen seiner Besonderheit etwas näherbringt.

Man muß sich nicht daran halten, mit wem er verkehrte, als er fertig war. Viel entscheidender ist es, auf welchem Weg er zu Johann Sebastian Bach wurde. Denn er wurde es auf einzigartige Weise. Als Autodidakt, ja, das wissen wir. Aber was für ein Autodidakt! Vom großen Bruder hatte er die musikalischen Fundamente mitbekommen, beim Klavierspiel ganz gewiß auch den Generalbaß, also die Harmonielehre. Das war gewissermaßen das musikalische Schreiben und Lesen. Aber den ganzen schwierigen Bereich des Kontrapunkts – von welchem Lehrer, aus welchem Lehrbuch hatte er den?

Wir kennen den Lehrplan und kennen den Lehrstoff der Lüneburger Klosterschule, aber von einem Kontrapunkt-Lehrbuch dort wissen wir nichts. Und wenn einige Leute behaupten, Bachs erste Kompositionen seien unter dem Einfluß Böhms entstanden, so behaupten doch kein einziger, bei Böhm habe Bach sich im Kontrapunkt ausgebildet, ganz abgesehen davon, daß die kontrapunktischen Kunststücke, die sich schon der junge Bach leistete, bei Böhm gar nicht vorkommen. Aber bei Böhm wie bei Buxtehude gibt es Stellen, in denen sich beide Komponisten lediglich auf den Klangeffekten der Orgel ausruhen – und bei Bach gibt es die nirgends.

Bach verdankt sein Wissen und Können nicht Lehrern oder Lehrbüchern, sondern er hat es sich aus den Noten seiner Vorgänger herausgelesen. Aus den Klängen heraus die Gesetze dieser Klänge zu erkennen – das allein schon ist eine staunenswerte Leistung. Aber es ist nicht die einzige. Die unmittelbar folgende und noch mehr staunenswerte ist die, daß er dann sogleich kontrapunktisch zu komponieren begann, und zwar in seiner ganz eigenen, einzig ihm zustehenden Weise. Was Scheibe beschreibt mit: »Alle Stimmen sollen miteinander und mit gleicher Schwierigkeit arbeiten, und man erkennet darunter keine Hauptstimme.« Als Scheibe das endlich merkt, hat es Bach schon mehr als dreißig Jahre mit Erfolg praktiziert. Es war von Anfang an das Lebenselement seiner Musik, und es gibt keinen einzigen anderen Musiker, dem man das in gleicher Weise nachsagen kann: Kein anderer hat so viele und solch große Fugen zu seinem Vergnügen geschrieben wie er, und die Fugen sind ja keineswegs seine einzige vielstimmige Musik, nicht einmal seine strengste. Die ist der Kanon, und der machte ihm auch immer wieder Vergnügen, er machte sich den Spaß seiner Rätselkanons und ließ die anderen die Nüsse knacken.

Wieder ein Charakteristikum: Bachs Spaß am Konstruieren, wie er sich auch in den *Goldberg-Variationen* zu erkennen gibt: »Canone all'unisono, alla seconda, alla terza, alla quarta« und so fort bis »alla nona« – wenn einem so etwas nicht Vergnügen macht, unterläßt er's. Es beweist aber auch, daß Bach bis an sein Lebensende nicht aufgehört hat, die Geheimnisse mehrerer miteinander musizierender Stimmen zu erforschen, wie überhaupt das musikalische Forschen seine ganz große Leidenschaft war. Denken wir nur an seine tatsächlich alles umwerfenden Erkenntnisse auf dem Gebiet der Harmonik.

Hinsichtlich der gleichschwebenden, der »wohltemperierten« Stimmung wird immer wieder darauf hingewiesen, daß sie weit vor Bach von dem Halberstädter Organisten Werckmeister gefunden worden sei. Aber das stimmt ja nicht: Werckmeister hat sie beschrieben, doch nicht selbst zustande gebracht. Tatsächlich ist die Werckmeistersche Stimmung noch keineswegs mit der Bachschen gleichschwebenden identisch, sie nähert sich ihr nur an. Und Bachs »wohltemperierte Stimmung« war auch nach seinem Tode noch kein Allgemeingut: Sein Schüler Kirnberger arbeitete ein Stimmungsverfahren aus, das das von Werckmeister zwar übertraf, aber doch noch hinter der wohltemperierten Stimmung Bachs zurückblieb, von dem Forkel berichtet: »Auch stimmte er sowohl den Flügel als auch sein Clavichord selbst und war so geübt in dieser Arbeit, daß sie ihn nie mehr als eine Viertelstunde kostete. Dann waren aber auch, wenn er fantasierte, alle 24 Tonarten sein; er machte mit ihnen, was er wollte.« Kirnberger hat das später nicht wieder so erreicht, und man muß das wissen, um zu erkennen, wie weit Bach in seiner Praxis schon vorgeprescht war, als seine Zeitgenossen noch experimentieren mußten. Bach war kein »Liebhaber von trockenem theoretischen Zeuge«, aber schon in Arnstadt hatte er sich in der Praxis in die Probleme der Harmonik so verbissen, daß er zwölf Jahre später absolut klangrein durch sämtliche Dur- und Mollskalen hindurch modulieren konnte – was nicht einmal sein großer Zeitgenosse Händel tat.

Das Wunderbare und absolut Einmalige an diesem großen Musikforscher Bach aber war, daß er ungeachtet seiner grandiosen theoretischen Erkenntnisse, die er in seiner Praxis vorführte, nirgends theoretisch unterkühlte, sondern immer lebendige Musik schrieb und machte: Sangbarkeit war für ihn das Grundelement aller Musik, ein »cantabler Vortrag« die Hauptsache, und Wilhelm Furtwängler machte nicht leichtfertig, sondern aus tiefstem Sachverstand die Bemerkung: Er halte Verdi und Bach für die größten Melodiker der Musikgeschichte.*

XXVI

CARL PHILIPP EMANUEL, Bachs zweiter Sohn, hatte zunächst in
Leipzig Jura studiert, war dann aus bis heute unbekannten Gründen an die Universität nach Frankfurt an der Oder gegangen,
obwohl die juristische Fakultät und auch das Musikleben nach
damaligen Schilderungen dort ziemlich im argen lagen, und 1738
nach Berlin übergesiedelt – natürlich als Musiker, Jurist war er
nie. Fast hätte er den Sohn des Reichsgrafen von Keyserlingk auf
einer großen Auslandsreise begleitet, aber dazu kam es nicht, weil
der Reichsgraf als Gesandter in Dresden seinen Sohn zur Ausbildung nach Leipzig schickte. Doch des Reichsgrafen Bruder Dietrich war ja (wie berichtet) ein enger Vetrauter des Kronprinzen
Friedrich in Berlin. Als dieser im Jahre 1740 als Friedrich II. den
Thron bestieg, erwarb er sich gleich im ersten Jahr seiner Regierung zwei große Verdienste: Erstens fiel er ohne jede Kriegs-
erklärung in Schlesien ein, und zweitens engagierte er Carl
Philipp Emanuel Bach als seinen Kammercembalisten.

Die Erklärung für den Überfall auf Schlesien lieferte er später
nach. Das machte er dann auch bei seinen folgenden Kriegen so, es
war seine Auffassung einer Kriegs-Erklärung. Das Engagement
von Carl Philipp Emanuel währte achtundzwanzig Jahre, bis zum
März 1768. Philipp kannte also den preußischen Hof aus aller-
nächster Nähe. Lobeshymnen gibt es keine von ihm, eher, wenn er
darauf schon zu sprechen kam, die Anzeichen deutlicher Zurückhaltung. Als Hofcembalist hatte er zwar von Anfang an mehr feste
Bezüge als sein Vater, nämlich dreihundert Taler, aber Johann Joachim Quantz als Friedrichs Flötenlehrer bekam zweitausend und
jede Flöte, die er dem König machte, noch extra bezahlt.

Dies alles wäre für eine Biographie seines Vaters nicht wesentlich, aber dadurch kam Bach 1741 wieder einmal nach Berlin. Vor achtundzwanzig Jahren hatte er für den Fürsten von Köthen dort einmal ein Klavier abgeholt. Die von manchen geäußerte Mutmaßung, Bach habe sich in Berlin nach einer Stelle umsehen wollen, ist ziemlich unglaubhaft: Wenn da eine gewesen wäre, hätte es ihm sein Sohn sicher mitgeteilt, zumal er ja die Leipziger Lebensumstände des Vaters kannte. Aber Friedrich war seinem ganzen Wesen nach nicht der große Förderer der Kirchenmusik, und er zahlte auch nicht besonders. In einem Lande wie Preußen, in dem achtzig Prozent des Staatsetats für die Rüstung verwendet wurden, ging es nicht sehr üppig zu. Überdies saßen in Berlin die beiden Grauns, Carl Heinrich und Johann Gottlieb, beide seit langem Friedrichs Musiker und von außerordentlicher Tüchtigkeit.

Aber selbstverständlich hatte Friedrich sich über den bedeutenden Vater seines Cembalisten* informiert. Schleuning hat einige sehr interessante Parallelen zwischen Flötensonaten Bachs und Friedrichs aufgedeckt, er zieht nur daraus den etwas merkwürdigen Schluß, nicht Friedrich habe im Stile Bachs, sondern Bach habe im Stile Friedrichs komponiert. Das ist denn wieder einmal etwas Neues.

Wenn Friedrich sich für den Vater seines Hofcembalisten interessierte, so gab es seit 1746 noch einen Menschen, der ihm ausführlich Bericht geben konnte, nämlich den russischen Gesandten an seinem Hof, den Reichsgrafen von Keyserlingk, Bruder seines vor zwei Jahren verstorbenen Freundes. Daß Friedrich also jenen Bach kennenlernen wollte, von dem er Sonaten kannte und von dem so viel in den höchsten Tönen erzählt wurde, ist nur zu begreiflich. Miesner, der dem Leben Keyserlingks nachgegangen ist, dreht auch diesen Sachverhalt wunderbar um: Nicht der König habe Bach, sondern Bach habe den König kennenlernen wollen, und Keyserlingk habe für ihn die nötigen Formalitäten geregelt.

Daß der König bei der berühmten Begegnung mit Bach auf der Einhaltung von Formalitäten bestanden hätte, ist nicht bekannt, obwohl wir durch Forkel über den Ablauf von Bachs Besuch ganz gut unterrichtet sind. Demnach befand sich Bach mit seinem Sohn

Friedrich der Große. Porträt aus der Zeit, in der Bach ihm in seinem neuen Schloß Sanssouci vorspielte.

Friedemann am 7. Mai 1747 auf der Reise zu Carl Philipp Emanuel. Am Tor von Potsdam wurde die Kutsche angehalten und Bach sogleich nach dem erst kürzlich fertiggestellten Schloß Sanssouci gebracht, wo der König bei seinem abendlichen Konzert war. Da diese Konzerte gewöhnlich um sieben Uhr abends begannen, muß es schon später gewesen sein. Nach Forkels Darstellung hat Friedrich mit den Worten »Meine Herren, der alte Bach ist gekommen!« sofort das Konzert unterbrochen, nach einer anderen mußte Bach zunächst im Vorzimmer warten. Nach einer noch anderen hatte sich Bach überhaupt nur im Vorzimmer befunden, um dem Konzert von draußen zuzuhören. All diese Versionen sind um so erstaunlicher, als Forkel seine Schilderung noch Carl Philipp Emanuel verdankt, der als Cembalist bei dieser Begegnung anwesend war.

Als der Erbprinz zu Kassel während Gesners Amtszeit Bach noch einmal hören wollte, schickte er ihm mit Gemahlin eine förmliche Einladung, stellte ihm in Kassel Diener und Sänfte zur Verfügung, lud ihn zur Tafel und schenkte ihm zum Abschied noch einen kostbaren Ring. Als Friedrich II. Bach hören wollte, fing er ihn am Stadttor von Potsdam ab und ließ ihn sich kommen.

Bach war zweiundsechzig damals, und die Menschen alterten

damals rascher. Er hatte eine mindestens zehnstündige, wenn nicht vierzehnstündige Fahrt in der Postkutsche hinter sich, und der König hatte ihm nicht einmal Zeit gelassen, für den Empfang den Anzug zu wechseln. Er ließ ihm auch keine Zeit zur Erholung, Bach mußte sogleich seine sämtlichen Klaviere in den einzelnen Räumen probieren, und Bach improvisierte auf jedem. Dem König ging es aber, wie man aus dem Ablauf dieses Besuches sieht, zunächst einmal darum, Bach mit seinen musikalischen Schätzen zu imponieren. Daß er dies nötig fand, zeigt, daß er vor Bach denn doch insgeheim einigen Respekt hatte. Dann bat sich Bach vom König ein Fugenthema aus und führte es durch. Am nächsten Tag mußte er sich die Potsdamer Orgeln ansehen und darauf spielen, und abends hatte er abermals zum Konzert zu erscheinen, bei welcher Gelegenheit ihn der König zu einer sechsstimmigen Fuge aufforderte. Damit hatte er Bach endlich bis an die Grenzen seiner Kunst getrieben: Das konnte Bach mit Friedrichs Thema nicht leisten, dazu mußte er sich auf der Stelle ein eigenes Thema einfallen lassen. Aber auch dieses unglaubliche Kunststück bewältigte er.

Das weitere ist bekannt: Wieder zu Hause, verarbeitete Bach Friedrichs Thema auf kunstvollste Weise – als Ricercar, als Fuge und kanonisch auf die verschiedensten Arten – und fügte noch eine Flötensonate und mehrere Rätselkanons hinzu, weil er in Friedrich einen Fachmann gefunden zu haben glaubte. Diese großartigen Kunststücke hielten ihn zwei Monate lang völlig in Atem, aber genau zwei Monate nach dem Besuch in Sanssouci setzte er den Schlußpunkt unter das Werk, ließ es in Kupfer stechen und übersandte es dem König als *Musikalisches Opfer* mit devotester Widmung. Der große Friedrich zeigte sich für diese einzigartige Huldigung ebenso großzügig und dankbar wie für Bachs zweitägiges musikalisches Gastspiel: Er übersah das unschätzbare Geschenk total und bedankte sich nie, nicht einmal mit ein paar freundlichen Worten zu Carl Philipp Emanuel, Forkel hätte uns davon berichtet. Indessen blieb Friedrichs Gewissen auch gegenüber Johann Sebastian Bach völlig rein: Er benutzte es nie.

Um das »königliche Fugenthema« haben sich in der Fachwelt einige Legenden gerankt. Im Gegensatz zu Bach, der Friedrich für einen so perfekten Musiker hielt, daß er ihm Rätselkanons widmete, haben sich am musikalischen Talent Friedrichs ernsthafte

Zweifel erhoben, besonders in jener Gegend, in der es mit einem »fortschrittlichen Bewußtsein« unvereinbar schien, so viel Trefflichkeit auf das Konto eines absolutistischen Militaristen zu setzen, doch auch anderswo.

Friedrich komponierte zwar für seine Zeit wirklich sehr ordentlich und bemerkenswert, und wenn einer mehr als anderthalb Jahrzehnte gründlich Musik betrieb, mußten sich gewisse Erfahrungen und Kenntnisse geradezu zwangsläufig einstellen. Der Schweizer Flötenvirtuose Aurèle Nicolet hat darauf hingewiesen, daß der Anfang des Themas Parallelen zu auf der Flöte verwendeten Einspielfiguren zeigt. Die Voraussetzungen, dieses Fugenthema zu erfinden, waren also durchaus vorhanden. Die Erfindung eines Fugenthemas von acht Takten ist keine so große Sache, vor allem, wenn man die Erfindung der Fuge dann jemand anderem überlassen kann. Auf die Ausführungsmöglichkeit aber brauchte Friedrich nicht den mindesten Wert zu legen, der alte Herr in dem schäbigen Rock konnte ja angeblich alles, und Friedrich wäre nicht Friedrich gewesen, wenn es ihm nicht darum gegangen wäre, ihn bis an die Grenzen seiner Kunst zu treiben.

Das zeigt die Aufforderung zur sechsstimmigen Fuge. Sechs Stimmen verlangen auf dem Cembalo eine außerordentliche Vollgriffigkeit, der Mensch hat nur zehn Finger. Das *Musikalische Opfer* enthält zwar ein sechsstimmiges Ricercar, aber eine sechsstimmige Fuge findet sich weder im *Wohltemperierten Klavier* noch in den vierundzwanzig Präludien und Fugen von 1744, dem *Wohltemperierten Klavier II*. Friedrich verlangte also gezielt etwas voraussichtlich Unmögliches. Es muß eine Enttäuschung für ihn gewesen sein, daß Bach es trotzdem schaffte: Diesem musikalischen Feldherrn konnte er keine Kapitulation abtrotzen.

Aber Bach hatte in der Widmung seines *Musikalischen Opfers* das Thema, auch wenn es für die sechsstimmige Fuge unverwendbar war, ein »treffliches« genannt, und damit stand für die Forschung fest: Es konnte schon deshalb nicht von Friedrich sein, weil es gar nicht von Friedrich sein durfte. Streng wissenschaftlich gesehen, mußte er's von irgendwem herhaben. Rueger hat ja auch herausbekommen, wo der Bach das ganze *Musikalische Opfer* herhat: Das 1691 erschienene *Kunstbuch* des Heinrich-Schütz-Schülers Johann Theile enthält gleichfalls dreizehn Stücke, und die Idee, das Werk Friedrich zuzueignen, stammt auch nicht von Bach, sondern von Giovanni Battista Vitali, der sechzig Jahre früher einmal in Italien ein ähnliches Werk einem Herzog gewidmet hatte. Da wäre der Bach also abermalen nichts als ein großer Nachahmer gewesen.

Aber er nicht allein: Friedrichs »treffliches« Fugenthema konnte natürlich auch nicht von ihm sein. Arnold Schönberg hat die Sache herausbekommen: Von seinem Cembalisten, von Carl Philipp Emanuel, hat sich der große König das Thema zustecken lassen. Daß der Mann, der sich so sehr hütete, sich jemals von irgendwem in die Karten schauen zu lassen, sich wegen eines solchen Themas ausgerechnet an den Sohn gewandt habe, damit der's dem Vater brühwarm stecken konnte, hat freilich entweder eine gänzlich überschäumende Phantasie zur Voraussetzung oder gar keine.

Allerdings hat Schönberg etwas anderes Wichtiges festgestellt, das Theoretikern bis heute gänzlich entgangen scheint: daß nämlich dieses Thema, von Bach als »trefflich« bezeichnet, alles andere als trefflich war. Er bezeichnet das Thema geradezu als Falle, als ein »Thema, das Johann Sebastians Vielseitigkeit widerstand«, und fährt fort: »In der ›Kunst der Fuge‹ bot ein Molldreiklang so viele kontrapunktische Eröffnungen; das königliche Thema, ebenfalls ein Moll-Dreiklang, ließ nicht eine einzige kanonische Imitation zu. All die Wunder, die das ›Musikalische Opfer‹ aufweist, werden durch Kontrasubjekte, Gegenmelodien und andere Hinzufügungen von außen erreicht.« Aber nachdem er diese Feststellungen in höchster Gescheitheit getroffen hat, kommt er doch wieder auf seine Carl-Philipp-Emanuel-Theorie zurück und erklärt: »Ob eigene Bosheit ihn verleitet, ob der ›Spaß‹ vom König bestellt war, läßt sich vermutlich nur psychologisch beweisen.«

Aber den Sohn ohne jede Handhabe eines infamen Verhaltens gegenüber dem Vater zu beschuldigen zeugt nicht eben von einer edlen Denkweise Schönbergs. Von Carl Philipp Emanuel ist keine einzige nachteilige Bemerkung über seinen Vater überliefert, in Hinsicht auf seinen König sieht das anders aus: »Meine eigenen schönen Werke will der Herr nicht einmal zur Hand nehmen! Und wie hat er meinen seligen Vater gekränkt: Der hatte sich ...

so große Mühe mit dem ›Musikalischen Opfer‹ gegeben, und Friedrich wollte keinen Blick in die Noten werfen. Seine letzten drei Jahre hat mein Vater vergebens auf eine Anerkennung gehofft.« Was nun im Falle von Schönbergs Unterstellungen die Frage aufwirft: wo der's denn eigentlich herhat?

Die alleraberwitzigste Theorie hinsichtlich der Herkunft des »königlichen Themas« liefert indessen Schleuning in seiner Schrift über die *Kunst der Fuge*: Nach seiner Ansicht hat nämlich dieses – nach Schönberg ungeeignete – Fugenthema der König von niemand anderem bezogen als ... von Bach selbst! Nämlich: Bach habe schon lange vorher mit der Vorladung vor den König gerechnet und habe daher ebendieses Fugenthema schon vor Antritt seiner Reise an Carl Philipp Emanuel vorausgeschickt, damit dieser es dem König unterschiebe. Also weil er schon lange vorher wußte, daß Friedrich sich ausschließlich an Carl Philipp Emanuel wegen eines Fugenthemas wenden würde und daß er dieses dann als sein eigenes kredenzen werde. Wozu einem Lichtenbergs Bemerkung einfällt: Wenn dieses Philosophie ist, so wenigstens eine, die nicht bei Trost ist.

Die Theorien über die Herkunft des »königlichen Themas« reichen von starker Unwahrscheinlichkeit bis zur absoluten Narretei. Armer Friedrich! Da sind ihm einmal während seines Flötenspiels acht wirklich bemerkenswerte Takte eingefallen, und ausgerechnet die hat ihm keiner geglaubt!

Im übrigen ist davon auszugehen, daß der König durchaus kein Bewunderer Bachs war. Wäre er einer gewesen, Carl Philipp Emanuel hätte es uns nicht verschwiegen. Aber der König war Skeptiker, ja Zyniker, ihm lag nichts näher, als einen allseits gerühmten Mann aufs Glatteis zu führen. Bach blieb ihm einen Triumph schuldig, ja, er wandelte ihn später sogar zu seinem eigenen Triumph um. Es gab für den König wenig Grund, ihm dafür dankbar zu sein. Er hatte ihn herausgefordert, aber Bach hatte sich als der weitaus größere Musiker erwiesen. Der russische Gesandte hatte mit seinen Lobpreisungen recht behalten, und Friedrich der Große dankte Bach eine Niederlage.

Versucht man aber, diesen ganzen Vorgang vom Standpunkt Bachs aus zu betrachten, ist keiner von all diesen Gedanken von Interesse. Bach war aufgefordert worden, dem bedeutendsten deutschen Fürsten der Zeit sein Können zu beweisen. Er konnte nicht erwarten, daß ihm das leichtgemacht werden würde. Er war nicht das erste Mal in Berlin, er kannte den König aus den Erzählungen seines Sohnes, er wußte also, daß Friedrich kein Kontrapunktiker war, und wenn er von ihm ein Thema bekam, das die nötigen Voraussetzungen nicht erfüllte, konnte er dahinter unmöglich eine böse Absicht vermuten, mangelnde Kenntnis kontrapunktischer Voraussetzungen lag viel näher. Ebensowenig konnte es ihm in den Sinn kommen, daß es dem König nur darauf angekommen wäre, ihm zu imponieren (und es ist auch unwahrscheinlich, daß Friedrich dann noch einen ganzen weiteren Tag darangegeben hätte) – er durfte vielmehr ein weitgreifendes Interesse an seiner Kunst feststellen, ein Interesse, das ihn um so tiefer treffen mußte, als die Musik dieses Königs ebenso wie die seiner Söhne andere Wege ging.

Es entsteht bei der Betrachtung von Bachs Lebensweg nicht der Eindruck, als sei er zunehmend magisch von der Vergangenheit (einem »stile antico«) angezogen worden, sondern als sei er selbst mehr und mehr zum Bewußtsein der Einzigartigkeit seiner Kunst gekommen. Die Theorie vom »stile antico« steht sowieso auf sehr schwachen Füßen, denn im allgemeinen versteht man darunter jenen Kompositionsstil, den vor allem Palestrina geprägt hat, und der zeichnet sich noch durch sehr bescheidene Kontrapunktik und sehr beschränkte Modulationen aus – zwei Eigenschaften, die Bach so völlig fremd sind, daß man sich über die Unterstellung eines Hangs zum »stile antico« verwundern muß.

Wenn man das Thema des *Musikalischen Opfers* mit dem der *Kunst der Fuge* vergleicht, entsteht jedenfalls ein ganz anderer Eindruck, nämlich als sei das erste der Anstoß des zweiten gewesen: Nach der Darlegung, auf welche Weise ein eigentlich ungeeignetes Thema zu meistern war, die Darlegung, was mit einem idealen Thema alles bewirkt werden konnte. Wobei auch das ungeeignete Thema Bach magisch angezogen haben, von ihm als einzigartige Herausforderung verstanden worden sein muß: Nur durch die äußerste Hingabe an den Gegenstand, nur mit einer wahrhaft besessenen Konzentration ist die geradezu unglaublich kurze Entstehungszeit des Werkes zu erklären. Und unmittelbar in zeitlichem Zusammenhang mit dem *Musikalischen*

Opfer steht ein anderes Ereignis: Bachs Eintritt in die Mizlersche
»Societät der musicalischen Wissenschaften«.

Es ist da auch wieder mit äußerster Feinsinnigkeit etwas festgestellt worden, das auf Bachs enorme mathematische Begabung
und seinen starken Aberglauben, sprich: seine Abhängigkeit von
der Kabbala, der geheimen jüdischen Zahlenlehre, hinweist.
»Bachs Zahl« war nämlich die 14 (oder umgekehrt die 41), und da
er nicht warten konnte, bis vierzig Mitglieder in dieser Gesellschaft versammelt waren, weil die Anzahl laut Statuten auf zwanzig begrenzt war, wartete er ab, bis dreizehn eingetreten waren,
und bei der Zahl 14 war er dann »dran«.* Dieses wird einem
jeden Kopf einleuchten, in dem es genügend dunkel ist. Der Aber-
glaube sitzt da freilich glaubhafter als in Bach in den Köpfen der
einschlägigen Wissenschaftler.

Aber es gibt in Mizlers Statuten einen Grund, der etwas plau-
sibler erscheint: Jedes Mitglied der »Societät« hatte alljährlich ein
Stück zu liefern, das unter den Mitgliedern verbreitet werden
sollte. Zudem sollten alle so versammelten Stücke nebst den Bil-
dern der Mitglieder aufbewahrt werden. Und daß Bachs Kunst auf
solche Weise in sehr guter, in allerbester Gesellschaft aufbewahrt
und sogar verbreitet werden könnte – das war ein ganz anderer
Grund zum Beitritt! Denn der Eindruck, den Bach auf Friedrich
gemacht hatte, ist nicht zu vergleichen mit dem, den Friedrich auf
Bach gemacht hatte: Daß da ein großer König – Friedrich stand zu
dieser Zeit auf dem Höhepunkt seines Glanzes – sich ihm zwei
ganze Tage gewidmet hatte und in solchem Maße an seinen kontrapunktischen Fähigkeiten interessiert war, mußte ihm die Einzigartigkeit seines Könnens und seiner Kenntnisse einmal mehr
bewußt machen. Nicht daß es ihn in der Weise stolz gemacht hätte
wie Schindler seine Dienerzeit bei Beethoven, aber es muß ihm
immer klarer geworden sein, daß er etwas zu vermitteln hatte, das
kein anderer in diesem Umfang besaß: die Kunst der Fuge. Und
wenn es einen König interessiert hatte, wieviel mehr mußte es
Musiker interessieren!

Tatsächlich zeichnet sich das Genie Bachs besonders durch
seine ganz ungewöhnliche Fähigkeit zur Mehrstimmigkeit aus.
Für ihn waren seine Klavier- und Orgelfugen nichts anderes als
das, was unter den Händen der großen Komponisten des nachfol-

genden Jahrhunderts zu »Etüden«, »Albumblättern«, »Liedern ohne Worte« wurde: nicht wie für Sechter exzellente Konstruktionen, sondern für ihn die Bachsche Form von Charakterstücken.* In den vierziger Jahren aber muß es ihm mehr und mehr zu Bewußtsein gekommen sein, daß er mit dieser Kunst eigentlich allein dastand.

Es ist ja später viel Unsinn zusammengeschrieben worden des Inhalts, Bach sei hinter der musikalischen Entwicklung des Jahrhunderts mit seinem späten Schaffen geistig zurückgeblieben, »veraltet« gewesen, der »galante Stil« habe ihn hinter sich gelassen, und seine Söhne seien die Wegbereiter einer moderneren Kunst gewesen. Aber dergleichen ist reichlich oberflächlich dahingesagt und hält einer Konfrontation mit der Realität nicht stand. Denn das Ding, das da – reichlich verschwommen übrigens – als »galanter Stil« hingestellt wird, war schon am Beginn des Jahrhunderts da, man muß sich nur in der Musik des Jahrhunderts ein wenig umschauen. Wo sind die großen polyphonen Werke, die Fugen von Vivaldi, Tartini, Albinoni, von Lully, Rameau, Couperin, Hasse oder Purcell? Und waren die Oratorien von Händel, die er in jenem Jahrzehnt aufführte, etwa veraltet? Das ist ein merkwürdiger »alter Stil«, der es mit allem Folgenden nahtlos aufnimmt. Doch da jenes Jahrzehnt das große Siegesjahrzehnt der Händelschen Oratorien war, müßten diese dann wohl »im galanten Stil« geschrieben worden sein, und diese Einordnung wäre vielleicht ein wenig grotesk.

Allerdings ist die Musik eine Sache, die sich ohnehin nicht in Schubkästen unterbringen läßt. Ebensowenig wie die »Barockmusik« von einem »galanten Stil« verdrängt wurde, so wenig folgte die »Romantik« erst nach der »Klassik«: Webers *Freischütz*, Schuberts *Unvollendete* und Beethovens *Neunte* entstanden beinahe gleichzeitig. Man kann darauf hinweisen, daß die »Romantiker« Schubert und Weber bereits einer anderen Generation angehörten als der »Klassiker« Beethoven, aber für die Zeitgenossen schrieben alle drei »zeitgenössische Musik«; Rossini, der ja zu Beethovens Zeit auch nach Wien kam, war weder das eine noch das andere, und Wenzel Müller, Ignaz Pleyel oder Johann Nepomuk Hummel will denn überhaupt niemand so richtig zur Klassik zählen, allenfalls noch Salieri und Dittersdorf, natürlich mit Einschränkung, vorsichtshalber. Besser nennt man das »Wiener Schule«. Für den Orgelkomponisten Christian Heinrich Rinck, ebenfalls einen Zeitgenossen, wurde eigens das »Zeitalter der Empfindsamkeit« geschaffen, ohne Rücksicht darauf, daß seine Arbeiten nirgendwo auch nur eine Spur davon, aber unverkennbare Begeisterung für das kontrapunktische Musizieren zeigen. Doch damit paßt er nirgends recht in eine der abgegriffenen Schubladen, ist also ein unpassender Komponist. (*Riemanns Musiklexikon* von 1961 verzeichnet ihn noch, im *Brockhaus-Riemann* von 1979 fehlt er, aber in der Vorspielsammlung zum neuen evangelischen Gesangbuch von 1993 ist er wieder drin – tot nur für die Wissenschaft, lebendig in der Praxis.)

Das Bemühen, die Musik in Schubkästen unterzubringen, hilft zum Verständnis von Musik und Musikern nicht weiter, es lenkt eher von beiden ab, nicht anders als jene Theorien, welche besagen, daß die Musik den Geist ihrer Zeit widerspiegele. Ohnehin geraten wir, wenn wir vom »Zeitgeist« sprechen, in einen Raum ohne Koordinaten, von dem sich alles Mögliche ebensogut wie das Unwahrscheinlichste behaupten läßt – eine ideale Gegend für Spekulanten, die risikolos behaupten können, sie besäßen ein Vermögen, weil sie keins zu verlieren haben.

Johann Sebastian Bach war mit seinen fundamentalen Werken unzeitgemäß. Das *Wohltemperierte Klavier* setzte das Herstellenkönnen einer gleichmäßig temperierten Stimmung voraus, und das war zur Entstehungszeit alles andere als ein Allgemeingut. Die *Klavierübung III* beugte sich keineswegs den gottesdienstlichen Erfordernissen, und wer meint, die *Klavierübung IV*, die *Goldberg-Variationen*, sei eine Art Hausmusik, der soll sich ans Klavier setzen und losspielen. Gewiß, als die Sachen im Druck erschienen, waren sie zum Verkauf bestimmt, aber man kann Bach nicht unterstellen, daß er dabei an eine Volksausgabe gedacht hätte, sie waren allesamt »denen Liebhabern und besonders Kennern von dergleichen Arbeiten zur Gemüths Ergezung« verfertigt. Nicht anders war es mit dem *Musikalischen Opfer*, und die *Kunst der Fuge* ist nichts anderes als die konsequente Fortsetzung dieser Reihe. Man darf bei den *Klavierübungen I* und *II* noch bei der Veröffentlichung an geschäftliche Überlegungen Bachs glauben – mit Einschränkungen, denn so etwas wie das *Italienische Konzert* ist nicht einfach irgendein Konzert, es ist die Darstellung eines italienischen Konzerts. Aber bei den *Klavierübungen III* und *IV* geht es vor allem anderen um die Demonstration, die Vorführung des Möglichen. Und *Musikalisches Opfer* und *Kunst der Fuge* sind nichts anderes als die konsequente Fortführung dieser Demonstrationen.

Wobei sich bei dieser sonderbaren viermal konsequent beibehaltenen Bezeichnung »Klavierübung« nicht nur Frédéric Chopin ins Gedächtnis drängt, der seine hinreißenden Fantasiestücke als »Übungsstücke«, nämlich als »Etüden«, bezeichnete, sondern ebenso Bertolt Brecht, der seine dramatischen Meisterwerke als »Versuche« einstufte. Und Adalbert Stifter bezeichnete seine kunstvollen Erzählungen als »Studien«. Es ist etwas dabei, das sehr nachdenken macht, denn derart verschiedenen Charakteren kann man bei diesen so merkwürdig gleichartigen Bezeichnungen nicht einfach einen gemeinsamen Hang zum Understatement zuschieben, es zeigte auch keiner von ihnen ansonsten eine übertriebene Bescheidenheit – außer ihrer Kunst gegenüber, in die sie weitaus tiefer eindringen konnten als andere Menschen.

XXVII

ABER DER NAME »Klavierübung« ist natürlich auch nicht von Bach, so wie Chopin auch nicht die Bezeichnung Etüde erfunden hat. Doch es kommt nicht auf die Erfindung, sondern auf die Verwendung an: Chopin verwendete die Bezeichnung Etüde für eine ganz andere Art von Musikstücken, als jene es waren, die Czerny zur technischen Vervollkommnung seiner Schüler komponierte. Daß Kuhnau die Bezeichnung »Klavierübung« auch schon verwendet hat, trägt zur Erhellung des Sachverhalts bei Bach nichts bei.

Aber wenn man gewissen gelehrten Herren glauben soll, hat Bach überhaupt nichts erfunden, sondern lediglich die Vorräte der Musikgeschichte ausgeschlachtet und Demonstrationsbeispiele dazu geschaffen. Auf die Fugenkomposition ist er (nach Schleuning) überhaupt erst im »selbstverordneten Quasi-Ruhestand« durch den jungen Mizler gekommen, weil dieser zu jener Zeit gerade die *Gradus ad Parnassum* von Fux aus dem Lateinischen übersetzte. Ohne die Mizlersche Übersetzung hätte sie Bach demnach gar nicht gekannt, sie waren nämlich erst seit zwölf Jahren im Handel und Bach selbst des Lateinischen so mächtig, daß er darin Unterricht geben konnte. Ja, er hat den »Fux« sogar weiterempfohlen!* Angeblich gab er aber erst jetzt dem Mizler mit der Übersetzung einen »Forschungsauftrag« und begnügte sich damit, denselben »kompositorisch zu begleiten«, das heißt Mizler übersetzte, und Bach machte musikalische Randbemerkungen dazu. Auch diese Idee stammt von Schleuning, aber er steht damit keineswegs einsam auf weitem Feld, und es ist dieses keineswegs die einzige völlig neuartige wissenschaftliche These aus seiner überschäumenden Phantasie. Wenn man ihm folgen will, dann hat Bach auch in Krakau konzertiert, und bei seiner *h-Moll-Messe* (der »katholischen«) hat er an eine Aufführung am (reformierten) Hof von Potsdam gedacht. Von den *Goldberg-Variationen* hatte Bach schon ganze Teile fertig vorliegen, bevor Keyserlingk sie bestellte, und er schuf das Werk auch nicht auf Keyserlings Wunsch, sondern um seinen Devotionspflichten als Hofkapellmeister nachzukommen. Daß er diese Stellung gar nicht innehatte, sondern nur zum Hof-Compositeur ernannt war, spielt bei solcher Art Wissenschaft keine Rolle. Jedenfalls schrieb Bach das *Musikalische Opfer* im Auftrag Friedrichs des Großen. Dafür gibt es zwar weder in der Widmung noch sonstwo einen Anhaltspunkt, aber ein studierter Kopf darf sich mit dergleichen Kleinigkeiten nicht aufhalten. Wie der für seine Katatheralblüten berühmte Professor Galetti durchaus richtig bemerkte: »Die Wissenschaft beschäftigt sich mit dem reinen Wissen. Der Verstand ist dabei vollkommen ausgeschaltet.«

Beim Umgang mit der Sekundärliteratur zu Bach begegnet man dergleichen aber in Bündeln. So wollte Bach mit seiner *Kunst der Fuge* vor allem beweisen, daß er sich auch mit den Kompositionslehren Angelo Benardis und der seines Cousins Johann Gottfried Walther beschäftigt und Matthesons Schrift *Der vollkommene Capellmeister* gekannt und verstanden habe. Wenn man gewissen Herren glauben soll, war Bach bis zu seinem fünfzigsten Lebensjahr ein vollkommen ungebildeter Musiker, der erst mit einundfünfzig die Bekanntschaft Palestrinas machte und seine *Klavierübung III* nur schrieb, um zu zeigen, daß er sich in allen einschlägigen Stilarten umgesehen habe. Daß er sich mit der *Kunst der Fuge* beschäftigte, haben wir überhaupt nur Mattheson zu verdanken,* der mit einem Absatz in seinem *Vollkommenen Capellmeister* 1739 die Sache quasi in Auftrag gegeben und ins Rollen gebracht hatte. Im ganzen handelte es sich da und anderswo bei Bachs Kompositionen auch nicht eigentlich um Musik, sondern um eine »theoretische Reflexion auf quasi experimenteller Ebene« (Wolff). Wie sich denn auch inzwischen herausgestellt hat, daß das sechste *Brandenburgische Konzert* in Wahrheit das erste ist und im übrigen ebenso wie das *Musikalische Opfer* eigentlich vor allem eine musikalische Imitation altrömischer Redekunst. Aber es sei so gut wie sicher, daß Bach sein berühmtes »Alterswerk« schon viel früher in den Sinn gekommen ist, denn 1735 war Matthesons *Finger-Sprache* erschienen, und die müßte Bachs ausgeprägten Nachahmungstrieb sogleich unwiderstehlich angeregt haben. Auch seine Cembalokonzerte sind ja nach musikwissenschaftlicher Feststellung erst unter dem Eindruck von Händels Orgelkonzerten entstanden, und die *Goldberg-Variationen* verdanken ihre Entstehung einem Variationswerk Scarlattis. Was die *Kunst der Fuge* angeht, so empfiehlt Schleuning da, dem Einfluß Winckelmanns nachzugehen. Wenn man es tut, kommt man zu aufschlußreichen Resultaten: Bach interessierte sich nicht für Architektur, Winckelmann nicht für Musik, und Winckelmanns erstes Buch *Über die Nachahmung der griechischen Kunstwerke* erschien erst, nachdem Bach bereits fünf Jahre tot war.

Man könnte sich noch sehr viel länger bei dergleichen Behauptungen aufhalten, aber wer all dies für groben Unsinn hält, sollte sich nicht mit den Produktionen ernsthafter Musikwissenschaftler beschäftigen. Von solchen – und zwar durchweg namhaften – stammt dies alles. Wollte man sich aufgrund ihrer Forschungsergebnisse ein Bach-Bild machen, käme ein ganz neuer und keineswegs mehr bewundernswerter Bach zutage.

Daß er jähzornig, also unbeherrscht war, wissen wir schon, daß ihm jedes Organisationstalent abging, auch, aber den berufenen Bach-Forschern der Gegenwart ist es inzwischen auch gelungen nachzuweisen, daß seine bedeutendsten Kompositionen lediglich die Nachahmung fremder Arbeiten darstellen, daß er die Bekanntschaft mit den bedeutenden Komponisten seiner Epoche erst reichlich spät machte, also eigentlich die längste Zeit seines Lebens ein ungebildeter Musiker war, der in der Form seiner Hauptwerke meist die Formen anderer Musiker nachahmte (so daß er sie demnach doch gekannt haben muß, aber musikwissenschaftlich ist das eben kein Widerspruch) und der mit vielen seiner Arbeiten lediglich den Anregungen, Forderungen und ästhetischen Erkenntnissen anderer Leute nachkam, was auf einen Inferioritätskomplex hindeutet. Wenn wir hinzufügen, daß seine Frömmigkeit sich dadurch ausdrückte, daß er bei passender Gelegenheit die Notenköpfe kreuzförmig anordnete und zusätzlich bestrebt war, durch Zahlenspiele möglichst oft seinen Namen in seinen Kompositionen unterzubringen, haben wir aber keineswegs alle merk-würdigen Resultate* dieser modernen Bach-Forschung zusammengestellt. Nur ist diesen Gelehrten offenbar bisher entgangen, daß in Bachs Kompositionen gelegentlich, besonders bei Durchgängen, uns auch halbmondförmige Notenfiguren entgegentreten, was möglicherweise auf seine Beziehungen zum Islam hindeuten könnte. Insgesamt aber kann belegt werden, daß ausgesprochene Kapazitäten der Bach-Forschung sich mit leidenschaftlichem Ernst und großer Gründlichkeit um ebendieses und kein anderes Bach-Bild bemüht haben.

Es besteht natürlich kein Zweifel daran, daß es vollkommen falsch ist. Und vermutlich würden sich gerade diejenigen am entschiedensten dagegen verwahren, die es angerichtet haben. Um es aber zu wiederholen: Es ist als die Summe ihrer Forschungsergebnisse belegbar. Nur: wie konnte das passieren?

Es gibt mindestens drei Gründe dafür. Erstens fehlt es nicht nur gelegentlich an einfachen Kenntnissen, sondern regelrecht an musikalischem Sachverstand. Zweitens wurden da vorhandene Wissenslücken oft bedenkenlos durch bloße Behauptungen ersetzt und diese hernach als wissenschaftliche Erkenntnisse ausgegeben. Drittens ging es manchem der Herren keineswegs darum, Bachs Gelehrtheit zu beweisen, sondern vor allem seine eigene: Sie interpretierten nicht Bach, sondern verkündeten auf dem Umweg über Bach vor allem ihre eigene Bedeutung. Und außerdem: Der wissenschaftliche Umgang mit der Kunst, das hatten wir schon früher festgestellt, ist zwangsläufig der nichtkünstlerische.

Der Umgang mit der Kunst ist selber Kunst. Der unkünstlerische Umgang mit der Kunst führt zum Dilettantismus. Und es ist schon leider recht arg, wenn uns da ein Professor einreden will, Bachs *Italienisches Konzert* zeige leider »einen recht mechanischen Ablauf«:* Er hat sich sichtlich nicht nur nicht mit italienischen Konzerten beschäftigt, sondern auch niemals mit dem geradezu verblüffenden Periodenaufbau dieses Konzerts – er urteilt in Unwissenheit. Und wenn er an anderer Stelle die Zaubermelodik der *Canonischen Veränderungen* als bloße »Augenmusik« abtut, beweist er zur Musik überhaupt ein gestörtes Verhältnis.

Ein anderer kreidet voller Stolz dem Bach Parallelquinten an,* also Fehler bei der Harmonisierung, demonstriert damit aber leider nur, daß er nicht gelernt hat, was in der Harmonielehre Durchgänge sind. Hätte er sich jemals mit Haydn beschäftigt, hätte er feststellen dürfen, daß der an Stellen, die gegen die Schulregeln zu verstoßen schienen, »con licenzia« hinschrieb – »ich darf das«.

Gleichzeitig behauptet er auch, für das Verbot von Parallelquinten gebe es keine rationale Erklärung. Nun gibt es für das Vorhandensein der gesamten Musik keine rationale Erklärung – aber hier haben wir einen Musikprofessor vor uns, der nicht nur keine Ohren, sondern der Bach nicht einmal gelesen hat. In Bachs Generalbaßregeln* steht nämlich der Satz: »Zwey Quinten und zwey Octaven müssen nicht aufeinander folgen, denn solches ist nicht nur ein vitium sondern es klingt übel.«

Ein dritter berichtet mit Wichtigkeit,* daß Bach ein und dasselbe Fugenthema gleich zweimal verarbeitet hat. Was ihm aber entgangen ist: Daß er es einmal aus der Tonika und einmal aus der Dominante heraus verarbeitet hat, was notwendig zu völlig anderen harmonischen Kombinationen zwingt und damit zu einer gänzlich anderen Arbeit führen muß.

Auch das Jonglieren mit der Zahlensymbolik gehört in diese Abteilung. So habe die erste Fuge in der *Kunst der Fuge* nur deswegen genau siebzig Takte, weil die Zahl siebzig sowohl das Zahlensymbol für Jesus wie auch für Johann Sebastian Bach sei. Erkenner dieses unterstellt also dem »Meister aller Meister«, daß er durchaus – wie ein kleiner Junge – überall seinen Namen habe anbringen müssen.

Auch daß diese erste Fuge in d-Moll steht, habe den gleichen Grund: Diese Tonart erlaube, in verschiedenster Reihenfolge die Buchstaben b-a-c-h anzubringen, und darauf sei es dem Bach natürlich angekommen. (Wichtigeres gab es für ihn in der Musik nicht zu tun? Größeres wußten ihm seine Deuter nicht anzuhängen?)

Zehn Noten können nur die zehn Gebote bedeuten, drei Themen nichts als die Heilige Dreifaltigkeit, Bachs Werke stecken demnach so voller Symbole, daß die Frage berechtigt scheint, ob er die Noten auch benutzt habe, um damit Musik zu machen. Ein

Herr weiß genau, daß die *Kunst der Fuge* entstanden sei, weil Bach sich plötzlich der Vergangenheit, dem »stile antico«, zugewendet habe. Ein anderer verkündet das ganze Gegenteil und behauptet, Bach habe in diesem Werk »aufklärerisches Gedankengut« verkündet. Solche Leute wissen mit absoluter Sicherheit, daß man sich mit vier Noten zum christlichen Glauben bekennen kann, versäumen aber wohlweislich, uns zu erklären, wie man mit zwölf Noten »aufklärerisches Gedankengut«[*] verkündet, wenn man gleichzeitig dem »stile antico« nachsinnt. Koryphäen solchen Kalibers lassen die Seriosität ihres Wissenschaftszweigs zweifelhaft erscheinen. Wie Brecht seinen Galilei sagen läßt: Eine Hauptursache der Armut der Wissenschaften ist meist eingebildeter Reichtum.

»Auf Universitäten lernen die jungen Leute glauben«,[*] sagte Bako von Verulam, wie Schopenhauer mitteilt. Auf welche Fakultät sich dieser Ausspruch bezogen haben könnte, verrät er uns leider nicht, wir sind auf Vermutungen angewiesen.

Vielen Musikwissenschaftlern sind wir im Gegensatz dazu jedoch aufrichtig zu großem und tiefem Dank verpflichtet, weil sie in unendlicher und sorgfältiger Kleinarbeit uns Schätze der musikalischen Vergangenheit zugänglich gemacht haben, die uns ohne sie auf ewig verloren wären, Tauchern der Südsee vergleichbar, die aus der Tiefe jene Perlen ans Tageslicht holen, die später unter den Händen der Juweliere zu kostbarem Schmuck werden. Sie sind wahrhafte Helden, diese Taucher, aber sie halten sich auch nicht für Fachleute auf dem Gebiet der Meeresbiologie, sie behaupten nicht, weil sie nach Perlen tauchen, verstünden sie auch alles von Haien und Heringen.

Die grotesken Aussagen der Taucher auf dem Trockenen, von denen nur einige aufgeführt wurden, entstehen vor allem aus ihrem Glauben, Noten müßten primär etwas anderes sein als die schriftliche Fixierung von Tönen, und aus dem ebenso großen Mißverständnis, man hätte etwas damit erklärt, daß man sagen könne, wo es hergekommen sei. Ob das sechste *Brandenburgische Konzert* als erstes oder als letztes entstanden ist, ist bedeutungslos für seinen Wert und bedeutungslos für seine Interpretation. Und ebenso sind die eventuellen Vorläufer völlig bedeutungslos für die Bedeutung eines Werkes: Es kommt da keineswegs auf die Herkunft, es kommt auf die Verwendung an, auf das, was daraus geworden ist. Was macht es, ob die Hirtenmelodie, die im dritten Akt von Wagners *Tristan* erklingt, aus Frankreich, Irland oder Indien stammt? Sie drückt eine unendliche Einsamkeit aus: Darum geht es an dieser Stelle. Was macht es, ob Mattheson 1735 seine *Finger-Sprache* herausbrachte? Es hat genausoviel Sinn, anläßlich der Alpen darauf hinzuweisen, daß Berge auch schon in der Sächsischen Schweiz vorkommen. Es ist uninteressant, Beethoven in seiner ersten Sinfonie die Beschäftigung mit der ionischen Tonart nachzuweisen, und ein jeglicher machte sich lächerlich, der da meinte, er verkünde eine große Sache, wenn er darauf gekommen ist, daß die Tonskalen in Tschaikowskis *Pathétique* in Czernys Fingerübungen Vorläufer haben.

Was weiß einer von Bachs Musik, wenn er erklärt, daß ihn hier etwas an Frescobaldi erinnere und dort etwas an Scheidt? Es ist vollkommen bedeutungslos, woher der Bildhauer seinen Ton holt, entscheidend ist einzig, was er daraus zu bilden vermag.

Doch woher er den Lehm geholt hat, darüber zerbrechen sie sich die Köpfe. Aber was er daraus gemacht hat, darüber wissen sie nichts zu sagen. Sie hätten außer den Veröffentlichungen ihrer Herren Kollegen vielleicht auch einmal Lessing lesen sollen: Dem Genie ist es vergönnt,* tausend Dinge nicht zu wissen, die jeder Schulknabe weiß; nicht der erworbene Vorrat seines Gedächtnisses, sondern das, was es aus sich selbst hervorzubringen vermag, macht seinen Reichtum aus.

Über die »Augenmusik« der *Canonischen Veränderungen* hat Paul Dessau eine glänzende und aufschlußreiche Studie verfaßt. Von Leonard Bernstein gibt es tiefschürfende Anmerkungen zu Teilen der *Matthäuspassion*. Beide Beiträge wird man aber in den Jahrgängen der *Bach-Jahrbücher* vergeblich suchen: Sie stammen von Musikern. Sie berichten von der Musik nicht als von einem Gegenstand, den sie untersuchen, sondern von einer Welt, in der sie zu Hause sind, und statt Untersuchungsergebnissen liefern sie uns aus ihrer Welt Erkenntnisse.

Was die großen Biographen mit »Die letzte Lebensperiode«, »Die letzten Jahre«, »Dem Ende entgegen« überschreiben, überspannt nicht weniger als die ganze zweite Hälfte von Bachs Leipziger Amtsjahren (nämlich die Jahre von 1737 bis 1750). Sie alle zusammen gliederten sich demnach völlig trostlos wie folgt: die ersten sieben Dienstjahre bis zur Verkümmerung seiner Besoldung, die zweiten sieben bis zur Zerstörung seiner Kirchenmusik und die restlichen dreizehn, in denen es dann im Quasiruhestand dem Ende entgegenging. Man darf wohl gegen eine derart summarisch abwertende Zusammenfassung dieser späteren Jahre – mehr als eines Viertels seiner Schaffenszeit – Verwahrung einlegen. Wenn einer behauptet, Bach habe in jenen Jahren vor allem den »stile antico« entdeckt, so hat er außerordentlich wenig entdeckt.

Bach hat ja schon in seinen frühesten Jahren eine Unmenge ganz großer Musik ohne jeden äußeren Anlaß geschrieben, einfach so aus sich heraus und damit sie in der Welt war. Aber auch: weil er damit gleichzeitig den Geheimnissen seiner Musik auf der Spur war. Denn ihnen auf der Spur war er immerzu, es ging ihm nicht einfach um die Niederschrift von Eingebungen, es ging ihm gleichzeitig immer um das Eindringen in die Geheimnisse seiner Kunst. Das läßt sich spätestens ab Arnstadt kontinuierlich nachweisen. Seine Begabung – die man wohl doch als ein außerordentliches Geschenk Gottes ansehen darf, denn mit Biologie ist da nichts erklärbar – hatte ihn in den Stand gesetzt, tiefer in die Musik einzudringen, als es selbst sehr guten und sehr begabten Musikern vergönnt war.

Es gibt da die Anekdote von seinem Besuch im Berliner Opernhaus, die Forkel überliefert hat: Daß er sich den Speisesaal ansah und sofort erkannte, daß man in der einen Ecke des Saales alles hören könnte, was in der entgegengesetzten gesprochen würde. Das hatte vor ihm noch keiner entdeckt, ihm hatten es seine Augen erzählt, und er hat nie eine Vorlesung über Akustik besucht.* Er wußte das ebenso, wie er an einer Orgel wußte, welche Tempi ihm die Akustik dieser Kirche gestatten würde. Es wird erzählt, daß er die Tempi recht rasch, aber nie, daß er sie zu geschwind nahm (im Gegensatz zu jenen Virtuosen, die meinen, sie spielten Bach recht, wenn sie ihn prestissimo spielen).

Und doch sind das nur Begleiterscheinungen seines einzigartigen Verhältnisses zur Musik. Das eigentliche Bachsche Phänomen ist seine Mehrstimmigkeit. Nicht als ob andere Musiker nur immer Melodie und Begleitung geschrieben hätten. (Glenn

Goulds Anmerkung zu den Mozartschen Klavierkonzerten: Sie seien eigentlich nur für die rechte Hand geschrieben.) Das trifft es nicht. Aber keiner konnte die vier Stimmen eines Chorals so selbständig sangbar und so ausdrucksvoll aussetzen wie er. Und es war ganz natürlich, daß der Meister der Polyphonie in seinen Fugen geradezu auflebte und am Kanon sein uneingeschränktes Vergnügen hatte: Er war fast außerstande, nicht mehrstimmig zu denken: Es war die natürliche Art des Denkens für ihn. Aber sie war ungewöhnlich, ebenso ungewöhnlich wie seine Fähigkeit zu gänzlich neuartigen und bis dahin noch nie gehörten harmonischen Kombinationen,* die in der Musik seiner Zeit nicht ihresgleichen hatten.

Den bloßen Quellenforschern ebenso wie den kabbalistischen Ausdeutern ist entgangen, daß alle Kompositionen vor allem musikalische (musikalische!) Problemstellungen nebst Lösung beinhalten. An aller Anfang sind da wenig mehr als das leere Notenpapier und die Vorstellung von einer Möglichkeit. Aber jede Note, die auf das Papier gerät, eröffnet eine Fülle von weiteren Möglichkeiten, von denen die eine möglich, jene nicht schlecht, eine dritte interessant, eine vierte überraschend sein mag, aber nur eine einzige jene einzig richtige ist. Sie ist allein zwischen logischer Konstruktion und Gesetzmäßigkeit nicht zu entdecken, sie treibt sich irgendwo in der Seele des Komponisten herum, und er muß versuchen, sie zu finden und eine dazu passende und die weiteren.

Die Möglichkeit der Kombination jener zwölf Halbtöne, aus denen sich die abendländische Musik zusammensetzt, ist mathematisch exakt berechenbar: Sie ist unendlich. Und aus allen diesen Möglichkeiten ist nur die eine die richtige, die dem Wesen gerade jenes Komponisten, der sie hinschreibt, entspricht. Wenn Mozart sich an eine Niederschrift setzte, hatte er seine Kompositionen im Kopf bereits völlig fertiggestellt. Beethoven war unbestreitbar eines der ganz überragenden musikalischen Genies, aber aus seinen Entwürfen, soweit sie erhalten sind, kann man ersehen, wie rastlos er sich mit den Fortführungsmöglichkeiten seiner Kompositionen beschäftigt, geradezu herumgequält hat. In Bachs Partituren sind nur gelegentlich einige Takte durchstrichen, aber er hat noch nach Jahren an seinen früheren Arbeiten geändert und sie überarbeitet, weil ihm bessere Lösungen eingefallen waren: Ihre Probleme hatten ihn nie gänzlich losgelassen, insgeheim hatte er sich weiter mit ihnen herumgeschlagen, sah er im Abstand die alten Lösungen mit neuen Augen. Und wer da meint, er habe sich bei seinen Kompositionen hier den Grigny, da den Palestrina oder den Frescobaldi zum Vorbild genommen, der hat nicht studiert, wie er sich den Böhm oder den Buxtehude zum Vorbild genommen hat: nämlich gar nicht. Er hat sie nicht kopiert, er hat sie in sich aufgenommen, sich völlig zu eigen gemacht, er hat von Anfang an, was er von ihnen zu lernen hatte, zu Bach gemacht! Und er hat das *Wohltemperierte Klavier* nicht geschrieben, weil Fischer oder Mattheson auch schon einmal etwas so Ähnliches gemacht hatten – es ist mit deren Arbeiten überhaupt nicht zu vergleichen, sondern mit seiner Fülle der vorgeführten Möglichkeiten etwas bis dahin nicht Dagewesenes.

Die Versenkung in die Tiefen und Geheimnisse der musikalischen Materie machte aber nur die eine Seite seines Werkes. Die andere, zu der es ihn nicht weniger drängte, war das Weitergeben. Spätestens seit Mühlhausen und bis an sein Lebensende hatte er Schüler. Er machte nicht nur aus seinem Wissen, seinem Können, seinen Erkenntnissen kein Geheimnis, er legte alles bereitwillig dar, und so waren neben seinen Passionen, Kantaten, Konzerten, Suiten, Sonaten für ihn seine Unterrichtswerke nicht weniger bedeutend. Es waren aber, genauer gesagt, alles nicht bloß Werke für den Unterricht, sondern Werke, anhand derer einer sich unterrichten sollte.

Brecht wünschte, man könne von ihm sagen: Er hat Vorschläge gemacht. Bach hat bis an sein Lebensende Vorschläge gemacht, natürlich Vorschläge in Musik, das war die Sprache, in der er sich ausdrücken konnte wie kein anderer. »Unser seliger Bach ließ sich zwar nicht in tiefe theoretische Betrachtungen ein, war aber desto stärker in der Ausführung.« Die *Klavierübung III* war eben gerade keine »theoretische Reflexion auf quasiexperimenteller Ebene«, sondern sie war Musik, und zwar große, »cantable« und einzigartige Musik. Und wenn Bach darin ein Präludium mit drei Themen und eine Fuge mit drei Themen und Duette vorstellte, die über tonale Bindungen hinauswuchsen, so war das doch niemals »Reflexion« – im Gegenteil: es war Aufbruch in Neuland! Auch

Brechts »Versuche« waren keine theoretische Reflexion auf quasi-experimenteller Ebene, sondern vollgültiges neues Theater, und zwar Theater, aus dem einer etwas lernen konnte, wenn er genau hinsah. Bachs *Klavierübungen* waren in gleicher Weise Musik und nichts anderes als Musik, aber eben eine Musik, aus der einer etwas lernen konnte, wenn er nur richtig hinhörte.

Bachs Schüler berichten, daß ein Hauptteil seines Unterrichts darin bestand, daß er ihnen vorspielte. Worauf es in der Musik bei der Musik ankommt, das ist tatsächlich nur durch die Musik zu begreifen. Die theoretische Reflexion ist nicht nur kein End-zweck, sie ist kaum taugliche Krücke. Es hat noch keiner auf Krücken das Tanzen gelernt.

Bach hat viele Werke geschaffen, in denen er demonstrierte. Aber er demonstrierte, indem er Musik machte, nicht Töne zur Erläuterung von Theorie. Das gilt für die *Orgelmesse* wie für die *Goldberg-Variationen* und für das *Musikalische Opfer* ebenso wie für die *Kunst der Fuge*. Die Gebrauchsanweisung für all diese Werke steht im dritten Kapitel der Offenbarung des Johannes: »Wer Ohren hat, der höre, was der Geist der Gemeinde sagt.«

Es sind da bedeutende Zusammenhänge in Bachs Schaffen der vierziger Jahre: Die *Orgelmesse*, die *Goldberg-Variationen*, die vierundzwanzig Präludien und Fugen des zweiten *Wohltemperier-ten Klaviers*, die *h-Moll-Messe*, das *Musikalische Opfer*, die *Kunst der Fuge* erscheinen, in ihrer zeitlichen Abfolge betrachtet, als des großen Johann Sebastian Bachs »gradus ad Parnassum«, als seine Schritte auf den Gipfel seiner Kunst. Über jene Zeit, wo er ge-nötigt gewesen wäre, die Alten zu studieren, um noch einmal selbst etwas zu machen, war er mit fünfzig längst hinaus. Viel eher erscheinen die Werke dieser Lebensperiode wie Bachs Weg zu sich selbst, zu den Tiefen seiner nur ihm so gegebenen Kunst. Sie zu manifestieren war das eine, sie aufzuheben, zu bewahren das andere. Auch entsteht der Eindruck, als sei Bach durch den Emp-fang bei Friedrich dem Großen nochmals aufs neue zum Bewußt-sein der Einzigartigkeit seiner Kunst gelangt. Man kann Vergle-che anstellen zwischen Buxtehude und Telemann, zwischen Tele-mann und Albrechtsberger und Dittersdorf, aber die Polyphonie des Johann Sebastian Bach hat keinen Vergleich in ihrer Zeit. Man kann Händel anführen, aber Händels Schreibweise war eine ganz andere. Als Bach sich um die Aufnahme in die Mizlersche Societät bewarb, muß diese seine Erkenntnis der Grund gewesen sein: Der Beitritt eröffnete eine Möglichkeit, seine Arbeiten aufzubewahren und sie den Gleichbedeutenden seiner Zeit vorzustellen, seine Entdeckungen auf dem Gebiet der Polyphonie – nicht als Schulwerke, sondern als Musikwerke – dreizehn jener »Kenner« bekanntzugeben, an die er schon bei der *Klavierübung III* gedacht hatte.

»Dem Ende entgegen«? – Der Vollendung entgegen!

XXVIII

DER »ALTE BACH«, vom »galanten Stil« überrollt und »aus der Mode gekommen«? Man kommt bei solchen Feststellungen in den Verdacht, an der Parkinsonschen Krankheit zu leiden – sie erregen Kopfschütteln.

Denn da ist ja auch die *h-Moll-Messe*, die »große katholische«, wie sie Carl Philipp Emanuel nannte. Es ist ein rätselhaftes Werk, denn es gibt für sie keinen Auftraggeber und nicht einmal einen Verwendungszweck. Nicht nur, weil Bach ja nicht katholischen Bekenntnisses war und sich die Verwendung lutherischer Musik im katholischen Gottesdienst fast mit Selbstverständlichkeit ausschloß. (Daß der evangelische Hofkapellmeister Augusts des Starken, Heinichen, für den Hof katholische Messen komponierte, hatte hinter sich königliches Machtwort.) Die entscheidende Ursache für die völlige Unverwendbarkeit des Werkes liegt in seinen gewaltigen Dimensionen: Es überschreitet mit rund zwei Stunden Dauer die Ordnung des Meßgottesdienstes fast um das Dreifache. Auch wenn es sich an dessen Ordnung hält – die praktische Verwendung dort war offensichtlich nicht Bachs Anliegen.

Als Bach die ersten beiden Sätze zusammen mit seiner Bewerbung um den Titel des Hof-Compositeurs nach Dresden schickte, hatte er zusammen mit der Partitur auch die ausgeschriebenen Stimmen überreicht. Aber zu dem vollendeten Werk haben sich Stimmen nicht angefunden: Bach hat offensichtlich an eine Aufführung gar nicht gedacht. Der Vermutung, er habe 1740 Teile davon in Leipzig aufgeführt, bieten Fakten keine Handhabe. Er hat auch die Messe nicht als eine ganze neue Komposition geschrieben, es finden sich darin (im Bachschen Parodieverfahren)

Sätze, die er zu den unterschiedlichsten Gelegenheiten und verschiedensten Zeiten komponiert hatte. Und doch steht die wissenschaftliche Arbeit über die »Stilbrüche« in diesem Werk immer noch aus, so nahtlos und selbstverständlich fügt sich alles zusammen, obwohl es schon 1733 begonnen und dann vierzehn Jahre als »Missa brevis«, eigentlich aber als Torso liegengeblieben war. Erst dann hat er diesen Torso zu einem gewaltigen musikalischen Bauwerk vollendet – ohne jeden praktischen Anlaß und ohne Aussicht auf eine Aufführung! Hinsichtlich einer katholischen Messe gab es für ihn nichts zu demonstrieren, da war er ein Außenstehender und nicht zuständig. Der einzige Anlaß, den es gab: Bruckner widmete seine neunte Sinfonie »dem lieben Gott«. Bei Bach gibt es keine Widmung, aber eine solche liegt nahe. Der Text der Messe umschließt mit Bitte, Bekenntnis und Lobpreis die Eckpfeiler christlichen Glaubens, und so, als Bachs persönlichstes Bekenntnis, als Manifestation seines Glaubens, läßt sich diese Messe einzig verstehen, denn als Bach an dem Werk arbeitete, kann er an keine Kirche gedacht haben. Sein Glaube aber hatte ihn durch alle Fährnisse seines Lebens sicher getragen und nie verlassen.

Der Inhalt des Meßtextes ist Fundament beider Kirchen, das von Bach vertonte Nicänische Bekenntnis ist das ökumenische. Seit der *Matthäuspassion*, seit dem *Weihnachtsoratorium* hatten sich die Zeiten freilich sehr geändert. Die *Johannespassion* war quasi sein Einstand gewesen, die *Matthäuspassion* hatte er geschrieben, den Leipzigern vor Augen zu halten, welche Musik er zu schaffen imstande war, das *Weihnachtsoratorium* entstand auf dem Gipfel seiner Leipziger Möglichkeiten. Sie waren dahin. Der Rektor hatte ihn aus der Schule vertrieben, und erzwungenermaßen war seine Kirchenmusik zur Nebenangelegenheit geworden, in der sich Großes nicht mehr bewerkstelligen ließ. Was er mit dieser Messe Großes zu geben hatte, das hörte er nur noch beim Aufschreiben und wußte, daß er es nie in einer Aufführung hören würde.

Und schrieb es doch! Und fühlte in sich die Notwendigkeit und Verpflichtung, es zu schreiben, und indem er mit hineinnahm, was er früher geschrieben hatte, schrieb er sein Leben mit hinein, und es war schon wieder einmal nicht einfach ein »Parodieverfahren«, was er da betrieb: Indem er frühere Kompositionen in seine große Messe aufnahm, stellte er sie in einen höheren Bezug, der nicht mehr ein irdischer Bezug war; es war sein Bezug zu Gott, und eine Messe bescherte ihm dafür den einzig möglichen, den notwendigen und den vollkommenen Text. Angesichts dieser Messe zerbricht die Auffassung vom Parodieverfahren als einer bloßen Methode der Zweckmäßigkeit und der Zeitersparnis, einen anderen Bezug als den des Aufhebens im Sinne des Hinaufhebens in den höheren Bezug gibt es hier nicht mehr.

Natürlich zerbricht damit auch die Theorie vom »Stilwandel«: Die Aufnahme der älteren Sätze beweist, daß Bach keinen Grund sah, sich von ihnen zu distanzieren, daß er wohl an gewissen Stellen meinte, inzwischen besser, aber nicht anders schreiben zu können oder zu müssen als in früheren Jahren. Und vollends in Staub zerfällt die Behauptung, daß er sich in seinen letzten Jahren »in abseitige musikalische Probleme« verstiegen habe. Denn diese Messe, diese Manifestation seines Glaubens, ist nirgends abseitig, nirgends theoretisch und ist überall lebendigste, von größter Ausdruckskraft erfüllte und insgesamt eine höchst diesseitige Musik – was dem Anlaß des Werkes keineswegs entgegensteht, denn für Bach war auch Gott in dieser Welt, nicht nur in der jenseitigen, und bei allen Nackenschlägen, die das Schicksal für ihn parat hatte, mitten in seinem Leben. So mußte er diese Messe schreiben, und wenn er etwas darin demonstrierte außer seinem Verhältnis zu Gott, so war es die unerhörte Lebendigkeit, die grandiose und bis zuletzt ungebrochene Vitalität seiner Musik.

Doch auch mit der *Kunst der Fuge* bewies er bis zuletzt, daß seine Probleme keine »abseitigen« waren, daß er ans Wirken dachte bis in seine letzten Augenblicke. Denn sie ist in keiner Weise ein abstraktes, sie ist ein Lehrwerk. Für die *h-Moll-Messe* gibt es keine ausgeschriebenen Stimmen, bei der *Kunst der Fuge* war ihm nichts so wichtig, wie sie sogleich in Kupfer zu stechen, sie zu veröffentlichen, sie bekanntzugeben als die Summe der von ihm entdeckten Möglichkeiten in seiner Kunst. Und es besteht kein Zweifel, daß dieses Werk keineswegs »für anfahende Organisten«, sondern für die besten unter den Fachleuten hergestellt wurde, daß es von Anfang an nicht »populärwissenschaftlich« konzipiert war. Das wird durch die Veröffentlichung als Partitur ohne Angabe von Besetzungen bewiesen: Die Deutlichkeit der Stimmführung, nicht die Herstellung irgendeines instrumentalen Klangbildes war das vordringliche Anliegen. Daß sich ein solches Klangbild durch die Zusammenfassung in zwei Systeme leichter überschauen, daß es sich mit Hilfe eines Klaviers leichter herstellen läßt, war von durchaus zweitrangiger Bedeutung.

Gewisse Musikwissenschaftler gehen offenbar von der Vorstellung aus, daß sich ohne Erklingen eines Instruments Töne nicht wahrnehmen lassen. Doch sie sind im Irrtum: Fast jeder Mensch kann sich eine Melodie vorstellen, ohne daß es eines Instruments oder der Vorstellung eines bestimmten Instrumentalklanges bedarf. Zur Vorstellung von *Fuchs du hast die Gans gestohlen* bedarf es keiner Kinderstimme, zur Vorstellung der Nationalhymne keines Monumentalchors. Instrumente (die menschliche Stimme eingeschlossen) dienen lediglich der Materialisierung von Musik, sie sind nicht ihre eigentliche Quelle. Es singt einer, »wie ihm ums Herz ist«, die Musik kommt ihm nicht erst beim Anhören seiner Töne. Und die *Kunst der Fuge* wäre nicht einmal dann für Klavier geschrieben,* wenn sie für Klavier geschrieben worden wäre. Carl Philipp Emanuel, der sie als das nachgelassene Werk seines Vaters herausgegeben hat, hat mit aller Bestimmtheit gegenüber Forkel erklärt: daß es eigentlich Musik zum Lesen sei. Womit es freilich noch immer keine »Augenmusik« darstellt: Auch die Musik in einem Goethe-Gedicht empfinden wir ja sehr deutlich, ohne daß wir sie laut lesen müssen. Von Rilke gibt es Gedichte, die sich dem logischen Verstehen entziehen und nichts als solche Musik sind. Und der Klang solcher Gedichte ist durch Sprechen sogar sehr schwierig zu materialisieren: Zu oft bleibt die Stimme hinter dieser Musik zurück, der nur gelesene Klang ist der vollkommenere. Ebensowenig bedarf die Musik eines Instruments zu ihrer Realisierung. (Vergessen wir nicht: Auch die »große katholische Messe« war nicht im Hinblick auf ihre Realisierung geschrieben worden.)

Die Behauptung gewisser Fachleute, das Werk sei deswegen für Klavier geschrieben, weil sich eine Klavierfassung gefunden hat, zeugt nur von ihrer mangelnden Musikalität und ihrer ungenügenden musikalischen Ausbildung: Sie wissen offensichtlich nicht, was ein Particell ist. Kopfschütteln erzeugt es auch, wenn einer den Kopf darüber meint schütteln zu müssen, daß eine instrumentale Aufführung bei den Hörern Erschütterung ausgelöst habe.* Denn Bach hat in seinem ganzen Leben und auch mit seinen kühnsten Konstruktionen nie etwas anderes als lebendige Musik geschrieben, und in der hat das Bach so an sich: Die *Kunst der Fuge* ist das größte monothematische Werk, das jemals komponiert wurde, aber wer es als nur theoretisches Lehrwerk auffaßt, hat nicht viel davon verstanden. Denn Bach demonstriert nicht nur, daß man ein Thema auch spiegelverkehrt, auch rückwärts, auch rückwärts und vorwärts zugleich behandeln kann – was er auch macht, bei ihm wird es niemals zur abstrakten Konstruktion, sondern immer wieder zu einer wunderbaren, melodieerfüllten lebendigen Musik. Ebendas macht ihm keiner vor und hat ihm nie wieder einer nachgemacht: Seine *Kunst der Fuge* steht in der Weltgeschichte der Musik einzig da, unkopierbar, aber immer wieder, in den vielfältigsten Formen, zu ihrer eigentlichen Bestimmung, nämlich zum Klingen gebracht.

Und wer da auch noch die absurdesten Zahlenverhältnisse und hintergründigste Symbolik in das Werk hineingeheimnist oder aus dem Werk herausliest, verwechselt Ursache und Wirkung: Bach war ein überwältigend großartiger musikalischer Architekt. Er mußte nicht drei Themen deswegen erfinden, weil es ihn drängte, die Heilige Dreifaltigkeit darzustellen, keine Kreuzchen aus Noten machen, weil er sich wieder einmal verpflichtet fühlte, seine Frömmigkeit zu beweisen, hier der 14 und da der 41 huldigen, um seinen Namen anzubringen, und was dergleichen Mätzchen mehr sind, welche Leute, die der Musik fernstehen, zu Begeisterungsausbrüchen zu treiben vermag: In seiner Musik sind sie, soweit sie nicht purer Zufall sind, enthalten, weil sie seiner musikalischen Architektur entsprechen. Auch der liebe Gott hat nicht erst 231 Knochen abgezählt und hernach daraus einen Menschen gemacht, sondern der Mensch enthält unter anderem gerade 231 Knochen. Ein Anhänger der Kabbala mag uns erklären, daß darin gerade das göttliche Prinzip seines Wesens erkennbar wird, denn 3 ist die Zahl der göttlichen Dreifaltigkeit, 1 + 2 ist auch noch einmal 3, und die Quersumme ist sogar zweimal 3. Aber ein Naturwissenschaftler darf Zusammenhänge zwischen den Knochen und der Heiligen Dreifaltigkeit anzweifeln.

Die Leute, die an die Bedeutung solcher Zahlenverhältnisse in der Musik glauben, erliegen dem fundamentalen Irrtum, daß Noten und Musik identisch seien. Aber Musik gehorcht einer sehr einfachen Formel: Was man nicht hört, ist keine. Gewiß sind die kontrapunktischen Konstruktionen in der *Kunst der Fuge* sämtlich außerordentlich kunstvoll, aber das eigentliche Wunder, das Bach uns darin vorführt, ist, daß er damit immer aufs neue eine einzigartige und wunderbare Musik erklingen läßt. Neben anderen (wer zählt die Einspielungen?) hat Hermann Scherchen das 1965 in Lugano mit dem Rundfunkorchester der italienischen Schweiz vorgeführt, und während Theoretiker vorzugsweise die Scheu vor einem Werk von höchster Kompliziertheit verbreitet haben, hat er nachgewiesen, daß es eine Musik enthält, die auch gänzlich ungeübte Hörer unmittelbar in ihren Bann schlägt. Eben mit höchster Kompliziertheit größte Eingängigkeit zu erreichen ist eine Leistung, die dem Bach keiner so wieder nachgemacht hat (und die auch vielen seiner Interpreten gelegentlich recht schwerfällt).

Wenn jedoch heute als ganz neue Erkenntnis darauf hingewiesen wird, daß es eine Vorform der *Kunst der Fuge* aus dem Jahre 1740 gäbe, daß es also »kein Alterswerk« sei, so bedeutet das nur, daß das Projekt damals noch so unwichtig war, daß es zunächst liegengelassen werden konnte.* Aber jetzt, 1749, nach dem *Musikalischen Opfer* und der großen Messe, wurde es plötzlich so wichtig, daß Bach mit der Vorbereitung der Veröffentlichung nicht abwartete, bis er mit dem Schreiben fertig war. Noch während der Arbeit ging er an die Drucklegung, er muß geradezu besessen gewesen sein von dem Gedanken, es unter die Leute zu bringen: So wichtig war es ihm jetzt!

Und es ging ihm nicht gut damals, weder gesundheitlich noch finanziell. Über den absoluten Mißerfolg dieser Veröffentlichung mußte er sich im klaren sein: Für das *Musikalische Opfer* hatten sich kaum hundert Abnehmer gefunden. Ein heutiger Verleger ließe sich bei einer so bescheidenen Absatzmöglichkeit kaum im voraus zur Herstellung einer Liebhaberausgabe in Kupfertiefdruck verleiten. Hier war mit einem größeren Interessentenkreis nicht zu rechnen, eher mit einem noch kleineren.

Und Bach hatte so viel Arbeit damals: Er hatte seine Schüler und eine Menge äußerst Wichtiges zu tun. Was von der Mitte des Jahres 1747 bis zum Anfang des Jahres 1750 an fundamentalen Kompositionen entstanden ist, ist kaum faßbar. Da konnte er sich nicht mehr um jede Taufe, jede Hochzeit, jedes Begräbnis persönlich kümmern. Hinsichtlich seiner vertraglichen Verpflichtungen kam es auch schon gar nicht mehr darauf an. Er ließ sich also immer öfter vertreten. Der Nekrolog spricht von »seiner immer noch sehr munteren Seele und Leibeskräften«, aber Detlev Kranemann hat herausgefunden, daß er zuckerkrank war, andere meinen, daß man gleiches auch an seiner Notenschrift ablesen könne, es stand also wahrscheinlich mit seiner Gesundheit nicht zum Allerbesten, ebenso freilich mit seinen Einnahmen. Das ersieht man daraus, daß er 1746 bei Johann Georg Schübler im thüringischen Zella sechs Orgelchoräle verlegen ließ, deren Substanz er aus früheren Kantaten zusammenstellte: Ganz offensichtlich ging es hier also um eine Arbeit zum Verkauf. Auch 1749/50 arbeitete er neben der *Kunst der Fuge* nochmals an *Achtzehn Chorälen auf verschiedene Art*, zweifelsfrei weil er sich davon dringend nötige Einnahmen versprach.

Er konnte sich also keineswegs auf seine großen Werke allein konzentrieren, auf das, was wir heute »sein musikalisches Vermächtnis« nennen dürfen, er mußte versuchen, daneben auch noch etwas Geld zu verdienen: Sehr wohlhabend war er nicht. Und die Zuckerkrankheit konnte man damals weder feststellen noch behandeln, aber es ist eine Krankheit, die sich leider sehr auf das Augenlicht auswirken kann (obwohl die Augenkrankheit Bachs eine Zuckerkrankheit nicht unbedingt zur Voraussetzung hat). Das Haußmann-Porträt von 1747 zeigt seine verminderte Sehkraft deutlich. Und es handelte sich bei ihm wahrscheinlich nicht nur um Grauen Star, sondern gleichzeitig auch um eine schmerzhafte Zerstörung der Netzhaut. Der Okulist John Taylor, der ihn 1750 zweimal operierte, gibt das als Grund für das Mißlingen seiner Behandlung an. (Freilich war er auch bei anderen Patienten, unter anderem bei Händel, erfolglos.)

Die Blindheit Bachs und Händels wird als ein sehr trauriges Schicksal an beider Lebensende bedauert, die Taubheit Beethovens aber allgemein als das Schlimmere für einen Musiker empfunden. Man sollte das eine nicht gegen das andere aufwiegen, doch Beethoven vermochte weiter zu komponieren, auch als kein Ton aus der Außenwelt mehr zu ihm drang und auch, wenn er seine letzten Sonaten sowenig jemals hören konnte wie Bach seine große Messe. Aber Bach konnte, was er hörte, nicht mehr hinschreiben! Er habe, wird berichtet, seinen letzen Choral *Vor deinen Thron tret' ich hiermit* seinem Schwiegersohn Johann Christoph Altnickol in die Feder diktiert. Aber das muß einer ausprobieren – nicht das Diktieren, er muß nur aufschreiben, was er sagen würde, wenn er's diktieren sollte. Dann wird er das ganze Elend erfahren, das einen überkommt, wenn er hintereinander beschreiben soll, was gleichzeitig erklingen muß.

Und mitten in diesen Bemühungen um ein paar verkäufliche Choräle und um die letzten Geheimnisse kontrapunktischer Schreibweise, von zunehmenden Schmerzen in den Augen und gefährlich abnehmendem Sehvermögen gequält – und doch wohl auch geängstigt – traf ihn ein Lanzenstich im empfindlichsten Punkt seiner Seele: seiner Musik. Zu einem Zeitpunkt, an dem er ohnehin durch einen heftigen Schwächeanfall (einen Schlaganfall?) außer Gefecht gesetzt war:

Im Mai des Jahres 1749 erlitt sein Schüler Johann Friedrich Doles in Freiberg eine empfindliche Unbill durch den dortigen Rektor Johann Gottlieb Biedermann, der ebenso gelehrt wie musikfeindlich war, durchaus ein Pendant zu Bachs Rektor Ernesti. Wie vordem Bach, so hatte auch Doles mit seiner Musik Beifall und allgemeine Anerkennung gefunden. Wie vordem dem Ernesti in Leipzig, so war es auch dem Biedermann in Freiberg gegen den Strich gegangen, daß durch Doles' Tüchtigkeit die Musik zu mehr Ansehen als die Wissenschaft zu kommen drohte. Im Schulprogramm vom Mai 1749 machte er seinem Groll Luft und die Musik nach Kräften herunter. Er nahm den Terentius zu Hilfe und den Horatius und die Kirchengeschichte und schoß nicht nur gegen Doles, sondern gegen den ganzen Musikerstand.

Im folgenden hagelte es daraufhin gegen Biedermann von den verschiedensten Seiten Vorwürfe. Mattheson allein verfaßte fünf Schriften gegen Biedermanns Gelehrsamkeit. Doch mußte sich Bach da auch einschalten. Artikelschreiben war nicht seine Sache. Bei Scheibes Vorwürfen gegen ihn hatte er Magister Birnbaum gebeten, für ihn das Wort zu ergreifen, hier bat er seinen Kolle-

gen Christoph Gottlieb Schröter in Nordhausen, der wie er Mitglied der Musicalischen Societät war. Schröter tat es, Bach konnte
sich nicht einmal mehr um die Veröffentlichung selbst kümmern,
der Herausgeber muß den Artikel erheblich nachgepfeffert haben,
denn darüber kam es mit Schröter zur Auseinandersetzung, aber
diese ist lange nicht so wichtig wie die Tatsache, daß dem Schüler
widerfahren war, was der Lehrer selbst durchlitten hatte.

Was sich Ernesti in Leipzig geleistet hatte, konnte sich freilich
Biedermann in Freiberg nicht mehr herausnehmen: Es dauerte
mehr als zwei Jahre, bis über seinen Fauxpas Gras gewachsen war.
Bach erlebte das nicht mehr, aber er griff musikalisch in die Sache
ein, führte seine achtzehn Jahre alte Kantate *Der Streit zwischen
Phöbus und Pan* wieder auf und außerdem gleich dreimal *O holder
Tag, erwünschte Zeit*, mit einem Text zum Lobe der Musik und
gegen ihre Tadler unterlegt. Berühmt ist seine Bemerkung, er
hoffe, daß des Autoris (Biedermann) »Dreckohr« gereinigt
werde, welchen Ausdruck ihm besonders Mattheson als »unfein«
ausführlich übelnahm. Aber ihn als Musikschriftsteller ging die
Sache ja nur mittelbar an, zu Recht tief verletzt war Bach, das richtige Wort in diesem Fall hatte Lessings Gräfin Orsina: »Wer über
gewissen Dingen den Verstand nicht verliert, der hat keinen zu
verlieren.«*

Doch es war nicht die einzige bösartige Kränkung, die Bach in
jenem Jahre 1749 widerfuhr. Daß er sich jetzt häufiger vertreten
ließ und seine augenblickliche Schwäche hatten sich schon bis
Dresden herumgesprochen. Für den Fall seines Ablebens sah der
Graf Brühl eine gute Möglichkeit, bei dieser Gelegenheit seinen
Kapellmeister Johann Gottlob Harrer loszuwerden. Er schrieb
also für ihn einen Empfehlungsbrief, richtiger die Aufforderung,
ihn im Fall von Bachs Tod als Nachfolger einzustellen.

Das war am 2. Juni, und schon am 8. Juni war Harrer in Leipzig
und überbrachte den Brief persönlich. Bach war zwar noch im
Amt, aber so ausgeprägt war der Leipziger Bürgerstolz vor
Königsthronen nicht, daß nicht der Leipziger Rat Brühls An-
sinnen auf der Stelle nachgekommen wäre: Es wurde sofort eine
musikalische Prüfung Harrers im Gasthof »Drey Schwanen« ver-
anstaltet. Das war eine rein formelle Angelegenheit: An der absoluten Qualifikation eines Mannes, den der allmächtige Minister

empfohlen hatte, wagte nicht einer der Herren zu zweifeln. Die Sache wurde sofort abgemacht, zumal der Herr Minister sogar ein »Decret« darüber ausgestellt verlangte. Es verrät eine bemerkenswerte Taktlosigkeit, den Nachfolger schon zu bestimmen, wenn der Inhaber des Amtes noch in Dienst ist, Spitta allerdings möchte es dem Rat noch als Verdienst anrechnen, daß man den Bach nicht auf der Stelle an die Luft setzte. Anständigerweise wartete man sonst überall wenigstens ab, bis der Amtsinhaber unter der Erde war, ehe man sich um den Nachfolger bemühte. Aber so viel Anstand besaß der Leipziger Rat durchaus nicht.

Es ist ausgeschlossen, daß Bach von Harrers Auftritt vor dem Rat in den »Drey Schwanen« nicht erfahren hat, obgleich »das Probspiel« hinter verschlossenen Türen stattfand. Geck behauptet freilich, er habe sogar »mit einer stummen Rolle an dem öffentlichen Schauspiel teilgenommen«. Woher er das weiß, bleibt sein Geheimnis, denn die Veranstaltung war keineswegs öffentlich, und Bach hinzuzuziehen bestand für den Rat wirklich keinerlei Ursache mehr. Daß da sichtbar Bachs Fell schon zu seinen Lebzeiten verkauft wurde, war ohnehin mehr als kränkend für ihn. Aber das interessierte jene Herrschaften, die ihm ihre Mitteilungen durch den Unterleichenschreiber überbringen ließen, nicht im geringsten.

Das Jahr 1749 hatte so glücklich angefangen: Im Januar konnte Johann Sebastian Bach das erste und einzige Mal die Hochzeit eines seiner Kinder in seinem Hause feiern. Da hatte sein Schüler Altnickol seine Lieblingstochter Elisabeth, das »Liesgen«, geheiratet, und damit die beiden als Eheleute von etwas leben konnten, hatte Bach dem Altnickol die Organistenstelle in Naumburg besorgt. Das war ein glücklicher Anfang gewesen, aber so war es nicht weitergegangen: Das Jahr 1749 wurde – wieder einmal – ein schlechtes Jahr für ihn.

Das nachfolgende wurde ein schlimmeres, wenn es auch mit einer guten Nachricht anfing: Bach konnte seinen Zweitjüngsten, den Johann Christoph Friedrich, in der Hofkapelle von Bückeburg unterbringen, und das, obgleich er noch nicht einmal achtzehn war. Seine alten Beziehungen zu Köthen hatten das zuwege gebracht: Sein einstiger Fürst Leopold, der nun auch schon mehr als zwanzig Jahre unter der Erde lag, hatte in zweiter Ehe Prinzessin Charlotte Friederike von Nassau-Siegen geheiratet, die wiederum nach Leopolds Tod mit Albrecht Wolfgang Graf zu Schaumburg-Lippe verheiratet war; darum hatte der Name Bach auch nach so langer Zeit in Bückeburg einen vorzüglichen Klang, und so blieb Bach mit seinen fünfundsechzig Jahren nur noch die Sorge für fünf Kinder im Haus.

Aber er hatte zunehmend Schmerzen und konnte zunehmend weniger sehen! Daß eine Trübung der Augenlinsen vorlag, konnte auch der Stadtphysikus Nagel zuverlässig feststellen. Nur helfen konnte er nicht, obschon allgemein bekannt war, was Hilfe bringen konnte: eine Staroperation. Die trübe Linse mußte herausgeschnitten und unter die Iris geschoben werden, die fehlende Linse ließ sich hernach durch eine starke Brille – eine Starbrille – leidlich ersetzen. Das hört sich logisch und sogar einigermaßen einfach an. Aber diese Operation erforderte vom Operateur nicht nur höchstes Geschick, sondern auch Übung – und wer hatte die in Leipzig?

Bach kam der Zufall zu Hilfe. Es gab damals einen durch halb Europa reisenden Okulisten oder, wie er sich griechisch gern zu nennen pflegte, Ophtalmiater, den englischen Chevalier John Taylor. Er war auf einer Deutschlandtournee und tauchte in der zweiten Märzhälfte des Jahres 1750 in Leipzig auf. Er rühmte sich der Kunst, den Star stechen zu können. Er rühmte sich vieler Erfolge, es schien eine einmalige Gelegenheit, und überhaupt: welche Wahl blieb denn?

Das Operationszimmer* befand sich in ebenjenen »Drey Schwanen«, in denen die denkwürdige Anhörung von Bachs Nachfolger erfolgt war. Die Operation begann mit dem Auflegen von heißen gekochten Äpfeln auf die Augen, um die Hornhaut zu erweichen. Der Patient wurde auf einem Stuhl festgebunden. Irgendeine Betäubung gab es nicht. Chevalier Taylor hatte einen starken Gehilfen, der den Kopf des Patienten in den Schraubstock seiner Hände einspannte. Von Sterilität der Instrumente war keine Rede, man wußte nicht einmal, was das sein sollte. Noch hundert Jahre später wurde der Arzt Semmelweis von seinen Kollegen für närrisch erklärt, weil er verlangte, daß sie sich vor einer Entbindung die Hände waschen sollten.

Die Operation, so klein die Wunden waren, dürfte um einiges

übler als Zahnziehen gewesen sein, das damals ja gleichfalls ohne Betäubung erfolgte. Was danach kam, war aber schlimmer, denn nun setzte die medizinische Behandlung zur Unterstützung der Operation ein. Sie bestand bei Bach in wiederholtem Aderlaß, in der Verabrechung von Abführmitteln und solchen Giften wie Belladonna und Eisenhut, »die bösen Säfte zu bekämpfen«.

Inzwischen reiste Chevalier Taylor nach Dresden, und als er Anfang April nach Leipzig zurückkehrte, mußte er feststellen, daß sich die Linsen wieder in die Pupillen geschoben hatten, und er operierte zum zweiten Mal, natürlich mit der gleichen Nachbehandlung.

Vom Tag der ersten Operation an war Bach vollständig blind, mit Verbänden und schwarzer Binde über den Augen, konnte seine Umgebung nur noch ertasten und mußte geführt und gefüttert werden, denn wo der Teller war und wohin der Löffel zeigte, wenn er ihn zum Mund führte, ja, wo sein Mund war, das hatte er alles neu zu erlernen. Gleichzeitig sorgte die mit der Operation verbundene Nachbehandlung dafür, daß er sich von Tag zu Tag kränker, schwächer, elender fühlen mußte. Ob er tatsächlich zuckerkrank war, spielte schon keine Rolle mehr: Die zwei nacheinander verordneten Pferdekuren hätten auch einen Mann in besten Jahren weitgehend heruntergebracht, und in den besten Jahren war er längst nicht mehr, das hatte ihm der Anfall im Mai letzten Jahres vor Augen geführt.

Es war am Ende des Winters gewesen, als er sich unters Messer begeben hatte, der Frühling war eingezogen, ohne daß er etwas gesehen hatte, der Sommer war gekommen, und nichts hatte sich geändert, außer daß er schwächer und schwächer geworden war.

Endlich ertrug er die Dunkelheit nicht länger, am 18. Juli riß er sich die Binde von den Augen – und konnte wieder sehen! Die zweite Operation war also gelungen. Nur schade, daß der Patient das Wunder nicht überlebte: Die Quälereien der durchstandenen Monate waren ebenso zuviel für ihn wie die Aufregung über den Erfolg: Wenige Stunden später streckte ihn ein Schlaganfall nieder, zehn Tage lag er noch mit schwerstem Fieber, am 28. Juli abends gegen Viertel nach acht schloß er die Augen, ohne nochmals zu klarem Bewußtsein gekommen zu sein.

Es war dieses letzte halbe Jahr sein langer Weg von Geth-
semane nach Golgatha gewesen, ohne Kreuzigung, ja, aber mit
Geißelung und Dornenkrone und nach vielen Demütigungen in
seinem Leben, und auf seinem Grabstein durften die Worte aus
Thimoteus III,7 stehen:

ICH HABE EINEN GUTEN KAMPF GEKÄMPFT,
ICH HABE DEN LAUF VOLLENDET,
ICH HABE GLAUBEN GEHALTEN.

XXIX

ABER ES GAB keinen Grabstein. Es war kein Geld dafür da. Rueger hat nachgewiesen, daß die Bachs in Leipzig sehr wohlhabende Leute waren, er hat das ausgerechnet an Bachs Einnahmen und dem Leipziger Bierpreis. (Ratsbeschluß: »Daß es aber ganz dünnes Bier sein und billig verkauft werden solle.«) Hätte er die kargen Bezüge eines DDR-Rentners in Straßenbahnfahrscheine umgerechnet, wäre er auf ein Ministergehalt gekommen.

Bach hatte kein Testament gemacht, so blieb seiner Witwe Anna Magdalena nur ein Drittel, aber von den Kindern blieben ihr auch drei, nämlich die älteste, Catharina Dorothea, inzwischen zweiundvierzig, und ihre beiden jüngsten, Johanna Carolina mit dreizehn und Regina Susanna mit acht. Sie selbst war beim Tod ihres Mannes noch nicht fünfzig, aber der Rat gestattete ihr die Vormundschaft über ihre Kinder nur unter der Bedingung, daß sie sich nicht wieder verheirate. Dieses hieß also: Im Fall einer Wiederverheiratung würden ihr die Kinder weggenommen. Damit hatte der Rat ihr Elend vorprogrammiert. Auch sonst zeigte er sich als der überlegene Rechner. Bachs Witwe hätte das volle Halbjahresgehalt zugestanden, das wären fünfzig Taler gewesen. Aber bei dieser Gelegenheit stellte man fest, daß Bach vor siebenundzwanzig Jahren sein Amt mit Verspätung angetreten hatte, und das zog man der Witwe jetzt ab: blieben einundzwanzig Taler zehn Groschen. Denn ein ordentlicher Rat weiß zu sparen und weiß auch, wo er zu sparen anfängt: bei den Wehrlosen.

An Barem hatte Bach nicht viel zurücklegen können: Aus siebenundzwanzig Jahren Leipzig blieben ganze elfhundert Taler, das waren kaum die Einnahmen aus anderthalb Jahren. Davon also

*Die Verzichts-
erklärung Anna
Magdalenas auf
Wiederverheira-
tung. Bemerkens-
wert ausgewogen,
sicher und korrekt,
zeigt sie die Hand-
schrift einer intel-
ligenten und tat-
kräftigen Frau, die
auch zu formulie-
ren versteht.*

blieb Anna Magdalena für ihre vier Köpfe ein Drittel. Den schwachsinnigen Gottfried Heinrich nahmen die Altnickols zu sich nach Naumburg, den fünfzehnjährigen Johann Christian nahm Carl Philipp Emanuel mit zu sich nach Berlin. Aber sowenig Geld Anna Magdalena auch blieb, sie bestattete ihren Eheliebsten in einem eichenen Sarg. Den konnten sich die wenigsten leisten, aber sie leistete ihn sich, auch wenn's dann zum Grabkreuz nicht mehr langte. Es war die letzte Liebe, die sie ihm antun konnte.

Sie fand eine Wohnung in der Haynstraße, sie erhielt noch eine besondere Abfindung dafür, daß sie nur schleunigst aus der Kanto-renwohnung in der Thomasschule fortkam. Der Rat hatte ihr großzügig noch ein paar Scheffel Korn bewilligt, die reichten für den ersten Hunger. Aber es blieb nicht aus, daß sie bald in ernste Not geriet. Ihre Stiefsöhne Wilhelm Friedemann und Carl Philipp Emanuel, obwohl damals beide in guten Verhältnissen, zahlten nichts: Der Riß, den die Liebe des Vaters zu der jungen Frau in Köthen in die Familie gebracht hatte, war nicht verheilt, für beide war sie die Fremde geblieben. In einem Anflug von Barmherzigkeit kaufte ihr der Rat für vierzig Taler ein paar Noten ihres Mannes ab, »wegen ihrer Dürftigkeit und auch einiger überreichter Musikalien«. Es wird nicht berichtet, ob sie sich in den Ratsarchiven je angefunden haben. Auf welche Weise Anna Magdalena ihre Töchter groß bekommen hat, wissen wir nicht. Einen Mann hat sie für keine gefunden, es waren auch wirklich keine guten Partien. Am Ende ihres Lebens war sie vollständig auf milde Gaben anderer Leute angewiesen, sie starb als »Almosenempfängerin«.

Ein paar Wissenschaftler machen daraus, sie habe vom Rat eine Pension bezogen. Beispiele dafür, daß das anderen Leipziger Witwen in ähnlicher Lage passiert wäre, kennen sie nicht. Wenn es Quellen für ihre Behauptung gegeben hätte, hätte Spitta sie sicher gefunden, und hätte es eine solche Witwenversorgung tatsächlich damals schon gegeben,* hätte Mendelssohn nicht noch hundert Jahre später eine Versorgungskasse für die Witwen seiner Gewandhausmusiker einsetzen müssen. Auch diese Theorie steht also auf schwachen Füßen: Die einzig belegte Zahlung des Rates an Anna Magdalena ist jener einmalige Notenankauf.

Mehr als diese Pensionstheorie beschäftigt die Wissenschaft aber das Problem, wo Bachs musikwissenschaftliche Bibliothek hingekommen ist. Spitta äußert die Vermutung, die Söhne hätten sich ihrer noch zu Lebzeiten des Vaters bemächtigt, da sich keine angefunden hat. Carl Philipp Emanuel hat zwar an Mizler anläßlich der Verfertigung eines Nekrologs geschrieben: »Der Seel. war, wie ich u. alle eigentl. Musici, kein Liebhaber von trockenem, mathematischen Zeuge«, aber diese Äußerung kann schon deswegen keinen Anspruch auf Glaubwürdigkeit haben, weil sie die

Musikwissenschaft zu sehr abbremst. Denn: irgendwo muß der Bach seine kontrapunktischen Kunststücke doch hergehabt haben! Welches zum Beispiel war sein Rezeptbuch für die *Kunst der Fuge*?

Alle zusammen werden freilich lange suchen können, bis sie noch ein paar andere Komponisten von »Barockmusik« finden, die wie Bach auf eine Fuge sogleich eine »Fuga inversa« gesetzt haben oder einen »Canone per augmentationem in motu contrario«. Denn sie alle zusammen erliegen einem grundlegendem Irrtum: Sie verwechseln Bachs tief eingewurzeltes Interesse an kontrapunktischen Möglichkeiten seiner Musik mit dem Interesse an bloßer Theorie. Bach mußte nicht dieses oder jenes System der Harmonielehre studieren, er hatte sich mit noch nicht zwanzig bereits ein vollkommen eigenes geschaffen. Und Bach mußte auch nicht von diesem oder jenem erst einmal lesen, wie ein »Canone per augmentationem in contrario« sein solle, er stellte einfach einen solchen in praxi vor, nicht nur, weil er's konnte, sondern weil er auf solche Weise lebendige Musik machen konnte!

Aus ebendiesem Grunde gibt es auch keinen Zweifel daran, daß Mizlers Bestreben, »die Musik völlig in den Rang einer mathematischen Wissenschaft zu erheben«, für Bach dummes Zeug war, er wußte längst um das Operieren mit dem Unendlichen, und er hatte zu viele und zu unterschiedliche Schüler, um nicht zu erkennen, daß das Entscheidende in der Kunst eben das Nichterlernbare, das keiner Wissenschaft Zugängliche ist.

Daß er der Mizlerschen Gesellschaft so lange nicht beitrat, hatte darin seine Ursache. Notwendig mußten die Mizlerschen Ansichten von Musik mit den seinen aufs schärfste kollidieren. Seine Gelehrsamkeit bestand eben nicht in der Abfassung einer Abhandlung über den »Canon in motu contrario«, sondern in der Vorstellung eines solchen, und zwar nicht auf »quasi experimenteller Ebene«, sondern als cantable, als lebendige Musik.

Wer es anders sieht, der hat den ganzen Bach nicht verstanden und erliegt einer Fülle von Mißverständnissen, die nicht frei von Komik sind. Mizler übersetzte die *Gradus ad Parnassum*, und Bach »begleitete« die Übersetzung, indem er nach den Anweisungen seines Wiener Kollegen Fux dazu ein paar lehrreiche Stückln schrieb – mit der Verbreitung solcher Ansichten kann zwar einer Professor werden, beweist aber gleichzeitig, daß er vom künstlerischen Schaffensprozeß keinerlei Ahnung und sich auch herzlich wenig in seinem Fachgebiet umgesehen hat. Denn: »In der Composition ging er gleich an das Nützliche mit seinen Scholaren, mit Hinweglassung aller der trockenen Arten von Contrapuncten, wie sie in Fuxen u. anderen stehen.« Wie kommt also so ein Herr zu der Behauptung, er habe nach dem Vorbild von Fux komponiert? Am gleichen Ort hätte er ja auch lesen können: »Bloß eigenes Nachsinnen hat ihn schon in seiner Jugend zum reinen und starken Fugisten gemacht.«

Im Gegensatz zu den Herren Professoren wußte also Carl Philipp Emanuel recht gut, daß er nach den musiktheoretischen Büchern seines Vaters nicht lange werde suchen müssen. Diejenigen, die dem Wilhelm Friedemann und dem Carl Philipp Emanuel unterstellen, sie hätten die musiktheoretische Bibliothek ihres Vaters quasi von dessen Sterbebett gestohlen, verschweigen uns ja auch, warum dieselbe im Nachlaß dieser beiden ebenfalls nicht aufgetaucht ist, übrigens ebensowenig wie die musikwissenschaftlichen Bibliotheken von Mozart, Händel, Haydn, Beethoven, Brahms, Wagner – die Frage, warum Bach als einziger eine gehabt haben müsse, ist bis heute völlig ungeklärt.

Und noch etwas anderes berührt sonderbar: Alle Bach-Söhne hatten erstens eine hervorragende musikalische Ausbildung erhalten, nämlich durch ihren Vater, und die beiden Ältesten, die Hauptinculpanten, hatten zu dieser Zeit längst eine ausgiebige und erfolgreiche musikalische Praxis. Sie brauchten also theoretische Bücher ihres Vaters so notwendig wie Berufskraftfahrer die Erläuterungen ihres Vaters zur Straßenverkehrsordnung.

Aber Schleuning, der auch an anderen Stellen mit Bachs Leben durchaus abenteuerlich umgeht, geht mit der Unterstellung von Bachs theoretischen Vorlieben noch ein Stück weiter. Mizler hatte als Aufbewahrungsort jener Arbeiten, die bei seiner Societät eingingen, Leipzig bestimmt. Daraus schließt er messerscharf, der Sammelplatz alles dessen müsse Bachs Haus gewesen sein, und Bach habe als der Leihbibliothekar der Mizlerschen Sammlung funktioniert.

Er vermag auch einen unumstößlichen Beweis für die Richtigkeit seiner Theorie zu geben: Es hat sich bei Bachs Tod von der gesamten Mizlerschen Sammlung in seinem Hause nichts vorgefunden. Genau dies, erklärt er, ist der Beweis: Es war alles ausgeliehen! –

Bachs Beisetzung fand als »großes Begräbnis« unter Teilnahme der »ganzen Schule« statt. Zum Sarg Anna Magdalenas trat sechzehn Jahre später nur die »Viertelschule« – es war ein Armenbegräbnis. Im Jahresschulbericht für das Jahr 1750 würdigte der Rektor Ernesti den dahingegangenen Schulcantor keines Wortes: Er hatte den Mann schon vor dreizehn Jahren erledigt. In der Kirche, deren Musik er siebenundzwanzig Jahre lang getreulich und mit einer Kette von einzigartigen Höhepunkten geleitet hatte, hielt sich die Abkündigung an das unumgängliche Mindestmaß: »Es ist in Gott sanft und selig entschlafen der wohledle und hochachtbare Herr Johann Sebastian Bach, Seiner Königlichen Majestät in Polen und Churfürstlichen Durchlaucht zu Sachsen Hofkomponist wie auch Hochfürstlich Anhalt Köthenscher Kapellmeister und Cantor der Schule zu St. Thomae allhier am Thomas-Kirchhofe. Dessen entseelter Leichnam ist heutigen Tages Christlichen Gebrauch nach zur Erden bestattet worden.« Mehr hatte man nach siebenundzwanzig Jahren über den ungeliebten Untergebenen nicht zu sagen.

Der Rat ging noch in der gleichen Woche an die Besetzung der Stelle, sie war ja ohnehin abgemacht. Es hatten sich auch andere beworben, darunter ein Kollege, ein Schüler, ein Sohn des Verstorbenen. Aber damit lieferten sie nur den Beweis, daß sie vom stattgehabten Probspiel in den »Drey Schwanen« keine Ahnung hatten, sonst hätten sie es zweifelsfrei gelassen.

Berühmt ist der Nachruf des Herrn Geheimen Kriegsrats und Bürgermeisters Doktor Stieglitz: »Herr Bach wäre zwar wohl ein großer Musicus aber kein Schulmann gewesen, müßte dahero bei Ersetzung dessen Dienstes als Cantor in der Thomasschule auf eine Person gesehen werden, die zu beiden geschickt sei.« Was der Ratsherr Plaz sogleich mit seiner Stellungnahme ergänzte: »Es solle der Cantor der Thomasschule vor allem ein Schulmann sein, ohngeachtet er auch die Musik verstehen müsse.«

Nach dieser Grundsatzerklärung plädierte er gleichfalls für Brühls abgehalfterten Kapellmeister, der in seinem ganzen bisherigen Leben noch nicht eine einzige Stunde Lateinunterricht gegeben hatte. Aber der »wollte's versuchen« und zeichnete sich überdies »durch eine verträgliche Gemütsart« aus. Außerdem stand ja Brühl dahinter.

Der Antrag wurde daher sofort angenommen, einstimmig, man kann's im Ratsprotokoll nachlesen. Harrer war neunzehn Jahre lang in Dresden der Hauskapellmeister Brühls.* Moritz Fürstenau, der in seinem Werk *Geschichte der Musik und des Theaters am Hofe zu Dresden* das Dresdener Musikleben außerordentlich vollständig beschreibt, fand ihn nicht einmal namentlicher Erwähnung wert. Brühl wußte schon, warum er Druck gemacht hatte. Doch seine musikalische Leistung und die Qualität seines Lateinunterrichts spielten für den Leipziger Rat auch keine Rolle. Sein Hauptinteresse bestand darin, daß er beim Regieren in Ruhe gelassen werden wollte. Und vor allem war er froh, diesen unverwendbaren Querulanten Bach endlich los zu sein. Darin, daß der der Stadt siebenundzwanzig Jahre lang seine großartige Musik beschert hatte, sah er für sich keine Verpflichtungen, weder im Rest des Jahrhunderts noch im folgenden.

Bach war an der Mauer der Johanniskirche beigesetzt worden. Wo, das hatte man schon vierzig Jahre später vollständig vergessen. Auch als die große Bach-Renaissance begann, stand der Rat der Bewegung desinteressiert gegenüber. Man war auf andere Leute in der Musikpflege stolz. So hatte dieser junge, begabte Dirigent aus Berlin namens Felix Mendelssohn Bartholdy nicht nur das Gewandhaus-Orchester in die Höhe gebracht, sondern auch in Leipzig das erste Konservatorium Deutschlands begründet. Man hatte den bedeutenden Klavierpädagogen Wieck in seinen Mauern mit seiner berühmten Tochter Clara, ihr Mann war ein begabter Komponist und gab eine vielbeachtete *Neue Zeitschrift für Musik* heraus. Und in der Oper saß ein nicht unbegabter junger Kapellmeister namens Lortzing – also Leipzig war auch ohne Bach eine Musikstadt.

Es war allein Mendelssohn, der sich für Bach einsetzte, ohne die Behörde zu fragen, so, wie er sich schon in Berlin für ihn eingesetzt hatte: Er führte in der Thomaskirche Bachsche Orgelwerke vor. Es wurde ein Ereignis für das ganze musikalische Leipzig, Schumann schrieb eine begeisterte Kritik darüber, und Mendelssohn Bartholdy stiftete von dem Erlös dieser Konzerte 1843

Erst dreiundneunzig Jahre nach Bachs Tod wurde in Leipzig ein Bach-Denkmal aufgestellt – nicht von der Stadt, sondern von Felix Mendelssohn Bartholdy initiiert und bezahlt.

Das von Karl Seffner geschaffene Bach-Denkmal, das 1908 an der Südseite der Thomaskirche aufgestellt wurde.

das erste Bach-Denkmal. Der Beitrag der Stadt bestand darin, daß sie dagegen keine Einwände erhob.

Um Bachs Grab kümmerte sich immer noch keiner. Es wäre verschollen geblieben, wäre es nicht 1894 zu einem Erweiterungsbau der Johanniskirche gekommen. Bei den Ausgrabungen für die neue Grundmauer fanden sich drei Eichensärge. Daß Bach in einem Eichensarg begraben war, wußte man noch. So wurden seine Gebeine wiedergefunden. Der Bildhauer Karl Seffner modellierte über einem Gipsabguß des Schädels einen Kopf, der mit Porträts Bachs beträchtliche Ähnlichkeit aufwies. Nun endlich wurden Bachs sterbliche Überreste – nicht in der Thomaskirche, sondern in der Johanniskirche in einem Sarkophag in der Krypta bestattet, neben Christian Fürchtegott Gellert, der etwas eher dahingelangt war. In die Thomaskirche kamen sie erst 1950. Aber Seffner schuf auch jenes Bach-Monument, das Mendelssohns bescheideneres Denkmal ersetzte und im Jahre 1908 von der Neuen Bachgesellschaft enthüllt wurde. Nicht etwa vom Rat der Stadt.

Dort saßen aber nicht die einzigen, die ihn vergaßen. Insgesamt wird die Folgezeit gern pauschal so dargestellt, als ob Bach zunächst überhaupt in Vergessenheit geraten und erst durch Mendelssohns Berliner Aufführung der *Matthäuspassion* wieder ans Tageslicht gekommen wäre. »Im allgemeinen schien es am Ende des XVIII. Jahrhunderts, als wäre Bach tot für immer«, schreibt Schweitzer. Das stimmt natürlich ebensowenig wie vieles andere.

Zunächst einmal war Bach schon zu Lebzeiten kein modischer und vor allem alles andere als ein bequemer Musiker. Eins, interessanterweise, war er eigentlich überhaupt nicht, nämlich ein allgemein verwendbarer Kirchenmusiker. Carl Philipp Emanuel hat seine Choralharmonisierungen herausgegeben, 371 an der Zahl, aber ein Orgelbegleitbuch für den Gemeindegesang ist daraus nicht entstanden. Auch im Choralbegleitbuch der Evangelischen Landeskirchen von 1995 findet sich kein einziger Bachscher Begleitsatz, und das sicher nicht aus Unterschätzung Bachs. Seine Harmonisierungen sind einfach zu selbständige Kunstwerke, um sich einem Gemeindegesang anzupassen. Nicht viel anders verhält es sich mit seinen Orgelchorälen und dem Großteil seiner Choralvorspiele. Viele von ihnen sprengen schon durch ihren Umfang die Möglichkeiten des Gottesdienstes, sie führen nicht einfach zum Gemeindegesang hin, sondern übernehmen diesen quasi gleich noch mit. Man kann zwar nicht behaupten, daß Bach jemals die Grenzen der Musik überschritten habe,* aber ein Organist, der nichts als Bach im Gottesdienst spielen wollte, würde sicher eher Mißbilligung als Zustimmung in der Gemeinde finden. Und es kommt etwas hinzu, das Bach selbst niemals verschwieg: Die meisten seiner Sachen sind schwer. Nicht nur die *Goldberg-Variationen*, auch sein *Wohltemperiertes Klavier* spielt sich wesentlich schwieriger als die Klaviersonaten Haydns oder Mozarts. So flog ihm Popularität mit seinen Stücken nicht zu, und er hat sich auch fast nie darum gekümmert. Wenn er sie selbst spielte – das war etwas anderes, da kannte die Bewunderung keine Grenzen. Nur nachspielen ... aber daß er von den Fachleuten jemals vergessen worden wäre – das stimmte zu keiner Zeit.

Es stimmt auch zu keiner Zeit, daß er »ein Ende« gewesen wäre. Mit seinem »Alles führt zu ihm hin, es geht nichts von ihm aus« hat Schweitzer eine unglückliche und absolut falsche Behauptung aufgestellt.

Es ging nichts von ihm aus?

Man hat seine Schüler gezählt: Es waren einundachtzig, und mindestens sechsundvierzig davon waren Berufsorganisten. Alle einundachtzig sind durch seine Lehre gegangen, in seiner Musik unterwiesen worden und werden ihrerseits das Erlernte auch weitergegeben haben. Wenigstens ist keiner bekannt, außer Johann Christian Bach vielleicht, der es als »altmodisch« zurückgestoßen hätte. Schüler von Bach gewesen zu sein war mehr als eine Empfehlung, es war geradezu ein Gütesiegel, und manche sollen sich dieses Gütesiegels sogar bedient haben, ohne es erdient zu haben – der Name Bach war ein Empfehlungsbrief. Sechsundvierzig Organistenstellen in bedeutenden Orten mit Bach-Schülern besetzt – es waren sehr berühmte Schüler darunter: Krebs etwa, Kittel, Homilius an der Dresdener Kreuzkirche, Kellner. Noch vierunddreißig Jahre später schrieb Johann Adam Hiller: »Noch bis auf den heutigen Tag hält man es für Ehre, den Unterricht dieses großen Mannes genossen zu haben« – und es ging nichts von ihm aus?

Man darf nicht vergessen, daß diese Schüler ja wieder ihrerseits Schüler hatten. Kittel zum Beispiel hatte einen Orgelschüler namens Christian Heinrich Rinck, der später seinen Doktor machte und Professor wurde. Er trug schönsten kontrapunktischen Orgelstil in Bachscher Manier in das 19. Jahrhundert hinein. Und Bachs Orgelwerke, kaum verlegt, technisch außerordentlich anspruchsvoll, gingen ebensowenig unter wie sein *Wohltemperiertes Klavier*: Immer wieder begeisterten sie diesen oder jenen so, daß er sich's abschrieb, weil er's um jeden Preis selbst haben mußte – und das ist in der Musik wahrhaftig eine höchst ungewöhnliche Form, in Vergessenheit zu geraten!

Da war ja auch noch Johann Philipp Kirnberger,* Geiger in der Kapelle Friedrichs des Großen und Musiklehrer der Prinzessin Amalie in Berlin. Daß er seinen Lehrer über alles schätzte, beweist seine umfangreiche Sammlung Bachscher Kompositionen, die später die Grundlage mancher Druckveröffentlichung bildete. Er selbst genoß hohes Ansehen, die von ihm verfaßten musiktheoretischen Schriften fanden in der ganzen zweiten Hälfte des 18. Jahrhunderts weite Verbreitung, und sie verarbeiteten das, was er von seinem Lehrer gelernt hatte: von Johann Sebastian Bach.

Wie schwierig ist es für Söhne, im Schatten eines solch großen Vaters zu überleben. Franz Xaver Mozart ist, wiewohl ein tüchtiger Musiker, so gut wie unbekannt geblieben. Siegfried Wagner beherrschte fast alle Stilmittel seines Vaters exzellent und versank gerade dadurch in nahezu absolute Bedeutungslosigkeit. Brachvogels *Friedemann Bach* bezieht seinen wesentlichen Konfliktstoff aus diesem »Genie im Schatten des Vaters«. Aber Bach hatte gleich drei Söhne, die sich durchaus nicht von ihm verdunkeln ließen, die gleiche Selbständigkeit wie der Vater bewiesen und zur Musik ihrer Zeit wegweisende Beiträge leisteten. Oft wird Carl Philipp Emanuel so hingestellt, als sei er geradezu der künstlerische Antipode seines Vaters gewesen, der seinen »neuen Stil« gegen den angeblich alten gesetzt habe. Wer ihn genauer studiert, erkennt, wie viel er bei seinem Vater gelernt hat, wie exzellent er (zum Beispiel in seinen Orgelkonzerten) monothematisch zu arbeiten verstand; daß er aber gleichzeitig doch nicht einfach der Sohn seines Vaters war (was man von Mozarts Sohn sagen darf), sondern eben darum der Sohn seines Vaters, weil als Musiker genauso selbständig, wie es sein Vater von Anfang an war.

Und da ist noch etwas Bemerkenswertes: Wie Carl Philipp Emanuels eigene Schöpfungen beweisen, war er ein durchaus erfahrener und sicherer Kontrapunktiker, mit dem Stil seines Vaters noch dazu durch dessen Unterricht besonders vertraut. Er war es, der nach dessen Tod 1751/52 für den Stich der *Kunst der Fuge* sorgte, Korrektur las und sich aufs sorgfältigste um die Herausgabe bemühte. Schleuning schiebt ihm sogar zu, er sei dabei ein raffinierter Werbefachmann gewesen. Natürlich bricht seine Beweisführung schon nach wenigen Sätzen zusammen. Daß Carl Philipp Emanuel leider durchaus keiner war, ersieht man daraus, daß er gerade zehn Exemplare des Werkes an den Mann bringen konnte und die Kupferplatten wenig später nur noch als Altmetall verkaufen konnte.

Für einen so sparsamen Mann wie ihn muß das ganze Unternehmen eine sehr herbe Enttäuschung gewesen sein. Seine besondere werbetechnische Raffinesse, sagt Schleuning, sei vor allem aus seinem Wortzusatz zu der unvollendeten und ins Einstimmige auslaufenden Tripelfuge zu erkennen: »Über dieser Fuge, wo der Name b-a-c-h im Contrasubjekt angebracht ist, ist der Verfasser gestorben.« Und das ist nun merkwürdig:

Auch Giacomo Puccini starb über der Vollendung seiner Oper

Johann Christian Bach, der zuerst als Domorganist und Opernkomponist in Mailand, später als Komponist und Konzertveranstalter in London Karriere machte und dem jungen Mozart deutliche Anstöße für sein späteres Schaffen gab.

Turandot. Sein Schüler Franco Alfano vollendete das Werk pietätvoll und stilsicher. Auch Mozart kam nicht mehr dazu, sein *Requiem* zu Ende zu schreiben. Sein Schüler Süßmayr beendete das unvollendete Werk und, mit Mozarts Schreibweise vertraut, beendete es so, daß es heute noch mit diesem Schluß erklingt und wir beim Anhören nicht präzis sagen können, wo Mozart aufhört und Süßmayr anfängt. Carl Philipp Emanuel aber war mit der Arbeitsweise und dem Stil seines Vaters genauestens vertraut und vollendete die Tripelfuge *nicht*, weil er zu genau wußte: Der einzige, der diese Tripelfuge hätte vollenden können, war Bach selbst. Dies war eine große und respektvolle Entscheidung, die wir nicht anders als mit größter Hochachtung zur Kenntnis nehmen können. Seine eigene Entwicklung ging andere Wege, Joseph Haydn bekannte später, er wäre nicht Haydn geworden ohne die Bekanntschaft mit dem Werk Carl Philipp Emanuel Bachs. Das Rüstzeug dazu aber hatte der von seinem Vater mitbekommen. Und daß auch Haydn exzellente Fugen nach Bachscher Manier schreiben konnte, bewies er nicht nur in seiner *Sinfonie Nr. 40*, sondern auch in seinen Oratorien.

Und es ging nichts von ihm aus?

Carl Philipp Emanuel vermittelte sein eigenes Rüstzeug weiter an seinen jüngsten Bruder Johann Christian. In ihm steckte die gleiche Selbständigkeit wie in Vater und Bruder, aber auch jener abenteuernde Unternehmungsgeist, der zunehmend das Leben seines ältesten Bruders prägte und der seinem Bruder Bernhard zum Verderben geworden war. Johann Christian hatte in sich den glücklichen Ausgleich zwischen Friedemanns Unruhe und Carl Philipp Emanuels Solidität. Und auch die Unbedenklichkeit seines Bruders Bernhard, die es ihm ermöglichte, nach Italien zu gehen, ohne Bedenken zum Katholizismus überzutreten und in Mailand gleichzeitig Domorganist und Opernkomponist zu werden. Er ging mit siebenundzwanzig nach London, und als Konzertunternehmer der Bach-Abel-Konzerte eroberte er sich über lange Jahre eine dominierende Stellung im Londoner Konzertleben. Wer seine Sinfonien kennt, ahnt den nachhaltigen Einfluß, den er auf den jungen Mozart bei dessen Londoner Aufenthalt ausgeübt haben muß. Wer sich mit den Nebenstimmen dieser Sinfonien beschäftigt, entdeckt einen vollendeten Kontrapunktiker. Das Rüstzeug dafür aber hatte er nicht nur von seinem Bruder, sondern auch von seinem Vater mitbekommen.

Und es ging nichts von dem aus?

Und dann war da der österreichische Freiherr Gottfried van Swieten, der als österreichischer Diplomat in Berlin bei Marpurg und dem Bach-Schüler Kirnberger studiert hatte und geradezu ein Bach-Fanatiker wurde. Als er Präfekt der Wiener Hofbibliothek wurde, suchte er den Verkehr mit Mozart, und Mozart berichtete nicht nur, daß bei ihm alle Sonntage »nichts gespielt wird als Händel und Bach«, Mozart nahm die Bach-Sachen mit zu sich nach Haus, als seine Constanze sie hörte, »ward sie ganz verliebt darein«, und so fing Mozart 1782 selbst an, unter dem Einfluß Bachs Fugen zu komponieren, und seine *Fantasie und Fuge* KV 394 ist beinahe eine Mozartsche Paraphrase auf Bachs *Chromatische Fantasie und Fuge.*

Und Swieten machte Haydn mit Bach und Händel bekannt* und gab die Idee zur *Schöpfung* und zu den *Jahreszeiten*, und bei ihm spielte auch Beethoven Bach. Der hatte übrigens Bachs *Wohltemperiertes Klavier* schon als Elfjähriger »in der Faust«, und das hatte er von seinem Lehrer Christian Gottlob Neefe in Bonn mitbekommen, der seine Bach-Begeisterung von Johann Adam Hiller hatte, und Hiller hatte sie von den Bach-Schülern Homilius und Doles, dessen Nachfolger er schließlich an der Thomasschule wurde. Und von Doles hatte auch der Musikschriftsteller Rochlitz seine Bach-Begeisterung. Seine *Allgemeine Musikalische Zeitung* war eine der angesehensten in Deutschland, und Bach ging ihm über alles. Rochlitz war dabei, als Mozart Leipzig besuchte und als dieser bei Doles begeistert die Einzelstimmen der Motetten um sich herum ausbreitete und sagte: »Das ist doch einmal etwas, woraus sich was lernen läßt.« Es war Mozarts letzte Reise, und er war längst auf dem Gipfel seines Könnens. Auch ihn begeisterte Bach bis zuletzt.

Und das bezeichnet Schweitzer als ein »Ende«? Und sagt, es sei von Bach nichts mehr ausgegangen?

Offenbar war er der Meinung, nach Bach hätten die verschiedensten Leute nunmehr wie Bach schreiben müssen. Aber Genies sind nicht kopierbar, und alle wirklich großen Begabungen waren noch niemals Kopisten. Es stimmt: Nach Bach schrieb niemand mehr wie Bach, aber nach Wagner schrieb auch niemand mehr wie Wagner, nach Strauss niemand mehr wie Strauss, nicht einmal nach Orff noch einer wie Orff. Und wenn gewisse Leute nicht dauernd bestrebt wären, dem Bach nachzuweisen, wem er was alles nachgemacht hat, wüßten sie auch längst nachzuweisen, was vor Bach noch keiner gemacht hat: Es schrieb nicht nur nach Bach keiner wie Bach, sondern vor ihm auch schon keiner. Es beweist auch gar nichts, wenn man ihm nachsagt, er habe die Formen seiner Zeit nur übernommen – er hat sie zu einzigartigen Großformen entwickelt!

An sachverständigen Bewunderern aber mangelte es dem Erbe Bachs zu keiner Zeit, nicht nur in Deutschland und Österreich. Die erste Druckausgabe des *Wohltemperierten Klaviers*, das sich jahrzehntelang nur durch Abschriften verbreitet hatte, erschien 1799 in London! In England gab es für den »altmodischen, vergessenen« Johann Sebastian Bach nämlich ebenfalls eine ganze Bach-Gemeinde, so groß, daß sie den Druck rentabel erscheinen ließ. Die erste deutsche Ausgabe erschien bei Schott in Mainz erst ein ganzes Jahr später.

Es ist ja auch noch von der Zentralgestalt des Berliner Musiklebens nach 1800 zu sprechen, von Carl Friedrich Zelter,* dem

Lehrer Mendelssohns, Meyerbeers und Otto Nicolais und dem Freund Goethes. Bei ihm lernte schon der ganz junge Mendelssohn nach dem Vorbild Bachs das Fugenschreiben, und es sind ihm ganz vorzüglich gearbeitete Fugen gelungen – Zelter mit seiner Bewunderung für Bach hat sie veranlaßt. Denn er wußte, was Bach wert war, auch ohne bei einem Bach-Schüler in die Schule gegangen zu sein. Und er hatte unter den Notenschätzen seiner Singakademie, die damals noch »Faschs Singverein« hieß, jene Partitur der *Matthäuspassion*, die Mendelssohn schon als Sechzehnjährigen so in ihren Bann zog, daß er sich zu Weihnachten nichts als eine Abschrift wünschte, und die er als Siebzehnjähriger dann unbedingt aufführen wollte. Doch Zelter kannte ihre Schwierigkeiten und war überzeugt, daß er damit Schiffbruch erleiden mußte. Aber Mendelssohn und sein Freund Devrient redeten so lange auf den alten Herrn ein, bis der schließlich nachgab und es 1827 zu jener Aufführung unter dem Taktstock des achtzehnjährigen Mendelssohn kam, die Musikgeschichte machte. Aber die Bach-Begeisterung, wie man sieht, mußte keineswegs erst durch diese Aufführung entfacht werden, sie breitete sie nur aus. Zelter soll ein schwieriger Mann und von rauhem Wesen gewesen sein, sein Haupteinwand war, das Ganze sei veraltet. Aber das wird bei näherem Hinsehen unglaubwürdig: Er selbst hatte seinem Schüler ja die Bach-Begeisterung beigebracht, er hielt ihn also keineswegs für einen altmodischen Musiker, er brauchte nur einen Grund, die beiden jungen Leute von einer Niederlage abzuhalten, denn er selbst, der Alterfahrene, traute sich diese Aufführung nicht zu,* obwohl das Werk nun fast einhundert Jahre alt war.

Es ist nicht wahr, daß Bach nach seinem Tode in Vergessenheit geriet, und niemand, der sie kannte, hat seine Musik als altmodisch empfunden, im Gegenteil: Über allen Stilwandel hinweg vermochte sie Kenner und Sachverständige zu begeistern. Für die aber hat Bach sie geschrieben, und sie hat er auch in jenen Zeiten, wo er angeblich »in Vergessenheit geraten war«, nicht nur erreicht, sondern hingerissen.

Es ging nichts von ihm aus? Im Gegenteil: Kein Großer ging an ihm vorbei.

XXX

»WER DAS ERSTE Knopfloch verfehlt«, sagt Goethe, »kommt mit dem Zuknöpfen nicht zu Rande.« Schweitzer schreibt in seinem ersten Kapitel: »Bach gehört zu den objektiven Künstlern. Diese stehen ganz in ihrer Zeit und schaffen nur mit den Formen und Gedanken, die sie ihnen darbietet. Sie üben keine Kritik an den künstlerischen Ausdrucksmitteln, die sie vorfinden, und fühlen keine innere Nötigung, neue Bahnen zu erschließen.«

Man kann an dieser Stelle noch weiterlesen, aber es wird nicht richtiger. »Kritik an künstlerischen Ausdrucksmitteln« hat mit Kunst selbst nichts zu tun. »Sie fühlen keine innere Nötigung, neue Bahnen zu erschließen«, mag auf diesen oder jenen zutreffen, gegenüber Bach zeugt es von totalem Mißverständnis, ebenso wie die berühmte Formulierung »Gipfel und Ende der Barockmusik«. Sie hat fast ein halbes Jahrhundert Bachs Einschätzung bestimmt, bis in der Mitte des 20. Jahrhunderts aus durchaus politischen Motiven der DDR-Präsident den Knochen »Aufklärung« in die Debatte warf. Während sie sich zunehmend als bloßes zweckerdichtetes Phantasma, als Chimäre darstellt, scheint Bach der »Barockmusik« so unabtrennbar verbunden wie der Baum dem Boden, auf dem er steht.

Aber wenn man sich Bachs musikalische Umgebung näher ansieht, gerät das Bild ein wenig ins Schwanken. Denn das ist unbestreitbar: Hasse, Quantz, Telemann, Graupner, Fasch, Vivaldi, Marchand, Daquin, Rameau, Händel, Tartini, die Scarlattis, die Grauns, Kuhnau, Torelli, Corelli, Franz Xaver Richter, Pergolesi, Couperin, Krieger, Muffat, Böhm und Buxtehude schrieben alle nicht so wie Bach;* es ist nicht so, daß die *Mat-*

thäuspassion in einem Wald von anderen Passionen stünde, nicht einmal so, daß Händels *Brockes-Passion* oder Grauns *Tod Jesu* mit Bachs *Johannespassion* zu vergleichen wäre, oder zu vergleichen höchstens auf ganz allgemeine Weise, im Detail werden die Unterschiede gewaltig. Natürlich schrieb Bach *auch* wie seine Zeitgenossen, die *Klavierübung I* läßt sich noch mit Händels Cembalomusik vergleichen, die *Klavierübung II* entwickelt schon sehr eigene Formen, ist eigentlich Orchestermusik für Klavier. Aber spätestens von der *Klavierübung III* an hat Bach nicht mehr seinesgleichen. Und als Orgelkomponist hat er überhaupt schon sehr viel früher nicht seinesgleichen. Die Elementargewalt solcher *Toccaten und Fugen* wie in d-Moll, C-Dur, der Dorischen, solcher Präludien und Fugen wie in D-Dur, Es-Dur oder g-Moll ist in dem, was allgemein unter »Barockmusik« verstanden wird, nirgends anzutreffen. Ein solches musikalisches Riesengebäude wie Bachs *Passacaglia und Fuge* – alles andere als ein »Alterswerk! – ist völlig einmalig im Jahrhundert. Und man kann den Wal nicht als Fisch bezeichnen, nur weil er mit den Fischen im gleichen Wasser schwimmt. Gewiß gibt es eine Menge großartiger Musik, mit der Bach ganz und gar seiner Zeit entspricht. Aber mit den Solo-Violinsonaten und -partiten, darin der Riesenchaconne, auch? Es gibt sehr viel Musik von ihm, in der er seiner Zeit um Äonen voraus ist. Die angeführten Orgelwerke sind in ihrer musikalischen Umgebung ebenso etwas völlig Neues wie die fünfte Sinfonie von Beethoven, wie Wagners Eröffnung der *Holländer*-Ouvertüre oder Strawinskys *Pétrouchka*.

Diese Werke sind rein zufällig ausgewählt und lassen sich selbstverständlich nicht miteinander vergleichen, aber alle haben sie auch in ihrem Umfeld nichts Vergleichbares. Um neben die *h-Moll-Messe* etwas Vergleichbares zu setzen, muß man bis zur *Missa solemnis* Beethovens gehen – und die entstand ein Dreivierteljahrhundert später!

Wenn Schweitzer von Bach als einem jener Künstler spricht, die »keine innere Nötigung fühlen, neue Bahnen zu erschließen«, glaubt man nicht, daß er wirklich von Bach spricht. Denn schon in Arnstadt stieß dieser Bach ja eben deswegen mit seiner Behörde zusammen, *weil* er neue Bahnen erschloß. Wir reden nicht vom musikalischen Großarchitekten, dessen formale Konstruktionen, dessen kühner Periodenbau in der Fachliteratur noch gar nicht besprochen sind, wofür Goethe die Erklärung gibt: Den Stoff sieht jedermann vor sich, den Gehalt findet nur der, der etwas dazu zu tun hat, und die Form ist ein Geheimnis den meisten.

Aber mindestens muß man von dem umstürzlerischen Harmoniker reden, der seinesgleichen in der gesamten Barockmusik nicht hat und der der Harmonik seiner Zeit um mindestens ein Jahrhundert voraus war.* Leonard Bernstein, der nicht als Musikwissenschaftler, sondern als Musiker aus einem Reich berichtete, in dem er zu Hause war, hat dies präzis beschrieben: »Die zwölf Töne des Quintenzirkels ... bringen einen geschlossenen Kreis von zwölf Tonarten hervor – wie stellt es die Musik an, diese lose, davonlaufende Chromatik in Schranken zu halten? Durch das Grundprinzip der Ganztonschritte, der Diatonik – dieser dauerhaften Beziehung von Tonika und Dominante, Subdominante und Supertonika, von neuer Dominante und neuer Tonika. Wir können nun, frei und wie es uns beliebt, von einer Tonart in die andere gehen, und so chromatisch, wie wir wollen – und verlieren dabei doch nie die Kontrolle über die Tonalität. Johann Sebastian Bach hat dieses großartige System der tonalen Kontrolle vervollkommnet und kodifiziert; seinem Genie ist es gelungen, die Wirkungskräfte der Chromatik und Diatonik äußerst delikat und genau auszubalancieren, wiewohl es sich hier um sehr starke und (vermutlich von Natur aus) einander widerstrebende Kräfte handelt. Und dieser delikate Brennpunkt ist das ruhende Auge im Wirbelsturm der Musikgeschichte – er war von solcher Standfestigkeit, daß er ohne wesentliche Korrekturen fast ein Jahrhundert lang Bezugspunkt blieb, und dieses Jahrhundert wurde zum goldenen Zeitalter der Musik.«

Wenn Johann Sebastian Bach »das Ende der Barockmusik« bedeutet, dann also deswegen, weil er die Schlagbäume der Barockmusik niederlegte und den Weg pflasterte für die Musik des kommenden Jahrhunderts, und nicht als Wegbereiter, sondern als Wegbeschreiter. Manche Leute glauben freilich immer noch, die Verbindung »Präludium und Fuge« sei die vorherrschende Form der Barockmusik gewesen. Aber sie sind durchaus im Irrtum: Es war einzig die Lieblingsform Johann Sebastian Bachs, nicht anders als die Etüde die Lieblingsform Chopins war und die Lieblingsform Haydns und Mozarts und Beethovens die Sonatenform. Aber all diese Formen sind untereinander inkommensurabel, und es ist wenig sinnvoll, auf dem Wege von einer zur anderen von einer »Höherentwicklung« zu sprechen. Ganz sicher ist John Cages *Musik für zwölf Radios* keine Höherentwicklung der Sinfonie, nur weil ihre Idee aus dem Jahrhundert nach Beethoven stammt.

Genug. Sagen wir es so: Johann Sebastian Bach gehörte keinesfalls zu jenen Künstlern, die keine innere Nötigung fühlen, neue Bahnen zu erschließen. Wenn er das Ende der Barockmusik bedeutete, so deswegen, weil er sie überwand und Kompositionen schuf, die der Musik seiner Zeit weit vorauseilten. Und er geriet auch nicht nach seinem Tod in Vergessenheit, seine Schüler sorgten in praktischer Wirksamkeit für sein Andenken, es waren ihrer sehr viele, und sie hatten wieder Schüler, und auch denen vermittelten sie wieder Bach.

Das absolut Merkwürdige daran ist, daß es so viele Bach-Enthusiasten gab, wo der Mann angeblich völlig aus der Mode war. Einer der bedeutendsten war weder Bach-Schüler noch Schüler eines Bach-Schülers, aber einer der größten Bach-Verehrer und -Propagandisten: Johann Nikolaus Forkel, der – wie Bach – sich seine tiefschürfenden musikalischen Kenntnisse als Autodidakt erwarb, Jura studierte und es in Göttingen zum Universitätsmusikdirektor und Magister h. c. brachte. August Wilhelm Schlegel, Ludwig Tieck und Wilhelm von Humboldt gehörten zu seinen Schülern – wahrhaftig alles andere als unbedeutende Köpfe.

Für die Bewahrung des Bach-Werkes aber war ein anderer seiner Schüler entscheidend, von dem ansonsten herzlich wenig zu lesen ist: Friedrich Konrad Griepenkerl, der zusammen mit dem um dreiundzwanzig Jahre jüngeren Ferdinand August Roitzsch seit 1820 systematisch die Orgelkompositionen Bachs, wo immer sie in Ur- oder Abschriften vorhanden waren, zusammentrug, redigierte und in mehr als zwanzigjähriger unermüdlicher Arbeit in der Leipziger Edition Peters eine so mustergültige Ausgabe der Bachschen Orgelwerke herausbrachte, daß sie noch immer unverändert im Handel ist. Von Griepenkerl stammt auch – in einem

Brief an Roitzsch vom 30. Dezember 1846 – jene Erklärung, die die Weisheit gewisser Professoren in etwas zweifelhaftem Licht erscheinen läßt: »Die ganze ›Kunst der Fuge‹«, schreibt er, »ist nicht für die Orgel, auch nicht für's Klavier, sondern zum Studium bestimmt … Was ich da eben niedergeschrieben habe, ist aus Forkels Munde, Forkel sagte aber dergleichen nicht, wenn er es nicht von Friedemann oder Emanuel Bach gehört hätte … Beim bloßen Lesen klingen auch alle diese Stücke im Kopfe weit besser als auf irgendeinem Instrumente.«

Man darf zweifelsfrei Bachs Vergnügen an außerordentlichen kontrapunktischen Kunststücken, das sich im letzten Jahrzehnt seines Lebens immer stärker nach vorn drängte, keinesfalls mit theoretischem Interesse verwechseln. Mit Theorie beschäftigen sich vorzugsweise die Theoretiker, wobei, wie obiges Briefzitat zeigt, gewisse Theorien durch Fakten leider so wenig aufzuhalten sind wie Luftballons. Sie brauchen ihre Zeit, bis sie platzen. Indessen meinte schon Jean Paul diesbezüglich, Mut des Urteils erspare oft tiefere Einsicht.

Für Bach bestand die Freude an der Kontrapunktik darin, daß er unter immer schwierigeren Bedingungen immer neu wunderschöne Musik zustande brachte: Ob es ein »Canone alla quinta« oder »alla nona« war, mochte Keyserlingk auf Anhieb erkennen oder nicht, Glenn Goulds Zuhörer erkannten es mit Sicherheit nicht, aber daß es hinreißende Musik ist, darüber blieben sie keinen Augenblick in Zweifel. Bachs Vergnügen mag am ehesten verglichen werden mit Schönbergs Erforschung der Zwölftonreihe: Keineswegs konnte der erwarten, daß seine Hörer immer bis zwölfe mitzählen würden – aber daß er auf diese Weise Musik machte, daran war nicht zu rütteln.

Der langjährige Inhaber des Lehrstuhls für Musikwissenschaft der Universität zu Halle, der schon verschiedentlich zu zitieren war, hat allerdings für die Entstehung der *Kunst der Fuge* den wahren Grund herausgefunden, nämlich Bachs Altersstarrsinn! Anders weiß er sich dieses Kunstwerk nicht zu erklären. »Es ist was Schreckliches um einen vorzüglichen Mann«, sagte Goethe, »auf den sich die Dummen was zugute tun.« –

In den Jahren 1732 bis 1754 erschien in Leipzig ein Jahrhundertwerk: Johann Heinrich Zedlers *Großes vollständiges Univer-*

sal-Lexicon aller Wissenschaften und Künste. Im zweiten Supplementband sind auch die bedeutendsten Träger des Namens Bach aufgeführt:

a) Bach – uraltes adeliges Geschlecht – 87 Zeilen
b) Bach, Ernst Ludwig, Württemberg. Jubel-Priester,
 9 Zeilen
c) Bach, Georg Michael, Gymnasiallehrer in Halle,
 4 Zeilen
d) Bach, Johann August, Dr. d. Philosophie & utriusque
 iuris, außerordentlicher Professor in Leipzig, 94 Zeilen
e) Bach, Johann Sebastian, Musiker, 45 Zeilen
f) Bach, Salomon, Jurispracticus in Danzig, 69 Zeilen.

Daß Johann Sebastian eine so große Würdigung von 45 Zeilen erhielt, obwohl er weder von Adel noch ein Studierter war und sich in der letzten Zeit doch einigermaßen zurückgezogen hatte, ist bemerkenswert. Noch bemerkenswerter ist die mehr als doppelt so lange ausführliche Würdigung des außerordentlichen Professors Johann August Bach, zumal der bei der Drucklegung gerade dreißig war. Wurde er einer der bedeutendsten Leipziger Gelehrten jener Zeit? Keineswegs. Aber er war ein Schüler von Ernesti.

Und wieviel Zeilen hatte Gottsched? »Gottsched, Johann, 1667–1704 aus Königsberg« hatte 17 Zeilen. Aber das war der Vater. Vom großen Sohn, »dem Exponenten der Leipziger Aufklärung«, fand Zedler nichts des Erwähnens würdig. Sein Name fehlt auch in Christian Gottlieb Jöchers *Allgemeinem Gelehrten-Lexicon*, erschienen in Leipzig 1750. Erst achtzehn Jahre nach seinem Tod konnte man sich in der Neuauflage des »Jöcher« von 1784 zu einer Würdigung aufraffen. Damals hatten die französischen Enzyklopädisten ihr Gesamtwerk samt Supplement längst abgeliefert, und die Aufklärung war zur europäischen Bewegung, geradezu zur Mode geworden.

In jener Neuauflage hieß es: »... indessen hatte Gottsched das Verdienst, daß er nach langer Zeit zuerst wieder die Aufmerksamkeit auf die Reinigkeit und Richtigkeit der Sprache verbreitete, so incorrect und platt er auch selbst schrieb, und den guten Geschmack nach den Regeln des Schönen und nach dem Muster der Alten empfahl, so wenig er auch selbst beides befolgen konnte. In der Philosophie war sein Verdienst unbedeutend.« – Dies also war in Leipzig der Stand der Aufklärung zur Bach-Zeit. –

Ganz sicher kommt man der Musik Bachs nicht näher, indem man feststellt oder nachweisen zu können glaubt, daß Elemente von dem oder jenem Musiker auch darin enthalten sind. Bernstein: »Alle Komponisten schreiben ihre Musik in den Ausdrücken der ganzen Musik, die ihrer vorangegangen war. Jede Kunst anerkennt die Kunst, die gewesen oder die noch gegenwärtig ist.« Es nützt auch nichts, zu behaupten, daß sich diese oder jene theoretischen Probleme darin spiegelten oder daß sie derentwegen entstanden wäre. Das ist jenen Leuten vorbehalten, die sich klug vorkommen, wenn sie sich in Theorien eingesponnen haben.

Nochmals Bernstein, an ganz anderer Stelle: »Nur Künstler können Magie begreiflich machen. Nur in der Kunst findet Natur ihren Ausdruck. Und ebenso läßt sich Kunst nur durch Kunst ausdrücken. Deshalb gibt es nur einen Weg, wirklich etwas über Musik zu sagen, nämlich Musik zu schreiben.« Bach hat Bernstein nicht gekannt, aber er war mit ihm einer Meinung, wie sein Verhalten in vielen Fällen beweist. Und selbst wenn es für ihn interessant gewesen sein sollte, daß die 14 seine Zahl war oder die 41 oder die 70: für seine Musik ist es gänzlich uninteressant. Wir hören das alles nicht, seine Musik wird nicht reicher und auch nicht verständlicher dadurch, und was sollte das auch für eine Musik werden, die man sich an den Fingern abzählen muß.

In der Musik zählen keine komponierten Kreuze, Halbmonde, Anker oder Sterne. Das sind Spielchen für Leute, die Brot nicht zu essen verstehen, sondern daraus Kügelchen drehen. Paul Badura-Skoda fand, die *Kunst der Fuge* sei die erste Komposition für das Hammerklavier. Dieser Eindruck steht ihm als Pianisten natürlich zu. Aber das C-Dur-Präludium aus dem *Wohltemperierten Klavier* klingt auch ganz vorzüglich auf dem Synthesizer, obwohl es mit großer Wahrscheinlichkeit für diesen nicht komponiert ist. In Anbetracht der großartigen Wirkung ist das aber nicht einmal von Interesse. In den sechziger Jahren bewiesen die Swingle-Singers, daß mit Bach sogar höchst erfolgreiche Schlagermusik zu machen ist, und sie waren stolz darauf, keine einzige Note und keinen einzigen Notenwert dabei verändert, lediglich den Rhythmus ein wenig verdeutlicht zu haben.

Die Empörung, daß Bach populär werden könne, war groß. In der DDR sorgte ein Professor Goldschmidt für das Verbot von Swingle-Singer-Platten, die Leute mußten sie sich in tschechischen Kulturläden unter dem Ladentisch besorgen. Der Professor konnte Bach absolut nicht populär machen, aus den Mündern der Swingle-Singers faszinierte er.

Allerdings ist es ebendieses, was sich nicht leicht zusammenreimt: Obwohl seitens der riesigen »Bachologie« Bach inzwischen von allen Seiten mit Problemen, Wurzeln und Rätseln behängt ist wie ein Weihnachtsbaum, der unter seinem Lametta und seinen Silberkugeln erstickt, ist er in der Welt absolut kein Problemfall, sondern ein außerordentlich erfolgreicher Musiker. Ein Weihnachten ohne *Weihnachtsoratorium*? Unvorstellbar. Wenn eine Kantate aufgeführt wird, dann ist es eine Bach-Kantate, wenn irgendwo ein Orgelkonzert stattfindet, dann sehr selten ohne ein Werk von Bach. Eine Bach-Diskographie dürfte umfangreicher werden als das Bach-Werke-Verzeichnis. Und daß er jemals altmodisch gewesen sei, scheint platterdings unglaubwürdig, ja lächerlich. Wobei es freilich unübersehbar ist, daß der Hang zur Musik der Vergangenheit in dem Maße zunimmt, in dem sich die ernste Musik der Gegenwart von ihren Hörern entfernt.

Wie ernst sie zu nehmen ist, ist sicher ein anderes Kapitel aus einem anderen Buch. Bach: das ist fast immer eine Musik aus mehreren Stimmen, also eigentlich verschiedene Musik gleichzeitig und die Vorführung mehrerer selbständiger Melodien gleichzeitig, gemeinsam vorangetrieben durch ihre harmonische Entwicklung. Das ist ein höchst geheimnisvoller Vorgang, der in einem höchstes Kalkül verlangt und sich bloßem Kalkül entzieht: Carl Philipp Emanuel wußte, daß er die Tripelfuge seines Vaters nicht vollenden könne. Die wenigsten verfügen über die Hörpraxis, alle Stimmen Bachs in aller Deutlichkeit zu verfolgen. Doch die wenigstens vermögen sich ihrer bestrickenden Einigkeit zu entziehen.

Als Goethe einmal Bachsche Triosonaten zu hören bekam, meinte er, es sei, »als wenn die ewige Harmonie sich mit sich selbst unterhielte«.* Der Satz ist gern als die freundliche Äußerung eines älteren Herrn verbreitet worden, von dessen Musikalität man im übrigen nicht allzuviel hielt. Aber wäre er nicht äußerst musikalisch gewesen, wäre aus ihm kein Dichter geworden, Dichtung wird nämlich mit den Ohren geschrieben. Darüber hinaus war er aber auch ein Denker von sibyllinischer Weisheit und Tiefe, und zum Geheimnis der Musik hatte er sein besonderes Verhältnis. Im Prolog zu *Faust* errichtet er schon mit den ersten zwei Zeilen das Gebäude des tönenden Universums. Ebendiese Auffassung findet sich auch bei Shakespeare.*

Die Vorstellung vom Universum als einem tönenden ist uralt. Sie kommt in den verschiedensten Kulturen vor: in der japanischen, chinesischen, indischen. In der unseren ist sie seit Pythagoras verankert, der alle Bewegung in Zahlen und Klang verkörpert fand und behauptete, die Zahlenverhältnisse der Töne untereinander seien auch die Verhältniszahlen der Welt, und die Harmonie der Sphären ließe sich zu Klängen verdichten.

Tausend Jahre später definierte Boethius, zuerst der allmächtige Minister, später der Gefangene Theoderichs des Großen, die Musik als eine Trinität, die im Zusammenklang der Sphären die *eine* Musik ausmachten, die es gibt und von der die menschliche »musica instrumentalis« das Abbild sei.

Dies alles mutet an wie Mythos, ein Nichtwirkliches, aber wieder tausend Jahre später erklärte jener Mathematiker und Astronom, welcher die Gesetze der Umlaufbahnen der Planeten fand, Johannes Kepler, als Wissenschaftler alles andere als ein versponnener Mystiker: »Gib dem Himmel Luft, und es wird wirklich und wahrhaftig Musik erklingen. Es gibt einen Concentus intellectualis, eine geistige Harmonie, an der reine Geistwesen und in gewisser Weise auch Gott selber nicht weniger Genuß und Ergötzen empfinden als der Mensch mit seinen Ohren an musikalischen Akkorden.« Und an anderer Stelle: »Darum muß man sich nicht weiter wundern, daß die schöne, zweckmäßige Folge der Töne in den musikalischen Tongeschlechtern von den Menschen gefunden wurde, wenn man sieht, daß sie dabei nichts anderes getan haben als Gottes Werke nachzuahmen, um sozusagen das Schaustück des himmlischen Bewegungsbildes herunterzuspielen.« Paul Hindemith inspirierte dies zur Oper und zur Sinfonie *Die Harmonie der Welt*.*

»Als ob die ewige Harmonie sich mit sich selbst unterhielte« – in keinem geringeren Zusammenhang als dem Keplerschen ist

Goethes Einordnung von Bachs Musik zu verstehen. Und wir wissen inzwischen, daß es sich dabei nicht um Vorstellungen handelt, so wenig wörtlich zu nehmen wie die Schöpfungsgeschichte, sondern wissenschaftliche Erkenntnisse der Gegenwart bestätigen sie: Tatsächlich bestehen zwischen den Bahnen der Planeten musikalische Verhältnisse, tatsächlich gibt es einen Rhythmus des Kosmos, tatsächlich ist, wie Joachim Ernst Berendt in seiner Sendereihe *Die Welt ist Klang* nachwies, »die Tiefenstruktur der Musik identisch mit der Tiefenstruktur aller Dinge«.

An dieser Stelle gibt es eine merkwürdige Geschichte: Die amerikanischen Wissenschaftler Peter Tompkins und Christopher Byrd haben feststellen müssen, daß Pflanzen musikalisch sind. Und die amerikanische Professorin Rathelag hat Kürbiskeime der Musik von Johann Sebastian Bach ausgesetzt, und die jungen Triebe sind auf den Lautsprecher zu gewachsen. (NB. Bei Rockmusik in die entgegengesetzte Richtung.)

Es ist keine Phantasterei: Es gibt eine Verbindung zwischen Bachs Musik und einer Harmonie der Welt. Dazu nochmals der große Musiker Bernstein: »Bach war ein Mensch und kein Gott; aber er war ein Mann Gottes und seine Musik von Anbeginn bis Ende von Gott gesegnet.«

Tatsächlich: Er verbindet uns mit dem All.

Anhang

Anmerkungen

>»Warum willst du dich von uns allen
Und unsrer Meinung entfernen?
Ich schreibe nicht euch zu gefallen,
Ihr sollt was lernen.«   *Goethe*

ZU SEITE 8:
>»geradezu als persönliche Beleidigung«
So der Berliner Professor Georg Knepler, der aus Empörung über den *Amadeus*-Film ein ganzes Kollegium zu seiner Verurteilung einberief. Das dem Film zugrundeliegende Stück von Peter Shaffer war ihm unbekannt.

ZU SEITE 9:
>»nach Karl Straubes Intentionen gebaut worden«
Die jetzige Orgel der Thomaskirche wurde 1889–95 von der Firma Sauer in Frankfurt/Oder erbaut, von der auch die große Orgel im Berliner Dom stammt.

ZU SEITE 22:
>»ob defect. hospitios«
Die Delikatesse in dieser Angelegenheit ist, daß auch in den *Bach-Dokumenten* von 1969 »ob defectum hospitiorum« ausgedruckt ist, obwohl aus dem Ohrdrufer handschriftlichen Original ein »-orum« keinesfalls, auch nicht unter Annahme einer Ligatur, herauszulesen ist, es sich also um eine freie Ergänzung handelt. Neuere Bach-Forscher haben indessen unter Aufwand beträchtlicher Gelehrsamkeit herausgefunden, daß »defectum hospitiorum« den Wegfall freier Mittagstische bedeutet habe, woraus zu schließen wäre, daß entweder damals in Ohrdruf eine beträchtliche Verschlechterung der sozialen Verhältnisse eingetreten sei (wofür ein Grund freilich fehlt) oder der Knabe Sebastian sich gleich an mehreren Freitischen gütlich getan habe (denn warum sonst der Plural?). Wie auch immer: Es ist so jedenfalls entdeckt worden, daß Sebastian durch den Hunger aus Ohrdruf vertrieben wurde, denn aus der Landwirtschaft seines Bruders hat er nach Ansicht all dieser Entdecker nichts zu essen bekommen.

ZU SEITE 24:

» freiwillig zum Lernen aufgegeben hatte «
Der Freiburger Professor Konrad Küster schließt hieraus, daß da
der Johann Christoph aus freiem Willen dem Sebastian etwas zum
Lernen aufgegeben haben könnte. Im übrigen rühmt er, daß der
große Bruder vom kleinen für den Unterricht offenbar kein Lehr-
geld verlangt habe, und unterstellt ihm, wahrscheinlich habe er sich
als Honorar Sebastians Erbteil angeeignet.
» Geck meint hierzu «
In seiner 1993 bei Rowohlt erschienenen Bach-Biographie.

ZU SEITE 29:

» Sogar die Umgangssprache war französisch «
Otterbach behauptet in seinem Bach-Buch, Bach habe dort also
Französisch gelernt. Daß er es aber gar nicht oder nur ganz
ungenügend beherrschte, geht daraus hervor, daß er es nirgends
anwandte und sich die französische Widmung seiner *Brandenburgischen Konzerte* gegen Honorar übersetzen ließ.

ZU SEITE 30:

» Es lag nur eine gewisse Wegstrecke dazwischen «
Da Spitta darauf nicht hingewiesen hat, haben seine Nachfolger
sämtlich den Begriff » Nachbarstadt « für Celle ungeprüft von ihm
übernommen.
» fuhren auf den damaligen Straßen auch nicht viel schneller «
Wolfgang Menge hat das in seinem Buch *So lebten sie alle Tage*
(Berlin 1984) ausführlich nachgewiesen.

ZU SEITE 42:

» auf die Organistenstelle in Arnstadt spekuliert «
Werner Felix in Leipzig und andere vertreten diese Ansicht.

ZU SEITE 43:

» wurde, obschon noch nicht vollendet, längst gespielt «
Das ist technisch ohne weiteres möglich: Eine Orgel spielt auch,
wenn noch nicht die Pfeifen aller Register eingesetzt sind.

ZU SEITE 45:

» über seine Mutter hinweg verwandt gewesen «
Wiederum ein Hinweis von Werner Felix, dem auch andere bei-
pflichten, ohne daß er dadurch an Wahrscheinlichkeit gewinnt, wie
der spätere Fortgang der Geschichte beweist: Bei keiner von Bachs
Arnstädter Mißhelligkeiten tritt seine Verwandtschaft in Erscheinung.

ZU SEITE 47:
»der kindlich-fromme Mensch endlich im Dienst seiner Kirche«
Terry will uns das glauben machen.

ZU SEITE 59:
»die vom Eindruck her *schwächere* Fuge«
So Geck. Auch Hermann Keller ist dieser Meinung. Beide übersehen die großartige Steigerung, zu der Bach das Thema führt. Die
anfängliche Zurücknahme ist nichts als architektonische Folgerich-
tigkeit. Nach Ansicht dieser beiden Kritiker hätte Bach mit seinem
Fugenthema den Pelion auf den Ossa türmen müssen. Aber so
töricht war er nicht!
»ihm fehlt die Praxis«
Hätte er sich etwas gründlicher in der Musikgeschichte umgesehen, hätte er feststellen dürfen, daß bereits seit dem 16. Jahrhundert nicht der dreistimmige, sondern der vierstimmige Satz als der
Inbegriff satztechnischer Vollkommenheit angesehen wurde.
»die gleiche Manier einer Choralbearbeitung«
Schweitzer erklärt uns sogar, daß es andere Möglichkeiten auch gar
nicht gibt.

ZU SEITE 64:
»war sehr reizbar und zu Zornesausbrüchen geneigt«
Es wird dies von allen möglichen Leuten immer wieder behauptet,
nur zeitgenössische Aussagen hierzu sind nicht zu finden.

ZU SEITE 78:
»zum Pietisten zu machen«
Geck hat sich sehr intensiv um den Nachweis pietistischer Einflüsse in den Texten der Kirchenkantaten von Buxtehude bemüht.
Das ist allerdings nicht weiter schwierig, da es sich beim Pietismus
vor allem um eine geistliche Haltung, nicht um eine in sich
geschlossene Theologie handelt: Der Pietismus hat den Boden des
lutherischen Protestantismus nie verlassen, sich aber in der geistlichen Dichtung durchaus dem Überschwang der Barockdichtung
angeschlossen. »Pietistische Einflüsse« wären daher auch unschwer in den Leipziger Kantatentexten Bachs nachzuweisen, wo
sie mit Sicherheit nicht geduldet worden wären. Von Buxtehudes
kirchenmusikalischer Praxis dagegen läßt sich mit Sicherheit behaupten, daß sie von der Einstellung des Pietismus zur Kirchenmusik völlig unbehelligt blieb. Wie schroff die Gegensätze zwischen Pietisten und Orthodoxen tatsächlich waren, läßt sich am
Schicksal des evangelischen Adventschorals *Macht hoch die Tür,
die Tor' macht weit* ablesen: 1707 in Halle entstanden, galt er als

pietistisch. Infolgedessen gibt es zu diesem Lied nicht ein einziges zeitgenössisches Choralvorspiel: Die Pietisten wollten keine Vorspiele, und die Orthodoxen sangen keine pietistischen Lieder.

ZU SEITE 81:

»die pietistische Bewegung stark ansprach«
Auch andere Autoren haben diese Vermutung unbesehen und ohne Rücksicht auf ihre Wahrscheinlichkeit übernommen.

»erneut einschreiten mußte«
Küster, der auf seine ausführliche Quellenforschung immer wieder hinweist, hat von alldem keine Ahnung und behauptet einfach, es sei alles übertrieben, und es habe nichts stattgefunden.

ZU SEITE 85:

»man weiß auch, wo er das her hat«
Diese gelegentlich auch anderswo anzutreffende Methode des unbesehen übernommenen abgewandelten Zitats hat zwei unbestreitbare Vorzüge: Sie erspart eigene Forschung, und der Abschreiber kann sich des Wohlwollens der durch das Abschreiben Geehrten sicher sein.

ZU SEITE 95:

»ein opulentes Festessen«
Terry hat uns den Speisezettel mitgeteilt: »Ein Stück bœuf à la mode – Hecht blau mit Sardelle – geräucherter Schinken – eine Schüssel Erbsen – eine Schüssel Kartoffeln – zwei Schüsseln mit Spinat und ›Zerzigen‹(?) – gesottene Kürbisse – Spritzkuchen – eingemachte Zitronenschale – eingemachte Kirschen – warmer Spargelsalat – Kopfsalat – Radieschen – frische Butter – Kalbsbraten.« Daß dies so vollständig erhalten ist, zeigt, daß ein derart üppiges Mahl in jener Zeit eine große Besonderheit darstellte.

»Als Komponist besaß er keinen großen Namen«
Eine Behauptung des Leipziger Musikwissenschaftlers Hans-Joachim Schulze. Er übersieht, daß sich Einschätzungen in Kollegenkreisen höchst selten schriftlich niederschlagen. Aber Bachs Ruf reichte schon im Jahre 1717 aus Weimar bis Hamburg, Dresden und Kassel! Wenn Mattheson damals schon schreiben konnte: »Ich habe von dem *berühmten* Organisten zu Weimar ... Sachen gesehen«, so beweist das, daß schon damals Bachsche Kompositionen von Kollegen abgeschrieben wurden, was um so bemerkenswerter ist, als von seinen Orgelkompositionen die wenigsten für den gottesdienstlichen Gebrauch geeignet waren.

ZU SEITE 98:
»die er ›Charakterthema‹ nennt«

Besseler hat seine Idee vom »Charakterthema« in seinem Auf-satz *Bach als Wegbereiter* (Kassel 1950) ausführlich dargelegt, natürlich ohne die nachfolgend genannten Komponisten zu er-wähnen.

ZU SEITE 100:
»sein Aufbau sei unlogisch«

So der tschechische Musikwissenschaftler Kamil Šlapák anläßlich der Supraphon-Einspielung der Kantate.

ZU SEITE 101:
»ein Abgleiten ins Dramatische«

Šlapák spricht von einem »fremden dramatischen Element«.

ZU SEITE 103:
»Gründlichkeit aufbereitet hat«

Jauernigks Arbeit findet sich in dem Sammelband *Bach in Thürin-gen* (Weimar 1950).

ZU SEITE 114:
»großartigste Hof nach Versailles«

Voltaire hat ihn als »den brillantesten in Europa« bezeichnet.

ZU SEITE 117:
»Untertanengeist verletzt hat«

Spittas einmalige Leistung zur Erhellung von Bachs Biographie ist nicht hoch genug zu schätzen. Dennoch zeigt das Beispiel, daß auch die sorgfältigste Sammlung von Fakten nicht zwangsläufig zu immer richtigen Schlüssen führt. Ausführlich dargestellt haben dieses Phänomen Peter Hacks in seinem Buch *Die Maßgaben der Kunst* (Berlin 1978) und Mark Twain in seiner Erzählung *Wie die Tiere des Waldes auf Expedition gingen*. Küster produziert in seinem Buch *Der junge Bach* (Stuttgart 1998) eine Anzahl schöner Bei-spiele.

ZU SEITE 118:
»Marchand stand ganz im gleichen Ruf«

In seinem *Dictionnaire des artistes* (Paris o. J.) schrieb der Abbé de Fontenai über ihn: »A peine eut-il mis les mains sur le clavier, qu'il étonnait tous les auditeurs ...«

ZU SEITE 119:
» berühmt für die Kühnheit seiner harmonischen Wendungen «
André Pirro rühmt Marchands » nouveautés audacieuses « und
schreibt in seinem Buch *Les Clavecinistes* (Paris 1848): » Il emploie
d'alleurs sans scrupule l'accord de septième diminuée. « Der große
zeitgenössische französische Komponist und Theoretiker Rameau
schätzte und bewunderte ihn.

ZU SEITE 121:
» gelegentlich durchaus Unreinheiten auftreten «
Eine Feststellung des Freiberger Domkantors Hans Otto, die bei
der Diskussion um die Wiederherstellung der Silbermann-Orgel
in der Dresdener Frauenkirche mehrfach bestätigt wurde.
» weil er sie für sein Komponieren unumgänglich brauchte «
Wie sehr es Bach durch die Tonarten trieb, zeigt sehr schön das
C-Dur-Präludium im *Wohltemperieren Klavier I*: Darin gibt es
Septakkorde auf der Terz (e-Moll) und Septime (h-Moll), ja sogar
auf der Terz von D-Dur (fis-Moll!), und alle diese und andere
Akkorde sind harmonisch vieldeutig. Reine C-Dur-Akkorde bietet
dieses C-Dur-Präludium außer am Schluß überhaupt nur in vier
von fünfunddreißig Takten. In acht Takten fehlt der Ton C zwar,
er kommt jedoch (mit nur ganz wenig Schummelei) insgesamt
genau einhundertmal vor, woraus Zahlenmystiker wahrscheinlich
den Schluß ziehen werden, Bach habe das ganze Stück überhaupt
nur komponiert, um hundertmal das C anzuschlagen, und daß das
C im Schlußakkord gleich dreimal vorkommt, sei seine Huldigung
an die Heilige Dreifaltigkeit gewesen.
» die ihm bis jetzt verschlossen geblieben waren «
Marchands *Livres d'orgue* kennen keine anderen Generalvorzei-
chen an den Anfängen der Systeme als ein ♯ oder ein ♭. Wer die drei
Bände seiner Orgelkompositionen mit denen Bachs aus der Weimarer Zeit vergleicht, begreift auf der Stelle, daß die sofortige
heimliche Flucht für Marchand das einzig Mögliche war.

ZU SEITE 122:
» um dort in der Musikbibliothek Vivaldi-Konzerte zu studieren «
Die völlige Unhaltbarkeit dieser Behauptung besteht vor allem darin, daß Bach alle seine Vivaldi-Bearbeitungen *vor* seiner Dresden-
reise schrieb, sich aber aus dieser Reise keinerlei diesbezügliche
Anregungen nachweisen lassen. Die Bestätigung von Marchands
Dresdener Aufenthalt hätte Geck nicht nur bei Marpurg und Ade-
lung, sondern auch in der Biographie finden können, die André
Pirro der Neuausgabe von Marchands Orgelwerken (Paris 1842)
vorangestellt hat. Man darf über eine derart leichtfertige Art von

Musikwissenschaft den Kopf schütteln, aber nach Auskunft seines Verlags handelt es sich um »einen kompetenten, durch seine musikwissenschaftlichen Veröffentlichungen ausgewiesenen Autor«.

ZU SEITE 124:

»einen großen Stein im Brett«
Diese hohe Wertschätzung übertrug er auch auf seinen Nachfolger, den allmächtigen Grafen Brühl.

ZU SEITE 132:

»Hofkapellen gab es auch anderswo«
Besonders bekannt ist ja die Hofkapelle Friedrichs des Großen, aber der war 1717 erst fünf Jahre alt. Sein Onkel, der Markgraf von Brandenburg, hatte nur ein Sextett.

ZU SEITE 135:

»die Grenzen des künstlerisch Möglichen überschritten«
Die Solopartiten beweisen im Gegenteil eine ganz ungewöhnliche Vertrautheit mit dem Instrument: Einem weniger versierten Geiger hätten derart atemberaubende Passagen unmöglich einfallen können, sei es auch nur deshalb, weil solche technischen Schwierigkeiten außerhalb seiner Möglichkeiten lagen. In der h-Moll-Partita BWV 1002 bringt Bach das kompositorische Kunststück fertig, in den »Doubles« das gleiche Musikstück sofort noch einmal vorzuführen, so genau, daß man beides gleichzeitig spielen kann. Kein Geringerer als Yehudi Menuhin hat darauf hingewiesen, daß die sechs Tonarten dieser sechs Kompositionen die für die Violine günstigsten sind und die schwierigsten Stücke mit keinem oder nur mit einem Vorzeichen stehen. Er erklärt das als Beweis, daß Bach die Besonderheiten der Violine in geradezu ungewöhnlichem Maße erkannt habe.

ZU SEITE 139:

»er improvisierte anderthalb Stunden«
Allgemein gilt die Orgel als ein Instrument, das besonders zum Improvisieren anregt. Das stimmt, aber in Fachkreisen sind die Ergebnisse auch als »Organistenzwirn« berüchtigt. Bachs Improvisieren in Hamburg darf man sich indessen genauso vorstellen wie das Beethovens auf dem Piano: Als einer seiner Zuhörer einmal bedauerte, daß all die Melodien nur für den Augenblick geboren worden seien, wiederholte Beethoven das eben Gespielte tongetreu: Für ihn hatte, was da aus dem Augenblick geboren worden war, sogleich auch feste Gestalt. Bachs Fugenimprovisationen in Sanssouci darf man sich gleichfalls so vorstellen.

ZU SEITE 143:
»mit Gänsekielen geschrieben«
Um eine Vorstellung von dieser Leistung zu bekommen, sollte man das am besten selbst ausprobieren. Mit einem ordentlich zugeschnittenen Gänsekiel schreibt es sich nicht schlecht, aber die Zurüstung verlangt außer einem guten Federmesser einige Geschicklichkeit, und das häufig zu wiederholende Anschneiden hält beim Schreiben oft auf!

ZU SEITE 146:
»auf dem Gebiet der musikalischen Stimmung bestanden«
Außerordentlich bemerkenswert hierzu der Artikel *Bachs Klangwerkstatt* von Martin Elste in der Zeitschrift *fono forum* vom September 1996.

ZU SEITE 148:
»wie der kanadische Pianist Glenn Gould«
Goulds Interpretation des *Wohltemperierten Klaviers* zeichnet sich zwar durch große Transparenz aus, aber ein »cantabler« Vortrag, wie ihn Bach von seinen Schülern als Hauptsache forderte, ein »Singen auf dem Claviere«, wie es sein Sohn Carl Philipp Emanuel als Basis musikalischer Vortragsweise verlangte, ist bei ihm nicht herauszuhören. Und gelegentlich geht er auch recht souverän mit dem Bachschen Notentext um.

ZU SEITE 149:
»von anderen eifrig verfolgt worden«
Hertha Kluge-Kahn liefert hierzu in ihrer Arbeit *J. S. Bach. Die verschlüsselten theologischen Aussagen in seinem Spätwerk* eine geradezu phantastische Studie, mitgeteilt in dem Buch Paule DuBouchets. Die Verfechter solcher Theorien könnten bedeutende Einsichten gewinnen, wenn sie versuchten, nach der von ihnen entdeckten Methode selbst irgend etwas zu komponieren. Sie hat zur Voraussetzung, daß jemand mit Noten nicht Töne verbindet, sondern eine Art Hieroglyphen in ihnen sieht, aus denen Töne zwar abgeleitet werden können, deren eigentlicher und tieferer Sinn jedoch in ihrer Anordnung steckt. Man könnte in gleicher Weise vom Umbruch einer Zeitung auf ihren Inhalt schließen. Dergleichen mögen manche Leute für Wissenschaft halten, mit Musik hat es nichts zu tun. Bemerkenswert ist, daß Bach davon seinen Söhnen nicht einmal andeutungsweise etwas mitgeteilt hat und sich auch sonst nirgendwo eine Nachricht von Zahlenmanipulationen Bachs findet. Walter Kolneder bemerkt in *J. S. Bach – Leben, Werk, Nachwirken in zeitgenössischen Dokumenten* (Wilhelmshaven 1991)

hierzu: »Die angeblichen Zahlenmanipulationen Bachs sind eine reine Erfindung der letzten Jahrzehnte, behauptet und scheinbar bewiesen von Halb- und Nichtmusikern, denen die Klangwelt eines Bachschen Werkes kaum etwas bedeutet.«

ZU SEITE 151:
»ehe sie ihre Fünffingerübung begannen«
Woher Terry das weiß, verrät er uns freilich nicht. Die Anschlagstechnik auf dem Klavier ist aber durch Frömmigkeit eigentlich nicht zu verbessern.

ZU SEITE 165:
»des Tübinger Professors Ulrich Siegele«
Nachzulesen in den *Bach-Jahrbüchern* von 1983, 1984 und 1986 als *Bachs Stellung in der Leipziger Kulturpolitik seiner Zeit.*

ZU SEITE 174:
»die Musik aus den Fesseln mittelalterlicher Scholastik befreite«
Sämtliche Zitate aus der Bach-Festrede Wilhelm Piecks 1950 im Text der Neuveröffentlichung der Neuen Bachgesellschaft von 1975. Wie man daraus ersieht, identifizierte sie sich auch lange nach Beendigung der Stalin-Ära, fünfundzwanzig Jahre später, noch immer mit diesen Thesen.

ZU SEITE 175:
»Hans Pischner, der damalige Intendant der Berliner Staatsoper«
Pischner wurde auch durch zahlreiche Cembaloeinspielungen bekannt.

ZU SEITE 178:
»nach Leipzig vozierten Cantor Figurali«
Bemerkenswert, daß der Name Bach, der doch damals in Fachkreisen, nicht nur in Hamburg und Dresden, schon beträchtliches Ansehen genoß, in dieser Notiz gar nicht auftaucht: Wie der Mann hieß, spielte offensichtlich für Leipzig keine Rolle.

ZU SEITE 184:
»Leipziger Ratsakten«
Die nachfolgend mitgeteilten Fakten sind denselben entnommen, aber bisher in keiner Bach-Biographie nachzulesen.

ZU SEITE 185:
»eine Prinzessin aus dem kurfürstlichen Hause«
Die Hartnäckigkeit, mit der die Neue Bachgesellschaft August dem

Starken seine legitim erworbene polnische Königswürde bestreitet, ist bewundernswert: Selbst die Werk-Gesamtausgabe betitelt die diesbezügliche Sammlung nur als »Kompositionen für das kurfürstliche Haus«.

ZU SEITE 189:
»in der Universitätskirche«
Die Leipziger Universitätskirche, ein völlig intaktes Baudenkmal, das auch eine wertvolle Orgel barg, wurde auf Anweisung der DDR-Regierung, um Platz für den Betonmonumentalbau der Universität zu bekommen, am 30. Mai 1968 gesprengt.

ZU SEITE 190:
»Resolution«
Die Resolution ist in den Universitätsakten von 1724 nachzulesen.

ZU SEITE 193:
»und beauftragte daher Bach damit«
Walter Blankenburg bezeichnet das (in der Artikelsammlung *Bach als Ausleger der Bibel*) als einen »Zufall«.

ZU SEITE 208:
»starken Kräften der Aufklärung«
Die »starken Kräfte der Aufklärung« in Leipzig sind zuerst von Spitta übernommen worden. Im Leipziger Bach-Schrifttum legte man darauf natürlich besonderen Wert, übrigens ohne sie im einzelnen nachzuweisen.

ZU SEITE 211:
»haben angesehene Musikologen verkündet«
Zu Mozart: der Wiener Musikwissenschaftler Walter Engelsmann. Zu Haydn: der Berliner Musikwissenschaftler Gert Schönfelder. Zu Beethoven: der Berliner Musikwissenschaftler Georg Knepler. Es handelt sich, ebenso wie bei Martin Geck, Peter Schleuning, Christoph Wolff, Walther Siegmund-Schultze, um die Ansichten ernsthafter Wissenschaftler.

ZU SEITE 212:
»deutschen Frühaufklärung«
Eine Entdeckung des Hallenser Musikwissenschaftlers Walther Siegmund-Schultze.
»von seinen altlutherisch-orthodoxen Beichtvätern bezogen«
Eine Idee des Leipziger Theologen Martin Petzoldt.

ZU SEITE 215:
»von seinem Maler Conti«
Im ersten Akt von Lessings *Emilia Galotti*.
»Schopenhauer«
In *Die Welt als Wille und Vorstellung*, 2. Band, Kap. 35.

ZU SEITE 216:
»fühlt sich verpflichtet, sie anzubeten«
Eine gewisse Gelehrsamkeit entdeckt gleichwohl an Bach immer neue Charakterzüge. So behauptet der Musiktheoretiker und Ästhetiker Heinz-Klaus Metzger neuerdings (in der *Frankfurter Allgemeinen Zeitung* vom 27. März 1997), der Realismus, mit dem Bach in der *Matthäuspassion* das »Kreuzige ihn!« vertont hat, beweise seinen lutherischen Judenhaß.

ZU SEITE 217:
»In der Thomaskirche standen zwei Orgeln«
Es waren übrigens keine kleinen Orgeln: Die größere, mit drei Manualen und fünfunddreißig Registern, stammte aus dem Jahr 1489, war also damals schon seit zweihundertvierzig Jahren im Dienst, die neuere von 1693, mit erst sechsunddreißig Dienstjahren wirklich beinahe noch neu, war mit zwei Manualen und einundzwanzig Registern ausgestattet. 1742 ließ sie der Rat jedoch abreißen, und zwar ohne den »director musices« Bach, der für die Musik in dieser Kirche verantwortlich und obendrein Orgelsachverständiger war, auch nur um seine Meinung zu fragen.

ZU SEITE 225:
»Also verfaßte er eine Eingabe an den Rat«
Von keiner einzigen Eingabe Bachs ist irgend etwas in den Ratsakten zu lesen: Sie sind sämtlich im Rat einfach nicht zur Kenntnis genommen worden, worauf keine Bach-Biographie hinweist.

ZU SEITE 227:
»Joshua Rifkin aus den Vereinigten Staaten«
Zu Rifkins Theorie: Paule DuBouchet zitiert ein entsprechendes Interview Rifkins in seinem Buch *Joh. Seb. Bach, Musik zur Ehre Gottes* (Ravensburg 1992).
»wer liest schon Eingaben?«
Tatsächlich sind im Zusammenhang mit Joshua Rifkins Theorie die diesbezüglichen eigenen Angaben Bachs in seiner Eingabe von niemandem zur Kenntnis genommen worden.

ZU SEITE 229:
» Bachs riesige schöpferische Leistung«
Es wird bei ihrer Würdigung immer übersehen, daß Bach ja nicht
wie Mozart, Beethoven, Schubert oder Brahms ein Komponist von
Beruf, sondern ein in vielfältige Aufgaben eingespannter, Musik
ausübender städtischer Angestellter war: Er schuf sein gewaltiges
kompositorisches Werk in Leipzig tatsächlich ausschließlich in seiner Freizeit!

ZU SEITE 230:
» mithin fast in stetem Verdruß, Neid und Verfolgung leben muß«
Über diese erschütternde Feststellung Bachs haben all seine Biographen in mehr als 125 Jahren ungerührt hinweggelesen.

ZU SEITE 232:
» Esther Meynell«
Bekannt durch *Die kleine Chronik der Anna Magdalena Bach* in
ihrem *Kleinen Bach-Buch*.

ZU SEITE 239:
» und den Arion zwanzigmal übertrifft«
Es gibt Leute, die aus dieser Beschreibung (»obwohl er selbst den
schwierigsten Part hat«) zu dem Schluß kommen, Bach habe seine
Aufführungen von der Orgel aus geleitet. Sie sollten versuchen,
während des Orgelspiels jemand mit dem Finger zu bedrohen oder
an der Orgel mit dem Fuß aufzustampfen – sie dürften von der
Wirkung überrascht sein.

ZU SEITE 242:
» Vergleich zwischen den Laufbahnen Gesners und Ernestis«
Die Laufbahnen Gesners und Ernestis sind ausführlich beschrie-
ben in der *Allgemeinen Deutschen Biographie* (Leipzig 1875ff.).

ZU SEITE 248:
» anders als durch Gesners Einfluß nicht erklärbar«
Um so erstaunlicher ist es, daß Gesners Bedeutung für Bachs
Arbeits- und Lebensverhältnisse in der Neuen Bachgesellschaft
mit derartiger Konsequenz unterdrückt wurde.

ZU SEITE 249:
» Dame, die im Kulturministerium der untergegangenen DDR«
Johanna Rudolph, eigentlich Journalistin. Sie hat ihre Ansichten
nicht nur in dem (sprachregelnden) SED-Zentralorgan *Neues
Deutschland*, sondern auch ausführlich im Beitext zur Einspielung

des *Weihnachtsoratoriums* durch den Dresdener Kreuzchor (in der
»Eterna«-Produktion der DDR) durchgesetzt.

ZU SEITE 257:
»zwei große Vorkämpfer der Aufklärung«
So unter anderem die Auffassung von Felix. Hierzu bemerkenswert: In Zedlers *Universal-Lexicon aller Wissenschaften und Künste*,
Leipzig 1732–54, wird Gottsched nicht einmal erwähnt.

ZU SEITE 277:
»und man erkennet darunter keine Hauptstimme«
Scheibes Bemerkung ist nicht nur ein Beweis für seine musikalische
Minderbegabung, sondern auch ein wertvoller Hinweis für die
Ausführung Bachscher Orgelchoräle »für 2 Claviere und Pedal«.
Gewöhnlich werden sie so ausgeführt, daß der Organist durch eine
markante Registrierung die Choralmelodie besonders hervorhebt.
Scheibes Nörgelei beweist: Wenn Bach sie spielte, waren alle Stimmen gleichberechtigt, die nichtmelodieführenden Stimmen bei
ihm durchaus nicht untergeordnet. Wer es auf gleiche Weise versucht, wird von der erzielten Kraft des Ausdrucks und dem über-
quellenden Reichtum der Gestaltung überrascht sein (und begreifen, daß Scheibe damit nicht zurechtkam).

ZU SEITE 278:
»Scheibes Kritik völlig berechtigt«
Dies ist unter anderem die Ansicht der Bach-Verehrer Geck, Siegmund-Schultze und Otterbach. Scheibe wird zwar in verschiedensten Bach-Biographien erhebliche Bedeutung zugemessen, er
kommt aber sonst in der Musikgeschichte nie wieder vor, mit seiner Kritik dem Herostratos nicht unähnlich, der Unsterblichkeit
bloß dadurch erlangte, daß er einmal den Tempel der Artemis in
Brand gesteckt hat.
»und allgemeinster Mangel ist jedenfalls Gedankenarmuth«
Ungeachtet dessen bezeichnet Siegmund-Schultze Scheibe als
einen »maßgebenden Musiker« (was er auch für seine eigene Zeit
keineswegs war).

ZU SEITE 282:
»zu ›evangelischen‹ erklärt worden«
Auch die neue Bach-Ausgabe von 1978 (bei Bärenreiter) führt sie in
der Serie II/2 als *Lutherische Messen* an. Aber eine wesentliche
Reformtat Luthers bestand ja gerade darin, daß er das Kirchenlatein in den Gottesdiensten durch das allen verständliche Deutsch
ablöste. Leipzig war eine Hochburg der altlutherischen Orthodo-

xie. Auch aus diesem Grunde ist die Vorstellung, Bach habe seine lateinischen Kurzmessen für die Thomaskirche geschrieben, nicht wahrscheinlich. Interessanterweise sind von seinen Vorgängern und seinen lutherischen zeitgenössischen Kollegen keine lateinischen lutherischen Messen erhalten.

ZU SEITE 288:

»stile antico«

Christian Bernhard unterscheidet in seinem *Tractatus compositionis augmentatus* von 1660 zwischen »Contrapunctus stylus praxis« oder »antiquus«, dem strengen Satz Palestrinas, und »Contrapunctus« bzw. »Stylus luxurians« oder »modernus«, dem die Lehre von musikalisch-rhetorischen Figuren und die Affektenlehre zugeordnet wird. – Christoph Wolff hat sich in seiner Dissertationsarbeit ausführlich um den Nachweis bemüht, Bach habe sich nach seinem fünfzigsten Lebensjahr, also erst in seinem späten Schaffen, sehr intensiv mit diesem »stilo antiquo« beschäftigt. Abgesehen davon, daß Bachs Kompositionen aus dieser Zeit in der Melodieführung, in Harmonik und Rhythmik den Gedanken an Parallelen zu Palestrinas Kompositionen wie *Missa Papae Marcelli* oder *Missa aeterna Christi munera* gar nicht aufkommen lassen, hat Bach, sofern er sich bestimmter Stile bediente, diese stets ausdrücklich benannt (*Französische / Englische Suiten, Concert im italienischen Stil*, »In stilo francese« in der *Kunst der Fuge*), aber eine Bezeichnung »in stilo antico« findet sich bei ihm nirgends. Was diesen angeht, so findet er sich auch in Johann Gottfried Walthers Musiklexikon von 1732 nicht, obwohl sich Walther darin zwei volle Druckseiten über musikalische Stile verbreitet. Auch das *Universal Lexikon der Tonkunst* (Stuttgart 1838), das *Musikalische Lexikon* von Donner (Heidelberg 1865), nicht einmal Riemanns *Handbuch der Musikgeschichte* (Leipzig 1920) und *The International Cyclopedia of Music & Musicians* (New York 1956) kennen diesen Begriff. Man darf also ziemlich sicher sein, daß der »stile antico« für das gesamte 18. und sogar noch für das 19. Jahrhundert, ganz bestimmt aber für Bach (wenn er den Begriff überhaupt kannte) keinerlei Rolle spielte. (Die apokryphe Motette *Amen, Lob, Ehre und Weisheit*, BWV-Anh. 160, weicht von Bachs Kompositionsstil so weit ab, daß ihre Zuordnung mehr als fragwürdig scheint.) – Es ist Wolffs Verdienst, Bach die Beschäftigung mit einem Stilbegriff nachgewiesen zu haben, der in seinem Jahrhundert nicht existierte. In Ergänzung dazu hat Geck die Behauptung aufgestellt, die Komposition der *h-Moll-Messe* sei Bach überhaupt erst durch das Studium Palestrinas möglich geworden. Beide Kapazitäten verschweigen uns allerdings, auf welche Weise Bach im protestantischen Leipzig

an die Partituren des seit einhundertfünfunddreißig Jahren verstorbenen katholischen Italieners gekommen sein könnte. In seinem Nachlaß befanden sie sich nach Spittas Aufstellung jedenfalls
nicht. Zusätzlich ist es gerade für die erste Hälfte des 18. Jahrhunderts kennzeichnend, daß an historischen Stilen generell kein
Interesse bestand. Das beweisen die Gemälde der Zeit ebenso wie
die Bauten (die gerade damals stattfindenden katholischen Kir-
chenmodernisierungen) und die allgemein gebräuchlichen Thea-
terkostüme und -dekorationen der vielen »Römerstücke«.

»Aufkommen des ›galanten Stils‹«

Am ehesten darf man darauf hinweisen, daß sich in Mannheim ein
neuer Musizierstil, bekannt als »Mannheimer Schule«, herausge-
bildet hatte. Franz Xaver Richter, Johann Stamitz, Ignaz Holzbauer, Christian Cannabich waren Bachs Zeitgenossen. Aber sie
alle gehören, wie die Bezeichnung »Mannheimer Schule« besagt,
nach Mannheim. Auch Arnold Schering weiß in seiner *Musikgeschichte Leipzigs* nicht zu berichten, daß sie zu Bachs Zeiten in
Leipzig gespielt worden wären.

ZU SEITE 290:

»er hatte sein Publikum!«

Die Tatsache, daß Bach die Kaffeehauskonzerte mit seinem studentischen Collegium musicum bis 1744, wahrscheinlich sogar bis
1746 fortsetzen konnte, das heißt so lange, bis ihm seine Gesundheit zu schaffen machte, wird von den Leuten, die behaupten, er sei
gegen Ende seines Lebens aus der Mode gekommen, in bemerkenswerter Einigkeit übersehen. Sie verschweigen uns auch sämtlich, mit welchen Werken ihn andere Musiker aus der Gunst der
Leipziger verdrängt hätten.

ZU SEITE 292:

»Graf-von-Keyserlingk-Variationen«

Hermann Carl Reichsgraf von Keyserlingk, 1676–1764. Spitta und
Terry schreiben »Keyserlinck«, unsere Schreibweise folgt der
Deutschen Biographie.

ZU SEITE 301:

»einen programmatischen Sinn unterlegt hat«

Reinhard Raffalt hat eine außerordentlich gelehrte Arbeit *Über die
Problematik der Programm-Musik* geschrieben, in der er mit wissenschaftlicher Sorgfalt nachweist, daß ihr mit Wissenschaft nicht
beizukommen ist.

»Das bedeutet keinen Verzicht auf ihren geistlichen Inhalt«

Zwangsläufig aber leider vielfach den Verzicht auf ihre Verwendung im Gottesdienst. Doch diese war bei jenen Kompositionen offensichtlich auch nicht Bachs Anliegen.

ZU SEITE 303:
»einen Stilbruch andichten«
Es ist dies, ebenso wie die Beschäftigung mit dem »stile antico«, eine Sache, die Bachs Verehrern zweihundert Jahre lang entgangen ist und die allein Christoph Wolff herausgefunden hat.

ZU SEITE 305:
»ein Produkt der Rezeption fremder Arbeiten«
Die Entdeckung von Wolff und Schleuning!
»von ›Makrostrukturen‹, ›Klanggittern‹ und ähnlichem reden«
Was in dieser Beziehung an Groteskem alles möglich ist, zeigt die Studie Michael-Christian Winklers in dem Buch *Bach als Ausleger der Bibel* (Berlin 1985). Gar nicht behandelt haben all diese Fachleute die Frage: Warum soll ausgerechnet Johann Sebastian Bach permanent Kunst imitiert haben, die die Möglichkeiten, die er selbst besaß, weitestgehend unausgeschöpft ließ?
»umweht der Nimbus einer fachlichen Überlegenheit«
Eine der Ursachen liegt natürlich in dem Glauben ihrer Hörer: Sie glauben, weil es die Herren behaupten; hätten sie sich auch die Mühe gemacht, es nachzuweisen. So werden auch bloße Hypothesen gläubig als Fakten aufgenommen. Wenn etwa Schweitzer behauptet, Bach habe 1724 die Triosonaten für Orgel als Etüden für seinen Sohn Friedemann geschrieben, bezweifelt das niemand, obwohl Friedemann damals gerade erst dreizehn war und die geistigen und technischen Ansprüche weit über die eines Schulwerks hinausgehen. Ähnliches kommt auch anderswo vor. So wird u. a. von Geck behauptet, die Ouvertüre BWV 1067 mit obligater Flöte sei möglicherweise 1738 entstanden und ein Abschiedsgeschenk Bachs für seinen Sohn Carl Philipp Emanuel gewesen. Aber der war schon seit vier Jahren aus dem Haus und spielte gar nicht Flöte.

ZU SEITE 307:
»oder überhaupt nur der Kabbala wegen hergestellt hat«
Das Bemerkenswerteste an dieser Theorie ist, daß es keinerlei Anhaltspunkte dafür gibt, daß Bach die Kabbala auch nur gekannt, geschweige, daß er sich mit ihr jemals beschäftigt habe!
»theologischer Fachliteratur auf seine Harmonik untersucht«
Das oben zitierte, von dem Theologen Martin Petzoldt herausgegebene Buch ist voll von dergleichen, es gibt aber auch noch anderes. So behauptet die russische Musikwissenschaftlerin Marina Lobanowa, Bach habe in seinen Kompositionen »barocke Emble-

matik« untergebracht, und zwar in Anlehnung an die bildenden Künste – mit denen Bach sich nie beschäftigt hat. Da sieht sie in einem langsam aufsteigenden Baß dann den ausgestreckten Arm Jesu Christi und ähnliches. (Nachzulesen in *Das Orchester* 4/1997.)

»auch ein Ausdruck persönlichen Mitbeteiligtseins am Text«
Diese wahrhaft erstaunliche Entdeckung ebenso wie das Nachfolgende wird in *Bach als Ausleger der Bibel* mit höchstem wissenschaftlichen Ernst vorgetragen.

ZU SEITE 312:

»erst Ende der dreißiger Jahre in Leipzig kennengelernt«
Siehe Wolff sowie Geck und Schleuning, die Wolffs Entdeckungen weitgehend übernehmen.

»von Fux studieren müssen«
Auch diese Idee stammt von Schleuning und ist in seiner Arbeit über die *Kunst der Fuge* nachzulesen (Kassel 1993).

ZU SEITE 313:

»Bach sich der gleichen Harmonik wie ein Mr. X bedient habe«
So wäre es, nachdem erwiesenermaßen die *Acht kleinen Präludien und Fugen* für Orgel nicht von Bach stammen sollen, doch höchst verdienstlich, endlich den Meister zu entdecken, der noch weitere solche Kleinodien mit so viel Einfallsreichtum und in solcher Vollkommenheit zustande bringen konnte. – In einer Fernsehsendung des WDR (am 22. Juni 1997) erklärte übrigens der Arnstädter Kirchenmusikdirektor Gottfried Preller, Bach habe auch seine *d-Moll-Toccata* keineswegs selbst komponiert, sondern nur abgeschrieben. Leider konnte er uns nicht verraten, von wem.

ZU SEITE 314:

»Als ob sie ihm etwas zu sagen gehabt hätten«
Fabelhaft ist auch die neuere Entdeckung, Bach habe in seinen Kompositionen antike Redekunst kopiert. Sie verwechselt in grotesker Weise Ursache und Wirkung: Nicht Bachs Musik kopiert rhetorische Formeln, sondern die Formeln der Rhetorik kopieren musikalische Strukturen. Darauf beruht ihre Wirkung. (Daß Bach der Rhetorik sehr fremd gegenüberstand, beweisen seine Schriftstücke.)

ZU SEITE 315:

»eroberte er sich planmäßig das Gebiet der Tastenmusik«
Wenn diese Behauptung von Geck zuträfe, wäre das erst zwischen 1725 und 1742 passiert, als Bach den Großteil seiner Orgel- und Klavierwerke längst komponiert hatte!

»eine Fuge aus Bachs letzten Lebensjahren«
Dies und das folgende Feststellungen von Schleuning.

ZU SEITE 318:
»für die größten Melodiker der Musikgeschichte«
Nach einer Mitteilung von Prof. Martin Ziller.

ZU SEITE 320:
»den bedeutenden Vater seines Cembalisten«
Friedrich hatte aber insgesamt gleich drei Bach-Schüler in seiner
Kapelle: außer Carl Philipp Emanuel den zweiten Cembalisten
Christoph Nichelmann und den Violinisten Johann Philipp Kirn-
berger, von dem noch zu sprechen sein wird.

ZU SEITE 327:
»bei der Zahl 14 war er dann ›dran‹«
Darauf sind Geck und Rueger gekommen.

ZU SEITE 328:
»die Bachsche Form von Charakterstücken«
Darauf macht bereits Schweitzer jene aufmerksam, die in Bachs
Fugen vor allem satztechnische Kunststücke präsentieren zu müssen glauben.

ZU SEITE 331:
»den ›Fux‹ sogar weiterempfohlen«
Hans Werner Henze empfiehlt ihn heute noch.

ZU SEITE 332:
»nur Mattheson zu verdanken«
Dies und das folgende sämtlich Ideen von Wolff, denen noch kein
Theoretiker widersprochen hat.

ZU SEITE 334:
»alle merk-würdigen Resultate«
Die Liste aller Beteiligten würde ziemlich lang werden, daher an
dieser Stelle nur die Versicherung, daß sich alles hier Aufgeführte
mit Namensnennung der Autoren belegen läßt.
»einen recht mechanischen Ablauf«
Wissenschaftliche Einschätzungen von Geck.
»kreidet voller Stolz dem Bach Parallelquinten an«
Schleuning.

ZU SEITE 335:
»Bachs Generalbaßregeln«

Zu finden in: »Des Königlichen Hoffcompositeurs etc. Herrn
Johann Sebastian Bach zu Leipzig Vorschriften zum vierstimmigen
Spielen des Generalbaß oder Accompagnement für seine Schola-
ren in der Musik 1738.« – Das Zitat stammt aus der Abschrift von
Peter Kellner, mitgeteilt von Schweitzer (S. 165).
»ein dritter berichtet mit Wichtigkeit«
Heinrich Besseler.

ZU SEITE 336:
»stile antico« … »aufklärerisches Gedankengut«
Das eine behauptet Wolff, Schleuning behauptet das Gegenteil.
»Auf Universitäten lernen die jungen Leute glauben«
Einen besonders makabren Beweis für die Berechtigung dieser
These lieferten unter anderem in der untergegangenen DDR die
Universitätslehrer für politische Ökonomie, die mit unnahbarer
Wissenschaftlichkeit ihren Hörern den Glauben an die absolute
Überlegenheit eines Wirtschaftssystems beibrachten, das nachfol-
gend in allen Staaten des Ostblocks zum wirtschaftlichen Zusam-
menbruch führte. Sie stehen aber nicht allein da.

ZU SEITE 337:
»Dem Genie ist es vergönnt«
Lessing im 34. Stück seiner *Hamburgischen Dramaturgie*.

ZU SEITE 338:
»er hat nie eine Vorlesung über Akustik besucht«
In ähnlich genialer Weise wußte Richard Wagner genau, wie ohne
Rücksicht auf alle Theaterbauten der Welt in seinem Bayreuther
Festspielhaus eine ideale Akustik herbeizuführen wäre – und hatte
recht.

ZU SEITE 339:
»bis dahin noch nie gehörten harmonischen Kombinationen«
Forkel berichtet analog dazu von seinen ganz ungewöhnlichen
Klangkombinationen auf der Orgel. (»Seine Art zu registrieren
war so ungewöhnlich, daß manche Orgelmacher und Organisten
erschraken …«) Die außerordentlich sparsamen Registrierungs-
angaben in seinen Orgelkompositionen bestätigen das: Sie verblüf-
fen und erzielen verblüffende Wirkungen. (Beispiel: das Choralvorspiel BWV 720 *Ein feste Burg ist unser Gott*.)

ZU SEITE 346:
»für Klavier geschrieben«
Geck und Schleuning verkünden das als eine ganz neue Erkenntnis.

Da es auch von Richard Wagner Kompositionsskizzen auf zwei Systemen gibt, ließe sich analog dazu die Behauptung ableiten, der *Tristan* sei ursprünglich auch nicht für Orchester bestimmt gewesen. Die Behauptung, die *Kunst der Fuge* sei primär für Klavier bestimmt, ist schon deswegen unglaubhaft, weil das Klavier das allerungeeignetste Instrument ist, den Verlauf der Stimmführungen (auf den es schließlich ankam) transparent zu machen.

ZU SEITE 347:
»bei den Hörern Erschütterung ausgelöst habe«
Nachzulesen bei Schleuning. Es zeugt nicht eben von großem Musikverständnis. Zum Generalbaß besitzen wir Bachs theoretische Ausführungen. Aber zur *Kunst der Fuge* hat er eben gerade kein Lehrbuch, sondern lebendige Musik geschrieben.

ZU SEITE 348:
»daß es zunächst liegengelassen werden konnte«
Bach hat ja verschiedenste Sachen angefangen und zunächst einmal als unvollkommen liegengelassen. Daß er 1740 etwas komponiert hat, das dann 1749 zur *Kunst der Fuge* ausgeweitet werden konnte, ist kein Beweis dafür, daß er zu jener Zeit bereits den Plan zu diesem Werk gehabt habe.

ZU SEITE 351:
»der hat keinen zu verlieren«
In *Emilia Galotti*.

ZU SEITE 353:
»Das Operationszimmer«
Das Ganze schildert sehr ausführlich und genau Helmut Zeraschi unter dem Titel *Bach und der Okulist Taylor* im *Bach-Jahrbuch* von 1956.

ZU SEITE 358:
»solche Witwenversorgung tatsächlich damals schon gegeben«
In Dresden gab es eine solche für die Witwen und Waisen der Hofmusiker schon unter August dem Starken, seit 1712. Beweise für eine Witwenversorgung zur Zeit Bachs durch den Leipziger Rat sind dagegen bisher nicht aufgetaucht. Sogar um das (gekürzte) einmalige Gnadengehalt mußte sich Anna Magdalena erst mit einem Gesuch (vom 15. August 1750) ausdrücklich bemühen. Eine Versorgungskasse für die Witwen und Waisen seines Gewandhausorchesters rief erst Mendelssohn 1837 ins Leben – Beweis dafür, daß dergleichen in Leipzig bis dahin nicht existierte.

»Hauskapellmeister Brühls«

Johann Gottlob Harrer, geboren 1703 in Görlitz, gestorben 1755 in Karlsbad, war seit 1731 Kapelldirektor der Privatkapelle des Grafen Brühl und wurde im August 1750, also keine drei Wochen nach Bachs Tod, Thomaskantor.

»die Grenzen der Musik überschritten habe«

Was unverständlicherweise Schweitzer wiederholt behauptet.

»Johann Philipp Kirnberger«

Moses Mendelssohn, der Großvater von Felix, nahm Unterricht bei ihm, ebenso die Mutter von Felix, eine geborene Salomon: Die Bach-Schule hatte im Berliner Musikleben der Zeit ihren festen Platz.

»Und Swieten machte Haydn mit Bach und Händel bekannt«

Haydn, Mozart, Beethoven, Neefe, Hiller, Homilius, Kirnberger, Doles, Rochlitz, Zelter, Neumeister, Swieten, Forkel (und wer nicht noch?) – man bedenke, daß alle diese Leute ihrer Bach-Begeisterung in einer Zeit huldigten, in der weder Bachs Orgel-werke noch sein *Wohltemperiertes Klavier* gedruckt und käuflich zu erwerben waren, ebensowenig wie seine Passionen, Kantaten und Motetten. Wer etwas von Bach haben wollte, mußte sich's abschreiben – und das taten sie alle. Haydn besaß eine Abschrift der *h-Moll-Messe*, die Noten, aus denen der junge Beethoven bei Neefe das *Wohltemperierte Klavier* spielte, waren eine Abschrift, Mendelssohn ist schon von Kindheit an mit Bach-Abschriften umgegangen, seine Großtante Sara Levy »besaß eine beträchtliche Anzahl von ihnen« (wie Eric Werner in seiner Mendelssohn-Bio-graphie mitteilt). – So sehr war Bach nach seinem Tode »ver-gessen«, und so sehr hatte ihn der galante Stil »verdrängt«!

»Carl Friedrich Zelter«

Er führte übrigens schon 1794 einmal eine Bach-Motette mit der Berliner Singakademie auf.

»traute sich diese Aufführung nicht zu«

Das stimmt nicht ganz: die zweite Wiederholung der *Matthäus-*

passion dirigierte Zelter dann doch. Sein Partiturexemplar war übrigens ebenfalls eine Abschrift, und Mendelssohns Exemplar war eine Abschrift dieser Abschrift. (Der vollständige Hergang der Ereignisse ist ausführlich beschrieben in den Lebenserinnerungen Eduard Devrients.)

ZU SEITE 373:
»schrieben alle nicht so wie Bach«
Auch die Psalmenkompositionen von Bachs berühmtem italienischen Zeitgenossen Benedetto Marcello lassen sich kaum »typischer Barockmusik« zuordnen, ebensowenig verkörpern sie einen »galanten Stil«.

ZU SEITE 375:
»um mindestens ein Jahrhundert voraus war«
Johann Friedrich Reichardt schrieb im Oktober 1782 – also mehr als dreißig Jahre später – in seinem *Musikalischen Kunstmagazin*: »Es hat nie ein Komponist, selbst der beßten tiefsten Italiäner keiner, alle Möglichkeiten unserer Harmonie so erschöpft als J. S. Bach: es ist fast kein Vorhalt möglich den er nicht angewandt, alle ächte harmonische Kunst und alle unächte harmonische Künsteleyen hat er in Ernst und Scherz tausendmal angewandt mit solcher Kühnheit und Eigenheit daß der größte Harmoniker, der einen fehlenden Thematakt in einem seiner größten Werke ergänzen sollte, nicht ganz dafür stehen könnte, ihn wirklich ganz so, wie ihn Bach hatte, ergänzt zu haben.«

ZU SEITE 380:
»als wenn die ewige Harmonie sich mit sich selbst unterhielte«
Das vollständige Zitat lautet: »Ich sprach's mir aus: Als wenn die ewige Harmonie sich mit sich selbst unterhielte, wie sich's etwa in Gottes Busen kurz vor der Weltschöpfung möchte zugetragen haben. So bewegte sich's auch in meinem Innern. Und es war mir, als wenn ich weder Ohren, am wenigsten Augen und weiter keiner übrigen Sinne besäße noch brauchte.« (Brief an Zelter vom 21. Juni 1827)

ZU SEITE 381:
»auch bei Shakespeare«
»... look how the floor of heaven / Is thick inlaid with patines of bright gold: / There's not the smallest orb which thou behold'st / But in his motion like an angel sings ...« (*The Merchant of Venice*, V. Akt, 1. Szene).

ZU SEITE 381:
»Die Harmonie der Welt«

Leibniz erklärte, der Begriff »Harmonie« stamme aus der Mathematik, und vor dem Begriff »harmonisch« in der Musik habe es schon den Begriff der Harmonie in der Mathematik gegeben, es sei dies »eine verborgene arithmetische Bewegung«. Jean-Philippe Rameau spricht in diesem Zusammenhang von einer »Wissenschaft der Töne«, der französische Musikwissenschaftler Jules Combarieu, definierte Musik als »die Wissenschaft, in Tönen zu denken«.

Literatur

Aland, Kurt / Peschke, Erhard (Hrsg.), *Texte zur Geschichte des Pietismus*, Berlin 1972

Allgemeine Deutsche Biographie, Leipzig/München 1877ff.

Allgemeine Encyklopädie der Wissenschaften und Künste, Leipzig 1842

Altes Testament

Augsburger Konfession

Bach-Archiv Leipzig, *Bach-Dokumente*, Leipzig 1963, 1969

Bach-Archiv Leipzig, *Kalendarium zur Lebensgeschichte J. S. Bachs*, Leipzig 1970

Bach-Jahrbücher 1902–1992, hrsg. von der Leipziger Neuen Bach-Gesellschaft

Bach-Komitee der DDR, *Bach-Gedenkschrift 1950*, Leipzig 1950

Bach-Komitee der DDR, *Festschrift zum III. Internationalen Bachfest*, Leipzig 1975

Bartha, Dénes, *Johann Sebastian Bach*, Budapest 1960

Barz, Paul, *Bach, Händel, Schütz*, Würzburg 1984

Berendt, Joachim Ernst, *Nada Brahma – die Welt ist Klang*, Frankfurt a. M. 1987

Bernstein, Leonard, *Freude an der Musik*, München 1982

Bernstein, Leonard, *Konzert für junge Leute*, München 1993

Bernstein, Leonard, *The Unanswered Question*, Cambridge 1976

Bernstein, Leonard, *Von der unendlichen Vielfalt der Musik*, Tübingen 1975

Bernstein, Leonard, *Worte wie Musik*, Freiburg i. Br. 1992

Besseler, Heinrich, *Bach als Wegbereiter*, Kassel 1950

Besseler, Heinrich, *Bachs Meisterzeit in Weimar*, Weimar 1950

Besseler, Heinrich (Hrsg.), *Bach in Thüringen*, Weimar 1950

Blankenburg, Walter (Hrsg.), *Johann Sebastian Bach*, Darmstadt 1970

Bojanowski, Paul von, *Das Weimar Johann Sebastian Bachs*, Weimar o. J.

Brecht, Bertolt, *Leben des Galilei*, Berlin 1955

Dessau, Paul, *Notizen zu Musik und Musikern*, Leipzig 1978

DuBouchet, Paule, *Johann Sebastian Bach. Musik zur Ehre Gottes*, Ravensburg 1992

Elste, Martin, *Probleme der historischen Aufführungspraxis*, in: *fono forum* 9/1996

Encyclopaedia Britannica, London 1967

Engelbert, Ernst, *Die Karl-Marx-Universität Leipzig 1409 bis 1959*, Leipzig 1959

Engels, Friedrich, *Deutsche Zustände* (1845), Berlin 1975

Engels, Friedrich, *Notizen über Deutschland* (1873), Berlin 1975

Foerster, Friedrich, *Friedrich August II., König von Polen, und seine Zeit*, Potsdam 1839

Forkel, Johann Nikolaus, *Über Johann Sebastian Bachs Leben, Kunst und Kunstwerke*, Leipzig 1802

Fürstenau, Moritz, *Geschichte der Musik und des Theaters am Hofe zu Dresden*, Dresden 1861/62

Fürstlich sächsische Landes-Ordnung des Herrn Ernsten, Hertzogen zu Sachsen, Jülich, Cleve u. Berg etc., Gotha 1695

Galletti, J. G. A., *Gallettiana*, Leipzig 1968

Geck, Martin, *Johann Sebastian Bach*, Reinbek 1993

Geiringer, Karl, *Johann Sebastian Bach*, München 1971

Geiringer, Karl, *Die Musikerfamilie Bach*, München 1974

Goethe, Johann Wolfgang von, *Faust I*

Goethe, Johann Wolfgang von, *Spruchweisheit, Sprüche in Prosa*, Leipzig 1951

Gottsched, Johann Christoph, *Gesammelte Werke*, Leipzig 1908ff.

Gurlitt, Wilibald, *August der Starke und seine Zeit*, Dresden 1928

Haacke, Franz, *Geschichte Augusts des Starken*, Leipzig 1924

Herrmann, Rudolf, *Thüringische Kirchengeschichte*, Jena 1947

Hess, Ulrich, *Geheimer Rat und Kabinett in den Ernestinischen Staaten Thüringens*, Weimar 1962

Jean Paul, *Weg der Verklärung. Aphorismen*, Berlin o. J.

Jöcher, Christian Gottlieb, *Jöchers Allgemeines Gelehrten-Lexikon*, Leipzig 1750, 1784

Kaiser, Joachim, *Was wortlose Musik zur Sprache bringt*, in: *Süddeutsche Zeitung*, 16./17. 3. 1985

Keller, Hermann, *Die Klavierwerke Johann Sebastian Bachs*, Leipzig 1950

Kluke, Paul, *Das Recht des Widerstands gegen die Staatsgewalt in der Sicht des Historikers*, Hannover 1957

Konkordienformel

Küster, Konrad, *Der junge Bach*, Stuttgart 1996

Landeskirchenrat Thüringen (Hrsg.), *Bach in Thüringen*, Jena o. J.

Lessing, Gotthold Ephraim, *Emilia Galotti*

Lessing, Gotthold Ephraim, *Hamburgische Dramaturgie*
Lichtenberg, Georg Christoph, *Die Sudelbücher*, München 1974
Machiavelli, Niccolò, *Il principe*, Florenz 1931
Maurois, André, *Voltaire*, Paris 1935
Menge, Wolfgang, *So lebten sie alle Tage. Berichte aus dem alten Preußen*, Berlin 1982
Mentz, Georg, *Weimarische Staats- und Regentengeschichte*, Jena 1936
Metzger, Heinz-Klaus, *Blutige Himmelsschlüsselblumen*, in: *Frankfurter Allgemeine Zeitung*, 27. 3. 1997
Meyer, Ernst Hermann, *Musik der Renaissance, Musik der Aufklärung*, Leipzig 1979
Meyers Handlexikon, Leipzig 1873
Mittenzwey, Ingrid, *Friedrich II. von Preußen*, Berlin 1979
Neues Testament
Neumann, Werner, *Das kleine Bach-Buch*, Salzburg 1971
Ottenberg, Hans-Günter, *Carl Philipp Emanuel Bach*, Leipzig 1982
Otterbach, Friedemann, *Johann Sebastian Bach*, Stuttgart 1982
Petzoldt, Martin (Hrsg.), *Bach als Ausleger der Bibel*, Berlin 1985
Petzoldt, Martin / Petri, Joachim, *Ehre sei dir, Gott, gesungen. Bilder und Texte zu Bachs Leben als Christ und sein Wirken für die Kirche*, Leipzig 1975
Philosophisches Wörterbuch, Leipzig 1970
Pieck, Wilhelm, *Rede zur Bach-Feier 1950*, Leipzig 1975
Pirro, André, *Les Clavecinistes*, Paris 1924
Pirro, André, *Louis Marchand*, Paris 1904/05
Pischner, Hans, *Johann Sebastian Bach heute*, in: *Musik und Gesellschaft* 7/1975
Protokolle der Leipziger Ratssitzungen 1720–53 (unveröffentlicht)
Raffalt, Reinhard, *Johann Sebastian Bach*, Vortrag, Bayerischer Rundfunk
Raffalt, Reinhard, *Musik jenseits der Töne*, Vortrag, Bayerischer Rundfunk
Reumuth, Karl, *Heimatgeschichte für Leipzig und den Leipziger Kreis*, Leipzig 1927
Richter, Klaus Peter, *J. S. Bach, Leben und Werk*, Frankfurt a. M. 1985
Riemanns Musiklexikon, Berlin 1922, Mainz 1959–61; als *Brockhaus Riemann Musiklexikon* Wiesbaden 1979
Rueger, Christoph, *Soli Deo Gloria Johann Sebastian Bach*, Berlin 1985
Salmen, Walter (Hrsg.), *Der Sozialstatus des Berufsmusikers vom 17. bis 19. Jahrhundert*, Kassel 1971
Schering, Arnold, *J. S. Bach und das Musikleben Leipzigs*, Leipzig 1941
Schleuning, Peter, *Johann Sebastian Bachs »Kunst der Fuge«*, Kassel 1993

Schönberg, Arnold, *Gesammelte Schriften*, Frankfurt a. M. 1976

Schopenhauer, Arthur, *Die Welt als Wille und Vorstellung II*, darin: *Vom Genie / Zur Metaphysik der Musik*, Zürich 1991

Schopenhauer, Arthur, *Über die vierfache Wurzel des Satzes vom zureichenden Grunde*, Zürich 1991

Schweitzer, Albert, *Johann Sebastian Bach*, Leipzig 1905

Seeger, Horst, *Musiklexikon*, Leipzig 1966

Siegmund-Schultze, Walther, *Johann Sebastian Bach*, Leipzig 1976

Smend, Friedrich, *Bach in Köthen*, Berlin 1951

Spitta, Philipp, *Johann Sebastian Bach*, Leipzig 1873, 1880

Sturmhoefel, Konrad, *Illustrierte Geschichte der sächsischen Lande und ihrer Herrscher*, Leipzig 1898–1908

Szeskus, Reinhard (Hrsg.), *Johann Sebastian Bach und die Aufklärung. Symposium*, Leipzig 1982

Terry, Charles Sanford, *Johann Sebastian Bach*, London 1928

Theophili nötiger und nützlicher Unterricht von der Pflicht und Schuld der Untertanen, Berlin 1723

Urner, Hans, *Der Pietismus*, Berlin 1961

Vetter, Walter, *Der Kapellmeister Bach*, Potsdam 1950

Wallmann, Johannes, *Der Pietismus*, Göttingen 1990

Walther, Johann Gottfried, *Musicalisches Lexicon*, Leipzig 1731

Wette, Gottfried Albin, *Historische Nachrichten von der berühmten Residenzstadt Weimar*, Weimar 1737

Zedlers Großes Vollständiges Universal-Lexikon aller Wissenschaften und Künste, Leipzig 1732–51

Ziller, Martin, *40 Jahre unter großen Dirigenten* (unveröffentlicht)

Personenregister

Abel, Carl Friedrich 370
Adlung, Jakob 35, 390
Ahle, Johann Georg 69, 73f.,
78, 81
Ahle, Johann Rudolf 69, 73f.
Albinoni, Tommaso 96, 134,
328
Albrechtsberger, Johann Georg
341
Albrecht Wolfgang, Graf zu
Schaumburg-Lippe 353
Alfano, Franco 369
Altnickol, Elisabeth *siehe* Bach,
Elisabeth
Altnickol, Johann Christoph
350, 352, 357
Amalie von Preußen 367
Amundsen, Roald 25
Anna Iwanowna, Zarin und Kai-
serin von Rußland 269, 293
Arndt, Johann 76
Arnold, Johann Heinrich 23
August II., der Starke, König
von Polen, als Friedrich
August I. Kurfürst von Sach-
sen 101f., 112–115, 132,
176, 185, 191–193, 252, 254,
268f., 343, 393f., 404
August III., König von Polen,
als Friedrich August II. Kur-
fürst von Sachsen 113f., 249,
252–255, 284, 289, 291

Bach, Anna Magdalena (geb.
Wilcke, Wilcken oder Wül-
cken; 1701–1760) 150–154,
156, 158, 170, 218, 222, 234,
248, 321, 356–358, 361,
404
Bach, Barbara Catharina (1680–
1737) 67f., 92
Bach, Barbara Margarethe (auch
verh. Bach, Bartholomäi; geb.
Keul; um 1660–nach 1694)
19f.
Bach, Bernhard (1715–1739)
136, 142, 150, 245, 275f., 370
Bach, Carl Philipp Emanuel
(1714–1788) 14f., 22, 41, 92,
107, 120, 122, 140, 142,
150f., 153, 245, 288, 292,
304, 314, 319–322, 324–326,
343, 346, 357f., 360, 365,
367–370, 377, 380, 392, 400,
402
Bach, Catharina Dorothea
(1708–1777) 84, 92, 142,
150, 153, 245, 356
Bach, Christoph (1613–1661)
16
Bach, Elisabeth (geb. Lämmerhirt; 1644–1694) 18–20, 22,
45
Bach, Elisabeth (verh. Altnickol;
1726–1781) 352, 357

Bach, Ernst Ludwig (1630–1703) 378

Bach, Georg Michael (*1700) 378

Bach, Gottfried Heinrich (1724–1763) 245, 357

Bach, Heinrich (1615–1692) 16

Bach, Johanna Dorothea (geb. vom Hof oder von Hofe; um 1670–1745) 20

Bach, Johann Ambrosius (1645–1695) 17–23, 44, 47

Bach, Johann August (1721–1758) 378

Bach, Johann Bernhard (1604–1673) 16, 107

Bach, Johann Christian (1735–1782) 151, 309, 357, 366, 370

Bach, Johann Christoph (1642–1703) 16, 20, 40

Bach, Johann Christoph (1645–1693) 19f., 44

Bach, Johann Christoph (1671–1721) 15, 19–25, 28, 32, 35, 45, 47, 53, 62, 230, 316, 385f.

Bach, Johann Christoph (1673–1729) 40

Bach, Johann Christoph (1713–1713) 92

Bach, Johann Christoph Friedrich (1732–1795) 352

Bach, Johann Elias (1705–1755) 280, 292, 294

Bach, Johann Ernst (1683–1739) 22, 35, 61, 70

Bach, Johann Ernst (1722–1777) 74

Bach, Johann Jacob (1682–1732) 19f., 22, 33f., 39

Bach, Johann Lorenz (1695–1773) 16

Bach, Johann Ludwig (1677–1731) 212f.

Bach, Johann Michael (1648–1694) 16, 63, 68

Bach, Johanna Carolina (1737–1781) 356

Bach, Leopold Augustus (1718–1719) 136

Bach, Maria Barbara (geb. Bach; 1684–1720) 63, 67–71, 84, 92, 110, 124, 131, 136–138, 142f., 150f., 170, 234

Bach, Marie Sophie (1713–1713) 92

Bach, Martha Elisabeth (geb. Eisentraut; 1654–1719) 20

Bach, Nikolaus (1669–1753) 22

Bach, Regina Susanna (1742–1809) 356

Bach, Salomon (*um 1600) 378

Bach, Veit (um 1550–1619) 15, 150

Bach, Wilhelm Friedemann (1710–1784) 16, 22, 92, 98, 107, 123, 142, 146, 150, 153, 172, 218f., 245, 253f., 292–294, 321, 357, 360, 370, 377, 400

Badura-Skoda, Paul 379

Bähr, George 257

Bartholomäi, Barbara Margarethe siehe Bach, Barbara Margarethe

Barz, Paul 128

Beatles, The 312

Beethoven, Ludwig van 7, 25, 60, 98, 134, 145, 173, 211, 278, 282, 301, 305, 309, 311, 315, 327f., 337, 339, 349f., 360, 370, 374, 376, 391, 394, 396, 405

Beiche, Johann Siegemund 291

Benardi, Angelo 332

Berendt, Joachim Ernst 382

Berlin, Irving 279

Bernays, Michael 196

Bernhard, Christian 398
Bernstein, Leonard 9, 99, 173,
    305, 311, 337, 375, 379, 382
Besseler, Heinrich 13, 47, 93,
    98f., 102, 173, 257, 389, 403
Biedermann, Johann Gottlieb
    350f.
Bienengräber, Andreas Gottlieb
    285
Birnbaum, Johann Abraham
    281, 314, 350
Blankenburg, Walter 394
Boethius, Anicius Manlius Seve-
    rinus 381
Böhm, Georg 34, 36, 38, 59f.,
    78, 313, 326f., 340, 373
Böhmer, Georg Wilhelm 111
Bordoni, Faustina *siehe* Hasse-
    Bordoni, Faustina
Bormann, Theodor Benedict
    124
Born, Jacob 165, 168
Börner, Christian Friedrich 43
Bose, Georg 205
Brachvogel, Albert Emil 16,
    367
Brahms, Johannes 134, 305,
    309, 312, 360, 396
Brecht, Bertolt 60, 330, 336,
    340
Bruckner, Anton 16, 97, 278,
    309f., 344
Brühl, Heinrich Reichsgraf von
    252, 254, 268f., 294, 351f.,
    361f., 391, 405
Bruhns, Nicolaus 27f.
Bühnau 234
Buxtehude, Anna Margareta
    63
Buxtehude, Dietrich 27, 57,
    59–63, 68, 78, 98, 199, 302,
    313, 317, 340f., 373, 387
Byrd, Christopher 382

Cage, John 376
Caldara, Antonio 281
Calvin, Johannes 128f.
Cannabich, Christian 399
Casanova, Giacomo 149
Cäsar, Gajus Julius 183
Charlotte von Hessen-Hom-
    burg (verh. mit Wilhelm
    Ernst, Herzog von Sachsen-
    Weimar) 86, 95
Charlotte Friederike von Nas-
    sau-Siegen (verh. mit Leo-
    pold, Fürst von Anhalt-
    Köthen, und mit Albrecht
    Wolfgang, Graf zu Schaum-
    burg-Lippe) 179f.
Chopin, Frédéric 330f., 376
Chotek Herzogin von Hohen-
    berg, Sophie Gräfin (verh.
    mit Erzherzog Franz Ferdi-
    nand von Österreich-Este)
    256
Christian, Herzog von Sachsen-
    Weißenfels 106
Christiane Eberhardine von
    Ansbach-Bayreuth (verh. mit
    August II., König von Polen)
    191–193, 196
Christian Ludwig, Markgraf
    von Brandenburg-Schwedt
    133f.
Christian Ludwig II., Herzog
    von Mecklenburg-Schwerin
    288
Cicero, Marcus Tullius 183
Combarieu, Jules 407
Corelli, Arcangelo 42, 134, 373
Cosel, Anna Constanze Gräfin
    von 16, 112
Couperin, François 28, 54, 58,
    328, 373
Cramer, Wilhelm 92
Czerny, Carl 148, 331, 337

Dante Alighieri 209
Daquin, Louis Claude 373
Debussy, Claude 312
Descartes, René 209, 211
Dessau, Paul 337
Devrient, Eduard 372, 406
Deyling, Salomo 180, 201,
203f., 228, 242f., 266f., 271,
274
Diabelli, Anton 305
Dieskau, Carl Heinrich von
296f.
Dietel, Johann Ludwig 219,
246
Dieupart, François 28, 58
Dinglinger, Johann Melchior
257
Dittersdorf, Karl Ditters von
328, 341
Doles, Johann Friedrich 350,
371, 405
Donner 398
Drese, Adam 90
Drese, Samuel 80, 90, 107f.
Drese, Wilhelm 90, 92, 108,
157
Dresig, Siegmund Friedrich
199, 262f., 274
DuBouchet, Paule 51, 392, 395
Dürer, Albrecht 315

Eckstein, Friedrich August
258f.
Edison, Thomas Alva 309
Effler, Johann 42, 44, 47, 83
Eilmar, Georg Christian 79–82,
84, 92, 127
Einstein, Albert 174
Eisentraut, Martha Elisabeth
siehe Bach, Martha Elisabeth
Eleonore Wilhelmine von
Anhalt-Köthen (verh. mit
Ernst August, Herzog von
Sachsen-Weimar) 106, 136

Eleonore Wilhelmine von Sach-
sen-Merseburg (verh. mit
Johann Ernst III., Herzog
von Sachsen-Weimar) 106
Elste, Martin 392
Emanuel Lebrecht Fürst von
Anhalt-Köthen 132
Engels, Friedrich 186, 272
Engelsmann, Walter 394
Erdmann, Georg 23, 26, 39,
230f.
Ernesti, Johann August 242f.,
246f., 252, 256–261, 262–
267, 271, 273–275, 280,
286f., 292, 350f., 361, 378,
396
Ernesti, Johann Heinrich 182,
187, 194, 207, 224, 234, 239,
241
Ernesti, Rahel 243
Ernesti, Sophie Friederike
243f.
Ernst August, Herzog von Sachsen-Weimar 42, 84, 86, 90,
94, 104–106, 111f.
Esterházy von Galántha, Niko-
laus Joseph Fürst 109

Falckner, Johann Friedrich 205
Fasch, Johann Friedrich 158,
163, 168, 187, 189, 373
Feldhaus, Martin 45, 50
Felix, Werner 196f., 210, 386,
397
Fischer 43, 69
Fischer, Johann Caspar Ferdi-
nand 27, 98, 146, 148, 309,
340
Flacius, Matthias 179
Flemming, Jakob Heinrich Graf
von 112, 115f., 119, 122,
124, 252, 268
Fontenai, Abbé de 389
Ford, Henry 257

Forkel, Johann Nikolaus 15,
41, 67, 115, 119, 122, 318,
320–322, 338, 346, 376f.,
403, 405
Forman, Miloš 385
Franck, Hans 16
Franck, Salomo 89, 100, 102,
107f., 234
Francke, August Hermann 176
Franz I., Kaiser des Heiligen
Römischen Reichs 252
Franz Ferdinand, Erzherzog von
Österreich-Este 256, 261
Franz Joseph I., Kaiser von
Österreich 256
Franz von Assisi 81
Frescobaldi, Girolamo 28, 312,
337, 340
Freytag, Gustav 311
Friederike Henrietta von
Anhalt-Bernburg (verh. mit
Leopold, Fürst von Anhalt-
Köthen) 154–157, 161,
178f., 231
Friedrich II., Kaiser des Heili-
gen Römischen Reichs 209
Friedrich I., König in Preußen,
als Friedrich III. Kurfürst von
Brandenburg 114, 131, 133
Friedrich II., der Große, König
von Preußen 114f., 130, 155,
210, 252, 293, 319–327, 332,
341, 367, 391, 402
Friedrich Wilhelm, Kurfürst
von Brandenburg 130, 391
Friedrich Wilhelm I., König in
Preußen 102, 112, 114f.,
131, 134, 155, 195, 240
Friese, Heinrich 137
Froberger, Johann Jacob 24, 27,
57
Frohne, Johann Adolph 76, 78–
81, 157, 233
Fürstenau, Moritz 362

Furtwängler, Wilhelm 173,
222, 318
Fux, Johann Joseph 281, 312,
331, 359f., 401f.

Galilei, Galileo 209
Gatz, Felix Maria 173
Gaudlitz, Gottlieb 203, 205f.,
229, 265
Gay, John 60
Geck, Martin 13, 16, 24, 59,
97, 122, 151, 157, 241, 314,
352, 386f., 390, 394, 397f.,
400–403
Geiringer, Karl 13, 16, 33f.,
122, 287
Gellert, Christian Fürchtegott
213, 365
Geminiani, Francesco 134
Georg II. August, Kurfürst von
Hannover 240, 243
Georg Wilhelm, Herzog von
Braunschweig-Lüneburg 29
Gerber, Christian 247
Gerhardt, Paul 78, 130
Gerlach, Carl Gotthelf 284,
286, 291
Gesner, Johann Matthias 89,
107f., 136, 161, 234–243,
245, 247f., 257, 259–261,
274f., 303, 321, 396
Geyersbach, Johann Heinrich
49–52
Goethe, Johann Wolfgang von
85, 89, 177, 258, 301, 306,
346, 372f., 375, 377, 380–
382, 385
Goldberg, Johann Gottlieb 294
Goldoni, Carlo 279
Goldoni, Nicoletta 279
Goldschmidt, Harry 380
Görner, Johann Gottlieb 172,
188–191, 193f., 217f., 222,
284, 286, 288

Gottsched, Johann 378

Gottsched, Johann Christoph 175, 194–198, 210f., 213–215, 242f., 278, 291, 308, 314f., 378, 397

Gottsched, Luise (gen. die Gottschedin) 291

Gould, Glenn 148, 338, 377, 392

Gräffenhayn, Gottfried Christoph 40f.

Graun, Carl Heinrich 223, 278, 303, 320, 373f.

Graun, Johann Gottlieb 303, 320, 373

Graupner, Christoph 158–160, 163, 165f., 168f., 171, 187, 373

Greiff 234

Griepenkerl, Friedrich Konrad 376

Grigny, Nicolas de 28, 58, 312, 340

Guido von Arezzo 209

Hacks, Peter 389

Händel, Georg Friedrich 16, 24f., 35, 50, 56, 63, 70, 94, 98, 107, 114, 134, 138, 223, 303, 313, 318, 328, 333, 341, 349, 360, 370, 373f., 405

Hanff, Johann Nicolaus 59

Hanslick, Eduard 278

Harlan, Veit 8

Harrer, Johann Gottlob 351f., 361f., 405

Hasse, Johann Adolf 253, 328, 373

Hasse-Bordoni, Faustina (geb. Bordoni) 253

Haußmann, Elias Gottlob 55, 349

Haydn, Joseph 7, 92, 109, 134,

211, 250, 289, 335, 360, 366, 369f., 376, 394, 405

Hebenstreit, Pantaleon 113, 185

Heinichen, Johann David 113, 132, 134, 343

Heinrich IV., König von Frankreich 192

Heitmann, Johann Joachim 139, 162

Held, Johann Balthasar 33–35, 40, 44

Henlein, Peter 8

Hennicke, Johann Christian Freiherr von 290f., 296f.

Henrici, Christian Friedrich (Pseud. Picander) 195, 205, 213f., 216, 251, 282, 290f., 296–298

Henze, Hans Werner 402

Herda, Elias 23, 26

Herder, Johann Gottfried von 80

Hieronymus Graf von Colloredo-Waldsee 225

Hiller, Johann Adam 97, 366, 370f., 405

Hindemith, Paul 224, 226, 381

Hof (Hofe), Johanna Dorothea vom (von) *siehe* Bach, Johanna Dorothea

Hoffmann 50

Hohenlohe, Graf von 21

Holzbauer, Ignaz 399

Homilius, Gottfried August 366, 371, 405

Horaz 350

Humboldt, Wilhelm von 376

Hummel, Johann Nepomuk 328

Hurlebusch, Conrad Friedrich 292

Hutten, Ulrich von 77

Hutter, Leonhard 36

Ihle, Johann Jacob 137

Jauernig, Reinhold 103, 389
Jean Paul 377
Job, Johann 168, 184
Jöcher, Christian Gottlieb 378
Johann Ernst II., Herzog von
    Sachsen-Weimar 41f., 44, 47,
    84–86, 90f., 94, 129
Johann Ernst III., Herzog von
    Sachsen-Weimar 42, 86, 90f.,
    94, 96, 100, 103–106, 110,
    112, 123
Johann Georg I., Herzog von
    Sachsen-Eisenach 21
Johann Georg, Herzog von
    Sachsen-Weißenfels 41
Joseph II., Kaiser des Heiligen
    Römischen Reichs 88

Kaiser, Joachim 59
Kant, Immanuel 12, 78, 89,
    173, 209
Karl V., Kaiser des Heiligen
    Römischen Reichs 112
Kastner 261f.
Katharina II., die Große,
    Kaiserin von Rußland 269,
    293
Keiser, Reinhard 35
Keller, Hermann 56f., 148f.,
    305, 387
Kellner, Johann Christoph 366
Kellner, Peter 403
Kepler, Johannes 381
Kerll, Johann Kaspar von 24,
    27, 57
Keul, Barbara Margarethe siehe
    Bach, Barbara Margarethe
Keyserlingk, Dietrich Graf von
    293, 319f., 325
Keyserlingk, Heinrich Christian
    Graf von 293, 319
Keyserlingk, Hermann Carl

Reichsgraf von 269, 292–
    294, 319f., 331, 377, 399
Kirchbach, Hans Carl von
    193f., 196
Kirnberger, Johann Philipp
    318, 367, 370, 402, 405
Kittel, Johann Christian 366
Kittler, Samuel 266f.
Kluge-Kahn, Hertha 392
Knepler, Georg 385, 394
Kobelius, Augustin 41
Köhler, Johann Friedrich 256,
    273
Kolneder, Walter 392
Kortte, Gottlieb 190, 223
Kozeluch, Leopold 16, 278
Kranemann, Detlev 349
Kraszewski, Józef Ignacy 16
Krause, Gottfried Theodor
    246, 256, 258, 261–265, 268
Krause, Johann Gottlob 263–
    267, 271, 285
Krebs, Johann Ludwig 219,
    246, 268, 292, 366
Krebs, Johann Tobias 246
Krieger, Johann Philipp 57, 373
Kuhnau, Johann 54f., 95, 133,
    146, 157–159, 162, 164,
    182f., 187–191, 201, 225,
    289, 302, 313, 331, 373
Küster, Konrad 386, 388f.

Lairitz, Johann Georg 104
Lämmerhirt, Elisabeth siehe
    Bach, Elisabeth
Lämmerhirt, Valentin 18
Lange, Gottfried 161, 165, 187
Lasso, Orlando di 28
Legrenzi, Giovanni 98
Lehmann, Gottfried Conrad
    180
Leibniz, Gottfried Wilhelm
    176, 195f., 407
Leopold, Fürst von Anhalt-

Köthen 106, 109–112, 123,
128–133, 136, 139, 153–157,
170, 178f., 218, 234, 320,
352f.
Lessing, Gotthold Ephraim
215, 337, 351, 395, 403f.
Leupold, Anton Wilhelm 241
Levy, Sara 405
Lichtenberg, Georg Christoph
79, 325
Lincke, Paul 17
Liszt, Franz von 312
Livius, Titus 183
Lobanowa, Marina 400
Lohenstein, Daniel Casper von
277
Lortzing, Albert 362
Löwe, Johann Heinrich 34, 36
Lübeck, Vincent 35
Ludwig II., König von Bayern
192
Ludwig XIV., König von Frank-
reich 30, 115–117, 121
Lully, Jean-Baptiste 30, 117,
328
Luther, Martin 36, 77, 129,
183, 302, 310, 397

Machiavelli, Niccolò 316
Manebach 50
Mann, Thomas 308
Marcello, Benedetto 406
Marchand (le Grand), Louis 28,
58, 115–122, 252, 313, 373,
389f.
Maria Josepha von Österreich
(verh. mit August II., König
von Polen) 252
Maria Theresia, Kaiserin des
Heiligen Römischen Reichs
88, 252
Mark Twain 389
Marpurg, Friedrich Wilhelm
370, 390

Mattheson, Johann 35, 50, 63,
68, 70, 95, 100, 103, 137f.,
278, 332f., 337, 340, 350f.,
388, 402
Maupertuis, Pierre Louis
Moreau de 210
Meck, Joseph 96
Meckbach, Friedemann 112
Melanchthon, Philipp 36
Mencke, Johann Burckhard 195
Mendelssohn, Lea (geb. Salo-
mon) 405
Mendelssohn, Moses 405
Mendelssohn Bartholdy, Felix
7, 25, 97, 145, 302, 358,
362f., 365, 372, 404–406
Menge, Wolfgang 386
Menser, Carl Friedrich 180
Mentz, Georg 89
Menuhin, Yehudi 391
Mersenne, Marin 120
Metternich, Klemens Wenzel
Fürst 211
Metzger, Heinz-Klaus 395
Meyer, Ernst Hermann 175
Meyerbeer, Giacomo 372
Meynell, Esther 232, 396
Miesner, Heinrich 320
Mizler (auch Mitzler), Lorenz
Christoph 39, 279, 303f.,
314, 327, 331, 341, 358–361
Mozart, Constanze 7, 370
Mozart, Franz Xaver 367
Mozart, Wolfgang Amadeus 7,
9, 25, 56, 99, 145, 148, 211,
289, 309, 338f., 360, 366f.,
369–371, 376, 394, 396,
405
Muffat, Georg 57, 373
Muffat, Gottlieb 59
Müller, August Friedrich 297
Müller, Wenzel 60, 328
Müthel, Johann Gottfried 288

Nagel 353
Neefe, Christian Gottlob 370, 405
Nelson, Horatio Viscount 211
Neuber, Caroline 211, 223
Neumann, Werner 13, 89, 140, 152, 295f., 298
Neumeister, Erdmann 99, 107, 137, 139–141, 162, 223, 405
Newton, Isaac 215
Nichelmann, Christoph 402
Nicolai, Otto 372
Nicolai, Philipp 76, 78
Nicolet, Aurèle 323

Offenbach, Jacques 9
Olearius, Johann Gottfried 64, 80
Orff, Carl 371
Otterbach, Friedemann 13, 58, 65, 71, 85, 152, 386, 397
Otto, Hans 390
Ovid 183, 258

Pachelbel, Johann 20, 24, 27, 57, 59, 62f.
Paer, Ferdinando 16
Paganini, Niccolò 135
Palestrina, Giovanni Pierluigi da 308, 326, 332, 340, 398
Parkinson, Cyril Northcote 284
Pergolesi, Giovanni Battista 28, 373
Peter III., Kaiser von Rußland 293
Petzoldt, Martin 78, 127, 394, 400
Picander siehe Henrici, Christian Friedrich
Picasso, Pablo 279
Pieck, Wilhelm 174, 241, 257, 373, 393
Pietsch, Johann Valentin 196
Pirro, André 390

Pischner, Hans 175, 257, 393
Plaz (auch Platz), Abraham Christoph 165f., 185, 361
Pleyel, Ignaz 328
Pöppelmann, Matthäus Daniel 257
Porpora, Nicola 98
Praetorius, Friedrich Emanuel 27
Preller, Gottfried 401
Puccini, Giacomo 368f.
Pufendorf, Samuel Freiherr von 111
Purcell, Henry 328
Pythagoras von Samos 120, 381

Quantz, Johann Joachim 319, 373
Questenberg, Johannes Adam Graf von 281–283
Quintilian 238

Raffael 215
Raffalt, Reinhard 218, 399
Raison, André 28, 58
Rambach, Johann Andreas 66f.
Rameau, Jean-Philippe 328, 373, 407
Rath, Gisela Agnes von (verh. mit Emanuel Lebrecht, Fürst von Anhalt-Köthen) 132
Rathelag 382
Ravel, Maurice 9
Reger, Max 302
Reichardt, Johann Friedrich 406
Reiche, Gottfried 182
Reinken, Johann Adam 34, 38, 57, 137, 139, 223
Rheinbaben, Georg Wilhelm von 86
Richter, Franz Xaver 373, 399
Richter, Klaus Peter 30, 149
Riemann, Hugo 329, 398

Rifkin, Joshua 227, 395
Rilke, Rainer Maria 364
Rinck, Christian Heinrich 329, 367
Rochlitz, Friedrich 371, 405
Roitzsch, Ferdinand August 376f.
Rolle, Heinrich 95
Rossini, Gioachino 99, 328
Roux, Gaspard le 28, 58
Rudolph, Johanna 396
Rueger, Christoph 13, 16, 42, 67, 70, 126, 135, 151, 156, 252, 300, 323, 356, 402
Russell, Bertrand 196

Salieri, Antonio 328
Scarlatti, Alessandro 333, 373
Scarlatti, Domenico 373
Scheibe, Johann 133, 276
Scheibe, Johann Adolph 276–279, 281, 289, 291, 314f., 317, 350, 397
Scheidemann, Heinrich 27
Scheidt, Samuel 27, 312, 337
Schelle, Johann 188, 302
Schemelli, Georg Christian 246
Scherchen, Hermann 348
Schering, Arnold 399
Schiller, Friedrich von 16f., 85, 89
Schilling 291
Schindler, Anton 327
Schlegel, August Wilhelm von 376
Schleuning, Peter 13, 249, 283, 286, 288, 303f., 312, 314f., 320, 325, 331, 333, 360, 368, 394, 400–404
Schmidt, Johann Gottfried 113
Schneiderheinze, Armin 210, 241f.
Schönberg, Arnold 324f., 377
Schönfelder, Gert 394

Schopenhauer, Arthur 215, 336
Schostakowitsch, Dmitri Dmitrijewitsch 144
Schotte (auch Schott), Georg Balthasar 159, 164, 169, 217
Schröter, Christoph Gottlieb 351
Schubert, Franz 7, 40, 309, 328, 396
Schubert, Johann Martin 93, 122
Schübler, Johann Georg 349
Schulze, Hans-Joachim 388
Schumann, Clara (geb. Wieck) 362
Schumann, Robert 7, 50, 145, 298, 309, 362
Schüttewürfel, Johann Friedrich 50
Schütz, Heinrich 34, 323
Schwarzburg, Anton Günther II. Reichsgraf von 44, 47, 50, 86f., 104, 124
Schweitzer, Albert 7, 12–14, 51f., 59f., 64, 69, 71, 74, 84, 92, 97–99, 119, 122, 127, 129f., 135, 140, 144, 164, 182, 212, 228, 232, 249–252, 257, 273, 289, 300f., 305–307, 365f., 371, 374, 387, 400, 402f., 405
Sechter, Simon 97, 328
Seffner, Karl 364f.
Selle, Thomas de la 29f.
Semmelweis, Ignaz Philipp 353
Shaffer, Peter 385
Shakespeare, William 314, 381, 401
Sibelius, Jean 312
Siegele, Ulrich 165f., 184, 228, 393
Siegmund-Schultze, Walther 13, 30, 72, 80, 85, 126, 131,

137, 148, 152, 154, 157, 158, 394, 397
Silbermann, Gottfried 121
Šlapák, Kamil 389
Smend, Friedrich 8, 136, 149, 170
Sokrates 209
Sorau, Graf von 137
Spener, Philipp Jakob 76, 79
Speth, Johann 57
Spinoza, Baruch de 209, 212
Spitta, Friedrich 12
Spitta, Karl Johann Philipp 12
Spitta, Philipp 8, 12f., 15, 18, 42, 52, 64, 67f., 71, 80f., 85, 103, 107, 113, 116f., 119, 125, 130, 137, 146, 151, 156, 165, 173, 182, 184, 191, 222f., 232, 256f., 268, 271, 284, 287, 291f., 295, 298f., 352, 358, 386, 389, 399
Spontini, Gaspare 16
Sporck, Franz Anton Graf 281–283
Stalin, Josef 393
Stamitz, Johann 399
Stanislaus I. Leszczynski, König von Polen 254f.
Stauber, Lorenz 71, 79
Stauber, Regina siehe Wedemann, Regina
Steger, Adrian 165f., 228
Stein, Leo 289
Stieglitz, Christian Ludwig 229, 242f., 248, 361
Stifter, Adalbert 330
Straube, Karl 9, 385
Strauss, Richard 301, 371
Strawinsky, Igor 374
Stützhaus 50
Süßmayr, Franz Xaver 369
Sweelinck, Jan Pieterszoon 27
Swieten, Gottfried van 370, 405
Swingle-Singers 379f.

Tartini, Giuseppe 42, 328, 373
Taylor, John 349, 353f.
Telemann, Georg Philipp 56, 92, 96, 99, 107f., 140, 158–160, 163f., 168, 187, 199, 223, 278, 303, 313, 341, 373
Terenz 350
Terry, Charles Sanford 12, 22, 28, 30, 41f., 64, 71, 85, 103, 109, 116f., 126f., 130, 134, 138, 140, 144f., 151, 170, 173, 232, 287, 387f., 393, 399
Teuner 104f.
Theile, Johann 323
Theoderich der Große 381
Thomasius, Christian 111, 176
Tieck, Ludwig 376
Tompkins, Peter 382
Torelli, Giuseppe 96, 134, 373
Toscanini, Arturo 222
Traßdorf 50
Treiber, Johann Friedrich 48, 64
Tschaikowski, Pjotr Iljitsch 337
Tschudi, Aegidius 16

Uthe, Justus Christian 67

Verdi, Giuseppe 318, 401
Vergil 240, 258
Vetter, Walter 8, 170
Vitali, Giovanni Battista 324
Vivaldi, Antonio 42, 90, 96, 122, 134, 313, 328, 373, 390
Vockerodt, Gottfried 79
Vockerodt, Sebastian 79
Voltaire 87, 117, 129, 177, 209f., 389
Volumier, Jean Baptiste siehe Woulmyer, Jean Baptiste

Wagner, Gottfried 165, 168
Wagner, Richard 145, 149, 219,

278, 309, 337, 360, 367, 371, 374, 403f.
Wagner, Siegfried 367
Walther, Johann Gottfried 34, 90, 96, 98f., 124, 281, 332, 398
Weber, Carl Maria von 328
Wedemann, Regina (verh. Stauber) 68, 71
Weiße (auch Weiß), Christian 127, 158f., 162, 168, 180, 205
Wender, Gottlieb 43f., 46, 69, 76
Werckmeister, Andreas 120, 317f.
Werner, Eric 405
Westhoff, Paul 135
Wette, Gottfried Albin 124
Wieck, Clara siehe Schumann, Clara
Wieck, Friedrich 362
Wilcke (Wilcken, Wülcken), Anna Magdalena siehe Bach, Anna Magdalena
Wilhelm II., Deutscher Kaiser 256
Wilhelm VIII., Erbprinz von Hessen-Kassel 238, 321
Wilhelm, Herzog von Sachsen-Weimar 84, 88, 103
Wilhelm Ernst, Herzog von Sachsen-Weimar 41, 83–91,

95, 99–101, 103–109, 111, 122–126, 128–131, 140, 157, 231, 234
Winckelmann, Johann Joachim 333
Winkler, Michael-Christian 400
Wolff, Christian Freiherr von 176, 196, 210–212
Wolff, Christoph 14, 275, 283, 287f., 304, 311, 314, 332, 394, 398, 400–403
Wollny, Peter 14
Woulmyer (eigtl. Volumier), Jean Baptiste 113, 118
Wülcken (Wilcke, Wilcken), Anna Magdalena siehe Bach, Anna Magdalena

Zachau, Friedrich Wilhelm 24, 94, 98f.
Zedler, Johann Heinrich 377f., 397
Zelter, Carl Friedrich 219, 371f., 405f.
Zemisch, Gottlieb Benedict 288
Zeraschi, Helmut 404
Ziegler, Christiane Mariane von 205
Ziller, Martin 402
Zwingli, Ulrich 128

Bildnachweis

Archiv für Kunst und Geschichte, Berlin: Farbtafeln 1 und 2; S. 96 (Mattheson)
Stadtgeschichtliches Museum Leipzig: S. 164 (Wagner), S. 165 (Born, Lange), S. 209 (Bose), S. 229 (Stieglitz), S. 363 (Bach-Denkmal)

Inhalt

Vorwort   7
Persönliche Begegnung mit dem verbreiteten Bach-Bild

Zwischenbemerkung   11
Die Bach-Darstellung bei Spitta, Terry, Schweitzer und neueren Autoren

Kapitel I   15
Bach und die Bache – Das Vaterhaus – Als Waise beim Bruder in Ohrdruf – Erste musikalische Taten – Übersiedlung nach Lüneburg – Die Lüneburger Lateinschule und Lüneburger Musikschätze

Kapitel II   29
Die Lüneburger Studienjahre – Die französische Musik in Celle – Erwerb von genauen Orgelkenntnissen – Erste Hamburgreise – Damaliges Hamburger Musikleben – Bedeutung der Theologie im Lüneburger Gymnasium – Aufbruch zur Musikerlaufbahn

Kapitel III   39
Zurück nach Thüringen – Ablehnung in Sangerhausen – Musiklakai in Weimar – Die Umstände, durch die Bach nach Arnstadt kam – Folge seiner Arbeit: die Verschwörung der Arnstädter Gymnasiasten – Trübung des Arnstädter Arbeitsverhältnisses – Erste Kompositionen: Fuge für den Bruder, Capriccio » Über die Abreise … «, Hochzeits-Quodlibet

Kapitel IV   56
Toccata und Fuge d-Moll – G-Dur-Fantasie – Freie Orgelkompositionen und angebliche fremde Einflüsse – Die Reise nach Lübeck: Reinken, Händel, Mattheson – Das Arnstädter Konsistorium erhebt Einwände gegen seine Musik – Das Problem der musikalischen Stimmung – Die » fremde Jungfer auf dem Chor « – Cousine Maria Barbara – Die Mühlhausener wollen den Bach haben

Kapitel V   71
Bachs Verhältnis zur Arnstädter Geistlichkeit – Er heiratet Maria Barbara – Mühlhausener Amtsantritt, erste Kantate und musikalische Tätigkeit – Religiöse Entwicklung, Pietismus und Orthodoxie in Deutschland – Die Pfarrer Frohne und Eilmar – Musikfeindlichkeit des Superintendenten veranlaßt Bachs Weggang

Kapitel VI   83
Bach wird erneut Musiklakai in Weimar – Die Regierungsverhältnisse im
Herzogtum: Dichtung und Wahrheit – Onkel und Neffe, Hofkapelle und
Kammermusik – Bachs Weimarer Tätigkeit – Förderung durch den Her-
zog – Eine Wunschorgel

Kapitel VII   94
Die Orgelprüfung und Amtsbewerbung in Halle – Wachsende Bekannt-
heit Bachs – Weimarer Orgel- und Klavierkompositionen – Das »Orgelbüchlein« – Er wird Konzertmeister – Die Kantate »Ich hatte viel
Bekümmernis« – Beginnende Verbindungen zu Weißenfels

Kapitel VIII   103
Geschichte des Abgangs aus Weimar – Landespolitische Ereignisse – Der
Streit zwischen Onkel und Neffen – Telemann und Gesner – Bach wird
abgehalftert – Das Köthener Angebot – Die staatsrechtliche Einordnung
des Falles

Kapitel IX   113
Die Einladung nach Dresden – Politische und kulturelle Bedeutung des
damaligen Dresdens – Louis Marchand le Grand – Seine Wirkung in
Dresden – Der Ausgang des Wettspiels und die wohltemperierte Stimmung – Rückkehr nach Weimar und Verhaftung – Was war »die Landrichterstube«? – Entlassung in Ungnade

Kapitel X   126
Bachs Übersiedlung nach Köthen in den Augen der Biographen – Köthener religiöse Verhältnisse: Orthodoxe, Pietisten und Kalvinisten – Ein
wahrhaft aufgeklärter Fürst – Bachs Stellung in Köthen – Orgelprüfung
in Leipzig – Köthener Lebensumstände und die Hofkapelle – Berlin-
reise – Die »Brandenburgischen Konzerte« – Die Solo-Violinsonaten
und -partiten – Der Tod Maria Barbaras – Die gescheiterte Bewerbung in
Hamburg

Kapitel XI   142
Der Hausstand des Witwers Bach – Die wohltemperierte Stimmung und
das »Wohltemperierte Klavier« – Musikfremde Interpretationen – Das

SERIE PIPER

Volkmar Braunbehrens

Mozart in Wien
508 Seiten mit 42 Abbildungen.
SP 2538

Mozart – das gefeierte Wunderkind, das schon zu Lebzeiten vereinsamt, vergessen wird, an Gift stirbt, im Massengrab endet? Mit dieser umfassenden Biographie des Musikers in seinem letzten Jahrzehnt gelingt es Volkmar Braunbehrens meisterhaft, die großen Fehlinterpretationen, Gerüchte und romantischen Legenden, die sich um Mozarts Leben ranken, aufzuklären. Anhand der Originalquellen entsteht so ein sozialgeschichtlich unterfüttertes und lebendiges Bild Mozarts. Der selbstbewußte Mensch, der weithin anerkannte, geschätzte und gut verdienende Künstler wird sichtbar im Wiener Alltag des Josephinischen Zeitalters.

»Dieses Buch ist nicht nur spannend zu lesen, sondern ein Gewinn für alle, die Mozart – gereinigt von den Mythen der Romantik – aus der Perspektive seiner eigenen Zeit kennenlernen wollen. Mozart wird als ein bewußt und intellektuell auf der Höhe seiner Zeit stehender, wirtschaftlich durchaus erfolgreich und vor allem unabhängig agierender Künstler im aufgeklärten josephinischen Wien vorgestellt. Ein wichtiges Buch, das mehr Beachtung finden sollte!«
Fono Forum

»Was dieser Literatur-, Musik- und Kunstgeschichtler über Mozarts entscheidende zehn Jahre in Wien neu herausfand, ist nicht nur aufregend, sondern auch wissenschaftlich fundiert. Gewonnen ist endlich ein gereinigtes Mozart-Bild, mit dem liebgewordene Legenden wie ausgewischt erscheinen – und das lediglich auf Grund exakter Recherchen.«
Christ und Welt